Direito ao Projeto de VIDA

Bruno Augusto Santos **OLIVEIRA**

Direito ao Projeto de VIDA

2024

EDITORA *Jus*PODIVM

www.editorajuspodivm.com.br

EDITORA *Jus*PODIVM
www.editorajuspodivm.com.br

Rua Canuto Saraiva, 131 – Mooca – CEP: 03113-010 – São Paulo – São Paulo
Tel: (11) 3582.5757
• Contato: https://www.editorajuspodivm.com.br/central-de-relacionamento

Diagramação: Equipe *Jus*PODIVM

Capa: Marcelo S. Brandão *(santibrando@gmail.com)*

O48d Oliveira, Bruno Augusto Santos
Direito ao Projeto de Vida / Bruno Augusto Santos Oliveira - São Paulo: Editora JusPodivm, 2024.

496 p.

ISBN: 978-85-442-5249-9

1. Direito Internacional. 2. Direitos Humanos. I. Oliveira, Bruno Augusto Santos. II. Título.

CDD 341.16

BIBLIOTECÁRIA RESPONSÁVEL

Ana Carolina Ribeiro Mois – CRB7 – RJ 007348/0

1.ª ed., *2.ª tir.:* jul./2025.

À Renata, Gabriela, Laura, Maria Ângela,
Marcos Flávio e Leozinho Oliveira Bertú.

AGRADECIMENTOS

Aos professores Gonçal Mayos e André Freitas, pela oportunidade de estudos e generosa orientação; Dom Mauro Morellli e Padre Dênis, pelo exemplo; a Marco Antônio Barros e Raquel Chiarelli, pelo companheirismo na caminhada; a Nazareno César, pelas leituras e diálogos sobre o tema; a Márcio Cavalcante, por acreditar nesta obra.

PREFÁCIO

O projeto de vida é um metadireito?

Caro leitor, o livro que você tem em mãos, do juiz federal Bruno Augusto Santos Oliveira, é o desenvolvimento mais importante que conheço da maior contribuição do brilhante jurista peruano Carlos Fernández Sessarego (1926-2019). A partir da tese de doutorado de Oliveira, apresentada na Universidade de Barcelona, "Direito ao projeto de vida: Macrofilosofia da Liberdade", ele aprofunda e vai além das formulações de Sessarego sobre a proteção do dano ao projeto de vida.

Na atual inflação de novas gerações de direitos humanos, em cujas propostas ainda não há um consenso generalizado, alguém poderia pensar que se trata de uma proposta similar a muitas outras. Queremos destacar que não é o caso, pois consideramos que o direito ao projeto de vida é a única proposta relevante – nas últimas décadas – de hiperbem (segundo a expressão de Charles Taylor) e de macro ou metadireito (Gonçal Mayos).

Sob essas denominações, incluímos aquelas poucas ideias axiológicas e nomoéticas capazes de ser princípios definidores do conjunto dos Direitos Humanos e de estruturar as diferentes gerações que dentro deles é possível pensar. Ligando-se à abordagem "cosmopolita" iluminista de Kant, apenas esses poucos "hiperbens", "meta ou macrodireitos" ou "direitos principais" podem ser princípio e condição para muitos outros direitos porque – sem entrar aqui na questão de um "especificismo" que privilegie nossa espécie – estão ligados ao mais básico da condição humana e - talvez – para além dela.

Somente alguns poucos direitos parecem incluir, prefigurar, predefinir ou exemplificar a noção radical de "direito humano", a quase totalidade dos direitos mais específicos incluídos nas diferentes "Declarações universais" ou listas de direitos fundamentais nas constituições promulgadas. E que, além disso, também definem a condição que constitui e delimita o "humano" e – até mesmo – o que é susceptível de ser considerado "direito" por seu "valor" intrínseco.

Pois não podemos ignorar a questão fundamental de saber o que determina que um "direito humano" deva ser necessariamente, deontológica e nomoeticamente, um "direito" inalienável e algo definidor do "humano". Ou seja, algo que deve valer por si só, dar valor a tudo o que implica (por exemplo, outro direito mais concreto) e permitir entender qual é a fonte última dos direitos e da humanidade.

A nosso ver, o direito ao projeto de vida pode ser um desses poucos metadireitos que têm a potência axiológica de ser base universal de "nomos". Consideramos o livro do juiz Oliveira como uma contribuição de grande importância para definir, com rigorosa precisão, o direito ao projeto de vida e demonstrar sua relevância. Para isso, evidentemente, esse meta ou macrodireito deverá ser avaliado comparativamente com outra proposta tradicional semelhante: o direito à dignidade humana. Ele foi estudado comparativamente na excelente tese de doutorado de Diva J. Safe Coelho, que tive a honra de orientar em 2017, e que é o candidato tradicionalmente mais analisado para meta ou hiperbem.

Além disso, a nosso ver, também devemos considerar detalhadamente a capacidade definidora, esclarecedora, unificadora e sistematizadora da ideia de "reconhecimento" que Honneth transformou no centro de sua investigação filosófica em 1992, partindo da contribuição decisiva clássica de Hegel (à qual dedicamos alguns artigos). E, é claro, nos parece fascinante e inevitável considerar a conhecida fórmula metanomoética de Hannah Arendt: "o direito a ter direitos".

Consideramos que essa fórmula coloca muito bem o problema totalmente básico que nos ocupa aqui: explicitar o que converte algo em um "direito", uma fonte universal de lei e um sinal inequívoco de "condição" ou "dignidade" humana. Trata-se também - talvez já superando o binarismo especificista - de entender o que faz com que algo seja suscetível de ser "reconhecido" necessária e generalizadamente.

Assim, nossas quatro propostas de meta ou macrodireito (ao projeto de vida, à dignidade humana, ao reconhecimento e ao direito a ter direitos) nos ajudam a compreender as múltiplas gerações de direitos que, em sua acelerada expansão atual, podem nos desorientar ou distrair do fundamento comum a todos eles.

Acreditamos que esta é uma das tarefas conceituais mais importantes de nosso tempo: determinar esses hiperbens, macro ou metadireitos principais que dão sentido fundamental à totalidade de direitos mais particularizados. Pois, como recentemente publicamos, isso deveria dar sentido às listas - às vezes caóticas - de direitos humanos, inclusive de uma perspectiva não binária (por exemplo, humanidade *versus* não humano...), muito menos especificista, antropocêntrica ou transcendente, como nas religiões monoteístas e do Livro. Às quais devemos agradecer, no entanto, por terem sido as primeiras a explicitar e debater esse hiper, macro ou metabem que deve dar o sentido último ao axiológico e ao nomoético.

Projeto de vida: a tarefa humana por excelência?

A condição humana se caracteriza por definir seu ser como um afazer (Ortega y Gasset) e, portanto, sua existência é uma aspiração a se projetar teleologicamente e com sentido no ser. Isso não implica, matizando a grande intuição heideggeriana, que se supere completamente a vulnerabilidade resultante de ter sido lançado ao ser. Ao contrário, precisamente porque os humanos se encontram repentinamente lançados ao ser, têm a necessidade existencial de se dar um projeto de vida, com sentido para si mesmos, que tente superar seu ser sofredor e seu nascer lançado ao existir.

Portanto, isso não significa, de forma alguma, que se possa realizar aquilo que se projeta, mas sim que o devir ou qualquer tipo de realização nos humanos precisa inevitavelmente de um projeto, de um pro-jetar-se com sentido vital e de se atribuir a si mesmos uma tarefa, um afazer ou uma finalidade. Embora, muitas vezes, tudo isso não seja plenamente consciente para eles e não possam esclarecer completamente a sensação obscura de terem sido lançados ao ser, os humanos não podem existir ou viver apenas no lançamento, como um vertimento sem sentido, como um vão derramamento da vida ou um simples esvaziamento da natureza.

Essa é a condição existencial humana e, portanto, quando alguém com grande dificuldade, esforço, paixão, autenticidade e consciência de sua própria vulnerabilidade se auto-impõe categoricamente um projeto de vida, todos os humanos conscientes de sua "condição" "reconhecem" sua "humanidade", sua "dignidade" e seu "direito a ter direitos". Ou seja, valorizam e reconhecem a fonte comum e compartilhada do mundo nomoético e de sentido que todos devem construir fraternalmente.

Tanto Bruno Augusto Santos Oliveira quanto Carlos Fernández Sessarego partem da condição humana encarnada na pessoa e em seu projeto de vida. Por isso, ambos enfatizam os direitos humanos e mesmo o direito em geral na proteção da pessoa, algo que hoje está em retrocesso e que é um dos aspectos mais preocupantes do crescente autoritarismo populista. Concordo com Oliveira em que a causa última remete ao desprezo do valor consubstancial da pessoa e da humanidade.

Como antídoto a muitas barbáries passadas e futuras, ele realiza uma análise rigorosa da pessoa e de sua essencial relação com outras pessoas, com a sociedade como um todo e com o vínculo jurídico-legislativo. Oliveira, inclusive, mostra detalhadamente no livro que estamos prefaciando que é possível ir além da consideração metafísica da pessoa. Por isso, ele a analisa em chave fenomenológica, hermenêutica, humanista e personalista até evidenciar sua condição de possibilidade mais profunda: a autoconstrução de um projeto de vida próprio e a longo prazo.

Efetivamente, os humanos não só são e querem continuar sendo (como aponta Spinoza em seu conceito de *conatus*), mas também tomam seu ser como sua atividade mais essencial na linha de Ortega, Sartre, Camus ou Beauvoir - esta última inclusive em uma perspectiva feminista. Pois ser humano é querer ser humano e, portanto, se dar um imperativo categórico (Kant) que guie o conjunto de sua própria vida e - além disso, inseparavelmente - proponha a qualquer outro humano uma norma jurídico-ética compartilhável universalmente.

Por sua condição finita, ser humano é querer se tornar humano e, portanto, definir para si um projeto de vida a longo prazo, com dúvidas e dificuldades, mas sincero e que o guie em sua tarefa pessoal e coletiva. É propor para si e para o conjunto da humanidade: um projeto de vida compartilhável e universalizável.

Como isso não é trivial nem fácil de imaginar e, além disso, é muito difícil de realizar, os humanos só podem avançar em um projeto desse calibre com o esforço de toda uma vida. Por isso, tem que ser um projeto de vida e humanidade, justificando por que é tão importante salvaguardá-lo, já que é consubstancial às pessoas e é condição de possibilidade do progresso fraterno de amplos setores sociais e, inclusive até mesmo, da humanidade como um todo.

Dado que – portanto - não basta uma decisão mais ou menos pontual e ambiciosa, é necessária uma esforçada elaboração e, inclusive, a incorporação a esse projeto pessoal do máximo de pessoas convencidas para a causa, que não é tanto a causa de uma pessoa isolada, mas da humanidade! Por isso, os atentados contra os projetos humanos de vida são atentados contra as pessoas e até mesmo - de certa forma - contra a humanidade. São crimes contra a humanidade!

Como disse John Donne, "ninguém é uma ilha, inteiro em si mesmo" e - por isso - toda criação humana valiosa requer muitos dias de esforço individual e coletivo. Até mesmo o Gênesis enfatiza sugestivamente que Deus precisou de sete dias para a criação. Se, como sugere Hegel, Deus ou o *Weltgeist* é uma substância que é sujeito, que advém dialeticamente avançando através da negatividade (Mayos), a humanidade deve se realizar através da dialética real e conflituosa que abrange toda a vida, não apenas de uma parte, por mais importante ou brilhante que esta seja!

Mas ainda mais do que para o *Weltgeist*, o fazer humano - seja pessoal, particular ou geral - é interminável e até vulnerável em si mesmo, no mais importante de si mesmo e em seu legado para a humanidade presente e futura. O ser humano está inevitavelmente lançado à existência (Heidegger) e nela deve se pro-jetar como sujeito, é dizer, literalmente, o 'sub-iecto', o lançado debaixo, e portanto deve se formular como projeto de vida.

Dissemos que, ser humano é querer sê-lo, torná-lo uma tarefa, propô-lo e, portanto, gerar um projeto de vida. Pela magnitude da tarefa e pela finitude de nossa condição, tem que ser um projeto a longo prazo, para toda a vida das pessoas e – talvez - em alguns aspectos especialmente difíceis para a vida de toda a humanidade em conjunto. Na medida em que ser pessoa significa cuidar das outras pessoas como de si mesma, o projeto para a própria vida também deve se pro-jetar além dela, no tempo e de forma universalizada.

Embora todo projeto de vida seja vulnerável e possa ser cortado violentamente em um momento ruim – pois a pessoa nada pode, se não tiver vida –; o fazer assim identificado também se projeta como algo normativo que vai além da própria e limitada esperança de vida. Embora

– em sua radicalidade – ninguém viva a vida de outro, nenhum projeto pessoal pode prescindir das outras pessoas.

Devemos mesmo enfrentar o fato de que – pela vulnerabilidade humana – todo projeto pessoal de vida sempre fica de alguma maneira truncado. No entanto, sua grandeza está precisamente em que valeu a pena definir e tentar o projeto de vida, pois é isso que faz ser pessoa e humaniza. Mais do que sua realização plena e incluindo os menores detalhes!

Pelos acasos da existência e pela complexidade da conexão do próprio projeto de vida com os das outras pessoas, dificilmente ele pode ser plenamente realizado no tempo limitado da vida efetivamente vivida. Mas seu próprio esforço dá dignidade humana e converte em pessoa (Oliveira, Sessarego) aquele que o projeta. Torna-o digno de ser reconhecido em sua individualidade e como membro da sociedade (Honneth), e mostra que é um ser com "direito a ter direitos".

Pois de alguma forma se cumpriram as condições mais importantes do imperativo categórico kantiano: dar a si mesmo autonomamente e livremente sua própria máxima e projeto de vida, de forma que seja universalizável para todos e em qualquer circunstância pessoal. Assumindo a tarefa – apesar da vulnerabilidade que sempre nos ameaça –, o humano se torna pessoa, digno de sua "condição humana" e se abre para a aspiração, segundo Kant, "do que nos é dado esperar".

Gonçal Mayos

Professor titular de Filosofia no Departamento de Filosofia da Universidade de Barcelona (UB).

SUMÁRIO

INTRODUÇÃO:

uma Macrofilosofia da Liberdade

A proposta deste livro é investigar e expor os fundamentos de um direito humano ao projeto de vida, estabelecendo assim uma base para a elaboração de uma doutrina consistente em torno daquele direito – que abarcará, consequentemente, o aspecto do dano, que ganhou forte impulso internacional a partir do julgamento do caso Loayza Tamayo (1998) pela Corte Interamericana de Direitos Humanos.

Inicia-se a investigação com uma homenagem ao professor Carlos Fernández Sessarego, que fez da construção de uma teoria em torno do direito ao projeto de vida uma missão existencial, a partir de uma intuição central:

> O ser humano se encontra, em um tempo e em um espaço dados, lançado no mundo, submerso no tempo cosmológico e tendo que fazer sua vida numa dimensão coexistencial. Se encontra existindo, *vivendo* e, como consequência dessa situação, se pergunta, consciente ou inconscientemente, "o que fazer de minha existência?", "qual *sentido* quero outorgar à *minha* vida?". Possui, então, como resposta a esta profunda inquietude, a capacidade para conceber seu *projeto de vida*, aquela missão ou atividades que decide realizar durante seu existir humano.[1]

Sessarego afirma que na atualidade cada vez mais o ser humano é consciente de que possui uma razão de ser, e o conceito e a expressão *projeto de vida* vêm se difundindo aceleradamente, tanto na academia quanto nos meios de comunicação.[2] Com o tempo, seria esperado que

---

1. Sessarego, C.F. 2016. "El Derecho y la Libertad como proyecto". *Ius et Veritas*, 24 (52), p. 121. Traduzimos. Disponível em https://revistas.pucp.edu.pe/index.php/iusetveritas/article/view/16375 (acesso em 11/03/2023).
2. *Ibid.*, p. 121.

começassem a ser absorvidos pelo universo jurídico. E, por meio desta investigação, nos juntamos a esse esforço.

Propor o esboço de uma Teoria do Direito ao Projeto de Vida é, a nosso ver, uma tarefa necessária e urgente, pois a Filosofia do Direito da atualidade carece de propostas de teorização e sistematização do Direito ao Projeto de Vida. Nesse aspecto, mesmo o próprio Sessarego, que propôs as bases de uma Teoria do Direito ao Projeto de Vida, não chegou a concluir uma construção sistemática e organizada. Daí decorre a noção da gravidade e responsabilidade de assumir tal empreitada. Para fazer jus a essa responsabilidade, há que se enfrentar cientificamente a questão à maneira dos clássicos, esmiuçando, esquadrinhando e descrevendo à exaustão o fenômeno investigado. Isso poderá tornar árida a leitura do trabalho, que por vezes se externará como obra de natureza minuciosamente esquemática. Contudo, é a atitude certa a se adotar quando o pesquisador se encontra de um campo com tantas veredas ainda inexploradas.

Trata-se, sem dúvida, de desafio imenso, talvez invencível; contudo, é cada vez mais assente a noção de que o ser humano vive em torno de um *projeto de vida*, e a realidade interpela o pesquisador a abraçar a tarefa de propor os fundamentos, razões, objetivos e sistematização de um novo direito – o direito ao projeto de vida -, e de posicioná-lo como mecanismo de reação à tecnobarbárie que assola o mundo pós-moderno.

Dito isso, temos consciência da dificuldade de se alcançar plenamente esse ambicioso objetivo. Por isso mesmo é que nos daremos por satisfeitos casos logremos, ao final, construir um esboço racional das bases para esse novo direito, abrindo assim picadas que estudiosos posteriores poderão adentrar para construir e sistematizar uma doutrina jusfilosófica. E esse trabalho de construção é essencial, como pontificou Sessarego:

> Tratando-se de uma instituição em pleno processo de evolução doutrinária, obriga a redobrar os esforços para difundir os supostos e alcances ... e a colocar de manifesto sua capital importância, já que o objetivo é proteger a pessoa humana naqueles aspectos fundamentais de sua existência como são sua vida mesma, sua liberdade e sua identidade.[3]

3. Sessarego, C.F., 1997. Daño a la identidad personal. *THEMIS Revista de Derecho*, (36), p. 272. Disponível em https://revistas.pucp.edu.pe/index.php/themis/article/view/11743 (acesso em 11/03/2023).

Feita essa abertura, há que demarcar o caminho da reflexão, revelando seu *objeto*, *metodologia*, *método de trabalho*, *tese principal*, *estrutura* e *motivações*.

O ***objeto*** frontal da investigação é o direito ao projeto de vida: sua fundamentação, descrição, conceituação, proteção e reparação. E já no início do percurso irromperá a consciência de que falar de direito ao projeto de vida é explicitar o soterramento histórico gradual do projeto de vida – e, portanto, do ser humano enquanto ser livre e *in fieri*. Esse fato impelirá a busca para além dos territórios óbvios de investigação.

Não subestimamos a envergadura da incumbência, verdadeira odisséia crítica, antropológica e jurídica. Por isso mesmo é que a ***metodologia*** do trabalho consistirá num exame macrofilosófico dos eventos concretos e estruturas teóricas que buscaram interpretá-los e compreendê-los no curso da história humana para, a partir de então, efetuar uma espécie de fenomenologia do projeto de vida.

A propósito do caminho macrofilosófico, esclarece Mayos, professor titular de filosofia no Departamento de Filosofia da Universidade de Barcelona, que

> Propomos o neologismo "macrofilosofia", como já é comum falar em outras disciplinas de "macroeconomia" ou "macrohistória".
>
> De forma análoga, associamos a "macrofilosofia" às análises de conceitos que, mais além dos que tenha elaborado tal ou qual filósofo concreto, manifestam as mentalidades ou cosmovisões de amplas camadas da população e durante consideráveis períodos temporais. Assim como a macroeconomia estuda as relações entre os valores econômicos agregados e os explica a partir do comportamento dos grupos de agentes econômicos, a macrofilosofia estuda os conceitos filosóficos agregados (mentalidades sociais, grandes linhas culturais, ideias "força", cosmovisões, etc.) e as explica a partir das circunstâncias compartilhadas pelos grupos de agentes culturais. ... indo mais além das contribuições mais pessoais que alguns filósofos tenham levado a cabo, por valiosas que sejam em si mesmas. Ainda que a macrofilosofia também as tenha em conta, dessas questões mais idiossincráticas, vinculadas ao gênio individual ou centradas em detalhes e concreções muito particulares, se ocupam especificamente análises "microfilosóficas" – de seu lado, igualmente valiosas. ... Por outro lado, resulta claro que os estudos macro são muito importantes para determinar

> claramente o contexto global e o momento evolutivo das influências em que se inscrevem os filósofos concretos.[4]

Em suma: assim como a macroeconomia não está acima da economia, mas antes retrata uma perspectiva interna daquela disciplina ao lado da microeconomia, a macrofilosofia, adjacente ao que se poderia chamar, por contraste, "microfilosofia", não pretende se colocar num *topos* superior ao da Filosofia. Pelo contrário, se assume como instrumento analítico a serviço do projeto filosófico universal, também ele hoje vítima da hipertrofia das abordagens parciais e ultraespecializadas. Grosso modo, poderíamos empregar uma analogia óptica para afirmar que a Macrofilosofia, por meio da adoção de uma maior distância focal, busca se colocar à altura da difícil tarefa de identificar, recolher e articular emanações filosóficas e culturais de vasto espectro.

O filósofo catalão Mayos admite que se trata de uma empreitada analítica ambiciosa, pois necessita partir de rigorosos exames "micro" para "integrá-los comparativa e interdisciplinarmente e assim poder destacar os grandes traços das mentalidades sociais e as épocas".[5] Contudo, a proposta da investigação não pode prescindir da ousadia intelectual da Macrofilosofia, pois seu horizonte de investigação é um colossal arco que se estende desde as primeiras noções da *mathesis* universalis, na aurora da história, até as constatações perturbadoras de Mayos e Han sobre a situação do ser humano na pós-modernidade, o *homo obsoletus*.[6] Desse conjunto a Macrofilosofia deverá extrair

> ...dito 'sentido' filosófico global recolhendo, integrando e sintetizando interdisciplinarmente ... E compatibilizando-os com rigor, apesar do crescente efeito desagregador e desanimador da ultra-especialização dos distintos saberes.[7]

4. Mayos S., Gonçal. 2012. *Macrofilosofía de la modernidad*. DLibro, Madrid, p.9-10.
5. *Ibid.*, p. 15.
6. Mayos S., Gonçal., 2016. *Homo obsoletus: precariedad y desempoderamiento en la turboglobalización*, Linkgua Pensamiento. Red ediciones, Barcelona.
7. Mayos S., Gonçal., 2012. *Macrofilosofía de la modernidad*. DLibro, Madrid, p. 13.

Nessa linha, analisar o problema que nos desafia com as lentes da Macrofilosofia é aderir a uma atitude existencial; afinal, como afirmou Romero, "o humanismo tem como base a atitude filosófica".[8] Trata-se, portanto, de assumir a tarefa de "...liberação filosófica da mentalidade decimonônica como liberação do reducionismo" para ir em direção a uma "compreensão do homem em sua integridade", para "recuperar a *plenitude dos horizontes da razão,* que, sob a eficácia científico-naturalista, havia sido restrita ao âmbito do 'objetivo'".[9]

Assim sendo, a investigação do problema do projeto de vida se torna uma longa jornada através de colossal labirinto de fatos e construções históricas, e a Macrofilosofia é o fio de Ariadne capaz de nos guiar até nosso destino. O final do percurso é incerto: poderemos nos encontrar diante de uma saída, de uma aporia, ou de um novo ponto de partida. Contudo, o simples lançar-se numa empreitada macrofilosófica já nos insere no fluxo da tarefa fundamental brandida por Kant: o despertar do sonho dogmático.

O ***método de trabalho*** seguirá a máxima husserliana: o verdadeiro método segue a natureza das coisas que precisa investigar, e não nossos preconceitos nem nossas imagens prévias.[10]Adentrando essa vereda, antes mesmo que se complete a primeira órbita em torno do núcleo problemático do trabalho nos vemos diante de uma matriosca[11]: ao nos debruçarmos sobre a doutrina sessareguiana do dano ao projeto de vida, descobrimos que primeiro é preciso falar sobre o seu fundamento, que é o *direito* ao projeto de vida. Mas ao examinar mais de perto aquele *direito*, reivindica atenção o problema de sua premissa antropológica (o ser humano é um ser-projeto?), e é preciso então trabalhar a partir da Antropologia Filosófica. Mas chegando nesse estágio descobriremos que a charada ainda não terminou, e aparece ali mais uma "boneca": na base da premissa antropológica há outro problema, o de um conflito visceral

8. Romero, Isidro Gomez, 1995. *Husserl y la Crisis de La Razon*. Prologo de Antonio Millan Puelles.1ª ed. Ediciones Pedagógicas, Madrid, p. 74.

9. *Ibid.*, p. 200.

10 Husserl , E. . A filosofia como ciência de rigor. *Revista de Estudos Universitários - REU, [S.l.]*,v.1,n.1,2021,p.54. Disponível em: http://periodicos.uniso.br/ojs/index.php/reu/article/view/1585 (acesso em 20 jan. 2022).

11. Brinquedo constituído de uma série de bonecas, uma dentro da outra, da maior para a menor.

no qual se joga o próprio destino da humanidade, qual seja, a oposição entre as perspectivas tecnocientífica e humanista. E no final do jogo, como epicentro problemático, descobrimos, perplexos, que a boneca derradeira – e ponto de partida – é a questão da liberdade.

Mas não há tempo para descanso: decifrada a matriosca, o método imediatamente nos impele a retornar sobre nossos passos, e na remontagem macrofilosófica do brinquedo devemos recolocar suas coberturas, dessa vez pintando-as com camadas críticas. No final perceberemos algo de que Sessarego talvez suspeitasse desde o início, já que postulou que sua construção jurídica se inseria no fluxo de um projeto mais amplo de "retorno ao humano": a reflexão sobre o direito ao projeto de vida acaba se tornando uma investigação sobre a própria liberdade. Daí podermos afirmar que o trabalho se constitui numa Macrofilosofia da Liberdade.

Passamos, então, à apresentação da ***estrutura*** do trabalho, que será dividido em três partes:

1. Filosofia da Ciência – Causas da oclusão do direito ao projeto de vida
2. Antropologia filosófica – Natureza projetiva do ser humano
3. Filosofia do Direito – Teoria do Direito ao Projeto de Vida.

A propósito, seguiremos as lições de Sennet sobre a necessidade, para a elaboração de qualquer obra consistente, de escapar à hipervelocidade da era pós-moderna, abraçando uma espécie de cadência mental e temporalidade à qual chama de "virtude do agricultor".

Esboçar, talvez pela primeira vez, a sistematização de um direito, é como o ato de semear: se não for precedido da limpeza e do preparo da terra, estará fadado ao malogro. Por isso mesmo é que na jornada adiante teremos que nos guiar pela virtude do agricultor, seguindo cautelosamente as fases necessárias: limpeza do terreno; preparo da terra; e, só então, plantio das sementes.

Na primeira parte, faremos a limpeza do solo histórico e teórico, abrindo espaço para iniciar a tarefa; na segunda parte, prepararemos o terreno, para que constitua chão ideal para o crescimento e enraizamento da proposta jusfilosófica; por fim, lançaremos a semente do esboço de uma teoria do direito ao projeto de vida.

Nessa linha, na primeira parte do trabalho, Arqueologia Macrofilosófica, faremos uma análise histórica e crítica da tecnociência e de como seu espraiamento sobre todas as regiões do conhecimento levou a uma "inumanização" do Direito, causando o soterramento de direitos humanos como o direito ao projeto de vida; na segunda parte, a Antropologia Filosófica, faremos um estudo racional do ser humano para demonstrar que se trata de um ser essencialmente projetivo, evidenciando assim que o projeto de vida é uma experiência fundamental e universal, merecendo proteção jurídica; na terceira e última parte, Direito ao Projeto de Vida, partiremos de seus fundamentos antropológicos e bases jusfilosóficas, e lançaremos o esboço de uma Teoria do Direito ao Projeto de Vida. Vale a pena um aprofundamento maior na descrição das partes do trabalho.

1ª parte – Filosofia da Ciência - Razões da oclusão do direito ao projeto de vida

Nessa primeira parte zarpamos da premissa de que os sistemas econômicos e sociais da pós-modernidade ultratecnológica têm como elemento-chave de funcionamento um ser humano reificado e subjugado e que, por isso mesmo, foi-se construindo todo um arcabouço para induzir a desidratação da liberdade do indivíduo, com o soterramento da dimensão humana e, com ela, de direitos como o direito ao projeto de vida. Nossa hipótese é de que esse estado de conflito tem raízes remotas na história humana, constituindo movimento similar ao percurso da Dialética da Ilustração proposto por Horkheimer e Adorno, que a Macrofilosofia permitirá analisar num espectro temporal ainda mais amplo. Por ter o intuito de compreender como chegou a humanidade a esse estado de coisas é que a primeira parte do trabalho será uma arqueologia histórico-crítica.

Tendo como eixo a denúncia da "geometrização ao absurdo" feita por Husserl em sua *Krisis*, o capítulo de abertura do livro propõe uma rememoração (*Erinnerung*) e principia assumindo uma tarefa descritiva que parte das primevas noções de *mathesis universalis* e suas raízes para mostrar como, em sua caminhada histórica, o ideal racional, decisivamente impulsionado pelo projeto galileano de matematização da natureza, levou a um domínio da razão matemática como modelo hermenêutico total da realidade.

A seguir será feita uma crítica da pretensão autoritária da racionalidade científica, explicitando-se seus problemas e fragilidades epistemológicas.

Ultrapassada aquela etapa, a análise se aprofundará para mostrar como aquele projeto de racionalização científica teve efeitos reducionistas sobre o próprio conhecimento, redundando no que já foi chamado de "estreitamento da razão".

Em seguida, mostraremos que uma das sequelas do estreitamento da razão é a desumanização do conhecimento em geral e, em consequência, do espaço social e interior do sujeito, degenerado num indivíduo objetificado.

De certa forma, nossa investigação sobre o direito ao projeto de vida inicia com uma espécie de "desconstrução" impelida pelas mesmas inquietudes e necessidades sentidas por Husserl. Na lição de Zaccaï-Reyners,

> Husserl abordou o tema do mundo da vida (*Lebenswelt*) no cerne de sua *Krisis*, redigida durante os anos 1935-1936, no crepúsculo de sua vida. A inquietude fundamental que impulsiona esse livro advém do **esquecimento do sujeito** que consagraria o triunfo da imagem objetivista do mundo desenvolvida dentro do quadro das ciências. O esquecimento das performances subjetivas subjacente à visão cientificista do mundo está, segundo Husserl, na origem da crise da humanidade europeia. Essa situação reclama desde então uma intervenção terapêutica. Mas, antes disso, Husserl procede a uma "desconstrução" a fim de estabelecer os fundamentos da crise que ele detecta.[12]

Tratando-se de uma reflexão a propósito de um tema jurídico, ajustaremos a distância focal de nossa lente macrofilosófica para falar da posição do Direito nesse amplo movimento de geometrização ao absurdo. Para esse próposito, utilizaremos como modelo o projeto matematizante da Teoria Pura do Direito de Kelsen.

Oportuno destacar que se trata de uma apropriação de recorte histórico de um momento da construção teórica de Kelsen, visando recolher o espírito do tempo e seu influxo na seara jurídica; dessarte, não se trata

12. Zaccaï-Reyners, N., 1995. *Le monde de la vie*, Humanités. Cerf, Paris, p. 82-83. Destacamos.

de uma análise da Teoria Pura do Direito, mas uma análise *a partir* da Teoria Pura do Direito, em sua primeira versão. Cientes da sensibilidade do tema, faremos o exame a partir das palavras do próprio Kelsen - registradas em sua conhecida autobiografia -, do texto original e de respeitada doutrina.

Escavando seus fundamentos e analisando seus objetivos, ficará claro se tratar de uma emanação do projeto cientificista sobre esfera jurídica e, dessa forma, passível de uma reflexão crítica similar ao percurso mais amplo que fizemos anteriormente. Ao final do tópico, virá à luz uma inusitada realidade: enquanto a Filosofia, por meio do projeto fenomenológico da "volta às coisas mesmas", reagia contra a abstração alienante do mundo da vida, o Direito, filho mais novo do projeto cientificista, sob o fluxo irresistível do projeto da Teoria Pura que exerce forte influência até os dias de hoje, olvidou (ou encobriu?) a perspectiva fenomenológico-existencialista, que é a base da noção de projeto de vida. Nossa hipótese é que aí se encontra uma das raízes para o que consideramos como a surpreendente sub-tematização do direito ao projeto de vida na esfera jurídica.

A intenção é que ao final da parte inicial da reflexão tenhamos uma leitura crítica desse movimento que nos trouxe até a trágica situação do ser humano contemporâneo como *homo fabricatus* (Habermas) ou, sob a perspectiva de Mayos, como *homo obsoletus*. Como assinalado, essa situação é essencialmente incompatível com um direito ao projeto de vida, que supõe um sujeito livre para se autodeterminar e autorrealizar. Nesse ponto do trabalho já deve estar patente a necessidade de incursionar pelo campo da Antropologia Filosófica para redescobrir o verdadeiro "ser" do homem – sem o qual será impossível postular a existência de um direito ao projeto de vida.

Ao final da empreitada arqueológico-crítica da primeira parte, nos deparamos com um ser humano residual, objetificado – ou, utilizando um termo de Marcuse, em situação de *unfreedom*. Portanto, antes de falar em Direito ao Projeto de Vida, que nada mais é do que manifestação efetiva da liberdade, será necessário **re-suscitar** o ser humano. O objetivo primordial do tópico é explicitar o *a priori* da existência de um Direito ao Projeto de Vida, que é antropológico.

Em suma, será preciso, nesse estágio, falar do ser humano. Por isso, a segunda parte será uma reflexão ancorada na Antropologia Filosófica.

2ª parte – Antropologia Filosófica: Natureza projetiva do ser humano

A hipótese é que o fundamento possível da existência de um direito humano a um projeto de vida só poderá ser encontrado a partir da investigação histórica da essência do ser humano e da conclusão, a partir dessa empreitada, de que o *projetar-se* constitui estrutura fundamental do ser humano e, dessa forma, liga-se de forma indissolúvel à sua dignidade enquanto fim em si mesmo. Como a disciplina que investiga o *ser* do homem é a Antropologia Filosófica, com base nessa ferramenta faremos uma escavação histórica das concepções do ser humano na história da Filosofia para demonstrar, a partir daí, que em todas elas uma característica emerge como invariante: o ser humano enquanto *ser-que-(se)projeta* – ou seja, que se configura existencialmente a partir de um projeto de vida. Nessa trajetória arqueológica em busca de evidências da natureza projetiva do ser humano, percorreremos brevemente os períodos Grego Arcaico, Helenístico, Patrística e Medievo, Filosofia Moderna, Racionalismo, Ilustração e Filosofia Contemporânea, com mais atenção sobre Kant e o Existencialismo.

Comprovado, por meio da Antropologia Filosófica, que possuir um *projeto de vida* é característica universal inerente a todo ser humano, teremos enfim estabelecido em nosso terreno a base para pontificar a necessidade da construção jusfilosófica de um direito ao projeto de vida.

3ª parte – Filosofia do Direito: Teoria do Direito ao Projeto de Vida

Por fim, na terceira parte falaremos diretamente do direito ao projeto de vida, desenvolvendo os marcos deixados por Sessarego e apresentando o esboço de uma Teoria do Direito ao Projeto de Vida.

Nesse propósito, refletiremos primeiramente sobre o que seja um *projeto de vida*, explicitando, numa fenomenologia, suas perspectivas essenciais, o que nos permitirá afirmar que se desdobra em duas faces: projeto de vida como autodeterminação e projeto de vida como autorrealização; a seguir, esboçaremos os contornos de uma possível sistematização de um *direito* ao projeto de vida; ato contínuo, já como exaurimento da obra, buscaremos dar uma singela contribuição à doutrina a propósito do *dano* ao projeto de vida. Nessa parte buscaremos recolher sob forma teórica elementos de nossa experiência concreta no julgamento de ações onde inscritos danos ao projeto de vida, propondo métodos para auxiliar o juiz na aferição e julgamento de danos ao projeto de vida. No fechamento, destacaremos como a proteção do direito humano ao projeto de vida pode servir de plataforma de resistência e reação contra os fenômenos atuais da tecnobarbárie e das ameaças representadas tanto por invasores da interioridade humana, como os algoritmos, quanto por eventos catastróficos de grande escala, como as tragédias socioambientais.

Por fim, para não tornar mais árida do que necessário a leitura do texto, destacamos que todas as citações e transcrições de obras não escritas em português foram traduzidas livremente pelo próprio autor.

Em "Humano, demasiado humano" Nietzsche afirmou que a ciência, ao lançar suspeitas sobre a metafísica, a religião e a arte – "consoladoras do homem" -, atingiu em cheio a própria humanidade do indivíduo. Vaticinou então que, mantida aquela trajetória, o curso posterior do desenvolvimento humano "pode ser previsto com quase certeza": "... a ruína das ciências, a recaída na barbárie...". E concluiu com uma advertência: "novamente a humanidade voltará a tecer sua trama, após havê-la desfeito durante a noite, como Penélope. Mas quem garante que ela sempre terá forças para isso?"[13] A humanidade já vai longe na noite da sociedade ultratecnológica, e muito do sudário de Laertes já foi desfeito. A advertência de Nietzsche se converte em desafio, e é preciso buscar forças para aceitá-lo, assumindo o encargo de contribuir na renovação da tessitura. Um fio essencial é a reflexão sobre o direito humano ao projeto de vida. Lancemo-nos à tarefa.

13. Nietzsche, F.W., Souza, P.C. de, 2007. *Humano, demasiado humano um livro para espíritos livres*. Companhia de Bolso, São Paulo, p.158-159.

PARTE I

FILOSOFIA DA CIÊNCIA:

Elucidando causas da oclusão de um direito humano ao projeto de vida

LIMPANDO O TERRENO

para viabilizar a proposta de uma Teoria do Direito Projeto de Vida

Imagem. https://extensionesp.umd.edu/2022/03/29/preparacion-del-suelo-ideas-y-consideraciones/. Acesso em 11/03/2023.

EMENTA: *A investigação acerca da existência de um direito humano a um projeto de vida, apesar de se basear numa noção relativamente autoevidente, foi surpreendentemente relegada a segundo plano na história da jusfilosofia. A tese é que a causa dessa sub-exploração é o domínio eminente do paradigma da racionalidade tecnocientífica, que se ergueu como uma enorme muralha diante de qualquer pretensão de construir um direito que precisa se ancorar, fundamentalmente, numa concepção do ser humano como causa e finalidade do Direito. A primeira parte da obra buscará deitar ao chão essa muralha pois, sem isso, não seria possível nem mesmo começar a empreitada responsável de edificação de uma Teoria do Direito ao Projeto de Vida.*

CONSIDERAÇÕES PRELIMINARES: O RESGATE DO PROJETO DE VIDA POR SESSAREGO

Na apresentação à autobiografia de Hans Kelsen, Villar Borda destaca o papel histórico daquele jurista na redação da Constituição da Primeira República Austríaca, notadamente com a positivação de sua ideia sobre o controle de constitucionalidade (que exerceria na prática como juiz do Tribunal Constitucional por ele concebido, durante onze anos, até a extinção daquele tribunal já pela força de movimentos precursores da ditadura fascista).[1] É muito interessante observar o misto de acaso e oportunidade que colocou o jurista naquela posição - quando ainda não era uma figura proeminente, mas apenas um acadêmico relativamente jovem, que havia ocasionalmente chamado a atenção do comando militar pela qualidade de um artigo jurídico publicado enquanto ainda conscrito. Temos a fortuna de ter recebido um relato pela caneta do próprio Kelsen:

> Depois de ter deixado, no final de outubro de 1918, o serviço militar e haver retornado a minha atividade acadêmica, fui convocado pelo doutor KART RENNER, chanceler do governo provisional germano-austríaco, a seu escritório, a chancelaria estatal, para cooperar na preparação da Constituição definitiva austro-alemã. ... Minha tarefa principal foi o projeto de Constituição definitiva.
>
> Elaborei numerosos projetos tendo em conta possibilidades políticas muito diversas. Com respeito à parte jurídico-técnica do projeto, eu tinha completa liberdade.
>
> RENNER estava, como já se disse, por demais absorvido por outras demandas, e o membro do Gabinete cuja especial tarefa era a preparação da Constituição, o professor de história da Universidade de Inssbruck, doutor MICHAEL MAYR, pertencente ao Partido Social Cristão, não tinha compreensivelmente nenhum interesse nos problemas especificamente jurídicos. Ele me dava plena liberdade a esse respeito. Eu tive a impressão de que considerava como sua tarefa principal a de afastar do texto da Constituição aquelas determinações não desejadas pelo Partido Socialista Cristão. De fato, a Assembleia Nacional constituída aprovou com proporcionalmente poucas modificações um dos projetos que elaborei. A parte que mais se aproxima de mim e que considero minha obra pessoal,

1. Kelsen, H. 2008, *Autobiografía. Hans Kelsen* (Spanish Edition). Universidad Externado. Edição do Kindle.

> o controle de constitucionalidade, não sofreu nenhuma modificação nas negociações parlamentares.[2]

No que tange a nosso objeto de investigação, qualquer um que inicie estudos sobre o direito ao projeto de vida provavelmente se admirará da ausência de tematização explícita sobre o tema até que Sessarego o apresentasse – e, naturalmente, se indagará sobre as condições que o teriam levado a ser o primeiro a lançar aquela discussão jurídica em campo aberto.

Uma possibilidade é a de que, assim como Kelsen, o também jusfilósofo e professor Sessarego era o homem certo, no lugar certo, e na hora certa, conjugando atributos intelectuais com uma posição institucional que lhe dava força e condições de implementar sua visão – em rara concretização histórica de algo da utopia platônica da Calípolis e seu governante filósofo. Sessarego conta como se passaram os eventos:

> Em primeiro de março de 1965, vinte e dois dias depois de haver assumido, em 8 de fevereiro, quem isto escreve como Ministro da Justiça, o Presidente Fernando Belaunde assinou o Decreto Supremo 95, com o qual se criava uma comissão "que se encarregará do estudo e revisão do Código Civil". O Código foi promulgado em 14 de novembro de 1984. O processo havia durado quase vinte anos. ... Nos tocou presidir, em nossa qualidade de Ministro da Justiça, este primeiro grupo de juristas dos quais sou o único sobrevivente.[3]

Num marco de sua trajetória, Sessarego relata que ao concluir a análise do antigo Código Civil foi tomado de perplexidade (que consideramos como momento instaurador e deflagrador de sua empreitada jusfilosófica):

> É assim que, surpreendentemente, no Código Civil de 1936, não consta em seus artigos a proteção, por exemplo, da vida, nem da liberdade; nem da integridade psicossomática. Esta básica proteção estava incrivelmente ausente em seu texto. Nem tampouco restaram protegidos outros direitos

2. Kelsen, H. 2008, *Autobiografía. Hans Kelsen* (Spanish Edition) . Universidad Externado. Edição do Kindle.
3. Sessarego, C.F. 2014. El Código Civil peruano de 1984: Su elaboración, sus aportes, las enmiendas que reclama. *THEMIS Revista De Derecho*, (66), p. 41. Disponível em https://revistas.pucp.edu.pe/index.php/themis/article/view/12687 (acesso em 18 de janeiro de 2022).

> básicos da pessoa como sua intimidade ou sua honra. A pobreza do Livro Primeiro do Código de 1936 é desconcertante.[4]

De modo direto, Sessarego declarou o que entendia ser a razão daquele olvido que teria dado ao corpo civil peruano um "caráter substancialmente egoísta": uma índole individualista e patrimonialista, herdada das ideologias consagradas no código napoleônico e que, segundo ele, influíram de forma acentuada nas ordens jurídicas modernas:

> O Código Civil de 1936 tinha como sustento uma ideologia individualista e patrimonialista que se reflete em sua estrutura. Esta mentalidade, de caráter substancialmente egoísta, desconhece ou não valora devidamente os direitos das demais pessoas com as quais se convive, em exclusivo benefício do titular de um direito subjetivo.[5]
>
> Sua índole patrimonialista deriva de uma atitude carente de valores de justiça, solidariedade e segurança, que se concretiza na proteção da propriedade como se fosse o elemento central do Direito, o ente a proteger prioritariamente. Dita obsoleta mentalidade individualista-patrimonialista inspira todos os códigos civis derivados do Código Civil dos franceses de 1804, incluindo os peruanos de 1852 e 1936. O Código de Napoleão prescreve que a propriedade é "absoluta, inviolável e sagrada", qualificativos que, é claro, não se concedem tratando-se da pessoa humana.[6]

Embora não tenha explorado com profundidade essa "genética individualista", os escritos de Sessarego indicam que já reconhecia, nas entrelinhas da história, o real pano de fundo do inusitado "esquecimento": a disseminação furtiva de uma perspectiva reificante que, como veremos, se expandiu no bojo de crescente configuração tecnológica desumanizante de todas as estruturas sociais, com destaque para os ordenamentos jurídicos.

Sessarego recorda que foi num ensaio intitulado "*O dano à pessoa no Código Civil de 1984*", publicado naquele mesmo ano de promulgação do referido diploma, a primeira oportunidade em que fez referência escrita "a esta radical modalidade de dano ao projeto de vida, ideia que havia amadurecido em nós através do tempo, a partir de uma mais profunda

4. *Ibid.*, p. 43. Destacamos.
5. *Ibid.*, p. 43.
6. *Ibid.*, p. 42.

reflexão sobre a escritura mesma do ser humano, artífice e protagonista do Direito."[7]

Sendo certo que mesmo após a publicação do novo Código Sessarego continuou a amadurecer e enriquecer sua teoria, em seus escritos é possível identificar, ao lado de diagnósticos sobre a índole desumanizante e individualista das ordens jurídicas, uma visão otimista sobre o estado de coisas:

> Felizmente os critérios puramente patrimonialistas vão sendo deslocados no mundo atual para um lugar que, sem desconhecê-los, hierarquicamente lhes corresponde, é dizer, subordinados à privilegiada proteção jurídica que merece o ser humano. Cada vez se compreende com maior claridade, em que pese o embate dos materialistas de toda espécie e dos absolutamente pragmáticos, que o ser humano é um fim em si mesmo e que o patrimônio é um instrumento indispensável a seu serviço.[8]

Fazemos aqui um interlúdio para revelar que a primeira leitura dessa afirmação de Sessarego nos remeteu imediatamente a um artigo jornalístico publicado no jornal Gazeta do Povo, sob o título "Tabela do DPVAT coloca preço em partes do corpo"[9]. O DPVAT é o acrônimo criado para expressar o Seguro Obrigatório de Danos Pessoais Causados por Veículos Automotores de Via Terrestre no Brasil. Segundo a matéria, as indenizações pagas pelo DPVAT "agora têm uma tabela com valor para cada parte do corpo humano. Como exemplo, a perda de um membro superior (braço ou mão) vale R$ 9.450, a surdez R$ 6.750 e um dedo R$ 1.350. ... As novas regras foram aprovadas quarta-feira pelo Senado. Elas já estão em vigor desde o dia 16 de dezembro, com a Medida Provisória 451/2008...". No corpo da matéria, o jornal apresentava um infográfico:

7. Sessarego, C.F. 1996. Daño al proyecto de vida. *Derecho PUCP, (50)*, 47–97, p.56. Disponível em https://revistas.pucp.edu.pe/index.php/derechopucp/article/view/5925/5934 (acesso em 25/02/2023).
8. *Ibid.*, p.77.
9. Bertotti, João Natal. "Tabela do DPVAT coloca preço em partes do corpo". *Gazeta do Povo*, 14/05/2009. Disponível em https://www.gazetadopovo.com.br/curitiba/tabela-do-dpvat-coloca-preco-em-partes-do-corpo-bkr9qfTraduzimos e destacamos.hzr9li5wun6993dce/ (acesso em 25/02/2023).

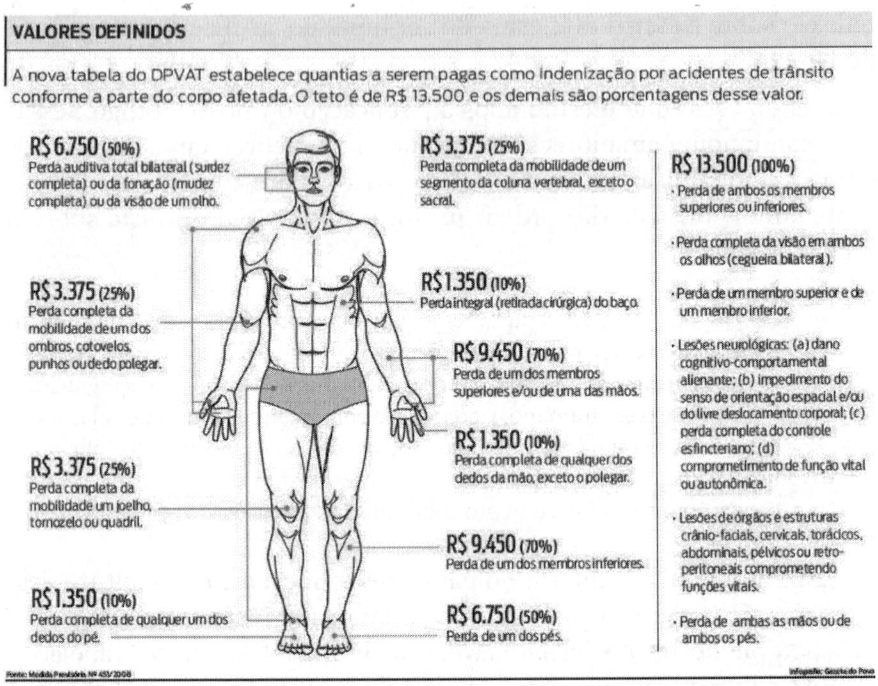

A irrupção de construções normativas e técnicas da espécie supra parece ter se tornado cada vez mais comum. Refletindo hoje, na alvorada da terceira década do século XXI, sobre aquele prognóstico confiante de Sessarego (lançado ainda sob o hálito do período chamado por alguns de "trinta anos gloriosos" e, por outros, "Era de Ouro", aproximadamente entre 1945 e 1975),[10] parece que se faz necessário, antes de qualquer investida sobre os fundamentos teóricos do direito ao projeto de vida, lançar mais uma vez um olhar sobre seus bastidores - desta feita sob a lente da Macrofilosofia.

Essa tarefa não pode ser subestimada. À época da concepção e positivação da "teoria do dano ao projeto de vida" as tecnologias que realizariam o sombrio vaticínio panóptico de Foucault ainda nem engatinhavam; hoje, a cacotopia do controle infinitesimal dos corpos e mentes é uma realidade em plena operação sob o furtivo e incansável olhar dos algoritmos. Talvez agora mesmo, no momento em que se escrevem essas

10. Drawin, Carlos Roberto. A morte e a modernidade: meditações nos tempos da pandemia. A: Oliveira Moreira, J. de. *Luto e morte em tempos de pandemia*. Belo Horizonte: Editora UEMG, 2021, p. 28.

reflexões, estejam as mesmas sendo coletadas em tempo real, e remetidas para análises invisíveis no *corpus* da *big data*. A velocidade de mudança da realidade humana aumentou exponencialmente, sob o impulso de uma força que Mayos denominou "turboglobalização",[11] e a situação do ser humano se degradou sobremaneira, num rumo descendente que importantes filósofos qualificaram como a transição de uma situação de *homo faber* para a de *homo fabricatus*.

Sendo assim, parece legítimo indagar: teria sido possível ao jusfilósofo, dadas as circunstâncias, avaliar a situação de seu programa num ecossistema em que novas realidades como a da algocracia[12], Estados-plataforma[13] ou a constitucionalização de neurodireitos[14] pululam em todos os pontos da superfície social? O otimismo de Sessarego seria ainda hoje justificado, ou deveria ser ele também cotejado? Entendemos que deve haver esse cotejo, pois não é possível falar com justiça da teoria do direito ao projeto de vida sem atualizar ao máximo o cenário onde tudo está em jogo. E, nesse sentido, duas situações já parecem se antecipar.

---

11. Mayos S., Gonçal., 2016. *Homo obsoletus: precariedad y desempoderamiento en la turboglobalización*, Linkgua Pensamiento. Red ediciones, Barcelona.
12. Neves, I. B. S., Vianna, F. R. P. M., & Sutil, B.N. Algocracia: Uma análise crítica sobre a gestão mediada por algoritmos. *Contextus – Revista Contemporânea de Economia e Gestão*, 19(16) (2021), 246-256. Disponivel em http://periodicos.ufc.br/contextus/article/view/67949 (acesso em 11/03/2023).
13. De acordo com Pierre Lévy, já estaríamos sob o jugo de um tecnopoder mundial ao qual chama de Estados-plataformas (Apple, Microsoft, Google, Facebook, Amazon etc.), que já estariam acima dos Estados-nação. Hermoso, Borja. Pierre Lévy: "Muitos não acreditam, mas já éramos muito maus antes da internet". *El País*, Madri, 01/07/2021. Disponível em https://brasil.elpais.com/eps/2021-07-01/pierre-levy-muitos-nao-acreditam-mas-ja-eramos-muito-maus-antes-da-internet.html?ssm=whatsapp (acesso em 25/02/2023).
14. Buscando proteger a integridade mental do indivíduo ante os avanços da inteligência artificial, o Chile constitucionalizou, em 2021, a proteção aos neurodireitos:
Capítulo III De los derechos y deberes constitucionales Artículo 19.- La Constitución asegura a todas las personas:
1°.- El derecho a la vida y a la integridad física y psíquica de la persona.
El desarrollo científico y tecnológico estará al servicio de las personas y se llevará a cabo con respeto a la vida y a la integridad física y psíquica. La ley regulará los requisitos, condiciones y restricciones para su utilización en las personas, debiendo resguardar especialmente la actividad cerebral, así como la información proveniente de ella. Chile, 1980. *Constitución Política de la República de Chile*. Disponível em https://www.camara.cl/camara/doc/leyes_normas/constitucion_politica.pdf (acesso em 22 fevereiro 2023).

Em primeiro lugar, a de que seu projeto jusfilosófico, que pela índole existencialista já poderia ser considerado antissistêmico à época de sua formulação, tem seu caráter subversor acentuado com o advento de um mundo turboglobalizado e turbodigitalizado. Na era dos algoritmos e das redes sociais, a mera postulação de um direito humano fundamental a um projeto de vida constitui uma afronta à estrutura econômica tecnocientífica, que assentou as engrenagens de seu mecanismo sobre o chassi de um ser humano atomizado e reificado.

Em segundo lugar, a de que a tarefa da concretização de um direito ao projeto de vida se torna mais e mais árdua, dado o terreno cada vez mais hostil aos postulados existencialistas centrados numa concepção do ser humano enquanto liberdade. Foi o que percebeu Marcuse, para quem:

> ... a apreensão das potencialidades de liberdade e felicidade tornariam possível a negação das condições que inibiam o pleno desenvolvimento e realização do indivíduo. Em outras palavras, perceber a possibilidade de autodeterminação e construir suas próprias necessidades e valores poderia possibilitar aos indivíduos romper com o mundo de pensamento e de comportamento existente. A Filosofia deveria, assim, prover as normas para a crítica social e o ideal de liberação que guiaria a mudança social e a autotransformação individual.[15]

Dessa forma, para que se coloque como programa viável, o direito ao projeto de vida precisará se mover com precisão e se postar com vigor - o que não será possível sem um mapeamento do terreno minado em que se encontra e, mais ainda, sem um redobrado esforço teórico fundacional.

Por meio de uma arqueologia macrofilosófica, pensamos ser possível dar uma resposta ao olvido histórico do projeto de vida, gerador da perplexidade deflagradora da jornada filosófica de Sessarego. Caso bem sucedida a empreitada, se abrirá à teoria do direito ao projeto de vida um espaço de construção da tarefa que lhe foi destinada – que, como veremos, se tornou tão mais indispensável quanto desafiadora.

15. Marcuse, H. Kellner, D., 2007. *One-dimensional man: studies in the ideology of advanced industrial society*, Repr. ed, Routledge classics Philosophy. Routledge, London, p. xv.

Por isso, antes de adentrar na configuração do direito ao projeto de vida, é imperativo examinar novamente a topografia do terreno que precisará percorrer - o que será feito desde as origens da *mathesis universalis*, no desabrochar do ideal matemático, até a realidade atual, com o que parece ser a concretização dos vaticínios mais fatídicos da Teoria Crítica. Somente após essa contextualização será possível responder à perplexidade instauradora de Sessarego, abrindo-se uma via para a explicitação dos fundamentos antropológicos e jurídicos do direito ao projeto de vida. Na primeira parte do livro nos dedicaremos aos trabalhos de abertura dessa picada.

1. ARQUEOLOGIA MACROFILOSÓFICA: PERCURSO HISTÓRICO E CRÍTICA DA RAZÃO TECNOCIENTÍFICA

"Allez, Protagoras, découvre-moi ta pensée sur ce point: quelle est ta position à l'égard de la science?"[16] (Platão)

Estudiosos da obra de Lima Vaz costumam afirmar dele que sempre fez Filosofia fazendo *História* da Filosofia. Com efeito, em suas obras podemos observar como soía iniciar suas reflexões por uma vigorosa *Erinnerung*, ou rememoração. Nas lições do professor jesuíta Delmar Cardoso, integrando em seu filosofar *anamnesis* (recordação) e *nous* (pensamento), Lima Vaz fez de sua obra rememoração pensante, e não mera arqueologia de ideias mortas.

Em nossa análise, adotaremos essa proposta de uma arqueologia *crítica*, esperando que de suas escavações exsurja retrato vivaz do fenômeno investigado: a aventura da parelha *razão* e *liberdade* desde seus momentos inaugurais até a trágica pós-modernidade, onde cada vez mais se reduzem os espaços humanos de liberdade e, dessa forma, de um projeto de vida.

Mayos ensina que o núcleo comum das filosofias da história é a busca de uma ordem racional sob o caos aparente da história: analisando as características das escolas de Kant e Herder, afirma que "não se reduzem

16. "E afinal, Protágoras, revela a mim o que pensa sobre este ponto: qual é sua posição em relação à ciência?" Ildefonse, F. 1997, *Platon, Protagoras*, GF Flammarion. Flammarion, Paris, p. 129.

em nenhum momento a uma mera cronologia, historiografia ou metodologia da história (a uma descrição e mera análise dos dados empíricos do devir). Pelo contrário, para elas, da análise da história, imediatamente tem que emergir um Sentido (em maíuscula) que una todos esses dados ou acontecimentos históricos."[17]

Com a ferramenta da Macrofilosofia, buscaremos descrever a trajetória da atemporal intuição da *mathesis universalis* no movimento que Horkheimer e Adorno identificaram como um caminhar histórico da Ilustração, e mostrar como esse percurso delimitou – e, porque não dizer, limitou – o espaço para o reconhecimento do direito humano a um projeto de vida.

1.1. Rememoração: da intuição da mathesis à geometrização ao absurdo

1.0.1. Grécia Antiga

Tomemos como ponto de partida a interpelação de Sócrates ao filósofo de Abdera:

> Então, Protágoras, revela-me teu pensamento sobre esse ponto: qual é sua posição diante da ciência? És da mesma opinião que a maioria dos homens, ou não? Compartilhas daquela visão sobre a ciência, ou ela te parece bela e capaz de governar o homem?[18]

Olhando por cima do ombro da pergunta – para utilizar uma expressão cara a Sartre –, notamos já esboçado o marcador genético do fenótipo comum aos marcos de nossa jornada teórica: a idealização da matemática como modelo universal de todos espectros da racionalidade, apta e destinada ao governo dos homens.

17. Mayos S., Gonçal. 2004, *Ilustración y romanticismo: introducción a la polémica entre Kant y Herder*, Herder, Barcelona, p. 134.
18. "Allez, Protagoras, découvre-moi ta pensée sur ce point: [352b] quelle est ta position à l'égard de la science? Est-tu du même avis que la plupart des hommes, ou non? Partages-tu cet avis sur la science, ou est-ce que la science te paraît belle et capable de commander à l'homme?" Ildefonse, F. 1997, *Platon, Protagoras*, GF Flammarion. Flammarion, Paris, p. 129.

Refletir sobre essa questão é testemunhar a epopeia de uma primordial intuição, vista por Husserl como hipótese condutora das ciências da natureza através dos séculos:

> A natureza é em si o que é, e é em si matematicamente; quer saibamos ou não do conhecimento matemático, já está tudo decidido de antemão como matemática pura e mesmo como natureza.[19]

Os gregos, fascinados com os prodígios matemáticos que testemunharam em suas explorações do tecido da realidade, elegeram a matemática à estatura de chave de leitura da natureza e da própria ordem cósmica. A propósito da relação entre cosmologia e antropologia no Pitagorismo primitivo, Vaz leciona que as práticas educativas e ascéticas daquela escola se fundavam numa relação de homologia entre a estrutura matemática do mundo e a estrutura matemática da alma (ἁρμονίᾱ, *harmonía*)[20]. Com os pitagóricos, os números e suas relações chegaram a atingir estatura mística, e conta-se que no pórtico da Academia de Platão constava a advertência: "Não passe por aqui quem não for geômatra".

Com efeito, a relação dos gregos com a estética, de caráter matematizante, elucida bastante o mecanismo de extração das relações e proporções matemáticas para uso aplicado nos mais diversos âmbitos. Reale registra "a existência na arte grega de 'cânones' e 'regras de perfeição', baseadas sobre proporções ideais predeterminadas, exprimíveis mediante o número: 'número' a ser entendido especialmente no sentido grego de relação e proporção e sob veste geométrica"[21]. A partir dos números, os gregos construíram todo seu espaço vital: a planta do teatro clássico resulta de semicírculos concêntricos ao círculo base da "orquestra"; as estradas de Olinto tinham largura fixa de 17 pés e eram dispostas segundo um desenho octogonal e o próprio Vitrúvio "codificou, mediante relações entre números inteiros, as regras sobre as quais considerava baseada a arquitetura do templo grego."[22] A propósito, Reale nos apresenta um

19. Husserl, Edmundo. 2008, *La crisis de las ciencias europeas y la fenomenología trascendental.* Traducción y estudio preliminar de Julia V. Iribarne.1ª ed. Prometeo Libros, Buenos Aires,p. 301.
20. Vaz, H.C. de L. 2020, *Antropologia Filosófica*, Edições Loyola, São Paulo, p.42.
21. Reale, G., Perine, M. 2019, *Para uma nova interpretação de Platão: releitura da metafísica dos grandes diálogos à luz das "Doutrinas não-escritas."*, Edições Loyola, São Paulo, SP, p.207.
22. *Ibid.*, p.208-209.

belíssimo exemplo, que se tornou uma presença onipresente em nosso meio cultural: a espiral jônica, "que visa interpretar o sentido escondido do que a própria natureza oferece de belo (no caso, as espirais de conchas marítimas e as cascas dos caramujos)".[23]

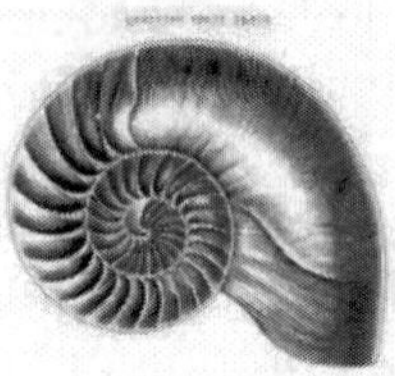

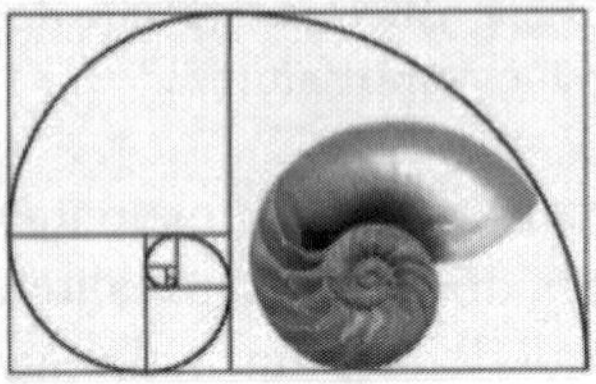

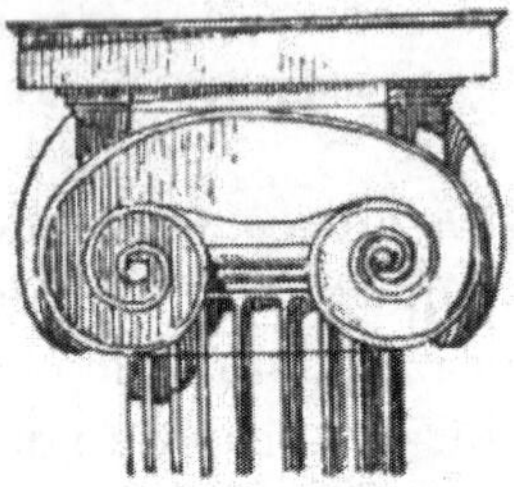

https://www.freepik.com/premium-vector/antique-engraving-illustration-nautilus-shell-hand-draw-black-white-clip-art-isolated_7364739.htm http://www.goldennumber.net/nautilus-spiral-golden-ratio/[24]

Esboça-se ali uma trajetória que inspiraria a racionalidade humana até os dias atuais: ao ser humano seria possível interpretar o sentido do belo nas coisas, e traduzi-lo em números; esse processo constituiria como que uma redução da realidade a seus elementos mais essenciais, com a extração das relações numéricas. Como seriam a chave estruturante da realidade, seria possível utilizar essas mesmas relações numéricas para construir algo - e o resultado dessa construção seria necessariamente belo, posto que informado pela intrínseca beleza do princípio ideal. Veremos, em nosso percurso, que o mesmo *logos* pode ser identificado em toda a trajetória da razão tecnocientífica, desde seus primórdios até hoje: se o tecido da racionalidade é matemático, ao construir um raciocínio *more geometrico*, teríamos uma construção necessariamente racional, posto que informada pela racionalidade instrínseca ao tecido profundo da realidade.

23. Reale, G., Perine, M. 2019, *Para uma nova interpretação de Platão: releitura da metafísica dos grandes diálogos à luz das "Doutrinas não-escritas."*, Edições Loyola, São Paulo, SP, p. 222-223.

24. Essa "incorporação arquitetônica" de ideais matemáticos receberá, em Foucault, uma camada ideológica quando reflete que "Dentre as razões do prestígio acordado, na segunda metade do século XVIII, às arquiteturas circulares", que "exprimiriam uma certa utopia política" de controle. Foucault, M. 2008, *Surveiller et punir: naissance de la prison*, Collection TEL. Gallimard, Paris, p. 205.

Os primeiros rastros da intuição de algo que a tradição um dia passaria a abrigar sob a denominação de *mathesis universalis* podem também ser encontrados nos primórdios da tradição judaico-cristã - no Livro da Sabedoria, atribuído a Salomão, foi lavrada para os séculos a noção do "Deus Arquiteto" e "Geômatra Supremo":

> E, mesmo sem isso, eles poderiam perecer por um sopro, perseguidos pela justiça e arrebatados pelo vento de vosso poder; mas dispusestes tudo com medida, quantidade e peso.[25]

Naturalmente que essa visão teórica acabaria por irrigar as estruturas sociais, o que foi logo identificado por Weber, que desvelou o entrelaçamento dessa cultura epistemológica com reflexões teológicas fundamentais que moldaram a compleição existencial de importantes comunidades cristãs. Weber afirma que o protestantismo ascético tinha uma preferência marcada pelo empirismo racionalista de base matemática, e explicita as razões para tanto: assim como o cristão se conheceria pelos frutos de sua fé, Deus seria cognoscível por suas obras (a realidade natural). E a leitura da escrita divina seria acessível pela física, pelas ciências naturais e pelas matemáticas. Dessa forma, "O empirismo do século XVII era para o ascetismo o meio de buscar a 'Deus na natureza'".[26]

Enfim, são muitos os arquétipos históricos de algo como um pressentimento ecumênico do entrelaçamento primordial dos números com a estrutura fundamental da realidade, e da construção de uma visão do mundo a partir dessa intuição. Sigamos adiante nessa trilha.

1.0.2. Galileu

O caminhar histórico da noção de uma genética matemática do real ganhou particular ímpeto com Galileu, cujas formulações deram a partida a um ambicioso programa racional[27]: mais do que se admirar com a intuição da *mathesis* e esgrimir cotidianamente com as relações matemáticas

25. Sabedoria, 11;20.
26. Weber, M., Abellán, J. 2001, *La ética protestante y el "espíritu" del capitalismo*. Alianza Editorial, Madrid, p. 170.
27. Mayos S., Gonçal. 2012, *Macrofilosofía de la modernidad*, DLibro, Madrid, p. 38.

em suas reflexões sobre os fenômenos naturais, o filósofo assumiu uma atitude matematizante global diante de toda a trama do real.

Nesse aspecto, particularmente interessante é o opúsculo "O Ensaiador", dirigido ao Papa Urbano VIII no ano de 1623. Comumente citado como a obra em que Galileu teria declarado que a matemática é a linguagem de Deus[28], trata-se em verdade de um escrito bastante específico pelo qual o filósofo decide reverter sua decisão de se subtrair ao debate público.[29] O texto é estruturado a partir da transcrição de declarações públicas de um antagonista, o jesuíta Lotario Sarsi, seguidas de refutações técnicas e retóricas (muitas vezes pontuadas de ironia), e trata especificamente de suas investigações sobre o fenômeno celeste dos cometas.

Fato é que, mesmo que Galileu não tenha expressamente postulado ali uma teoria da matematização da natureza, a leitura do opúsculo permite entrever que seu pensamento é todo urdido com o cordel da existência de "leis gerais de causa e efeito"[30] universalmente aplicáveis. A título de exemplo podemos citar o fascinante arrazoado sobre o sentido de rotação do planeta Terra, construído sobre a observação de um corpo sólido sustentado em um ambiente leve e líquido: o que se vê ali é uma convicção inabalável na estruturação da natureza segundo leis universais, de forma que o que se aplica a uma boia flutuando sobre uma tigela com água também deva necessariamente se aplicar a um planeta flutuando no espaço sideral.[31] E, apesar da já citada especificidade temática do

28. Curiosamente, a palavra "Deus" não aparece expressamente em nenhum ponto do escrito, não sendo também possível encontrar alguma referência a algo de cunho metafísico ou teológico.

29. "Porém, este plano resultou inútil, e nem calando-me consegui desviar este meu destino, porque sempre existe alguém que quer escrever e lutar contra mim. ... Por isso, obrigado por este inusitado e insólito comportamento, quebro minha resolução de nunca mais publicar obras minhas..." Galilei, Galileu. *O Ensaiador* (Portuguese Edition). Bonanova.org, 2019. E-book Kindle.

30. "Terceiro, se é verdade que só ela e não outra deve ser a causa que colocada gera sempre o efeito, e tirada tira o efeito ..." Galilei, Galileu. 2019, *O Ensaiador* (Portuguese Edition), Bonanova.org. E-book Kindle.

31. "Isto podia ser verificado pegando um recipiente cheio de água e colocando nele uma boia; pois estendendo nosso braço e virando sobre nossos pés, percebemos imediatamente esta boia virar em direção contrária à nossa e terminar sua conversão no momento que terminamos a nossa. Assim, ninguém deveria se admirar por isto, pelo contrário, deveria se admirar se isto não acontecesse, sendo a Terra um corpo suspenso, e suspenso num meio líquido leve, e levada ao redor de uma circunferência no espaço de um ano,

estudo, numa quase solitária formulação direta o florentino Galileu revela claramente seu programa da concepção da natureza como sendo de caráter matemático:[32] o universo "está escrito em língua matemática, os caracteres são triângulos, circunferências e outras figuras geométricas, de cujos meios é impossível entender humanamente as palavras; sem eles nós vagamos perdidos dentro de um obscuro labirinto."[33]

Nessa idealização matematizante, converte-se a própria natureza em multiplicidade matemática e a leitura de toda a realidade sob essa luz dá os primeiros passos para se elevar ao patamar de imperativo epistemológico. As consequências são importantes e influem na própria noção de racionalidade, pois o procedimento matemático começa a se converter no ritual de pensamento racional por excelência.[34] Sobre as bases de uma natureza *more geometrico* o pensador florentino funda a ciência moderna[35] que, porquanto assentada sobre a premissa de uma realidade regida por uma *ordo geometricus*, seria capaz de produzir um conhecimento autenticamente objetivo.[36] Depurado das imprecisões do "mundo fático", o pensador acredita ter se apossado de um mundo objetivo extraído por meio da ferramenta da aritmetização da realidade. A física passa a ser tão precisa quanto a matemática aplicada, fornecendo um método global, pois sua hipótese teria revelado a existência de uma causalidade exata universal sistematicamente aplicável: as chamadas "leis da natureza".[37]

---

ela não tivesse natural e livremente adquirido uma conversão anual, também em si mesma, contrária à outra." Galilei, Galileu. 2019, *O Ensaiador* (Portuguese Edition), Bonanova.org. E-book Kindle.

32. Husserl, Edmundo, 2008. *La crisis de las ciencias europeas y la fenomenología trascendental.* Traducción y estudio preliminar de Julia V. Iribarne.1ª ed. Prometeo Libros, Buenos Aires, p. 16/17.
33. Galilei, Galileu. 2019, *O Ensaiador* (Portuguese Edition), Bonanova.org. E-book Kindle.
34. Horkheimer, M., Adorno, T.W. 1994, *Dialéctica de la Ilustración: fragmentos filosóficos*, Colección Estructuras y procesos: Serie filosofía. Ed. Trotta, Madrid, p. 78/79.
35. Romero, Isidro Gomez. 1995, *Husserl y la Crisis de La Razon. Prologo de Antonio Millan Puelles*, 1ª ed. Ediciones Pedagógicas, Madrid, p.99.
36. Husserl, Edmundo, 2008. *La crisis de las ciencias europeas y la fenomenología trascendental.* Traducción y estudio preliminar de Julia V. Iribarne.1ª ed. Prometeo Libros, Buenos Aires, p. 16/17.
37. Husserl, Edmundo, 2008. *La crisis de las ciencias europeas y la fenomenología trascendental.* Traducción y estudio preliminar de Julia V. Iribarne.1ª ed. Prometeo Libros, Buenos Aires, p. 96.

O tradicional raciocínio geométrico, aplicado de forma geral, se tornaria um método geral de conhecimento e relação com o tecido do real.

1.0.3. Descartes

O impulso inicial galileano com a fundação da nova ciência matematizada da natureza foi recolhido por Descartes sob a forma do projeto de uma filosofia universal baseada sobre um modelo matemático-fisicalista: a *Mathesis Universalis*.[38] Para o francês, o ser humano possuiria um "não sei o quê de divino onde são depositados os primeiros germes do conhecimento útil"[39] – e esse conhecimento seria o físico-matemático, que seria a única e legítima via de acesso à realidade objetiva e imutável,[40] e a aritmética e a geometria, as mais certas das disciplinas: lidando com um objeto puro e simples e não deixando espaços para incertezas, consistiriam inteiramente em consequências racionalmente dedutíveis,[41] pelo que poder-se-ia identificar na Matemática a verdadeira "ciência geral de tudo":

> Ora, refletindo atentamente sobre essas coisas, eu descobri que todas as ciências que têm por fim a busca da ordem e da medida se referem às matemáticas, que pouco importa que seja nos números, nas figuras, os astros, os sons ou qualquer outro objeto que busquemos tal medida, e que portanto deve haver uma ciência geral que explique tudo o que podemos encontrar sobre a ordem e a medida, tomadas independentemente de qualquer aplicação a uma matéria particular, e que enfim essa ciência é chamada de um nome próprio há muito tempo consagrado pelo uso, a saber, as matemáticas, pois ela contém aquilo em razão de que se diz que as outras ciências fazem parte das matemáticas.[42]

Igualmente conhecido como Renatus Cartesius, forma latinizada,[43]e comumente chamado "pai das matemáticas modernas", já em seu primeiro grande texto filosófico - "*Regras para a direção do espírito*" - explicitou

38. *Ibid.*, pp. 117 e 18.
39. Descartes, René. 2017, *Régles pous la direction de l'esprit*. ASIN: B06XBZ7MYG. E-book Kindle.
40. Heidegger, M., Boehm, R., De Waelhens, A., Vezin, F. 1986, *Être et temps*, Gallimard, Paris, p.134-135.
41. Descartes, René. 2017, *Régles pous la direction de l'esprit*. ASIN: B06XBZ7MYG. E-book Kindle.
42. *Ibid.*
43. *Ibid.*

seu programa racional, balizando os passos para se alcançar o que considerava ser a verdadeira ciência e conhecimento.

Partindo, já na "Regra Primeira", da premissa epistemológica da possibilidade de uma "ciência universal" ancorada na tese antropológica da capacidade inata do ser humano para apreender suas estruturas fundamentais, rejeita com base naquela regra todos os conhecimentos que sejam apenas prováveis, pois "só podemos nos fiar naqueles que são perfeitamente verificáveis, e sobre os quais não se pode elevar nenhuma dúvida."[44] Estabelece, com isso, seu critério de racionalidade e, a partir dele, adotando um tom que enxergamos como de certa forma complacente, afirma não condenar a maneira de pensar até então utilizada ou mesmo o uso de silogismos prováveis, "armas excelentes para os combates da dialética". Contudo, é categórico ao afirmar que, dentre as ciências existentes, apenas a geometria e a aritmética atendem aos requisitos de cientificidade cunhados na primeira regra de seu programa para o pensamento, que são a imunidade completa à falsidade ou incerteza:

> Tudo isso demonstra porque a aritmética e a geometria são muito mais certas que as outras ciências, pois seu objeto é para elas tão claro e tão simples, que elas não têm necessidade de supor nada que a experiência possa colocar em dúvida, e porque todas as duas procedem por um encadeamento de consequências que a razão deduz umas das outras. ... De tudo isso é preciso concluir, não que a aritmética e a geometria sejam as únicas ciências que se haja de aprender, mas que aquele que busque o caminho da verdade não deve se ocupar de um objeto do qual não possa ter um conhecimento igual à certeza das demonstrações aritméticas e geométricas.[45]

Acreditando ter encontrado o que chama, alternadamente, de "ciência de todas as coisas", "ciência universal" e "método natural", Descartes afirma em sua Terceira Regra que o espírito humano deve "rejeitar todos os outros como suspeitos e sujeitos ao erro." E, na Quarta Regra, que matemática e ciência são sinônimos.[46]Isso é um ponto muito importante, pois ali ele se descola da tradição filosófica que, mesmo com Galileu, ainda lidava com a percepção da *mathesis universalis* como instrumento

44. Descartes, René. 2017, *Régles pous la direction de l'esprit*. ASIN: B06XBZ7MYG. E-book Kindle..
45. *Ibid.*
46. *Ibid.*

formidável *dentre outros* aparatos da razão. Com seu postulado metódico, o francês abre uma fissura que será talvez mais determinante para a história da humanidade do que todas as suas contribuições (como os eixos cartesianos ou mesmo as intuições sobre a possibilidade de "máquinas pensantes", que lograram atracar em portos notáveis como o do Teste de Turing): Descartes dá um passo adiante e proclama, expressamente e sem hesitação, a superioridade do conhecimento *more geometrico* sobre todos os demais. A partir desse ponto ocorre uma cisão no interior da própria razão que terá graves consequências na formação do mundo contemporâneo, conforme mostraremos no tempo próprio.

1.0.4. De Hobbes a Kant

Nessa senda histórica, Hobbes busca estruturar a compreensão do mundo a partir da aplicação do racionalismo mecanicista, sendo que o corpo, categoria fundamental de seu pensamento, é concebido dentro dos cânones do mecanicismo.[47] Na concepção axial de Hobbes, que se irradiará por seu edifício teórico,

> Não devemos pensar, portanto, que a computação, isto é, o raciocínio, tenha lugar somente nos números, como se o homem se distinguisse de outras criaturas vivas (como se diz ter sido a opinião de Pitágoras) apenas pela faculdade de enumerar; pois *grandeza, corpo, movimento, tempo, graus de qualidade, ação, concepção, proporção, fala e nomes* (em que consistem todas as espécies de filosofia) são capazes de adição e subtração. Ora, tais coisas que somamos e subtraímos, isto é, que tomamos em conta, nós dizemos *considerar*, em grego, Λογίζεσθαι, em cuja linguagem também συλΛογίζεσθαι significa *computar, raciocinar* ou *calcular.*[48]

Na lição de Vaz, "tendo como modelo formal os elementos de Euclides e como modelo material a *máquina*, ele pretende edificar, a partir de princípos e elementos simples, a física, a antropologia e a política."[49]

47. Vaz, H.C. de L. 2020, *Antropologia Filosófica,* Edições Loyola, São Paulo, p. 85.
48. Hobbes, Th. 2005, *Elementos de Filosofia – Primeira Seção – Sobre o Corpo. Parte I – Computação ou Lógica. Tradução e apresentação de José Oscar de A. Marques*. Campinas: IFCH/ Unicamp, (Clássicos da Filosofia. Cadernos de Tradução 12), p.10. Disponível em https://www.unicamp.br/~jmarques/trad/HOBBES-Sobre_o_Corpo-Parte_I-Logica.pdf (acesso em 25/02/2023).
49. Vaz, H.C. de L. 2020, *Antropologia Filosófica,* Edições Loyola, São Paulo, p.86.

A noção da *mathesis* continuou a mostrar sua universalidade pelos passos mais marcantes da história da Filosofia. Spinoza, para quem "geométrico" era um sinônimo de "rigoroso"[50] chegou mesmo a propor, num texto não acidentalmente estruturado à maneira dos Elementos, de Euclides[51], uma "Ética demonstrada segundo a ordem geométrica", em cuja abertura afirma:

> Para esses, sem dúvida parecerá admirável que eu me proponha a **examinar os vícios e inaptidões dos homens segundo o método geométrico** e que queira demonstrar com uma certa razão aquelas coisas que eles proclamam contrárias à razão, vãs, absurdas e horrendas. ... Tratarei, pois, da natureza e das forças dos afetos e do poder da alma sobre eles com o mesmo método com o qual tratei anteriormente de Deus e da alma, e **considerarei as ações humanas e seus apetites como se se cuidasse de linhas, planos ou corpos.**[52]

Leibniz, em seu "Novo Sistema", vaticina que "a nossa Alma é Arquitectónica também nas Acções voluntárias; e ainda ao descobrir as ciências mediante as quais Deus regulou as coisas (*pondere, mensura, numero* [xcvii]). *[605]* Ela imita no seu pelouro e no seu pequeno

---

50. Mayos S., Gonçal. 2012, *Macrofilosofía de la modernidad*, DLibro, Madrid, p. 38.

51. Espelhando a obra de Euclides, Spinoza esquematiza seu livro em Definições Postulados (Axiomas)-Noções Comuns (Proposições)-Demonstração. O Livro I dos Elementos de Euclides segue o seguinte itinerário sintetizado:
Definições
1.Ponto é aquilo de que nada é parte. ...
Postulados
1.Fique postulado traçar uma reta a partir de todo ponto até todo ponto. ...
Noções comuns
1. As coisas iguais à mesma coisa são também iguais entre si
(demonstração) *I.Construir um triângulo equilátero sobre a reta limitada dada*
Agora veja-se a estrutura da Ética Demonstrada Segundo a Ordem Geométrica de Spinoza:
Definições
1.Por causa de si entendo aquilo cuja essência implica a existência, ou seja, aquilo cuja natureza não se pode conceber a não se como existente. ...
Axiomas
1.Tudo o que existe, existe em si mesmo ou em outra coisa.
Proposições
1.Uma substância é por natureza anterior a suas afecções.
Demonstração: É evidente por 1/d3 e 1/d5.

52. Spinoza, B. de. 2005, *Ética demostrada según el orden geométrico*, Trotta, Madrid, p. 126. Destacamos.

Mundo, onde lhe é permitido desempenhar-se, aquilo que Deus faz no grande (xcviii)."[53] Na opinião de Mayos, o projeto de Leibniz constitui a mais ambiciosa expressão da identificação da plena racionalização com o cálculo. Para fundamentar sua opinião, o filósofo catalão nos presenteia com um trecho de uma carta de 1679 ao Duque de Hannover Juan Federico, onde Leibniz declara seu lema: "*Calculemus*".

> ... comecei a meditar sobre certas considerações completamente novas, para **reduzir todo raciocínio humano a uma espécie de cálculo, que serviria para descobrir a verdade** (...) Esse tipo de cálculo geral proporcionaria ao mesmo tempo uma espécie de **escritura universal** (...) Essa mesma escritura seria uma espécie de Álgebra geral e nos daria o meio para raciocinar calculando, de modo que **ao invés de discutir poderíamos dizer: CALCULEMOS.** (...) Os homens encontrariam nela **um juiz verdadeiramente infalível para suas controvérsias.**[54]

Para Mayos, o sonho científico moderno irrigou de tal forma a Ilustração que sua racionalidade se entrelaçou com a racionalidade científica, e de forma tão visceral que "de Voltaire a Kant, passando por Hume (que quis ser o Newton das ciências morais ou humanas), D'Alembert ou o wolffismo" enxergou na extensão da racionalidade científica a todos os demais ramos do conhecimento a grande esperança de emancipação da humanidade[55].

Não se pode negar, principalmente quem vive a Era da Informação, a potência inerente à ideia da *mathesis*, cuja pegada se pode identificar até mesmo nas raízes da informática, com a matematização dos argumentos lógicos efetuada por Boole em seu "*An Investigation of the Laws of Thought*"[56], de alguma maneira na esteira da intuição de Leibniz.

A questão se torna problemática quando relembramos que o conceito de razão, ciência e racionalidade nunca foi unívoco: a acepção de ciência dos antigos era muito mais abrangente do que a atual, retratando a concepção holística de mundo dos helenos, atraídos que eram pela

53. Leibniz, G.W., Ferro, N. 2016, *Novo sistema da natureza. Princípios da Natureza e da Graça*, p. 121. Disponível em https://doi.org/10.5281/zenodo.3567823 (acesso em 25/02/2023).

54. Mayos S., Gonçal. 2012, *Macrofilosofía de la modernidad*, DLibro, Madrid, p. 42. Destacamos.

55. *Ibid.*, p.145.

56. Boole, George. 1854, *An investigation of the laws of thought: on which are founded the mathematical theories of logic and probabilities*, Walton and Maberly, London.

noção de "cosmos" (κόσμος - como realidade ordenada e, portanto, bela - κοσμητικός, kosmētikós, do universo). Naquela quadra da história a ciência não havia ainda sido reduzida a apenas um de seus ramos: a episteme (επιστήμη), derivada do verbo grego ἐπίσταμαι, *epístamai* – conhecer, entender -, estaria mais próxima do que hoje compreenderíamos como sabedoria ou sapiência.[57] Contudo, na resposta de Protágoras à indagação de Sócrates, com a qual abrimos esse tópico, percebemos que já se insinuava desde os primórdios, furtiva, a funesta cisão:

> - Sou da tua opinião, Sócrates, disse ele, e seria uma vergonha para mim, mais do que para qualquer outro, não afirmar que o saber e a ciência são o que há de mais poderoso dentre todos os assuntos humanos.[58]

Platão já identificava, pela boca de Protágoras, uma separação entre o saber e a ciência, e semeava uma advertência quanto às potenciais consequências dessa cisão, tão bem destacada por Mayos enquanto observa o momento em que "resulta finalmente destruído o velho ideal do *lógos* cósmico grego".[59]

A esse caminho histórico trilhado pela razão para se identificar cada vez mais com a racionalidade *matemática* e, num momento posterior, com a racionalidade tecnocientífica, Horkheimer e Adorno chamam de Percurso da Ilustração. Quanto à "causa eficiente" desse percurso, a hipótese de Husserl é a de que seu móbil foi uma necessidade existencial da humanidade europeia: a criação de uma ciência universal que lhe permitisse uma nova estabilidade e reconfiguração enquanto razão pura, uma *philosophia perennis* ou "ciência universal verdadeira e autêntica a partir de um fundamento último."[60]

A razão *more geometrico* (hoje desdobrada em técnica e tecnologia e ainda imersa no sonho newtoniano), outrora um ramo do conhecimento, se elevou aos mais altos cimos, impulsionada pelo grande sucesso

57. Dicionário grego-português: DGP. 2007, Ateliê Editorial, Cotia, SP, Brasil.
58. Ildefonse, F. 1997, *Platon, Protagoras*, GF Flammarion, Flammarion, Paris, p. 130.
59. Mayos S., Gonçal. 2004, *Ilustración y romanticismo: introducción a la polémica entre Kant y Herder*, Herder, Barcelona, p. 373.
60. Husserl, Edmundo, 2008. *La crisis de las ciencias europeas y la fenomenología trascendental.* Traducción y estudio preliminar de Julia V. Iribarne.1ª ed. Prometeo Libros, Buenos Aires, p. 237.

das ciências empíricas e conquistas tecnológicas, até chegar ao ponto em que os termos "matemático" e "científico" passaram a ser identificados como a essência total exauriente da racionalidade. E, como já assinalamos, além dos sucessos práticos, essa prevalência busca se apoiar sobre a afirmação de que, porque emanada do modelo matemático, é a única racionalidade objetiva – e, portanto, segura, estável e "racional". Como vimos, ancora-se essa asserção no pressuposto de que, por meio do método científico fisicalista inaugurado por Galileu, teria em sua posse um caminho puro de acesso a verdades objetivas – o que seria negado à Filosofia e às ciências humanas. Afinal, se opor a seu método é se opor à geometria, e "se opor à geometria é negar abertamente a verdade"[61].

Obviamente que ao se afirmar sobre esse pressuposto, a razão *more geometrico* lança uma dúvida sobre a racionalidade de todas as demais formas de conhecimento, notadamente as ciências humanas e correlatas, às quais não é possível aplicar as relações de causa e efeito, o método dedutivo e as aferições experimentais. Essa suspeita foi lançada expressamente pelo próprio Descartes em sua Terceira Regra, segundo a qual o espírito humano deve rejeitar todos os outros ramos do conhecimento como suspeitos e sujeitos ao erro.

Nessa etapa de nosso sobrevôo, já parece muito claro para onde passou a apontar a flecha, lançada ainda na antiguidade, da racionalidade matematizante: dando um salto além daquele dado por Descartes, vemos que em Spinoza e Leibniz a razão *more geometrico* já avança para um campo completamente exterior ao do mundo natural, postulando disciplinar até mesmo a vida interior do indivíduo. A essa soberba intelectual convencionou-se designar *géometrización à l'outrance*, ou geometrização ao absurdo.

A propósito, Marcuse chega a afirmar que a Matemática passou a ser considerada "real e 'boa' no mesmo sentido das Ideias metafísicas de Platão",[62] e propõe uma reflexão interessante: por qual razão o desenvolvimento das matemáticas se tornou ciência, ao passo que a metafísica permaneceu como estava? A resposta residiria na eficácia da razão *more geometrico* e seus desdobramentos na conquista e transformação

61. Galilei, Galileu. 2019, *O Ensaiador* (Portuguese Edition), Bonanova.org. E-book Kindle.

62. Marcuse, H., Kellner, D. 2007, *One-dimensional man: studies in the ideology of advanced industrial society*, Repr. ed, Routledge classics Philosophy. Routledge, London, p. 233.

da natureza, que foram elevados ao patamar de prova de verdade das abstrações científicas. Isso não poderia ser obtido pelas abstrações filosóficas que, além de não gerarem resultados palpáveis como as notáveis ferramentas tecnológicas, não são verificáveis "cientificamente".[63]

Nossa arqueologia macrofilosófica chega, enfim, a Kant. Segundo Mayos, foi ele um dos primeiros a efetivamente demarcar territórios diversos para ciência e filosofia, ao dar o salto definitivo que ainda não teria sido dado por Descartes e Leibniz: ao postular que "a ciência é a aplicação da razão geométrica, filha da revolução científica, à física matemática", o pensador adere ao fluxo histórico do projeto que via na Ilustração o modelo superior de racionalidade e, em sua extensão a todos os âmbitos da vida humana, a grande esperança da humanidade.[64] Com efeito, para Heidegger, em Kant se completa um processo, já que para ele "o ente é a natureza no sentido do que se pode determinar **e se determina no pensamento físico-matemático**."[65]

Paradoxal, mas não surpreendente, é que o mesmo Kant deflagrará o que ele chama de "despertar do sono dogmático", pois com suas reflexões no campo da teoria do conhecimento problematizará radicalmente a faculdade cognoscente, abrindo caminho para "superar a perspectiva da razão geométrica (a qual não rechaça totalmente, mas apenas limita e reduz ao âmbito científico-cognoscitivo, proibindo-lhe o âmbito me tafísico e filosófico) rumo à razão crítica (que ocupará agora o âmbito propriamente filosófico)".[66]

1.2. Crítica epistemológica da razão *more geometrico*

Efetuada a rememoração da trajetória histórica da racionalidade matemática, podemos enfim indagar: seus pressupostos epistemológicos e, com eles, sua pretensão à superioridade racional, se sustentam? Importantes vozes afirmam que não.

63. *Ibid.*, p. 233.

64. Mayos S., Gonçal. 2012, *Macrofilosofía de la modernidad*, DLibro, Madrid, p. 144.

65. Heidegger, M. 1978, *Introdução à metafisica - Introdução, tradução e notas de Emmanuel Carneiro Leão*, Biblioteca Tempo Universitário – 1, Editora Universidade de Brasília - Tempo Brasileiro, Rio de Janeiro, p. 216. Destacamos.

66. Mayos S., Gonçal. 2012, *Macrofilosofía de la modernidad*, DLibro, Madrid, p. 112.

Ao postular que a realidade tem um significado e que esse é escrito em linguagem matemática, sendo possibilidade e obrigação do ser humano ler o que já está desde sempre escrito, Galileu universaliza a intuição da realidade *more geometrico* e, a partir disso, afirma que o ser humano é capaz de alcançar um conhecimento autenticamente objetivo.

Firme nessa premissa galileana da objetividade ao alcance do ser humano, Descartes elabora um método de reflexão que, ao mesmo tempo, será também utilizado como critério de aferição de racionalidade – e que aplicará a todos os demais ramos do conhecimento.[67]

A conjugação das perspectivas galileana e cartesiana vai gerar, como se mostrará oportunamente, uma racionalidade de índole dominadora e excludente, e esse caráter marcará os rumos da humanidade até os dias atuais, induzindo uma estruturação social reducionista e desumanizante.

Contudo, antes que atraquemos naquele porto, é preciso navegar ainda um pouco pela história da Filosofia, para então observar que a soberania da razão *more geometrico* não chegou até nossos dias incontestada, tendo sofrido uma fissura primordial pelos questionamentos do Empirismo inglês, conforme nos relata Romero em sua leitura da obra husserliana. Aquela Escola, notadamente a partir de Berkeley e Hume, teria reavivado e radicalizado as reflexões de Descartes a ponto de "*sacudir os cimentos do objetivismo 'dogmático'*; não só em seu aspecto *matematizante* - com a crença de que o mundo era um em-si matemático-racional -, mas também enquanto *objetivismo em geral*, que havia exercido seu domínio durante séculos": a partir das análises de Hume, as próprias categorias da objetividade se tornam uma mera ficção psicológica, produtos de uma subjetividade.[68]

Para Kant, ao se debruçar sobre o próprio conceito da conexão de causa e efeito Hume "intimou a razão, que pretende tê-lo gerado no seu seio, a explicar-lhe com que direito ela pensa que uma coisa pode ser de tal modo constituída que, uma vez posta, se segue necessariamente que uma outra também deva ser posta: pois, é isso o que diz o conceito de

67. Ou melhor dizendo, aplicará a todos, menos a seu próprio conhecimento: o científico. E nessa ausência será seguido por grande parte de seus herdeiros intelectuais.

68. Romero, Isidro Gomez. 1995, *Husserl y la Crisis de La Razon. Prologo de Antonio Millan Puelles*, 1ª ed. Ediciones Pedagógicas, Madrid, p. 100.

causa."[69] E mesmo que em sua construção filosófica global tenha rumado para outra direção, Kant é bastante enfático no que lhe veio como legado de Hume: "Confesso francamente: foi a advertência de David Hume que, há muitos anos, interrompeu o meu sono dogmático e deu às minhas investigações no campo da filosofia especulativa uma orientação inteiramente diversa."[70]

Ponderando a respeito do que já vimos coletando, constatamos que a dúvida humeana mira diretamente num dos fundamentos genéticos da razão *more geometrico*, pois a lei de causa e efeito nada mais é do que uma expressão do alicerce primordial de toda a construção galileana – qual seja, a existência das leis universais da natureza.

Quanto a Kant, seu pensamento aprofunda a fissura aberta pelo Empirismo, pois institui algo de visceralmente oposto aos alicerces da visão galileana-cartesiana da realidade. Afinal, esta última foi toda construída sobre o pressuposto de um tecido do real estável, imutável e desde sempre escrito em forma matemática, cabendo ao ser humano apenas um papel passivo de acolhimento, leitura e interpretação daquela tessitura, ao passo que Kant, com sua *revolução copernicana*[71], inverte essa polaridade, colocando o sentido do "todo" como algo "a partir do homem", que passa de mero espectador para configurador ativo do sentido das coisas do universo.

69. Kant, I., Morão, A. 1988, *Prolegómenos a toda a metafísica futura*, Textos Filosóficos, Edições 70, Lisboa, p. 14.

70. *Ibid.*, p. 17.

71. "Até hoje se assumiu que todo o nosso conhecimento teria de regular-se pelos objetos; mas todas as tentativas de descobrir algo sobre eles *a priori*, por meio de conceitos, para assim alargar nosso conhecimento, fracassaram sob essa pressuposição. É preciso verificar pelo menos uma vez, portanto, se não nos sairemos melhor, nas tarefas da metafísica, assumindo que os objetos têm de regular-se por nosso conhecimento ... Isso guarda uma semelhança com os primeiros pensamentos de Copérnico, que, não conseguindo avançar muito na explicação dos movimentos celestes sob a suposição de que toda a multidão de estrelas giraria em torno do espectador, verificou se não daria mais certo fazer girar o espectador e, do outro lado, deixar as estrelas em repouso. Se a intuição tivesse de regular-se pela constituição dos objetos, eu não vejo como se poderia saber algo sobre ela *a priori*; se, no entanto, o objeto (*Gegenstand*) (como objeto (*Object*) dos sentidos) regular-se pela constituição de nossa faculdade intuitiva, então eu posso perfeitamente me representar essa possibilidade." Kant, I., Mattos, F.C., Kant, I. 2013, *Crítica da razão pura*, 3. ed. , Ed. Vozes, Petrópolis, p.29-30.

Dessarte, ainda é tempo de escutar o chamado de Kant para despertar do sono dogmático e realizar uma prospecção crítica sobre a onipotência daquela razão que durante a história recebeu vários nomes, e que hoje atende pelo nome de racionalidade tecnocientífica. Como ela, em sua pretensões, se apoia numa autoproclamada superioridade epistemológica, é imperativo revisitar seus fundamentos. E, para não falhar com a justiça, isso deve ser feito submetendo-a à sua própria régua fundamental, cuja espinha dorsal encontramos já nas "Regras Cartesianas": verificabilidade a partir de evidências claras e dedução precisa com base em conhecimentos objetivos.

A proposta, então, é submeter a racionalidade geométrica e todas as cabeças daquela hidra à própria regra por ela estabelecida para aferir o "teor de racionalidade" de qualquer forma do conhecimento. O resultado do exame, já o podemos antecipar com a afirmação categórica de Heidegger:

> Isso só será uma grande perda enquanto se for da opinião de que o pensar científico seja a única e a forma própria de pensamento rigoroso e de que somente ele pode e deve ser erigido em critério do pensamento filosófico. Entretanto, as coisas estão ao inverso.[72]

Husserl afirma que Galileu é tanto gênio descobridor quanto *encobridor* da física: a descoberta da "lei da legalidade exata", segundo a qual todo evento da natureza segue leis precisas, teria sido um descobrimento-encobrimento, pois se por um lado desvelou um amplo espectro de fecundos horizontes e possibilidades, pelo outro afunilou o olhar racional para uma perspectiva monocromática que é tomada até hoje como detentora exclusiva da verdade.[73]

Em comum entre os críticos da pretensão à soberania da razão *more geometrico* podemos identificar declarações, em tonalidades fortes, de que se trata de uma atitude de "ingenuidade intelectual": Kant fala em

72. Heidegger, M. 1978, *Introdução à metafisica - Introdução, tradução e notas de Emmanuel Carneiro Leão*, Biblioteca Tempo Universitário – 1, Editora Universidade de Brasília - Tempo Brasileiro, Rio de Janeiro, p. 54.

73. Husserl, Edmundo. 2008, *La crisis de las ciencias europeas y la fenomenología trascendental. Traducción y estudio preliminar de Julia V. Iribarne*, 1ª ed, Prometeo Libros, Buenos Aires, p. 96.

"sono dogmático", Habermas fala em "profissão de fé cientificista", Horkheimer e Adorno se referem a "autoengano e absolutismo ingênuo"[74], Husserl afirma que se trata de uma "*ingenuidade* do cientista da natureza, do mundo em geral, que é cego para todas as verdades que julga objetivas"[75], e Kierkegaard aponta o dedo para o "pecado espistemológico original" da razão *more geometrico*:

> ... sobretudo para todos aqueles que nem mesmo na ciência empregam a cautela que se observa afinal na vida quotidiana, de escutar exatamente os termos de um enigma antes de decifrá-lo.[76]

A atitude que tantos pensadores designam como "ingenuidade epistemológica", descrevemo-la logo à entrada do tópico: a razão *more geometrico* elege como crivo para que alguma forma de conhecimento receba a chancela de "racional" que essa possua os atributos de objetividade, verificabilidade e certeza. Contudo, seu próprio teto cede quando colocado sob o peso daquele critério metódico: a racionalidade matemática não consegue se provar nem objetiva, nem verificável, nem certa.

Investigando a genética da racionalidade tecnocientífica, mostramos que sua pretensão à superioridade se assenta, em última instância, na tese galileana de que o método matemático e congêneres dão acesso a um conhecimento objetivo. Contudo, a estrutura desse edifício teórico não consegue resistir à carga de um único argumento de Husserl:

> Como o mundo corporal intuído, também o mundo científico da natureza em geral (e, com esse o mundo científico a ser conhecido, dualístico) é **configuração subjetiva de nosso intelecto**. ... Pois, segundo esta teoria, a ciência como atuação entrelaçada mediante o jogo conjunto das capacidades subjetivas "intuição" e "razão" (ou como diz Kant, "entendimento"), não pode aclarar a origem, a "causa" da multiplicidade fática de dados

74. Horkheimer, Max. 2010, *Critica de la razon instrumental. Presentación de Juan José Sánchez. Traducción de Jacobo Muñoz,* Ed. Trotta, Madrid, p. 105.

75. Husserl, Edmundo. 2008, *La crisis de las ciencias europeas y la fenomenología trascendental. Traducción y estudio preliminar de Julia V. Iribarne,* 1ª ed, Prometeo Libros, Buenos Aires, p. 139.

76. Kierkegaard, S. 2013, *O conceito de angústia: uma simples reflexão psicológico-demonstrativa direcionada ao problema dogmático do pecado hereditário de Vigilius Haufniensis,* Vozes Editora Universitária São Francisco, Petrópolis, RJ; Bragança Paulista, SP, p.13.

> sensiveis. **As pressuposições últimas da possibilidade e efetividade do conhecimento objetivo não podem ser objetivamente conhecidas.**[77]

Sob outro ângulo, Mounier defende o mesmo ponto de vista ao indagar:

> Realismo – mas o que é a realidade? O mundo objetivo da percepção imediata? Já está demonstrado hoje em dia que ele está carregado, até suas profundezas, de construções do espírito e da vida social.[78]

Sob a luz da questão levantada por Husserl, retornemos a nossa investigação genética da *mathesis*, dessa vez com uma lente "macro": em nossa rememoração histórica, foi possível mostrar que a pretensão de soberania da razão *more geometrico* se funda no argumento de ter acesso a um conhecimento

a) objetivo e

b) comprovável – o que as outras formas de racionalidade não possuiriam.

Isso se edificou sobre três pilares, lançados dois por Galileu, e um terceiro por Descartes. Galileu supõe que

1) existe uma ordem objetiva de conhecimento;

2) o ser humano é capaz de apreender essa ordem objetiva através da matemática.

Descartes completa a figura elaborando o método, que também é critério de cientificidade:

3) só é racional aquele conhecimento verificável e comprovável sem dúvidas.

Por imperativo de coerência, buscamos submeter as premissas da superioridade da razão tecnocientífica ao próprio método cartesiano. E, uma vez efetuado o exame, o que se vê é que os fundamentos da autoproclamada ascendência epistemológica dão dois saltos no escuro – ou,

---

77. Husserl, Edmundo. 2008, *La crisis de las ciencias europeas y la fenomenología trascendental. Traducción y estudio preliminar de Julia V. Iribarne,* 1ª ed, Prometeo Libros, Buenos Aires, p.137. Destacamos.

78. Mounier, E. 1969, *Le personnalisme,* 11a ed, Presses Universitaires de France, Paris, p. 98.

para dizer com mais clareza, têm duas etapas não cientificamente comprovadas por seus fundadores. Revelar-se-á, então, a contradição fundamental: *o método científico não é científico* (ao menos por seus próprios critérios). Isso será provado submetendo-o à prova científica de objetividade e verificabilidade.

Premissa 1 do método científico - *Existe uma ordem objetiva cognoscível*: a essa altura, já expostas a configuração subjetiva da realidade e a inaptidão do método experimental para lidar com tal objeto de investigação, parece razoável afirmar que essa premissa não é não é cientificamente verificável – ao menos com a precisão fisicalista exigida pelo método científico.

Premissa 2 do método científico - *O ser humano é capaz de apreender essa ordem objetiva através da matemática*: nesse ponto, o que Galileu e Descartes fazem é lançar um postulado antropológico: faria parte da estrutura do ser humano a capacidade mental de apreensão de uma ordem objetiva das coisas, eventualmente existente. Contudo, essa afirmativa também não passa no teste de cientificidade: não é possível comprovar e verificar cientificamente essa capacidade humana, e Galileu efetivamente dá um salto no escuro, pois também não é possível deduzir logicamente que do fato da existência de uma ordem objetiva das coisas decorra necessariamente que o ser humano seja mentalmente capaz de apreendê-la.

Além disso, existe um outro problema fundamental, a partir do qual respeitados pensadores se vêem autorizados a lançar sobre a razão *more geometrico* a pecha de "razão ingênua": a alegada "objetividade" é constituída inteiramente por uma subjetividade, que é o próprio sujeito cognoscente. Em síntese, como destacado por Husserl a partir de Kant, *as ciências objetivas são, elas próprias, configurações subjetivas:*[79]

> Do mesmo modo, como já sucede em *Kant*, a opinião não é que a *evidência do método positivo-científico* seja um engano e seus resultados sejam somente resultados aparentes; mais do que isso, a própria evidência é um *problema;* que o método objetivo-científico se baseie sobre um fundamento subjetivo profundamente oculto, nunca questionado ... Kant está seguro

79. Husserl, Edmundo. 2008, *La crisis de las ciencias europeas y la fenomenología trascendental. Traducción y estudio preliminar de Julia V. Iribarne,* 1ª ed, Prometeo Libros, Buenos Aires, p. 171.

> de que sua filosofia lança por terra o racionalismo dominante mediante a demonstração da insuficiência dos fundamentos do mesmo ... [pois] ... nunca perguntou como chega a ser cognoscível *a priori* o mundo que sem mais se nos aparece a nós seres humanos, e a nós como cientistas. [80]

Se adicionarmos a essa perspectiva a tese kantiana que, como já mostramos, desloca a "morada" do sentido das coisas para o ser humano, perde também o pé toda a noção de objetividade, tal qual exigida pela tradição cartesiana. Desenvolvendo esse aspecto, Sartre parte da relação original do ser humano com as coisas e seu lugar no mundo para denunciar que

> O ponto de vista do conhecimento puro é contraditório: o único ponto de vista que existe é o do conhecimento *engajado*. Um conhecimento puro, em efeito, seria conhecimento sem ponto de vista, portanto conhecimento do mundo situado por princípio fora do mundo. Mas isso não tem sentido: o ser cognoscente seria um puro conhecimento, pois ele se definiria por seu objeto e seu objeto se dissiparia na indistinção total das relações recíprocas. Ora, o conhecimento não pode ser nada mais do que surgimento engajado num ponto de vista determinado que nós *somos*. Ser para a realidade humana, é *estar-aí*, é dizer, "aí sobre essa cadeira", "aí, nessa mesa", "aí, no cume dessa montanha, com essas dimensões, essa orientação, etc.". É uma necessidade ontológica.[81]

Finalmente, parece claro que ao bem reparar os argumentos que buscam justificar uma eminência da racionalidade matemática enquanto instância superior e pura de conhecimento, estamos diante de um problema lógico de fundamentação. Foi o que registrou Horkheimer, que retirou o véu que pairava sobre a incompletude fundamental da pretensão absolutista da razão *more geometrico*, acusando-a de assentar sobre uma falácia lógica:

> Chegando aqui a questão decisiva é essa: como é possível determinar adequadamente o que pode ser denominado ciência e verdade, se essa determinação pressupõe os métodos mediante os quais se obtem verdade científica? O mesmo *circulus vitiosus* vem implícito em toda justificação

80. *Ibid.*, p. 142-145.

81. Sartre, J.-P., Elkaïm-Sartre, A. 2017, *L'être et le néant: essai d'ontologie phénoménologique*, Edition corrigée. ed, Collection TEL, Gallimard, Paris, p. 347.

> da ciência: como deve ser justificado o próprio princípio da observação? Se se reclama a uma justificação, se alguém pergunta porque a observação é a garantia adequada da verdade, então os positivistas apelam de novo, e isso é tudo, à observação ... Na medida, dito de outro modo, em que se negam a verificar seu próprio princípio - que não há enunciado significativo algum que não seja verificável -, incorrem em *petitio principii*, pressupõem o que tem que ser demonstrado.[82]

Escavando ainda mais, vemos que resta ainda de pé uma outra tese comumente brandida a favor da existência de uma ordem objetiva e leis universais, bem como de nosso acesso a elas: a infalibilidade da matemática e da geometria. Contudo, o aparecimento das geometrias não-euclidianas foi um poderoso evento para os que já então questionavam as verdades auto-evidentes dos axiomas, gerando o que se chamou de uma crise fundacional nas matemáticas - e em todo o aparato gnosiológico ancorado sobre sua objetividade e testabilidade; a física quântica abalou o chamado "sonho newtoniano", base outrora intocável da pretensão de superioridade da razão tecnocientífica; e Marcuse relembra a lição de Heisenberg: "O que estabelecemos matematicamente é 'fato objetivo' apenas numa pequena parte, e na maior parte é uma gama de possibilidades".[83]

Nunca é demais recordar: a "infalibilidade" da matemática e a relação do ser humano com ela foi o fundamento último de toda a pretensão absolutista da racionalidade *more geometrico*. A relação de causalidade, assumida como evidência a favor da ascendência da razão matematizante e fisicalista, foi profundamente abalada no século XX, como destacou Mounier, já em 1950:

> Os determinismos que nos rodeiam não são apenas uma palavra vazia. Mas a noção de determinismo, sem ser expulsa da ciência como já dissemos, foi localizada no nível dos fenômenos materiais de grande escala. Os fenômenos infra-atômicos a perturbam. Os fenômenos biológicos a ultrapassam. Para o físico não há mais, em pequena escala, do que uma "causalidade fraca" posto que "uma mesma causa pode produzir um ou outro

82. Horkheimer, Max. 2010, *Critica de la razon instrumental. Presentación de Juan José Sánchez. Traducción de Jacobo Muñoz*, Ed. Trotta, Madrid, p. 103.

83. Marcuse, H., Kellner, D. 2007, *One-dimensional man: studies in the ideology of advanced industrial society*, Routledge, London, p.153.

> de diversos efeitos possíveis com apenas uma certa probabilidade de que tal efeito se produzirá, e não um outro" (L. de Broglie). ... Os fenômenos radioativos já anunciam uma primeira ruptura no interior das fatalidades monótonas da matéria. A vida aparece a seguir mais e mais organizada sobre nódulos de indeterminação mais e mais complexos... A partícula atômica, desprovida de qualidades, não é individualizável, mesmo por sua posição no espaço, desde que as teorias quânticas não mais permitem que se lhe atribua uma localização precisa e constante. Um embrião de individualidade começa com o átomo, estrutura das partículas.[84]

Nesse ponto é preciso dar uma pausa e retomar, a partir das reflexões já postas, a conclamação feita expressamente por Descartes: apenas se pode confiar naqueles conhecimentos que são "perfeitamente verificáveis", "isentos de falsidade ou de incerteza".[85]Para Descartes e seus herdeiros intelectuais, confiáveis seriam apenas a aritmética e a geometria, sendo dispensável o aprendizado dos demais. A essa altura pretendemos ter demonstrado que, em termos de certeza e verificabilidade, a razão *more geometrico* não se encontra em condições de postular ascendência sobre qualquer outra forma de conhecimento racionalmente consistente. Sob o próprio critério científico, as demais formas de racionalidade são tão racionais quanto a racionalidade matemática e sua parentela.

É o que basta dizer, por ora, à guisa de reflexão crítica sobre os fundamentos epistemológicos da pretensa ascendência "natural" da racionalidade tecnocientífica. Não se trata, há que esclarecer, de uma discussão estéril com o fim único de rebaixar a razão *more geometrico*: cuida-se de reposicioná-la histórica e epistemologicamente, para abrir espaço para o reflorescimento do conhecimento em todos seus espectros, num campo que nunca chegou a ser "cientificamente neutro".

Como anotou Marcuse, o próprio Hume, com seu filosofar, "lutou contra uma poderosa ideologia, enquanto seus sucessores atualmente fornecem uma justificação intelectual para algo que a sociedade consolidou há muito tempo: **a difamação de modos alternativos de pensamento** que contradigam o universo de discurso estabelecido."[86] Portanto,

---

84. Mounier, E. 1969, *Le personnalisme*, 11a ed, Presses Universitaires de France, Paris, p.26.
85. Descartes, René. 2017, *Régles pous la direction de l'esprit*. ASIN: B06XBZ7MYG. E-book Kindle. Traduzimos.
86. Marcuse, H., Kellner, D. 2007, *One-dimensional man: studies in the ideology of advanced industrial society*, Routledge, London, p. 178. Destacamos.

lembrando o memorável discurso de Rousseau em 1750, lançar luz sobre essa questão não é maltratar a ciência, mas defender o conhecimento e o humanismo.[87]

Como bem percebeu Romero, o entusiasmo despertado pela eficácia naturalista durante a modernidade levou ao mesmo reducionismo já praticado por Demócrito e os filósofos da natureza gregos – e que já havia sido negado por Sócrates, Platão e Aristóteles.[88] Por isso mesmo, neste trabalho investigativo tivemos que encampar como tarefa algo que Reale identificou como um dos contributos esquecidos da Sofística: "era preciso que certas coisas fossem destruídas para que pudessem ser reconstruídas sobre bases novas e sólidas, assim como era preciso que certos horizontes estreitos fossem violados para que se abrissem outros mais amplos."[89]

Como já indicamos, a pretensão absolutista da razão *more geometrico* e o domínio do modelo fisicalista geraram um estreitamento da razão, que se tornou monofocal e monocromática. Como se verá mais adiante, o sítio para o qual foi conduzida a sociedade humana pela caminhada da Ilustração exigirá uma retomada do movimento deflagrado pela escola dos sofistasque, segundo Reale, perpetraram uma verdadeira revolução, "deslocando o eixo da reflexão filosófica da *physis* e do cosmo para o ser humano e àquilo que concerne à vida do homem como membro de uma sociedade... Portanto, é exato afirmar que, com os Sofistas, inicia-se o *período humanista* da filosofia antiga." [90]

Foi preciso identificar as rachaduras nas fundações da geometrização ao absurdo para permitir a inserção de outras, numa nova transição da *physis* (objetivismo fisicalista[91]) para o *anthropos*, pois os efeitos da ingenuidade cientificista não são apenas teóricos: sob sua imensa sombra nada mais crescia, e sua ascensão por sobre as cabeças das demais

87. Rousseau, J.-J., Berchtold, J. 2012, *Discours sur les sciences et les arts,* Le Livre de poche, Paris. Kindle edition.
88. Romero, Isidro Gomez. 1995, *Husserl y la Crisis de La Razon. Prologo de Antonio Millan Puelles*, 1ª ed. Ediciones Pedagógicas, Madrid, p. 97
89. Reale, G., Antiseri, D., Storniolo, I. 2007, *Historia da filosofia,* Paulus, São Paulo, p. 82.
90. Reale, G., Antiseri, D., Storniolo, I. 2007, *Historia da filosofia,* Paulus, São Paulo, p. 82.
91. Husserl, Edmundo. 2008, *La crisis de las ciencias europeas y la fenomenología trascendental. Traducción y estudio preliminar de Julia V. Iribarne,* 1ª ed, Prometeo Libros, Buenos Aires, p. 231.

formas de conhecimento resultou em reducionismo e, ato contínuo, desumanização. Passemos a esse exame.

1.3. Efeitos reducionistas da razão *more geometrico*

A racionalidade *more geometrico* não conseguiu justificar, com base em fundamentos epistemológicos, sua aceitação passiva como quadro hermenêutico total da realidade.

É certo que não temos notícia de algum filósofo ou escola que neguem seus impressionantes resultados práticos e o débito que para com ela tem a humanidade. Contudo, isso não é suficiente para sustentar a invocada condição de depositária exclusiva da verdade. Como bem anotou Marcuse, "a verdade de um projeto histórico não é validada *ex post* pelo seu êxito, ou seja, pelo fato de que seja aceito e realizado pela sociedade. A ciência galileana era verdadeira quando ainda estava sendo condenada...". [92]

Quanto a esse aspecto, Horkheimer afirma que o Positivismo e seus herdeiros, emanações extremas da racionalidade instrumental, constituem uma forma de pensamento *deficiente* - por sua "falta de autorreflexão, sua incapacidade para compreender suas próprias implicações filosóficas tanto na ética quanto na teoria do conhecimento", evidenciadas na proposta, sem mediações ou ponderações, de inteira subordinação de todo elemento de pensamento às regras abstratas da teoria científica.[93]

Com isso é possível afirmar que a razão matematizante pode, e deve, ser criticada. E seu πρῶτον ψεῦδος, ou erro original, foi se colocar de forma indistinta e irrefletida acima das demais formas de conhecimento, desembocando assim num excesso de "aritmetização" e numa formalização completamente universal do mundo da vida.[94] Entretanto, não é bem assim que ocorre no mundo real: como bem lembrou Husserl,

92. Marcuse, H., Kellner, D. 2007, *One-dimensional man: studies in the ideology of advanced industrial society*, Routledge, London, p. 228.

93. Horkheimer, Max. 2010, *Critica de la razon instrumental. Presentación de Juan José Sánchez. Traducción de Jacobo Muñoz*, Ed. Trotta, Madrid, p. 109. Tradução nossa..

94. Husserl, Edmundo. 2008, *La crisis de las ciencias europeas y la fenomenología trascendental. Traducción y estudio preliminar de Julia V. Iribarne*, 1ª ed, Prometeo Libros, Buenos Aires, p. 265.

"a geometria das idealidades é precedida pela agrimensura prática, que nada sabia de idealidades".[95]

De fato, a geometrização ao absurdo nos levou a um estado de coisas que Heidegger chama pelo nome de *desfiguração instrumental do espírito*: "Todas as coisas escorregaram para um mesmo nível, para uma superfície que, semelhante a um espelho oxidado, já não espelha, nada reflete."[96] O custo desse excesso foi, ironicamente, seu enfraquecimento enquanto conhecimento sob a forma de reducionismo, como identificado por Husserl:

> A ciência natural da Modernidade, ao estabelecer-se como física, tem sua raiz na abstração consequente, na qual ela só *quer* ver o mundo da vida como corporal. ... Na abstração efetuada com consequência universal, o mundo **se reduz** à natureza universal-abstrata, tema da ciência pura da natureza. Só aqui ela criou seu sentido possível, primeiro a **idealização geométrica**, depois toda teorização matemática subsequente. Ela repousa sobre a evidência da "experiência externa", que na verdade é uma experiência abstrativa.[97]

Não é difícil mostrar como na jornada abstrativa da idealização matemática aspectos essenciais da realidade são abandonados pelo caminho. Nesse propósito nos apoiaremos na descrição que Sartre faz da relação do esquiador com a montanha e a neve: durante o percurso em alta velocidade montanha abaixo, ele consegue cobrir amplas distâncias, se integrando ao ambiente sem nunca afundar naquela superfície, num tipo de relação com a neve que o pensador francês denomina *glissement*: "enquanto deslizo eu permaneço, podemos dizer, superficial." Nesse deslizar, o esquiador como que paira sobre a superfíce congelada, e seu percurso "não é apenas uma atividade de deslocamento; é também e sobretudo uma atividade sintética de organização e ligação". Esse movimento de "quase sobrevôo" permite um mapeamento amplo da montanha em geral.

95. *Ibid.*, p. 92.

96. Heidegger, M. 1978, *Introdução à metafisica - Introdução, tradução e notas de Emmanuel Carneiro Leão*, Biblioteca Tempo Universitário – 1, Editora Universidade de Brasília - Tempo Brasileiro, Rio de Janeiro, p.72.

97. Husserl, Edmundo. 2008, *La crisis de las ciencias europeas y la fenomenología trascendental. Traducción y estudio preliminar de Julia V. Iribarne,* 1ª ed, Prometeo Libros, Buenos Aires, p. 265. Destacamos.

Contudo, a mesma velocidade que coloca ao alcance do esquiador a concepção global da montanha impõe que deixe para trás outra perspectiva essencial: "Mas se me aproximo ... do campo de neve, tudo muda: sua escala de ser se modifica, ele existe centímetro a centímetro, em vez de em grandes espaços; e manchas, galhos e fendas vêm individualizar cada centímetro quadrado. Ao mesmo tempo sua solidez se derrete em água: afundo na neve até os joelhos; se eu pego a neve em minhas mãos, ela se liquefaz entre meus dedos, ela afunda...".[98]

Mayos chama esse fenômeno de matematização antiqualitativa, e identifica sua raiz no rechaço absoluto, por parte da razão geométrica do século XVII, "de qualquer qualidade que não possa ser medida ou, ao menos, mensurável ou quantificável".[99] No extremo, a visão geométrico-matematizante do mundo, degenerada em geometrização ao absurdo, é *reducionista* porque resume toda qualidade a quantidade - transformando toda a realidade do mundo da vida numa massa homogênea e indiferenciada.[100] Em sua visão, também Herder, dentro da linha axial de sua escola Romântica, se insurgiu contra a desidratação de realidade decorrente do método abstrativo sistematizante, postulando que apenas as especulações metafísicas ou dogmáticas, separadas das experiências e das analogias com a Natureza, seriam uma "viagem pelo ar", devendo-se extrair o conhecimento "da transparência mesma do real, dos acontecimentos mesmos".[101] Na lição de Mayos, o que os românticos realmente rechaçavam não era o conhecimento como tal, mas aquele tipo de pensar que, encastelando-se em conceitos estreitos, abstratos e fossilizados, deixa de recolher a riqueza e a diversidade da vida,[102]fazendo enfim "predominar o objeto sobre o sujeito, o mundo sobre o homem, o ideal por sobre o real, o morto sobre a vida."[103]

98. Sartre, J.-P., Elkaïm-Sartre, A. 2017, *L' être et le néant: essai d'ontologie phénoménologique*, Edition corrigée. ed, Collection TEL, Gallimard, Paris, p. 682-629.

99. Mayos S., Gonçal. 2012, *Macrofilosofía de la modernidad*, DLibro, Madrid, p.40.

100. Horkheimer, Max. 2010, *Critica de la razon instrumental. Presentación de Juan José Sánchez. Traducción de Jacobo Muñoz*, Ed. Trotta, Madrid, p. 77 e 85.

101. Mayos S., Gonçal. 2004, *Ilustración y romanticismo: introducción a la polémica entre Kant y Herder*, Herder, Barcelona, p. 136.

102. *Ibid.*, p. 232.

103. *Ibid.*, p. 211.

Essa é também a percepção de Horkheimer, para quem a partir do momento em que a calculabilidade substitui a verdade, essa é reduzida a uma cápsula vazia: a razão é neutralizada, num processo de deterioração "que subtrai dela toda relação com um conteúdo objetivo e a força a julgá-los, degradando-a assim à condição de mera capacidade executiva mais voltada ao 'como' do que ao 'quê', transformando-a de modo crescente num mero aparato obtuso para o registro de fatos.[104]

Como já apontamos, a utilização da perspectiva matematizante da natureza levou a humanidade a notáveis progressos. Contudo, a abstração metódica que lhe é essencial se torna problemática a partir do momento em que passa a refutar como irracionais todas as demais formas de conhecimento e, mais que isso, a pretender reger todos os aspectos da existência humana - existência essa que não cabe na paleta monocromática das lentes abstrativo-idealizantes da racionalidade *more geometrico*.

Cumpre recordar que o verdadeiro conhecimento e ciência, para os gregos, somente poderia ser conhecimento *da totalidade*, e que nos primórdios da Modernidade ainda se conservava a meta de uma ciência holística e omniabarcadora.[105]Mas, a partir do momento em que, segundo Mayos, "os discípulos de Newton estenderam o 'sonho newtoniano' e seu modelo matemático-experimental de ciência à totalidade dos âmbitos cognoscitivos"[106], veio à luz o ciclope do absolutismo tecnocientífico - criatura que, apesar de seu tamanho e força, tem o campo de visão limitado a um espectro monocular (e que, portanto, não é capaz de profundidade). Perdeu-se, assim, o propósito clássico da busca pela totalidade, e chegou-se a uma situação que, segundo Horkheimer, pressupõe

> a coisificação da vida em geral e da percepção em especial. ... Os chamados feitos constatados mediante métodos quantitativos, que os positivistas costumam considerar como os únicos científicos, são frequentemente

104. Horkheimer, Max. 2010, *Critica de la razon instrumental. Presentación de Juan José Sánchez. Traducción de Jacobo Muñoz,* Ed. Trotta, Madrid, p. 85.

105. Husserl, Edmundo. 2008, *La crisis de las ciencias europeas y la fenomenología trascendental. Traducción y estudio preliminar de Julia V. Iribarne,* 1ª ed, Prometeo Libros, Buenos Aires, p. 15.

106. Mayos S., Gonçal. 2012, *Macrofilosofía de la modernidad*, DLibro, Madrid, p.145.

> fenômenos superficiais que contribuem mais a obscurecer que a desvelar a realidade subjacente.[107]

Na visão de Horkheimer, todo o percurso ascendente da razão *more geometrico* constituiu, em verdade, uma redução do pensamento a operação matemática, num processo em que o que parece ser um triunfo da razão objetiva cobra uma "dócil submissão da razão aos dados imediatos", com o abandono da pretensão ampla pelo conhecimento, que não se limita a

> perceber, classificar e calcular, mas justamente na negação determinada do imediato. Pelo contrário, o formalismo matemático, cujo instrumento é o número, a figura mais abstrata do imediato, mantém o pensamento na pura imediatez. O que existe de fato é justificado, o conhecimento se limita a sua repetição, o pensamento se reduz a mera tautologia.[108]

Rousseau apontava, já em 1750, que "a elevação e a baixa diária das águas do oceano não se sujeitaram mais ao curso do astro que nos ilumina durante a noite do que o destino dos modos e da integridade do homem ao progresso das ciências":[109] a razão tecnocientífica, monocromática, deixa escapar matizes e cores essenciais - notadamente, no que mais importa à nossa reflexão, o *Lebenswelt* ou mundo da vida humano. Como apontado por Romero, ao ignorar que a subjetividade que produz a ciência objetiva não pode ser ela mesma objeto de tal ciência, a racionalidade matematizante, que pretendia alçar a humanidade a um império da razão, a levou à tirania da unilateralidade da razão,[110] conduzindo o Ocidente a uma opulência objetivista imersa em indigência deôntica.[111]

---

107. Horkheimer, Max. 2010, *Critica de la razon instrumental. Presentación de Juan José Sánchez. Traducción de Jacobo Muñoz,* Ed. Trotta, Madrid, p. 107-108.

108. Horkheimer, M., Adorno, T.W. 1994, *Dialéctica de la Ilustración: fragmentos filosóficos, Colección Estructuras y procesos*, Serie filosofía. Ed. Trotta, Madrid, p. 79.

109. L'élévation et l'abaissement journalier des eaux de l'océan n'ont pas été plus régulièrement assujettis au cours de l'astre qui nous éclaire durant la nuit que le sort des mœurs et de la probité au progrès des sciences et des arts. Rousseau, J.-J., Berchtold, J. 2012, *Discours sur les sciences et les arts,* Le Livre de poche, Paris. Kindle edition.

110. Romero, Isidro Gomez. 1995, *Husserl y la Crisis de La Razon. Prologo de Antonio Millan Puelles*, 1ª ed. Ediciones Pedagógicas, Madrid, p. 105

111. *Ibid.*, p. 143

Com efeito, o contraste entre o indiscutível progresso tecnocientífico da humanidade e sua debilidade no campo moral[112] testemunham a inaptidão da racionalidade matemática para lidar com a realidade humana, e talvez essa inépcia indique um caminho para solucionar o que Lima Vaz descreve como o

> ... enigma de uma civilização tão prodigiosamente avançada na sua razão técnica e tão dramaticamente indigente na sua razão ética.[113]

No fundo, existe um problema de inadequação metodológica, como apontou Kant:

> O cinzel e o maço podem muito bem servir para trabalhar um pedaço de madeira, mas para gravar em cobre deve utilizar-se o buril. Assim, o entendimento são e o entendimento especulativo são ambos úteis, mas cada um no seu género: aquele, quando se trata de juízos que encontram a sua aplicação imediata na experiência, este, porém, quando se deve julgar em geral, a partir de simples conceitos, por exemplo, na metafísica, onde o bom senso, que assim se denomina a si mesmo por antífrase, muitas vezes não tem absolutamente qualquer juízo.[114]

Husserl sintetizou a reflexão de Kant, postulando que é o método que deve se adequar o objeto de investigação, e não o oposto.[115] De fato, se em seus frutos a leitura matematizante da realidade como um todo já deixa bastante a desejar, sua inaptidão para lidar com o fenômeno humano é flagrante – e provavelmente foi a percepção desse *déficit* e suas consequências práticas o que levou Kierkegaard a uma formulação bastante ácida:

> Quando se fornecem quadros estatísticos sobre o estado de pecaminosidade, desenham mapas sobre esta situação, e com auxílio de cores e de relevos prontamente se facilita a visão de conjunto, aí se faz, afinal, uma tentativa de tratar o pecado como uma curiosidade da natureza, que não

112. Mayos S., Gonçal. 2004, *Ilustración y romanticismo: introducción a la polémica entre Kant y Herder*, Herder, Barcelona, p. 85.
113. Vaz, H.C. de L., 1991. *Ética e comunidade*. Síntese Nova Fase, 52, p. 11.
114. Kant, I., Morão, A. 1988, *Prolegómenos a toda a metafísica futura*, Textos Filosóficos, Edições 70, Lisboa, p. 17
115. Husserl, E. 2009, *La Filosofía, ciencia rigurosa*, Encuentro, Madrid.

> se pode evitar, mas apenas calcular, tal como a pressão atmosférica ou o grau de precipitação da chuva; e a moda e a média que resultam são *nonsens* num sentido bem diferente do que naquelas ciências puramente empíricas. Seria afinal um *Abracadabra* muito ridículo se alguém pretendesse, com seriedade, declarar que em média ocorrem para cada homem cerca de 3 polegadas e 3/8 de pecaminosidade, ou que no Languedoc a média chega só a 2 ¼, contra 37/8 na Bretanha.[116]

Segundo Mayos, Herder e sua escola perceberam logo o risco gerado pela abstração metódica da racionalidade científica, e tentaram evitar que isolasse o ser humano de sua própria experiência individual, cindindo a humanidade de sua realidade concreta e existencial, impondo-lhe um "leito de Procusto completamente artificial e violentador de sua verdadeira natureza".[117] A preocupação não era infundada pois, como registraram Horkheimer e Adorno[118], a partir da estruturação lógico-matemática do conhecimento de toda realidade, "conhecer" passou a significar a subsunção da realidade a princípios formais estruturantes de uma sólida interconexão conceitual. E a insuficiência dessa perspectiva para dar conta dos fatos, que pertencem ao mundo da *praxis*, cobra um alto preço:

> Em física, é verdade, a percepção que permite provar uma teoria se reduz normalmente à faísca elétrica que se acende no dispositivo experimental. O fato de que esta faísca não se produza não tem, em geral, consequências práticas: somente pode destruir uma teoria ou, no pior dos casos, a carreira do ajudante encarregado de levar a cabo o experimento. Mas as condições do laboratório são a exceção. O pensamento que não harmoniza sistema e intuição atenta contra algo mais que impressões óticas isoladas: entra com conflito com a *praxis* real. Não só não se produz o efeito esperado, mas ocorre o que não se esperava: **a ponte desmorona, a semente seca, a medicina adoece ao invés de curar**.[119]

116. Kierkegaard, S. 2013, *O conceito de angústia: uma simples reflexão psicológico-demonstrativa direcionada ao problema dogmático do pecado hereditário de Vigilius Haufniensis*, Vozes Editora Universitária São Francisco, Petrópolis, RJ; Bragança Paulista, SP, p. 68.

117. Mayos S., Gonçal. 2004, *Ilustración y romanticismo: introducción a la polémica entre Kant y Herder*, Herder, Barcelona, p. 393.

118. Horkheimer, M., Adorno, T.W. 1994, *Dialéctica de la Ilustración: fragmentos filosóficos*, *Colección Estructuras y procesos*, Serie filosofía. Ed. Trotta, Madrid, p. 130.

119. *Ibid.*, p. 131. Destacamos.

Por todo o exposto, resta claro que o método abstrativo da razão *more geometrico* tem como efeito a desidratação cognitiva de espectros essenciais da realidade: trata-se, enfim, de uma racionalidade perniciosamente *reducionista*. E quando o espectro excluído de seu arco de visão é o da realidade humana, a razão *matematizante* se torna também racionalidade *desumanizante*. E, dentro de uma racionalidade desumanizante, não há espaço para regiões fundamentais do ser humano, como o projeto de vida. É o que veremos a seguir.

1.4. Efeitos desumanizantes da razão *more geometrico*

Chegou a humanidade enfim a um momento na história em que a razão tecnocientífica se tornou o novo mito, a nova religião e a nova metafísica, e os filhos da Ilustração se encontravam imersos num estado que Habermas chamou de "profissão de fé cientificista".[120] A tecnociência, em seus primeiros tempos, desfilava preclara sobre os ombros dos maravilhosos produtos da técnica (o telefone, o cinema, a bicicleta, o automóvel, o avião, dentre outros), e a sociedade europeia, entorpecida por aqueles prodígios, valsava sobre o assoalho de otimismo da aparentemente inexorável marcha rumo a infinitas possibilidades que permeava o espírito do tempo da *Belle Époque*.

A humanidade não demoraria muito a se deparar com um dos aspectos mais implacáveis do caráter da racionalidade tecnocientífica: sua indigência deôntica. Com a eclosão da Primeira Guerra Mundial, todos aqueles formidáveis produtos tecnológicos foram facilmente convertidos em eficazes ferramentas para pavimentar o caminho para uma situação bárbara da guerra total, onde os filhos das famílias dos países em guerra entravam pela porta dos postos de recrutamento como homens apenas para sair, do outro lado, como números indistintos de reposição dos pelotões de trincheira. Como lembrou Marcuse,

> Em verdade, a racionalidade da ciência pura é não-valorativa e não estipula nenhum fim prático, é "neutra" a qualquer valor externo que lhe possa ser imposto. Mas essa neutralidade é um caráter *positivo*. A racionalidade científica requer uma organização social específica precisamente porque

120. Habermas, J. 2014, *Técnica e ciência como "ideologia."* Editora Unesp, São Paulo, p. 197.

> projeta meras formas... que podem ser dobradas para praticamente qualquer fim.[121]

Desnorteada, a Europa se voltou para a racionalidade científica em busca de respostas, mas em seus olhos só encontrou um véu de opacidade. A razão daquele olhar perplexo da razão matemática foi elucidada por Husserl:

> Meras ciências de fatos fazem meros seres humanos de fato. ... Para nossa indigência vital... esta ciência não tem nada que nos dizer. Justamente, ela exclui por princípio as perguntas que, em nossos desafortunados tempos, são candentes para os seres humanos abandonados a perturbações fatais: as perguntas pelo sentido ou o sem-sentido de toda existência humana não exigem também elas, em sua generalidade e necessidade, de parte de todos os seres humanos reflexões gerais e sua resposta a partir de intelecções racionais?[122]

Na escalada intransigente da razão tecnocientífica rumo ao vértice da racionalidade, os seres humanos se deixaram cegar pela prosperidade material, afastando-se das perguntas decisivas a uma autêntica humanidade.[123] Como anotado por Horkheimer, a ciência, em geral, se relaciona com a natureza e com os homens da mesma maneira que a ciência dos seguros o faz com a vida e a morte: "Não importa quem morre; o que conta é a relação dos casos com as obrigações da companhia. É a lei dos grandes números, e não o caso singular, o que se repete na fórmula."[124] Na visão de Sessarego,

> Os horrores desencadeados pela primeira guerra mundial motivaram os homens de pensamento, e os filósofos em particular, os quais historicamente haviam-se preocupado em desentranhar o ser das coisas do mundo exterior, a desviar seu olhar inquisidor para centrá-lo no ser no qual eles mesmos consistiam. Refletiu-se, assim, sobre o homem, escrutinando sua

121. Marcuse, H., Kellner, D. 2007, *One-dimensional man: studies in the ideology of advanced industrial society*, Routledge, London, p.160.
122. Husserl, Edmundo. *La crisis de las ciencias europeas y la fenomenología trascendental*. Traducción y estudio preliminar de Julia V. Iribarne.1ª ed. Buenos Aires: Prometeo Libros, 2008, p. 49/50.
123. *Ibid.*, p. 49/50.
124. Horkheimer, M., Adorno, T.W. 1994, *Dialéctica de la Ilustración: fragmentos filosóficos, Colección Estructuras y procesos*, Serie filosofía. Ed. Trotta, Madrid, p. 132.

> natureza, tratando de decifrar seu mistério, evidenciando sua estrutura ontológica, até onde isso é possível.[125]

Nesse momento histórico se abre na pretensão monolítica da razão tecnocientífica uma irreparável fissura, donde enfim eclodirá o clamor contra a tecnociência, "porque não tem resposta para os problemas especificamente humanos."[126] Na vanguarda daquele clamor estará Husserl, que com sua fundamental *Krisis* ("*A Crise das Ciências Europeias e a Fenomenologia Transcendental*") cravará um marco fundamental para a compreensão daquele estágio do percurso da Ilustração, não só por seu caráter crítico e histórico, mas por seu compromisso enquanto denúncia e "chamamento à ordem" da ciência, em salvaguarda da própria condição humana.

Iribarne conta que as meditações de Husserl sobre o tema iniciaram a partir de estudos para uma conferência a convite da Sociedade da Cultura Vienesa, em 1934, tendo por primeiro título "*A filosofia na crise da humanidade europeia*". Alcunhado por muitos de "o filósofo que começa", tantas foram as veredas abertas, mas nem sempre finalizadas, em sua extensa obra[127], Husserl se consideraria também "principiante e contava com a posteridade quanto à assunção e subsequente desenvolvimento da problemática por ele desvelada."[128] Nesse aspecto, mais do que uma reflexão filosófica, a *Krisis* é toda cerzida por um fio condutor, que é a denúncia de um estado de coisas gerado pela "marcha desencaminhada das ciências."[129]

125. Sessarego, C.F. 1996, "Precisiones preliminares sobre el daño a la persona", *THEMIS Revista de Derecho*, (34), p. 180. Disponível em https://revistas.pucp.edu.pe/index.php/themis/article/view/11843 (acesso em 11/03/2023).

126. Romero, Isidro Gomez. 1995, *Husserl y la Crisis de La Razon. Prologo de Antonio Millan Puelles*, 1ª ed. Ediciones Pedagógicas, Madrid, p. 79.

127. O projeto de reunião das obras completas de Husserl recebeu o nome de Husserliana, e foi iniciado por Van Breda, que salvou os manuscritos de Husserl da destruição durante a Segunda Guerra Mundial. É publicada pelos Arquivos Husserl da Universidade Católica de Leuven, onde se encontram os documentos.

128. Husserl, Edmundo. 2008, *La crisis de las ciencias europeas y la fenomenología trascendental. Traducción y estudio preliminar de Julia V. Iribarne*, 1ª ed, Prometeo Libros, Buenos Aires, p. 13.

129. *Ibid.*, p. 14.

Como leciona Romero, ao propor o "tema da crise da razão, Husserl quer tratar da crise originada com o paradigma positivista da razão" e das consequências de sua indigência sapiencial. Fala-se, portanto, da crise das ciências como causa e expressão da crise vital da própria humanidade europeia em seu ideal emancipatório.[130]

Nesse ponto podemos conectar o pensamento husserliano com a meada que vimos desfiando, destacando que o próprio Husserl remete as origens do estado de coisas criticado ao nascimento da ciência moderna, no que chama de "funestos mal-entendidos como consequência da falta de claridade sobre o sentido da matematização":

> Com a mudança de interpretação matematizante da natureza por parte de *Galileu* também se instalaram consequências equivocadas que se estenderam para além da natureza. ... Se o mundo intuído de nossa vida é meramente subjetivo, todas as verdades da vida pré e extra científica que concernem a seu ser atual são desvalorizadas. ... Galileu, em sua visão retrospectiva a partir do mundo da geometria, e a partir deste de todo o que aparece sensivelmente e é matematizável, *faz abstração* dos sujeitos como pessoas com uma vida pessoal, de todo o espiritual, em qualquer sentido, de todas as peculiaridades pessoais que se estendem às coisas na prática humana.[131]

Para articular a crise epistemológica com uma crise da humanidade, Husserl postula que o conhecimento primordial deve ser a Filosofia omniabarcadora, que seria o fundamento indispensável para a posterior autoconfiguração livre do ser humano e da sociedade diante realidade da vida: "à autonomia teorética segue a [autonomia] prática." Contudo, algo se perde na busca pelo ideal emancipatório pelo caminho fisicalista, e a razão *more geometrico* em sua face positivista "decapita a filosofia", incapacitando a humanidade para reconfigurar racionalmente a totalidade do mundo humano circundante, a existência política e a existência

130. Romero, Isidro Gomez. 1995, *Husserl y la Crisis de La Razon. Prologo de Antonio Millan Puelles*, 1ª ed. Ediciones Pedagógicas, Madrid, p. 68 e 78.

131. Husserl, Edmundo. 2008, *La crisis de las ciencias europeas y la fenomenología trascendental. Traducción y estudio preliminar de Julia V. Iribarne*, 1ª ed, Prometeo Libros, Buenos, pp. 96 e 103.

social da humanidade.[132] A ideia, portanto, é que o exclusivismo da razão tecnocientífica gerou uma crise da racionalidade que barrou o acesso da humanidade à possibilidade de reflexão sobre a *praxis*. Com isso, Husserl pretende ter explicitado a relação de causalidade entre a crise das ciências e a crise da humanidade europeia. A propósito, Romero pondera que

> Por isso, perdido na crise positivista o horizonte da razão absoluta, se perde também o sentido do mundo, o sentido da história, o sentido da humanidade; e, consequentemente, a crença na liberdade, isto é, na possibilidade que tem o homem de dar sentido racional a sua existência individual e à de sua espécie.[133]
>
> ... Entretanto, perder a crença na razão como episteme é perder a possibilidade de um horizonte que dote de sentido a vida humana tanto na ordem ontológica quanto na deôntica. Porque é precisamente a razão como episteme "a que, em última instância, dota de sentido a todo suposto ente, a todas as coisas, valores, fins" (La Crisis, §5, p.11), na qual leva sua própria *pretensão de ser homem.* [134]

Nesse ponto, cabe esclarecer que dentro da expressão "Europa" Husserl quer reunir toda uma forma espiritual de ser do homem enquanto teleologicamente inclinado a progredir, a partir da razão e de empreitadas infinitas, até uma forma de ser e viver baseada na livre configuração de sua existência individual e social. Isso quer dizer que ele se mantém fiel ao ideal emancipatório iluminista original balizado pelas primeiras intuições da filosofia grega.[135] De acordo com Romero, Husserl associa a origem do humanismo à mudança da atitude natural para a atitude filosófica[136-137]. Dessa forma, para Husserl, "essa atitude [livre configuração

132. Husserl, Edmundo. 2008, *La crisis de las ciencias europeas y la fenomenología trascendental. Traducción y estudio preliminar de Julia V. Iribarne,* 1ª ed, Prometeo Libros, Buenos, pp.52-53.

133. Romero, Isidro Gomez. 1995, *Husserl y la Crisis de La Razon. Prologo de Antonio Millan Puelles*, 1ª ed. Ediciones Pedagógicas, Madrid, p. 78.

134. *Ibid.*, p. 147.

135. *Ibid.*, p. 86.

136. *Ibid.*, p. 89.

137. Nesse ponto, Husserl se encontra na companhia de importantes pensadores, como Kant e Kierkegaard, que utilizam como chave hermenêutica e narrativa do início da marcha da liberdade do homem sobre o mundo o instante bíblico do pecado original.

em função das ideias da razão] só é possível com o surgimento do horizonte filosófico (e uma atitude filosófica)"[138].

A propósito, afirma Heidegger que o Humanismo consiste em "meditar e cuidar-se de que o homem seja humano em lugar de não-humano, 'inumano', isto é, alheio a sua essência."[139] Com a perda da perspectiva da totalidade (império do positivismo-naturalismo), esvai-se se o próprio Humanismo (enquanto forma ideal de ser e de viver autotelicamente), e o predomínio de outras atitudes do homem a propósito da Filosofia "poderia colocar em perigo o humanismo como forma superior de civilização."[140]

Para concordar com Husserl é preciso assentir com sua premissa, que associa humanismo com liberdade e autoconfiguração. Essa associação, contudo, nos parece ter adquirido um certo grau de universalidade na história do pensamento ocidental.

Nessa linha, a visão de Horkheimer é de que "os avanços no âmbito dos meios técnicos se vêem acompanhados de um processo de desumanização. O progresso ameaça destruir o objetivo que estava chamado a realizar: a ideia de homem."[141]

Lima Vaz identifica uma cadeia causal unindo o reducionismo racionalista à objetificação do ser humano, num arco histórico que parte da literatura biológica do século XVII, inspirada no modelo epistemológico do *animal-máquina* e no nascimento da anatomia microscópica,[142] geradores de modelos que acabariam se transformando em matriz para a hermenêutica do próprio ser humano; passa pela visão fisicalista da sociedade de acordo com os conceitos e leis do mundo físico por Auguste Comte;[143] e chega ao século XX com as *antropologias materialistas* de método reducionista que ancora a interpretação filosófica do ser humano a

138. Romero, Isidro Gomez. 1995, *Husserl y la Crisis de La Razon. Prologo de Antonio Millan Puelles*, 1ª ed. Ediciones Pedagógicas, Madrid, p. 89.

139. Heidegger, M., Cortés, H., Leyte, A. 2001, *Carta sobre el humanismo,* Alianza Editorial, Madrid, p. 21.

140. Romero, Isidro Gomez. 1995, *Husserl y la Crisis de La Razon. Prologo de Antonio Millan Puelles*, 1ª ed. Ediciones Pedagógicas, Madrid, p. 86.

141. Horkheimer, Max. 2010, *Critica de la razon instrumental. Presentación de Juan José Sánchez. Traducción de Jacobo Muñoz,* Ed. Trotta, Madrid, p. 44. Tradução nossa.

142. Vaz, H.C. de L. 2020, *Antropologia Filosófica,* Edições Loyola, São Paulo, p.89.

143. *Ibid.*, p.123.

partir do polo da Natureza, caracterizando-se por "assumir como referência epistemológica básica uma determinada ciência que passa a ser considerada como *ciência normativa* para o conhecimento global do homem e para o desenho do *modelo* do homem que se considera ratificado pelo conhecimento científico".[144] Como exemplo das linhagens que "inspiram essas imagens 'científicas' do homem"[145] Lima Vaz cita as ciências das origens (Paleontologia e Pré-história humanas), a Biologia humana, as Psicologias profundas, a Linguística e as Etnologias. A fragilidade epistemológica dessa linha, segundo Mounier, consiste em que

> ...o espírito cognoscente não é um espelho neutro, ou uma fábrica de conceitos em estado de secessão no seio de uma personalidade total; é um existente indissoluvelmente ligado a um corpo e a uma história, chamado por um destino, engajado nessa situação por todos seus atos, dentre eles seus atos cognoscentes. ... A inteligência que se pretende reduzida ao formalismo lógico se aniquila. [146]

O chamado "estreitamento da razão", que resta encurralada dentro da perspectiva matematizante, leva a uma situação em que a própria leitura que o ser humano faz de si próprio em sua natural tendência de auto-configuração seja feita sob aquela ótica, como diagnostica Heidegger:

> O ser assim calculável e posto no domínio do cálculo torna o ente apto a ser dominado pela técnica moderna matematicamente estruturada, que se distingue essencialmente de todo uso de instrumentos até então conhecido.[147]

A perspectiva *more geometrico*, aplicada à realidade humana, deflagra um movimento de coisificação designado, na história da Filosofia, como degeneração de *humanitas* para *animalitas*, de corpo vivente (*Leib*) para apenas como corpo físico (*corpus*)[148]. Na concepção de Mounier,

---

144. *Ibid.*, p.131.
145. *Ibid.*, p.131
146. Mounier, E. 1969, *Le personnalisme*, 11a ed, Presses Universitaires de France, Paris, p. 94.
147. Heidegger, M. 1978, *Introdução à metafisica - Introdução, tradução e notas de Emmanuel Carneiro Leão*, Biblioteca Tempo Universitário – 1, Editora Universidade de Brasília - Tempo Brasileiro, Rio de Janeiro, p. 212.
148. Horkheimer, M., Adorno, T.W. 1994, *Dialéctica de la Ilustración: fragmentos filosóficos, Colección Estructuras y procesos*, Serie filosofía. Ed. Trotta, Madrid, p.279.

> Eu trato o outro como um objeto quando eu o trato como um ausente, como um repertório de informações à minha disposição (G.Marcel) ou como um instrumento à minha mercê; quando o catalogo à sua revelia, o que constitui, propriamente falando, desesperar dele. Tratá-lo como um sujeito, como um ser presente, é reconhecer que não posso defini-lo, classificá-lo, que ele é inesgotável, pleno de esperanças, e que somente a ele cabe dispor dessas esperanças: é dar-lhe crédito.[149]

Enfim, para Heidegger, a humanidade se lançou numa trajetória descendente que "conduz à pobreza da ex-sistência do *homo humanus*."[150]Como resultado, numa perspectiva que será desenvolvida em tempo oportuno a partir da obra de Marcuse, a tecnologia se tornou o grande veículo de coisificação do ser humano – coisificação em sua forma mais madura e efetiva.[151]

> Finalmente, é essa a suma de nosso itinerário macrofilosófico:
>
> 1. primeiramente, observamos como uma certa intuição acerca da estrutura matemática da natureza abriu veredas para o caminhar da aspiração humana de emancipação intelectual e existencial;
>
> 2. a seguir, vimos como nesse caminho a hipertrofia de um aspecto racional - o matematizante - assumiu como projeto a ascendência total enquanto racionalidade;
>
> 3. mais adiante, percebemos como o abandono de outros aspectos da racionalidade gerou um estreitamento focal que, como se viu, levou a um reducionismo epistemológico e,
>
> 4. ato contínuo, resultou na coisificação do próprio ser humano, na medida em que sua auto-configuração racional diante das situações reais passou a se dar servindo-se apenas daquela espécie de racionalidade.

Chegamos então ao vestíbulo da contemporaneidade, e a desumanização passa a dar os passos preparatórios para uma aceleração

149. Mounier, E. 1969, *Le personnalisme*, 11a ed, Presses Universitaires de France, Paris, p. 42. Digna de menção a notável presciência de Mounier, se considerarmos o que significam hoje os seres humanos para as mega empresas de tecnologia e a *Big Data:* repositórios de informações úteis e monetizáveis. Destacamos.

150. Heidegger, M., Cortés, H., Leyte, A. 2001, *Carta sobre el humanismo,* Alianza Editorial, Madrid, p. 72.

151. Marcuse, H., Kellner, D. 2007, *One-dimensional man: studies in the ideology of advanced industrial society*, Routledge, London, p. 172.

exponencial. Nesse estuário, não é mais possível falar apenas de aspectos epistemológicos, pois fatores mais profundos, como o sociológico, econômico e ideológico, passam a exercer um papel decisivo, transformando a racionalidade tecnocientífica em dínamo de um processo histórico que, ao invés de conduzir a um estado verdadeiramente humano, coloca a humanidade em direção a um novo gênero de barbárie.[152]

Entretanto, ainda é preciso fazer uma parada antes de entrar nessa dimensão, para observar a situação do Direito nessa história e, com isso, nos aproximar um pouco mais de nosso objeto de investigação, que é o direito ao projeto de vida.

1.5. A racionalidade jurídica sob o jugo da racionalidade *more geometrico*: a Teoria Pura de Kelsen como ponto de partida para explicitação do paradigma matematizante do Direito

Como já sinalizamos, um dos desafios do estudo do direito ao projeto de vida é o surpreendente silêncio do universo jurídico a propósito daquele direito, e nossa proposta de investigação partiu da intuição de que referido silêncio está associado a aspectos epistemológicos, históricos e sociológicos da razão *more geometrico* e suas consequências no mundo da vida.

Em outras palavras: a adoção de um modelo de racionalidade matematizante pelo Direito o tornou incapaz de identificar a fundamental estrutura humana do projeto de vida.

Vimos até então sobrevoando a evolução histórica da racionalidade *more geometrico* em geral. Como a proposta é investigar um direito, é chegada a hora de realizar uma aproximação para observar a racionalidade <u>jurídica</u> *more geometrico*. Nessa linha, espelharemos a análise macro da racionalidade geométrica sobre o campo do Direito, seguindo o mesmo itinerário:

1. Mostração das fragilidades epistemológicas de um Direito *more geometrico*;

152. Horkheimer, M., Adorno, T.W. 1994, *Dialéctica de la Ilustración: fragmentos filosóficos, Colección Estructuras y procesos*, Serie filosofía. Ed. Trotta, Madrid, p.51.

2. Mostração do caráter reducionista de um Direito *more geometrico*;
3. Mostração do caráter desumanizante de um Direito *more geometrico*.

A hipótese é que as invariantes da racionalidade matematizante em geral emergirão necessariamente das propostas jurídicas matematizantes, em decorrência de sua universalidade e da relação gênero-espécie. Para tanto, escolhemos como espécime de estudos – para utilizar uma metáfora científica – uma das mais importantes propostas já trazidas à luz pelo pensamento jurídico: a Teoria Pura do Direito, de Hans Kelsen.

A escolha não se faz por acaso: em se tratando de investigar a (*não*)-situação do direito ao projeto de vida e sua relação com o império da razão matematizante, a reflexão a partir da teoria kelseniana faz sentido, já que aquela, em seus primórdios, constituiu o mais acabado exemplar de transposição, para o ramo do Direito, do ideal fisicalista-matematizante, sendo paradigma relevante e influente até os dias de hoje.

Antes de avançar, importante efetuar um corte epistemológico para esclarecer que escapa dos objetivos da reflexão uma análise aprofundada da proposta de Hans Kelsen (a propósito já existem consistentes trabalhos). Teleologicamente orientada a jogar luz sobre a questão do direito ao projeto de vida, a reflexão visa esclarecer as consequências, para o Direito, do estreitamento racional desumanizante decorrente da ascensão monopolista da razão *more geometrico* formal. Assim, o foco não é refletir a Teoria Pura do Direito, mas refletir, *a partir* de um momento da Teoria Pura do Direito, as consequências da razão *more geometrico* abstrativa na configuração do território jurídico.

Servirá aquele recorte da teoria kelseniana, dessarte, mais como alavanca hermenêutica do que como modelo de amplo espectro. Entretanto, isso não significa um desprendimento do cerne do projeto do jusfilósofo, como se verá a partir de um elemento incontestável: as palavras do *próprio Kelsen*, retiradas de sua **autobiografia**, serão testigo da perspectiva adotada por ele naquela etapa de sua jornada reflexiva.

Por fim, ainda à guisa de demarcação epistemológica, é importante recordar que a Teoria Pura do Direito nos foi oferecida em duas versões: a primeira foi publicada em 1934, quando Kelsen ainda lecionava em Genebra; a segunda, em 1960, a qual, segundo Robles Morchón,

> ...constitui realmente um novo livro. Não no sentido de que Kelsen não mantenha suas ideias filosóficas básicas, mas por dois aspectos notáveis: primeiro, por sua extensão muito maior do que a primeira edição; além disso, porque introduz mudanças notáveis em aspectos concretos da teoria pura do direito...".[153-154]

Realizaremos nossos estudos a partir da edição original; afinal, se o propósito é examinar a Teoria Pura do Direito enquanto expressão singular do modelo matematizante global, será muito mais fecundo colhê-la em seu momento "mais puro" – e mais alinhado com o ideal da *mathesis* que, como já mostramos, remonta a Galileu e Descartes.

Ao fim de nosso percurso, pretendemos indicar que todo e qualquer sistema jurídico matematizante-abstrativo manifestará os mesmos problemas universais que identificamos em nossa investigação sobre a razão *more geometrico:* incompletude epistemológica, reducionismo e estreitamento inumanizante. Com isso poderemos estender nossas conclusões a um amplo arco que vai desde as primeiras construções matematizantes do direito até a problemática atual do julgamento por algoritmos, já no horizonte próximo de alguns países.[155]

Ficará claro que, enquanto espécie do gênero da racionalidade *more geometrico*, o pensamento jurídico de inspiração matemática padece das mesmas deficiências epistemológicas e práticas, criando um solo árido para o reconhecimento de qualquer direito que deva emergir de uma dimensão essencialmente humana do indivíduo. No espaço aberto por essa crítica é que poderá vicejar a proposta de Sessarego, de caráter existencialista-personalista.

---

153. Kelsen, H., Robles Morchón, G. 2011, *Teoría pura del derecho*, Trotta, Madrid, p. 16.

154. Em verdade, relata Robles Morchón que a primeira formulação completa da teoria pura do direito já aparecera na obra Teoria Geral do Estado, de 1925, mas ainda com foco na problemática da Teoria do Estado. Idealizador e integrante originário do Tribunal Constitucional Austríaco, Kelsen foi removido em 1930 daquela corte, tendo se mudado para Colônia, de onde também teve que sair quando destituído de sua cátedra com a ascensão dos nazistas ao poder, em 1933. Tendo emigrado para a Suíça (de onde posteriormente também teria que sair para se refugiar nos Estados Unidos), ali publicou a "Teoria pura do direito. Introdução aos problemas da ciência jurídica". Kelsen, H., Robles Morchón, G. 2011, *Teoría pura del derecho*, Trotta, Madrid, p.14.

155. A propósito: "Uso da inteligência artificial agiliza tomada de decisões judiciais em processos de saúde". https://www.cnj.jus.br/uso-da-inteligencia-artificial-agiliza-tomada-de-decisoes-judiciais-em-processos-de-saude/, acesso em 18/02/2024.

Ademais, ao levar a discussão sobre o processo histórico de "inumanização" ao território do Direito, pede atenção uma perplexidade: seria possível encontrar, nos caminhos da História, algum modelo de direito humanizado? Isso seria um bom tema para uma investigação específica. A propósito entendemos que, à primeira vista, não é possível apontar a eclosão, na história das ordens jurídicas, de um tal sistema. Essa conclusão reclamará uma importante adequação terminológica, que se mostrará ao final harmônica com o sentido global da investigação: a proposta do uso do termo "inumanização do Direito", ao invés de "desumanização do Direito". Isso porque o termo desumanização poderia sugerir um movimento de degradação a partir de um momento histórico em que se poderia falar de um Direito efetivamente humano. Por isso, propomos o termo "inumanização", para deixar claro que, a nosso ver, a humanidade ainda não logrou edificar uma ordem jurídica essencialmente humana ou, ao menos, que tenha autenticamente assumido como projeto e propósito uma efetiva busca pela humanização.

Iniciamos nossa abordagem observando o meio intelectual vienense à época em que Kelsen elaborou e publicou a Teoria Pura do Direito: o ambiente do chamado Círculo de Viena. Essa contextualização deixará clara a filiação daquela teoria a um amplo movimento global de matematização do conhecimento, expondo sua índole fisicalista-matematizante.

A propósito do Círculo de Viena, a posteridade teve a fortuna de contar com o relato direto de um de seus integrantes, Victor Kraft, sob o título "*The Vienna Circle - The Origin of Neo-Positivism*".[156] É claro que, em se tratando de um grupo plural de pensadores independentes, não se espera extrair do texto uma expressão monolítica do que se poderia chamar de "pensamento" da Escola. Contudo, é o suficiente para nosso objetivo, que é vislumbrar o espírito do tempo que permeou o pano de fundo intelectual sobre o qual Kelsen teceu seu projeto da Teoria Pura.

Segundo Kraft, o Círculo de Viena constituiu "o ponto de partida para um movimento filosófico internacional que levou ao renascimento e reforma do positivismo e empirismo", empreendendo todos os esforços para aclarar, com lucidez e rigor, as fundações do conhecimento em

156. Kraft, Victor. 2015, *The Vienna Circle: The Origins of Neo-Positivism*, Philosophical Library. Edição do Kindle.

profundidade e amplitude.[157] Dentre seus integrantes, muitos tinham em comum o advento à Filosofia pelos caminhos da Física, e compartilhavam o interesse pelo estudo da epistemologia e das ciências exatas. Aquele pequeno círculo na capital austríaca alçou, segundo Kraft, a estatura de um movimento filosófico internacional denominado por muitos Neo-Positivismo Lógico ou Neo-Empirismo Lógico.[158]

De acordo com Kraft,

> Os rigorosos requisitos do pensamento científico eram postulados para a filosofia. Claridade inambígua, rigor lógico e argumentos cogentes são tão indispensáveis à filosofia quanto são para as outras ciências. Não há lugar na filosofia para asserções dogmáticas e especulações não testáveis, atualmente abundantes. [159]

Como se verá, o Círculo de Viena almejava para a Filosofia a mesma meta que Kelsen buscaria para o Direito: a cientificidade estrita.

Precavendo-se contra eventuais acusações de que a exigência de exclusão de "tudo o que não é atingível pelo método científico" constituiria um empobrecimento racional, Kraft faz questão de afirmar que o método do Círculo seria inescapável, pois "somente dessa maneira é possível ir além da diversidade e instabilidade subjetiva, somente dessa maneira podemos esperar alcançar validade universal e resultados duradouros."[160]

Comparemos agora o lema do Círculo de Viena com os objetivos declarados de Kelsen em sua autobiografia a respeito de seu projeto de uma teoria pura. Com a palavra, Hans Kelsen:

> Enquanto trabalhava na doutrina do Estado de Dante Alighieri, já comecei a me interessar predominantemente por problemas de teoria do direito, como a pessoa jurídica, o direito subjetivo e principalmente o conceito de proposição jurídica. O que me impressionou na maneira usual de apresentar esse problema foi a completa ausência de precisão e fundamento sistemático; mas, acima de tudo, uma **desesperadora** confusão na abordagem da questão, a mistura permanente do que é direito positivo com o que

157. *Ibid.*
158. *Ibid.*
159. *Ibid.*
160. *Ibid.*

> - de algum ponto de vista valorativo - deveria ser direito, por um lado, e a confusão dos limites entre o problema de como os sujeitos devem se comportar por causa do direito positivo e o problema de como eles se comportam efetivamente. A separação rigorosa de uma teoria do direito positivo, por um lado, da ética e, por outro, da sociologia, parecia-me algo **urgente**. Mais tarde, quando me familiarizei com os escritos de Hermann Cohen, ficou claro para mim que o que eu tendia a fazer, mais instintivamente do que com base na reflexão sistemática, era a "**pureza do método**"[161]

Numa declaração que poderia ser atribuída a um integrante do Círculo de Viena, apenas cambiando-se o termo "jurisprudência" por "filosofia", já no prólogo à Teoria Pura do Direito Kelsen revela que assumia então a tarefa de desenvolver uma teoria "depurada", elevando assim a jurisprudência a uma verdadeira ciência para, dessa forma,

> ...aproximar o mais possível seus resultados do ideal que preside toda ciência: a objetividade e a exatidão.[162]

Dessa forma, os propósitos do Círculo de Viena e os de Kelsen coincidem: o que aqueles queriam para a Filosofia, este queria para o Direito. Como destacado por Robles,

> O uso do qualificativo "puro" (*rein*) ou "pura" (*reine*) e do substantivo "pureza" (*Reinheit*) era muito difundido nos ambientes científicos da época por influência da filosofia kantiana e neokantiana. Se aplicava não só nos terrenos da filosofia geral e da filosofia jurídica, mas também no da sociologia e da economia. Em comum, a palavra indicava a pureza do método.[163]

Vale então comparar as soluções encontradas pelo Círculo e por Hans Kelsen.

A proposta que, segundo Kraft, distingue a lógica do Círculo de Viena da "velha" lógica seria o uso dos símbolos e, no aspecto pertinente a

161. Kraft, Victor. 2015, *The Vienna Circle: The Origins of Neo-Positivism*, Philosophical Library. Edição do Kindle.Traduzimos.
162. Kelsen, H. 2008, *Autobiografía. Hans Kelsen* (Spanish Edition). Universidad Externado. Edição do Kindle.
163. *Ibid.*, p. 36.

nosso estudo, além do uso de predicados, a inserção de proposições com espaços preenchidos por variáveis. A solução metódica para suas pretensões intelectuais as encontraram na "nova lógica", cuja autonomia "resulta do fato de que a lógica contém, não as leis fundamentais do mundo, mas as leis fundamentais do pensar sobre o mundo".[164]

Essa nova lógica, apoiando-se nos símbolos, encontrou uma maneira de formular matematicamente conceitos e proposições, possibilitando assim "operar de forma puramente formal sem olhar para o conteúdo, num tipo de cálculo de conceitos e proposições. Isso leva a um grau de clareza e rigor inatingível no interior da linguagem ordinária", pois "como as relações lógicas são puramente formais, podem ser certificadas sem qualquer consideração dos significados específicos das proposições, ou estado concreto das coisas."[165]

A construção da Teoria Pura do Direito adota o mesmo expediente. Segundo Robles, dentro do propósito de Kelsen, a Teoria Pura é uma teoria *depurada* do Direito: "Depurada de que? De toda contaminação extrajurídica."[166] Assim como ocorreu com a *nova lógica* do Círculo de Viena, sendo o método adotado o normativo, e seu objeto – o Direito – entendido como um sistema de normas, a depuração significa um expurgo de todo elemento que não seja normativo. Isso significa, como lecionou Cofré,

> ...transformar o objeto de estudo da ciência jurídica em um objeto lógico e a ciência que o estuda, obviamente, em uma disciplina formal.[167]

Condordamos com Cofré que, mesmo que não tenhamos documentos para apontar uma conexão histórica concreta entre a proposta de Kelsen e a do Círculo de Viena, o intuito do jurista parece ecoar as investigações que os grandes lógicos e matemáticos do renomado Círculo estavam realizando, pelo que "não é absurdo, em consequência, supor

164. Kraft, Victor. 2015, *The Vienna Circle: The Origins of Neo-Positivism*, Philosophical Library. Edição do Kindle.
165. Kraft, Victor. 2015, *The Vienna Circle: The Origins of Neo-Positivism*, Philosophical Library. Edição do Kindle.
166. Kelsen, H., Robles Morchón, G. 2011, *Teoría pura del derecho*, Trotta, Madrid, p. 18.
167. Cofré, J.O. 2011, "Kelsen, el formalismo y el 'Circulo de Viena.' ", *Revista da Faculdade de Direito da UFG* 35, p.36.

que a teoria de Kelsen tenha proposto no fundo – e naturalmente sem utilizar o formalismo simbólico da lógica-matemática – resgatar a *ideia* do projeto formalista e aplicá-la ao estudo do direito", construindo um sistema puramente formal à maneira da lógica, da matemática ou da ética formal kantiana.[168]

Nesse aspecto, há que se registrar que Kelsen liderou um grupo chamado Escola de Viena, formado por intelectuais e cientistas do campo do Direito e das ciências sociais "com inquietudes similares e com um estilo comum, caracterizado pelo rigor e independência de critério".[169]

Tenha ou não partido da uma interlocução direta com as ideias do Círculo de Viena, Kelsen não deixa dúvidas quanto ao pertencimento de seu programa àquela estratégia epistemológica quando declara, como uma de suas metas, a submissão de seu objeto de estudo à lógica.[170] Quanto ao processo abstrativo de depuração para criação de uma construção lógica puramente formal, independente do conteúdo fático, é descrito minuciosamente na seguinte passagem:

> Quando se diz: se se produz o fato ilícito "deve" (*soll*) ter lugar uma consequência jurídica, este "dever" (*Sollen*) – como categoria do direito – só significa o sentido específico em que na proposição jurídica (*Rechtssatz*) vão enlaçadas a condição e a consequência jurídica. Esta categoria do direito tem caráter puramente formal, e nisso se diferencia por princípio da ideia transcendente do direito. É aplicável independentemente do conteúdo que tenham os fatos entrelaçados na proposição jurídica e com independência de que tipos de atos sejam os que se tenha de entender como jurídicos.[171]

Razoável aderir ao ponto de vista de Cofré quando pondera que

> O conceito de *dever ser*, *conditio sine qua non* do pensamento normativo, não implica conotações morais ou reais de nenhum tipo. Somente estabelece uma *relação lógica* entre um antecedente e um consequente, fazendo a conduta contrária à prescrita pela norma o antecedente necessário de uma imputação de consequência. Se se observa se verá que na teoria pura

168. *Ibid.*, p.37.
169. Kelsen, H., Robles Morchón, G., 2011. Teoría pura del derecho. Trotta, Madrid, p.13.
170. Algo que, segundo Kelsen, não seria possível fazer em relação à ideia de justiça. Kelsen, H., Robles Morchón, G., 2011. Teoría pura del derecho. Trotta, Madrid, p. 50.
171. Kelsen, H., Robles Morchón, G. 2011, *Teoría pura del derecho*, Trotta, Madrid, p. 56.

> os atos jurídicos ou antijurídicos são formalmente a relações hipotéticas (se *p* então *q*) de sorte que uma sanção será sempre a consequência lógica de um fato determinado por uma imputação. Isso e nada mais que isso é o que significa a expressão *deve ser*, ou *não deve ser* (e por extensão todos seus sinônimos como *poderá* ou *não poderá*, *deverá* ou *não deverá*, *será* ou *não será*, etc)."[172]

É possível afirmar, dessarte, que o nexo entre *ser* e *dever-ser* é um vínculo lógico, e a norma jurídica é um juízo hipotético conectando um fato (variável) a uma consequência jurídica (resultado da operação lógica).

Nesse aspecto, é bastante claro que a operação depuradora feita por Kelsen com o objetivo declarado de liberar a definição do Direito do componente ideológico, separando "radicalmente o conceito de norma jurídica do de norma moral", constitui um processo de criação de uma metalinguagem formal, com abstração do conteúdo. Conceber a norma jurídica "como um juízo hipotético que expressa um vínculo específico entre um suposto de fato condicionante e uma consequência condicionada" constitui, na própria lição de Kelsen, uma submissão do objeto (Direito) à lógica (à linguagem lógica).[173]

Vertendo a fórmula de Kelsen para uma terminologia mais atual, vemos que quando afirma que "a lei da natureza vincula um determinado fato, como causa, com outro fato, como efeito; a lei do direito vincula a condição jurídica com a consequência jurídica"[174] ele troca a relação *causa-efeito* pela relação *condição-consequência* e, com isso, cria uma "condição lógica" associada a uma variável a ser inserida (o *ser*, ou evento fático, como *input*). Numa formulação booleana, cumprida a condição (*if true*), segue a consequência associada pelo *deve ser*, sucedido pelo resultado determinado pela norma, ou *output*. No núcleo de seu método podemos encontrar o mesmo processo deflagrado pela nova lógica do Círculo de Viena e seus contemporâneos e que, hoje sabemos, abriu o caminho para as descobertas de Boole, Turing e, por fim, para a própria

172. Cofré, J.O., 2011. Kelsen, el formalismo y el "Circulo de Viena." Revista da Faculdade de Direito da UFG 35, p.37.

173. Kelsen, H., Robles Morchón, G. 2011, *Teoría pura del derecho*, Trotta, Madrid, p. 50-55.

174. Kelsen, H., Robles Morchón, G. 2011, *Teoría pura del derecho*, Trotta, Madrid, p. 55.

Ciência da Computação. Encontramos a pedra fundamental do polêmico e atualíssimo "julgamento por algoritmos".

Na verdade, Kraft registrou a preocupação seminal do Círculo de Viena com a necessidade de introduzir acima da linguagem comum "uma segunda linguagem por meio da qual se possa referir à primeira linguagem, uma 'meta-linguagem'". Segundo Cofré, foi precisamente desse recurso que se utilizou Hans Kelsen:

> Postas assim as coisas cabe sustentar que Kelsen considera o direito como um objeto lógico (ou seja, formal) e para estudá-lo elabora uma metalinguagem formal que ele chama de "teoria pura do direito".[175]

Seguindo nessa senda, vale aproximar ainda mais a distância focal macrofilosófica sobre ambas construções teórico-linguísticas, iniciando por uma descrição mais detalhada do processo de estruturação da nova metalinguagem lógica universal no Círculo de Viena:

> Em tal linguagem os sinais são, de acordo com seus significados, divididos em duas classes: sinais descritivos, sinais designativos, propriedades, relações, e sinais formativos ou lógicos, que servem para combinar sinais descritivos para criar sentenças e para caracterizar suas condições-verdade. Os sinais descritivos ou são nomes (ou coisas) ou designações de propriedades ou relações, predicados de um ou muitos lugares. Os sinais lógicos ou são constantes como "não", "e", "ou", **"se-então"**, "é", "tudo", ou variáveis que designam espaços a serem preenchidos com nomes ou predicados ou sentenças.
>
> ... Por exemplo, a junção de um nome S a um predicado P por meio do conectivo "é" significa que o objeto designado por S tem a propriedade ou relação designada por P. Ou: "não-P" significa qualquer outra proposição que não aquela designada por P.
>
> Os termos dessas relações podem ser representados apenas por variáveis ... Mas o que ocorre no processo de compreensão da designação é que cada um de nós substitui, por essas variáveis, conteúdos qualitativos da própria experiência que são determinados por aquelas relações.

175. Cofré, J.O., 2011. Kelsen, el formalismo y el "Circulo de Viena." Revista da Faculdade de Direito da UFG 35, p.39.

> Por exemplo, "para qualquer número, se ..., então ...", ou "há uma relação tal que ...", ou "em que hora ocorreu ...". [176]

A essa altura já fica bastante claro que a proposta kelseniana segue fielmene essa estrutura, e sua construção a partir das hipóteses do "ser" e "dever ser" replica as descobertas da *nova lógica*, com o uso de predicados e a inserção de proposições com espaços preenchidos por variáveis (sendo as variáveis as situações de fato da hipótese normativa). Assim como a lógica, o que temos são variáveis e condições booleanas – *if, elif* – com uma imputação que gerará um *output*. Buscando no texto de Kraft, vemos que a estrutura kelseniana *ser-dever ser* se enquadra com precisão na condição lógica **"se-então"**, e que a concatenação funciona de forma consistente e independente do conteúdo fático que se vai inserir nas variáveis.

O mesmo aspecto foi identificado por Carlos Cossio, para quem, de acordo com Sessarego, a norma não é um juizo hipotético, mas tem um caráter de disjunção lógica, "que não tem o caráter de uma disjunção de ordem predicativa como se representaria com a fórmula 'dado A deve ser B ou C', mas se trata de uma disjunção proposicional: 'dado A deve ser B ou dado não-B deve ser C."[177] – como ocorre em várias linguagens de programação computacional, que trabalham sobre os valores *True* (Verdadeiro) ou *False* (Falso).

Para tornar mais claro o procedimento de formalização, podemos elaborar o seguinte exemplo:

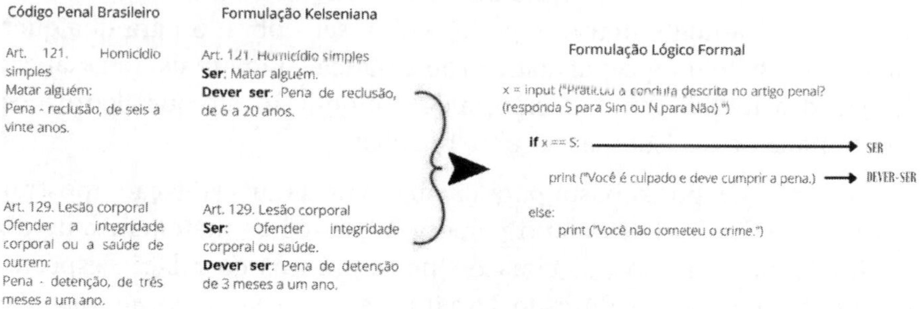

176. Kraft, Victor. 2015, *The Vienna Circle: The Origins of Neo-Positivism*, Philosophical Library. Edição do Kindle.

177. Sessarego, C.F. 1950, *Bosquejo para una determinación ontológica del derecho*, Universidad Nacional Mayor de San Marcos, Lima, p. 98. Disponivel em http://www.jus.unitn.it/cardozo/Review/2008/Sessarego1.pdf (acesso em 30/08/3022).

O código bastante simples foi elaborado a partir rudimentos da linguagem Python, e poderia ter incluído outras variáveis de forma a incluir todos os eventos possíveis, concatenações, condições e *outputs* presentes no tipo legal. No tipo de lesão corporal, por exemplo, o Código Penal Brasileiro relaciona várias outras situações de fato numa redação que utiliza condições "se" (*if*) que, aninhadas dentro da condição fundamental (se cometeu ou não o crime), facilmente poderia ser transposta para uma linguagem formal ou um algoritmo: "se" (*if*) do ato resulta incapacidade, perigo de vida ou debilidade, *então* se trata de lesão grave; "se" (*if*) do ato resulta morte, *então* se trata de lesão seguida de morte, e daí por diante.

O mais importante, para nossos propósitos, é expor o *processo de formalização*: o mecanismo do enunciado lógico-formal pode se aplicar, indistintamente, ao delito de homicídio ou ao delito de lesão corporal – ou a qualquer outro, pois independe do conteúdo do ato.

Ora, considerando-se o exposto à luz da definição de Belanski, segundo o qual um algoritmo pode ser definido como um procedimento finito, escrito em um vocabulario simbólico fixo governado por instruções precisas, movendo-se passo a passo em etapas pré-demarcadas,[178]é razoável afirmar que, *no fundo, Kelsen intentava encontrar um algoritmo para o Direito.*

Esse aspecto será mais desenvolvido adiante, quando mostraremos que o mecanismo da Teoria Pura do Direito, enquanto tecnologia, é também axiologicamente neutro e pode, assim, ser dobrado para qualquer lado. Trata-se de uma capacidade problemática, ainda mais no atual estágio de desenvolvimento da ciência da computação, em que algoritmos para tomada de decisões já são uma realidade.

Por ora, o exposto basta para os objetivos da investigação: mostrar o projeto da Teoria Pura como paradigma da lógica matematizante do Direito. Como veremos, as consequências práticas da relação espécie-gênero entre a Teoria Pura do Direito e a razão *more geometrica* são bem demarcadas por Larenz, para quem, mesmo que constitua a

178. Berlinski, David. *The advent of the algorithm: the 300-year journey from an idea to the computer.* Houghton Mifflin Harcourt, 2001, p.xxix.

> ...mais grandiosa tentativa de fundamentação do Direito como ciência... que o nosso século veio até hoje a conhecer", ainda se mantém "sob o império do conceito positivista desta última e **sofrendo das respectivas limitações**".[179]

Demonstrado que a Teoria Pura do Direito, ou qualquer proposta jurídica *more geometrico*, se assenta sobre invariantes universais que estruturam qualquer construção edificada sobre os fundamentos da racionalidade científica de inspiração cartesiana, mostramos que é possível fazer uma transposição, a seu campo específico, da crítica geral da racionalidade que abriu o capítulo: a) crítica epistemológica; b) efeitos reducionistas de um Direito *more geometrico*; c) efeitos desumanizantes de um Direito *more geometrico*.

Em primeiro lugar, façamos uma reflexão sobre a fragilidade epistemológica da proposta da Teoria Pura do Direito enquanto formatação *more geometrico* da ordem jurídica. Ao final, restará claro que essa fragilidade, por ser universal, tende a se replicar em qualquer proposta matematizante do Direito – inclusive eventual julgamento por algoritmos.

1.5.1. *Crítica epistemológica da racionalidade jurídica* more geometrico

Já registramos que o objetivo da crítica epistemológica à racionalidade *more geometrico* jamais foi estabelecer uma renegação total de seus critérios, mas apenas refutar sua pretensão absolutista, excludente das demais formas de racionalidade - ou, como exporemos mais adiante, seu caráter ideológico. Nesse aspecto, mostrou-se que a razão matematizante não sobrevive a seus próprios critérios de racionalidade e de cientificidade, posto que sua objetividade não é comprovável cientificamente e, além disso, seu fundamento último assenta numa subjetividade: a do sujeito cognoscente.

A Teoria Pura do Direito de Kelsen constitui uma das ramificações jurídicas do projeto da razão matematizante, como ele próprio deixa transparecer ao declarar sua meta de elevar a jurisprudência ao nível de uma verdadeira ciência, aproximando ao máximo "seus resultados

179. Larenz, K. 1997, *Metodologia da Ciência do Direito*, 3.ed., Fundação Calouste Gulbenkian, Lisboa, p.92.

do ideal que preside toda ciência: a objetividade e a exatitude", e afirmar sua visão da Teoria Pura como um "progresso da técnica" inspirado em avanços como os alcançados pela "física ou a química e os avanços na construção de máquinas ou nas terapias médicas".[180] A tarefa do conhecimento jurídico seria "expor seu objeto como uma unidade, assim como em seu âmbito o faz a ciência da natureza".[181]

Na lição de Larenz, para a concepção positivista de Kelsen a Teoria Pura do Direito seria uma doutrina das "formas puras" do Direito, constituindo, para seu autor, uma espécie de "geometria do fenômeno jurídico no seu todo."[182] Na mesma linha, discorre Reale que, na Teoria Pura, "como as figuras geométricas são concebidas sem ser preciso haver exata correspondência no plano físico, as regras do Direito são figuras geométricas postas no âmbito da pura idealidade normativa, sem correspondência, ponto por ponto, com os atos e as atitudes dos homens".[183]

O Direito passa a ser entendido como "técnica social específica", e seu mecanismo consiste em que "a situação social à qual se aspira se consegue, ou se intenta conseguir, vinculando a conduta humana que é contrária à situação social desejada e o ato coativo consequência da mesma (isto é, a privação forçada de um bem: vida, liberdade, valor econômico)."[184] É patente, destarte, o pertencimento do projeto da Teoria Pura do Direito ao movimento fisicalista-mecanicista que vimos descrevendo durante o presente estudo.

A fisionomia da Teoria Pura do Direito também não esconde a genética excludente das propostas intelectuais ancoradas na ideia da *mathesis*. Assim como fizeram Descartes e Galileu, Kelsen reivindica para sua teoria um patamar de superioridade em relação às demais construções jusfilosóficas - patamar esse que justifica ao argumento de que seria exclusiva detentora do atributo da *objetividade*: "As valorações - por serem sempre subjetivas - pertencem à ética e à política, e não ao

180. Kelsen, H., Robles Morchón, G. 2011, *Teoría pura del derecho*, Trotta, Madrid, p.35-38.
181. *Ibid.*, p.133.
182. Larenz, K. 1997, *Metodologia da Ciência do Direito*, 3.ed., Fundação Calouste Gulbenkian, Lisboa, p.97.
183. Reale, M. 2014, *Fundamentos do Direito*, Migalhas, São Paulo, p.220.
184. Kelsen, H., Robles Morchón, G. 2011, *Teoría pura del derecho*, Trotta, Madrid, p. 59.

conhecimento objetivo."[185] Os critérios de racionalidade de uma ciência jurídica seriam a objetividade e a exatidão e, assim como em Descartes, seu eixo é um princípio metódico férreo – em seu caso, a proposta de "liberar a ciência jurídica de todos aquele elementos que lhe são estranhos", como a Psicologia, a Biologia, a Ética e a Teologia.[186] Impossível não escutar nessas afirmativas um eco de Descartes, que afirmou:

> De tudo isso é preciso concluir, não que a aritmética e a geometria sejam as únicas ciências que se haja de aprender, mas que aquele que busque o caminho da verdade não deve se ocupar de um objeto do qual não possa ter um conhecimento igual à certeza das demonstrações aritméticas e geométricas.[187]

Sobre as filosofias positivistas, Marcuse pondera que no expurgo metodológico por meio da classificação, distinção e separação de significados são também expelidas as contradições, ficções e transgressões inerentes ao discurso, criando-se um âmbito de conhecimento irreal e estranho ao senso comum. Nesse processo,

> Quer se busque a exatidão na pureza analítica da lógica ou da matemática, ou em conformidade com a linguagem comum, em ambos os pólos da fi losofia contemporânea o que ocorre é a mesma rejeição ou desvalorização daqueles elementos de pensamento e discurso que transcendam o sistema de validação aceito.[188]

Basicamente a Teoria Pura do Direito, do ponto de vista epistemológico, replica o projeto kantiano de "delimitar nitidamente seu *objeto* de conhecimento e seu *método* para conhecer dito objeto", depurando o direito de toda "contaminação" extrajurídica, se apresentando assim como uma teoria do positivismo jurídico, não cabendo em seu espectro juizos políticos ou morais, fixando-se apenas em aspectos ou conceitos

185. Kelsen, H., Robles Morchón, G. 2011, *Teoría pura del derecho*, Trotta, Madrid, p. 127. Destacamos.
186. *Ibid.*, p.41.
187. Descartes, René. 2017, *Régles pous la direction de l'esprit*. E-book Kindle.
188. Marcuse, H., Kellner, D. 2007, *One-dimensional man: studies in the ideology of advanced industrial society*, Routledge, London, p.189.

gerais.[189] A ela o que interessa é a "especificidade lógica e a autonomia metódica da ciência do Direito"[190].

O mecanismo utilizado é o seguinte:

1º. cercando suas fronteiras com muralhas de pedra - ao norte a norma fundamental, e ao sul os atos judiciais e administrativos -, e se negando a olhar para além dessas fronteiras, primeiramente reconhece como seus domínios apenas o universo das proposições jurídicas e normas jurídicas válidas;

2º. no mesmo processo, estrutura uma pirâmide normativa de proposições jurídicas desprovidas ao máximo de conteúdo factual, num processo lógico-abstrativo que, como já mostramos, pretende *depurar* seu sistema, como num processo físico-químico, de toda realidade. É sobre esse mecanismo que assenta sua pretensão de objetividade. O Direito é apenas Direito Positivo, ou imposto, e somente dele se ocupa a Ciência do Direito.

Nesse ponto, veremos que a Teoria Pura do Direito padece das mesmas fragilidades e inconsistências epistemológicas do gênero ao que pertence, que é o da razão matematizante. A teoria de Kelsen é uma "consequência do conceito positivista de ciência", segundo o qual "só deve chamar-se 'científico' ao pensamento que funda cada um dos seus passos ou na evidência lógica (ou matemática) ou em factos incontroversos"[191]. Contudo, ela também não sobrevive ao critério de cientificidade por ela mesma estatuído como régua universal – recaindo, como espécie de racionalidade jurídica *more geometrico*, numa postura "procrustiana".

O problema, do ponto de vista epistemológico, é que assim como ocorreu com a razão matematizante globalmente considerada, a Teoria Pura do Direito também incorre numa contradição essencial, pois seu sistema puro, ou "depurado" de todo elemento fático, 1) assenta todo ele num elemento factual (a norma fundamental), e 2) se resolve, no pólo oposto (o momento da aplicação ao caso concreto), também num salto

189. Kelsen, H., Robles Morchón, G. 2011, *Teoría pura del derecho*, Trotta, Madrid, p. 18-20.

190. Larenz, K. 1997, *Metodologia da Ciência do Direito*, 3.ed., Fundação Calouste Gulbenkian, Lisboa, p.94.

191. Larenz, K. 1997, *Metodologia da Ciência do Direito*, 3.ed., Fundação Calouste Gulbenkian, Lisboa, p. 108.

epistemológico sem fundamentação racional – ao menos sob seus critérios de objetividade e cientificidade.

Sob esse aspecto, há que analisar primeiro a pedra angular de todo o edifício científico da Teoria Pura: a Norma Fundamental.

Na concepção da Teoria Pura, fala-se em Direito como *ordem* - ou ordenamento jurídico -, e Kelsen enfrenta sem titubear a pergunta decisiva: qual seria o fundamento unificador daquela pluralidade de normas jurídicas? O Direito, que só vale como Direito Positivo, ou seja, imposto, é construído num escalonamento ascendente, e a fundamentação de cada norma se encontra apenas na validade da norma hierarquicamente superior, de forma imediata, refluindo até a Constituição.[192] Mas se cada norma só é jurídica por extrair validade de uma norma positiva anterior, essa regressão não pode ir ao infinito. Não há norma positiva anterior à Constituição do Estado. Obviamente que isso não escapa a Kelsen:

> Agora bem, se se pergunta pelo fundamento de validez da constituição na qual estão fundamentadas as leis e os atos ditados sobre a base destas últimas, é possível que haja uma constituição anterior e, por fim, uma primeira constituição histórica que em seu dia foi promulgada por um usurpador do poder ou por uma assembleia que de algum modo foi constituída ... A coação deverá se impor nas condições e na forma que determine o primeiro constituinte histórico ... [193]

Por essa via, ao chegar ao limite positivo de sua regressão ascendente – ou seja, à Constituição -, para manter a consistência de seu sistema Kelsen postula a existência de um fundamento pressuposto. A esse fundamento Kelsen dá o nome de Norma Fundamental, e esclarece sua posição no sistema da Teoria Pura:

> A teoria pura do direito maneja a norma fundamental como um fundamento hipotético. **Supondo** que dita norma seja válida, também será válido o ordenamento jurídico que se baseia nela. ... Somente pressupondo a norma fundamental é possível considerar como direito, isto é, como um sistema de normas jurídicas o material que se oferece à interpretação do jurista. ... A norma fundamental não é mais do que o pressuposto necessário da concepção positivista do material jurídico. **Posto que não é gerada**

192. Kelsen Kelsen, H., Robles Morchón, G. 2011, *Teoría pura del derecho*, Trotta, Madrid, p.82-83.
193. *Ibid.*, p.84.

> **por um procedimento jurídico, não tem a validez que é própria de uma norma jurídica positiva.** A norma fundamental não é uma norma imposta, mas pressuposta como condição de todo o conjunto da criação jurídica, de todo procedimento positivo.[194]

Entendemos que é justamente nesse ponto que a Teoria Pura do Direito "perde o direito" de proclamar uma ascendência epistemológica sobre as demais construções jusfilosóficas com base no *status* de "conhecimento objetivo, posto que 'depurado' de fatos". Como ensina Reale, com a doutrina da Norma Fundamental,

> Kelsen admite que as normas sejam materialmente postas por um fato (por um ato revolucionário por exemplo), mas que a sua *juridicidade* não resulta do fato em si, mas da norma fundamental que se supõe ligada a esse fato ... Evidencia-se o artifício da argumentação. No fundo Kelsen não faz mais do que mascarar a aceitação de um fundamento de fato pela referência a *um fato só*, ao fato inicial constituinte de toda ordem jurídica...
>
> Ora, se a hipótese primeira, a *Grundnorm* se baseia em um fato, em um ato, no *Grundakt*, a conclusão é que toda ordem jurídica decorre desse fato. Não importa que seja um ato interpretado ou compreendido como um *pressuposto*, como um valor hipotético: o certo é que uma ponte se estabelece entre *ser* e *dever ser*, e este, embora disfarçadamente, encontra o seu fundamento real naquele.[195]

Esse aspecto fica ainda mais claro quando Kelsen trata do conteúdo da Norma Fundamental, regido pelo fato histórico que permite a criação do ordenamento jurídico ao qual se adequa.[196] Larenz afirma que a Teoria Pura acaba na faticidade: assim como ocorreu com a razão *more geometrico*, quando não consegue provar cientificamente o vínculo causal que é sua base, "o 'dever ser' resulta efetivamente, pela via transversa do postulado teorético da 'norma fundamental', de um ser, que, como tal, é para Kelsen alheio ao sentido e ao valor da (mera) faticidade!"[197]

194. *Ibid.*, p.85. Destacamos.

195. Reale, M. 2014, *Fundamentos do Direito,* Migalhas, São Paulo, p.236.

196. Kelsen, H., Robles Morchón, G. 2011, *Teoría pura del derecho,* Trotta, Madrid, p.86.

197. Larenz, K. 1997, *Metodologia da Ciência do Direito*, 3.ed., Fundação Calouste Gulbenkian, Lisboa, p. 99.

Há que se registrar, nessa senda, que a Teoria Pura do Direito constitui, segundo o próprio Kelsen, o ápice do positivismo em sua face jurídica - pelo que se vê como aplicável à Teoria Pura a crítica de Horkheimer àquela linha de pensamento:

> Condicionado por sua inteira estrutura metodológica teorética, o positivismo exclui que os problemas vinculados a "temas como o espírito, a consciência, o si-mesmo, etc" sejam tratados com a devida justiça. Os positivistas não têm nenhum direito a depreciar o intuicionismo. Estas duas escolas antagônicas padecem da mesma incapacidade: **num determinado ponto ambas restringem o pensamento crítico mediante afirmações autoritárias, seja sobre a suprema inteligência, seja sobre a ciência como substituto da mesma.**[198]

Assim como a racionalidade *more geometrico* se afirmava objetiva – e, portanto, epistemologicamente superior – ocultando se assentar sobre uma subjetividade constitutiva, a Teoria Pura do Direito se afirmou objetiva – e, portanto, mais "científica" – ocultando se assentar sobre um elemento factual.

Rumemos agora para o polo oposto ao da norma fundamental, onde é possível identificar outra fissura impeditiva da pretensão à objetividade plena da Teoria Pura do Direito: o momento da aplicação da lei ao caso concreto. O sistema da Teoria Pura é fechado e escalonado, descendo das normas mais gerais (Constituição) até a etapa mais particular: o julgamento. Nessa estrutura,

> A norma geral conecta uma determinada consequência abstrata a um determinado suposto fático igualmente abstrato; por isso, para alcançar seu pleno significado precisa e concreção. ... Esta é a tarefa das sentenças dos juízes ... [199]

Para manter a integridade do sistema, Kelsen precisa também depurar aquela extremidade de todo elemento não jurídico. E também naquela latitude se rompe a muralha epistemológica e o mundo dos fatos invade a cidadela da Teoria Pura, que incorre numa contradição

198. Horkheimer, Max. 2010, *Critica de la razon instrumental. Presentación de Juan José Sánchez. Traducción de Jacobo Muñoz,* Ed. Trotta, Madrid, p. 106. Tradução nossa. Destacamos.

199. Kelsen, H., Robles Morchón, G. 2011, *Teoría pura del derecho*, Trotta, Madrid, p.93.

epistemológica análoga à já relatada em relação à racionalidade matematizante em seu fundamento geral, pois não cumpre seu próprio pressuposto metodológico.

Admitindo as limitações estruturais das normas de nível mais abstrato, Kelsen afirma que na ponta do processo de aplicação da norma jurídica o máximo que se poderá identificar será uma gama de possibilidades racionais, e nunca uma resposta única:

> Contudo, tal determinação não é nunca completa. É impossível que a norma superior concretize absolutamente todos os aspectos do ato que a aplica. Sempre restará algum espaço, às vezes amplo e por vezes menos amplo, para a discricionariedade, de maneira que a norma superior somente será – em relação ao ato de criação normativa ou de execução que a aplica – uma moldura que é necessário completar por meio de tal ato.
>
> Em consequência, a interpretação de uma lei não tem por que conduzir necessariamente a que se considere como correta uma única decisão, mas possivelmente conduzirá a várias, todas elas com o mesmo valor na medida em que se ajustem à norma aplicável mas, entretanto, **somente uma delas se converterá em direito positivo por meio do ato que dite a sentença judicial**.[200]

Tendo em conta o critério de objetividade da própria Teoria Pura, o que se desvela aqui é um abismo epistemológico que Kelsen não conseguiu superar: o ato que completará a lacuna da norma abstrata constitui um ato de vontade do aplicador. Não há nenhum argumento científico a justificar a "positividade" e, portanto, cientificidade da norma individualizada pela via da interpretação. Indagado sobre porque essa decisão irrigada de indeterminação e subjetividade seria objetiva, a justificativa da Teoria Pura não é racional em sua própria acepção; pelo contrário, é dogmática e assentada num argumento de autoridade: uma decisão por ato de vontade de um juiz é objetiva pelo simples fato de que aquele indivíduo faz parte da estrutura estatal e dela recebe, assim como o legislador, o poder de criar Direito.

Nesse estuário, essencial colacionar a percepção de Larenz:

200. Kelsen, H., Robles Morchón, G. 2011, *Teoría pura del derecho*, Trotta, Madrid, p.102-104. Destacamos.

Há no entanto que afastar a ideia de que os resultados obtidos por essa via poderiam alcançar o mesmo grau de segurança e precisão de uma dedução matemática ou de uma medição empreendida de modo rigorosamente exacto. Tratar-se-ia ainda e todavia de ciência, de uma actividade planificada e dirigida à obtenção de conhecimentos. É que em vez de tentar inadvertidamente compatibilizar com a ciência do Direito um conceito (estrito) de ciência rigorosamente adequado a outras ciências e denegar à ciência do Direito a capacidade de obtenção de conhecimentos, pois que não satisfaz os requisitos de tal conceito, dever-se-ia «procurar determinar a especificidade da Jurisprudência tomando o Direito como ponto de partida».[201]

Claro que o próprio Kelsen não desconhecia tais dificuldades, o que registrou afirmando que "não existe um método – qualificável de jurídico-positivo – que permita assinalar como 'correta' a uma dentre as diversas significações linguísticas que tenha uma norma" e que apesar dos esforços da ciência jurídica, "até o dia de hoje não se conseguiu uma solução objetiva..."[202]. Chega-se ao inelutável ponto em que a teoria é inundada pela realidade. Como registrou Larenz,

Mesmo onde o juiz acolhe ou rejeita um raciocínio analógico, «pondera» bens ou interesses em confronto com outros bens ou interesses ou toma em conta novas cambiantes, uma alteração das relações da vida - o que faz hoje com muito maior frequência que anteriormente -, ainda aí e sempre subjazem valorações. Mas é comummente reconhecido que os juízos de valor não são susceptíveis de confirmação científica, pois que se não fundam em percepções, como os juízos sobre factos, que são susceptíveis de corroboração através da observação e da experimentação, e assim apenas possibilitam conferir expressão à convicção pessoal de quem emite o juízo. Nem um procedimento dedutivo logicamente correcto garante resultados intrinsecamente adequados, quando na cadeia dedutiva se introduzem premissas assentes em valorações. ... Isto não significa, contudo, que o procedimento metódico seja prescindível por parte dos juristas, nem tão-pouco que os métodos até aqui utilizados se revelam globalmente imprestáveis.[203]

201. Larenz, K. 1997, *Metodologia da Ciência do Direito*, 3.ed., Fundação Calouste Gulbenkian, Lisboa, p.4.

202. Kelsen, H., Robles Morchón, G. 2011, *Teoría pura del derecho*, Trotta, Madrid, p.105.

203. Larenz, K. 1997, *Metodologia da Ciência do Direito*, 3.ed., Fundação Calouste Gulbenkian, Lisboa, p.2.

Apesar de cuidadosamente elaborada, a proposta da Teoria Pura do Direito não tem a consistência teórica pretendida – ao menos sob a ótica das exigências epistemológicas do método científico. Mesmo com todos seus esforços, Kelsen não conseguiu vencer as descobertas de Gödel, segundo o qual nenhum sistema pode ser consistente e completo ao mesmo tempo. Os sistemas não positivistas, ao propor respostas para qualquer tipo de problema, são completos, mas evidentemente inconsistentes, pois não conseguem extirpar as contradições sistêmicas internas. No outro extremo, a Teoria Pura do Direito foi um sistema consistente, mas incompleto. Ao fim e ao cabo, Gödel tinha razão. E isso ocorrerá com qualquer proposta jusfilosófica que pretenda uma consistência científica que nem a própria tecnociência conseguiu obter.

Claro que nada disso obnubila o extremo valor da Teoria Pura enquanto proposta jusfilosófica. Como lembrado, o ponto focal do trabalho não era uma crítica direta à Teoria Pura do Direito, mas uma crítica a qualquer proposta matematizante *absolutista* do Direito, *a partir* da Teoria Pura do Direito (recolhida, dentre outros elementos, a partir das palavras e declarações do próprio Kelsen em sua autobiografia). Nesse aspecto, pensamos ter demonstrado que, assim como a racionalidade *more geometrico*, a Teoria Pura do Direito pode até sustentar seus postulados científicos, mas não tem a pretendida força de rebaixar todas as demais formas de racionalidade jurídica à estatura de a-científicas ou irracionais. Cumpre repisar a lição de Larenz, para quem, mesmo que constitua a mais notável tentativa de fundamentação científica do Direito do século XX, a Teoria Pura ainda se mantém sob as balizas do positivismo e, portanto, sofre de suas limitações.[204]

Concluída a crítica epistemológica, fica aberto mais uma vez o caminho para seguir no espelhamento da crítica global, passando a analisar os efeitos reducionistas da configuração matematizante do Direito.

204. Larenz, K. 1997, *Metodologia da Ciência do Direito*, 3.ed., Fundação Calouste Gulbenkian, Lisboa, p.92.

1.5.2. *Efeitos reducionistas da racionalidade jurídica* more geometrico

Explicitada a pertença da Teoria Pura do Direito ao gênero da racionalidade *more geometrico* e mostrado que padece, enquanto espécie, das mesmas fragilidades daquela em relação às suas próprias aspirações (objetividade e ascendência racional), passamos a descrever seu mecanismo.

O que se verá é que a Teoria de Kelsen utiliza o clássico recurso abstrativo da razão mecanizante e, nesse processo, conduz a um reducionismo que a direcionará também a uma perspectiva monocular da realidade – e, por fim, a uma conformação desumanizante daquela. Assim como um balão, que para alcançar mais altura vai soltando os lastros, também as ciências, no processo de ascensão metodológica, vão abandonando torrões de realidade, que vai ficando cada vez mais distante. O problema é que, cedo ou tarde, o balão sempre precisa aterrisar.

Como destacou Robles, o projeto kelseniano assume uma tarefa de depuração: "...boa parte da teoria pura do direito está dedicada a 'dissolver' (*auflösen*) – palavra que Kelsen emprega com frequência" conceitos e construções que considera infiltrações jusnaturalistas, ideológicas e políticas,[205] e a pureza será atingida liberando a ciência jurídica de todos os elementos que lhe são estranhos, agitando uma peneira na qual restará apenas um Direito de caráter puramente formal, "aplicável com independência do conteúdo que tenham os feitos descritos na proposição jurídica e mesmo de quais tipos de atos que se tenha de entender como jurídicos."[206] Nesse processo, não são foco de reflexão quadrantes inteiros da realidade humana – e notadamente o axiológico, pois "as valorações – por serem sempre subjetivas – pertencem à ética e à política, e não ao conhecimento objetivo. A Ciência do Direito, enquanto pretenda ser somente ciência e não política, tem de se colocar exclusivamente a serviço do conhecimento objetivo".[207]

A propósito dos processos abstrativos, Larenz traz uma reflexão bastante equilibrada, por demarcar seus méritos sem descurar dos inerentes *déficits*:

---

205. Kelsen, H., Robles Morchón, G. 2011, *Teoría pura del derecho*, Trotta, Madrid, p.26.
206. *Ibid.*, p.56.
207. Kelsen, H., Robles Morchón, G. 2011, *Teoría pura del derecho*, Trotta, Madrid, p.127.

> Sem dúvida que a formação de conceitos abstractos, e nomeadamente daqueles com um grau progressivamente crescente de abstracção, que **se tornam necessariamente cada vez mais vazios de conteúdo** à medida que o grau de abstracção se eleva, facilita em grande medida a clareza, porque com o auxílio de tais conceitos, um grande número de fenómenos, frequentemente de índole muito diversa, pode ser reconduzido a um denominador comum e uniformemente regulado. [208]

Contudo, ao adentrar o território do Direito Larenz usa o exemplo dos negócios jurídicos para mostrar como o visceral entrelaçamento entre *ser* e *dever ser* torna problemática qualquer proposta abstrativa-matematizante, pois o ganho em clareza e sistematização se faz

> ... à custa da clarificação das concatenações de sentido que resultam das pautas de valoração e princípios jurídicos subjacentes à regulação e que são imprescindíveis para compreender a regulação. ... A complexa regulação dos chamados vícios da vontade no negócio jurídico, no BGB [Código Civil da Alemanha], só será compreensível se se conhecerem os princípios - que entram em jogo nesta regulação - da autoconfiguração voluntária, da responsabilidade pelo sentido da declaração objectivamente entendível e da tutela da confiança, bem como da sua participação em cada passo da regulação. **A abstracção, levada ao extremo, interrompe as concatenações de sentido e acaba por conduzir-se *ad absurdum***, pela vacuidade dos seus conceitos supremos, que já nada dizem sobre a concatenação de sentido subjacente. Por isso, o sistema externo, que assenta na formação de conceitos abstractos, será apenas de valor limitado para uma elaboração simplificada da lei, para a orientação inicial e para a subsunção, sempre que esta seja de todo em todo susceptível de se realizar; mas só pode atribuir-se-lhe um valor muito reduzido para o conhecimento das concatenações de sentido do Direito, para o qual é antes um empecilho.[209]

Miguel Reale também chega ao mesmo estuário: "ao contrário de Kelsen, não compreendemos a norma desligada da realidade social, visto como a norma jurídica é sempre uma abstração que corresponde a uma realidade concreta, ou, mais precisamente, a norma jurídica não tem sentido desligada das exigências *fáticas*, que ela supera e integra em

208. Larenz, K. 1997, *Metodologia da Ciência do Direito*, 3.ed., Fundação Calouste Gulbenkian, Lisboa, p.649-650. Destacamos.
209. *Ibid.*, p.649-650. Destacamos.

dimensão *axiológica* necessária."[210] Entendemos que essa interpretação encontra par na concepção Vaziana sobre a relação *ethos*-cultura, quando afirma "a natureza essencialmenete axiogênica da ação humana",[211] num entrelaçamento genético ação-valor que torna impossível incorporá-la a qualquer sistema numa formulação lógica totalmente "asséptica" e desidratada de realidade, como já advertiram Horkheimer e Adorno:

> Os conceitos gerais, cunhados por ciências singulares mediante abstrações ou em forma axiomática, formam o material da exposição, como os nomes para as coisas isoladas. **Lutar contra os conceitos isolados é absurdo. Mas isso não quer dizer nada sobre a dignidade do universal.** O que é comum a muitas coisas singulares, ou o que retorna a elas continuamente, não é em razão disso necessariamente mais estável, eterno ou profundo do que o particular. **O mundo é único.** A pura repetição dos momentos que se impõem vez e outra como o mesmo se assemelha mais a uma vã e mecânica ladainha do que à palavra que resgata. **A classificação é uma condição do conhecimento, e não o próprio conhecimento**, e o conhecimento volta a dissolver a classificação.[212]

Dessa forma, o grande risco de um Direito fundamentalmente moldado dentro do projeto matematizante é justamente o *reducionismo*, pois

> No que diz respeito às valoraçoes, mas também à interpretação e frequente exigência de esclarecimento da conduta humana (seja uma declaração de vontade, um assentimento, uma renúncia), um conceito de ciência que admitisse como "adequados" apenas os enunciados produzidos no âmbito da lógica ou da matemática ou dos factos constatados pela experiência revelar-se-ia excessivamente redutor, não só relativamente à ciência do Direito, mas também face às outras ciências do espírito, que igualmente tratam da interpretação e análise da conduta humana.[213]

Assim, no espelhamento da crítica ao projeto da matematização ao absurdo, incide também em relação ao Direito a lição trazida por Mayos a propósito do ideal romântico, segundo o qual um pensamento

210. Reale, M. 2014, *Fundamentos do Direito,* Migalhas, São Paulo, p.221.

211. Vaz, H.C. de L. 2002, *Ética e direito,* Edições Loyola, São Paulo, p. 33.

212. Horkheimer, M., Adorno, T.W. 1994, *Dialéctica de la Ilustración: fragmentos filosóficos, Colección Estructuras y procesos*, Serie filosofía. Ed. Trotta, Madrid, p.263. Destacamos.

213. Larenz, K. 1997, *Metodologia da Ciência do Direito*, 3.ed., Fundação Calouste Gulbenkian, Lisboa, p.4.

encastelado em conceitos estreitos, abstratos e fossilizados deixa de recolher a riqueza e a diversidade da vida,[214] fazendo enfim

> ...predominar o objeto sobre o sujeito, o mundo sobre o homem, o ideal por sobre o real, o morto sobre a vida.[215]

Assim como para qualquer proposta matematizante extrema, vale a reflexão de Horkheimer: a partir do momento em que a calculabilidade substitui a verdade, essa é reduzida a uma cápsula vazia: a razão é neutralizada, num processo de deterioração "que subtrai dela toda relação com um conteúdo objetivo e a força a julgá-los, degradando-a assim à condição de mera capacidade executiva mais voltada ao 'como' do que ao 'quê', transformando-a de modo crescente num mero aparato obtuso para o registro de fatos.[216]

De tudo isso fica claro que, assim como ocorrera com a geometrização ao absurdo no âmbito das ciências em geral, qualquer proposta extrema de formulação *more geometrico* do Direito não conseguirá se desvencilhar do reducionismo. Cumpre então seguir na replicação da crítica geral para especificar como, ao reducionismo jurídico, também se seguirá um direito desumano e desumanizante, incapaz de enxergar realidades humanas fundamentais e universais, como o direito ao projeto de vida.

1.5.3. *Efeitos desumanizantes da racionalidade jurídica* more geometrico

A proposta do capítulo é examinar a espécie "Direito *more geometrico*" impelida pelo ancestral ideal da *mathesis*, a partir do exemplo da Teoria Pura do Direito. Em nenhum tema o edifício teórico da Teoria Pura permite enxergar com tanta clareza uma índole desumanizante quanto na construção teórico-abstrativa do conceito kelseniano de *pessoa*:

---

214. Mayos S., Gonçal. 2004, *Ilustración y romanticismo: introducción a la polémica entre Kant y Herder*, Herder, Barcelona, p. 232.

215. *Ibid.*, p. 211.

216. Horkheimer, Max. 2010, *Critica de la razon instrumental. Presentación de Juan José Sánchez. Traducción de Jacobo Muñoz*, Ed. Trotta, Madrid, p. 85.

> Queda assim expedito o caminho que permite conceber o conceito de pessoa ou sujeito jurídico como um artifício do pensamento, como um conceito auxiliar criado pelo conhecimento jurídico, sob a pressão de uma linguagem jurídica antropomórfica e personificadora, com o fim de obter uma representação expressiva do material que trata de dominar.
>
> ... A "pessoa física" não é o homem, tal como sustenta a doutrina tradicional. O homem não é um conceito jurídico, mas bio-psicológico. Não expressa uma unidade própria do direito ou do conhecimento jurídico, pois o direito não abarca o homem em sua integridade, com todas suas funções espirituais e corporais, mas se limita a regular determinados atos humanos impondo deveres e concedendo direitos (faculdades). Em outras palavras, o ser humano não pertence em sua totalidade fenomênica à comunidade constituída pelo ordenamento jurídico.
>
> É necessário diferenciar o conceito científico-natural do homem e o conceito jurídico de pessoa ... A pessoa "física", correspondente ao ser humano individual, constitui [apenas] a personificação ou expressão unitária personificada das normas que regulam a conduta de um indivíduo humano. O ser humano é uma realidade natural; a pessoa é uma representação auxiliar do conhecimento jurídico, do qual seria inclusive possível prescindir. [217]

O problema reside em que, por mais esmerada que seja a construção teórica de abstração completa e disjunção dos conceitos de "pessoa" e "homem" - no que, como Kelsen registra, se afastou da doutrina jurídica tradicional -, o Direito é conformador da realidade e indutor da conduta humana, dentro de uma circularidade do *ethos* que constitui realidade fática implacável. A norma fundamental e o momento da aplicação, porta e janela abertas para entrada, no sistema da Teoria Pura, da faticidade do fato político fundador do Estado e do fato existencial da experiência do aplicador da lei, mostram que se trata de um fluxo que não se pode deter, mesmo com a mais elaborada teoria lógico-formal.

A propósito das consequências dessa cisão abstrativa da Teoria Pura, Larenz se utiliza justamente da elaboração do conceito jurídico de pessoa para hastear uma importante advertência concernente à tendência, inerente ao pensamento abstrator, para o esvaziamento de sentido:

217. Kelsen, H., Robles Morchón, G. 2011, *Teoría pura del derecho*, Trotta, Madrid, p.76. Destacamos.

> O esvaziamento de sentido, especialmente dos conceitos mais gerais do sistema externo, torna-se particularmente claro a propósito o conceito de pessoa, tal como o entende a doutrina dominante. Equipara-o ao sujeito de direito, e entende por tal qualquer possível titular de direitos e deveres. Este conceito entendido de modo tão amplo permite-lhe englobar nele não só a pessoa, a «pessoa física», mas também as pessoas jurídicas. Com isto, afastam-se todas as referências que caracterizam o homem como pessoa em sentido ético. A pessoa jurídica não é pessoa em sentido ético e só pode ser equiparada a esta nalgumas relações Só o homem enquanto «pessoa» em sentido ético tem uma «dignidade», pode suscitar face ao seu semelhante a pretensão ao respeito e reconhecimento dos seus direitos e ter os correlativos deveres, assumir responsabilidades. Se se parte de um conceito de tal modo formal de pessoa em sentido jurídico, continua também a ser incompreensível a relação deste conceito com os conceitos de capacidade de exercício, de capacidade negocial de exercício e de imputabilidade.[218]

Isso não ocorre, já vimos, apenas com o Direito: a propósito do mecanismo abstrativo matematizante, Marcuse afirmou que "a quantificação da natureza, que levou a sua explicação em termos de estruturas matemáticas, separou a realidade de todos os fins inerentes e, consequentemente, separou o verdadeiro do bom, a ciência da ética."[219]Na esteira da crítica global à geometrização ao absurdo, é possível afirmar que o *estreitamento da razão jurídica* deixa o ordenamento jurídico, a sociedade, e o próprio ser humano encurralados dentro da perspectiva matematizante, levando a uma situação em que até mesmo a leitura que o ser humano faz de si próprio em sua inata tendência de auto-configuração seja feita sob aquela ótica. No diagnóstico de Heiddegger:

> O ser assim calculável e posto no domínio do cálculo torna o ente apto a ser dominado pela técnica moderna matematicamente estruturada, que se distingue essencialmente de todo uso de instrumentos até então conhecido.[220]

---

218. Larenz, K. 1997, *Metodologia da Ciência do Direito*, 3.ed., Fundação Calouste Gulbenkian, Lisboa, p.648.

219. Marcuse, H., Kellner, D. 2007, *One-dimensional man: studies in the ideology of advanced industrial society*, Routledge, London, p. 150.

220. Heidegger, M. 1978, *Introdução à metafisica - Introdução, tradução e notas de Emmanuel Carneiro Leão*, Biblioteca Tempo Universitário – 1, Editora Universidade de Brasília - Tempo Brasileiro, Rio de Janeiro, p. 212.

Como vimos, um dos pilares epistemológicos da pretensão à cientificidade (objetividade) da Teoria Pura é a estanquidade. Contudo, mesmo seu elaborado edifício científico deixa, na Norma Fundamental e no momento da aplicação da lei ao caso concreto, as portas e janelas abertas. Por ali a realidade sempre inundará o Direito que, por sua vez, conformará a realidade, numa dinâmica de trânsito da vontade individual para a objetividade do Direito que pode ser identificada em Hegel como dialética da eticidade,[221] e que retornará incidindo sobre o indivíduo na forma de norma, dentro de um fluxo que Lima Vaz elaborou como circularidade *ethos* - *hexis* - *práxis* .[222]

Em outras palavras, um ser humano apreendido apenas num sentido técnico gerará um Direito técnico que, por sua vez, emanará normas cada vez mais técnicas e, por sua vez, configurará indivíduos também cada vez mais esvaziados de dignidade. Um Direito *more geometrico* não escapará desse ciclo: se a racionalidade geométrica já conforma um mundo da cultura de ênfase numérica e desumanizante, mais acentuados ainda tendem a ser os efeitos reificantes de uma instância do conhecimento (o Direito) à qual se atribui o poder de, com toda a força do aparato estatal e da coerção, configurar o espaço de ação social e individual da cada ser humano.

A Teoria Pura do Direito, ápice do positivismo jurídico que, segundo o próprio Kelsen, "pode ser entendida como o desenvolvimento de abordagens surgidos na ciência jurídica positivista do século XIX", chegando "às últimas consequências que se derivam da filosofia e da teoria jurídicas decimonónicas – originariamente positivistas e contrárias a toda ideologia"[223] pode ser vista, como qualquer proposta matematizante, sob a luz lançada por Horkheimer:

> Os positivistas modernos parecem inclinados a assumir as ciências naturais, sobretudo a física, como modelo de métodos adequados de pensamento. ... As fábricas da morte na Europa lançam tanta luz importante sobre a relação entre ciência e progresso técnico como a produção de meias à base de ar. Os positivistas reduzem a ciência aos métodos aplicados na física e em seus ramos; negam o nome de ciência a todos os esforços

221. Habermas, J. 2014, *Técnica e ciência como "ideologia."* Editora Unesp, São Paulo, p.72.
222. Vaz, H.C. de L. 2002, *Ética e direito,* Edições Loyola, São Paulo, p. 65.
223. Kelsen, H., Robles Morchón, G. 2011, *Teoría pura del derecho,* Trotta, Madrid, p.36 e 57.

> teóricos que não coincidem com o que eles mesmos abstraem da física como métodos legítimos. ... O chamado mundo prático não tem lugar algum para a verdade e, como consequência, a divide para igualá-la a sua própria imagem: as ciências da natureza são dotadas de objetividade, mas **foram esvaziadas de conteúdo humano; as ciências do espírito preservam o conteúdo humano e o mantém vivo, mas somente em forma de ideologia, às custas da verdade.**[224]

Para Horkheimer e Adorno, o movimento retratado estaria na origem de uma degeneração do julgamento crítico em mera subsunção cega a normas abstratas, chegando-se na sociedade industrial tardia a uma situação em que

> Quando no facismo o processo sumário substituiu o processo judicial formal na justiça penal, os contemporâneos já estavam economicamente preparados para isso; haviam aprendido a ver as coisas sem reflexão através dos **módulos mentais, dos *termos técnicos*** que constituem sempre, em caso de desmoronamento de uma língua, a última reserva indispensável.[225]
>
> Daí que tanto para a justiça mítica quanto para a ilustrada, culpa e expiação, felicidade e desventura sejam como partes de uma equação. **A justiça perece no direito**. O xamã exorciza o perigoso mediante sua mesma imagem. ...fetiche. A venda sobre os olhos da justiça não significa apenas que não se deve atentar contra o direito, mas também que **este não procede da liberdade.**[226]

As emanações objetificantes desse fluxo histórico foram, como era de se esperar, recolhidas pelo Direito, e uma das mais nocivas consequências desse fato foi, para Sessarego, que

> A preocupação com as coisas, que dominou por séculos o pensamento filosófico, se transmitiu e foi acolhida pelo direito. Os juristas, com uma visão exclusivamente individualista, se esforçaram por proteger, preeminentemente, as coisas que integram o patrimônio de cada ser humano com descuido da tutela que a pessoa merecia. O patrimônio adquire, dentro

224. Horkheimer, M., Adorno, T.W. 1994, *Dialéctica de la Ilustración: fragmentos filosóficos, Colección Estructuras y procesos*, Serie filosofía. Ed. Trotta, Madrid, p. 102. Destacamos.
225. Horkheimer, M., Adorno, T.W. 1994, *Dialéctica de la Ilustración: fragmentos filosóficos, Colección Estructuras y procesos*, Serie filosofía. Ed. Trotta, Madrid, p. 244. Destacamos.
226. Horkheimer, M., Adorno, T.W. 1994, *Dialéctica de la Ilustración: fragmentos filosóficos, Colección Estructuras y procesos*, Serie filosofía. Ed. Trotta, Madrid, p.71. Destacamos.

> deste marco conceitual, lugar preferencial na atenção tanto da ciência jurídica como dos códigos civis inspirados no famoso Código Civil dos franceses de 1804. Neles se disciplina, extensa e minuciosamente, tudo o que se relaciona com a tutela dos direitos patrimoniais, em contraste com a proteção que exigia e requeria, por sua própria qualidade ontológica, o ser humano. [227]

Chega-se a tal ponto, afirma Sessarego, que o direito de propriedade é acolhido por leis e constituições como direito "absoluto, inviolável e sagrado", "qualificação que não se outorga, por exemplo, ao fundamental direito à vida."[228]

A assimilação do método científico de inspiração fisicalista acaba, portanto, obstruindo o conhecimento do ser humano, e a Antropologia Filosófica, ou reflexão filosófica sobre o ser do homem, cai a segundo plano no universo jusfilosófico. Para Sessarego, consolida-se a partir daí uma situação de indiferença em relação àquele saber básico, o que contribuiu para que o Direito fosse desidratado numa mera construção conceitual – para,

> é dizer, que prosperasse a nível teórico a pretensão de reduzir o direito a uma pura abstração à semelhança das matemáticas ou da lógica. Em síntese, a que a desumanização do direito fosse uma realidade.[229]

Concluímos aqui nossa reflexão sobre a jornada da razão *more geometrico* sob o ponto de vista estritamente epistemológico. Dentro desse espectro, o fator impulsionador do projeto matematizante universal teria sido a própria natureza humana: para Husserl, uma necessidade existencial de segurança e estabilidade na forma de uma *philosophia perennis*;[230]para Larenz, um descontentamento ínsito ao homem moderno que "não se contenta, em crescente medida, com que uma regra

227. Sessarego, C.F., 1996. "Hacia una nueva sistematización del daño a la persona". *Revista de Direito Civil, Imobiliário, Agrário e Empresarial* 10, p.4.

228. *Ibid.*, p.4.

229. Sessarego, C.F. 1996, "Precisiones preliminares sobre el daño a la persona", *THEMIS Revista de Derecho*, (34), p. 178. Disponível em https://revistas.pucp.edu.pe/index.php/themis/article/view/11843 (acesso em 11/03/2023).

230. Husserl, Edmundo. 2008, *La crisis de las ciencias europeas y la fenomenología trascendental. Traducción y estudio preliminar de Julia V. Iribarne,* 1ª ed, Prometeo Libros, Buenos Aires, p. 237

jurídica ou uma resolução corresponda à tradição, mas quer também reconhecê-las como racionais, plenas de sentido, como susceptíveis de fundamentação de modo racional."[231] Remete-se, como sói acontecer, à lição do "Mestre daqueles que sabem", Aristóteles: "Todos os homens, por natureza, tendem ao saber (Metafísica I, 980ª1)."[232]

Vista apenas sob essa ótica, a direção tomada pela jornada do ideal da *mathesis* através dos séculos, a geometrização ao absurdo, e todos os efeitos até então descritos teriam por causa apenas um "pecado original bem-intencionado". Seu motor: uma necessidade humana por segurança e conhecimento, como bem retratam as expressões descritivas forjadas no curso da história: "sonho newtoniano", "imitação do Deus Arquiteto (*imago Dei*)", "sono dogmático", "razão ingênua", "ingenuidade cientificista".

Contudo, a essa altura da investigação, algo já se insinua que exige avançar em nossa escavação para revelar outras camadas, não tão explícitas, do terreno do mundo da vida matematicamente configurado. As informações articuladas sugerem que, a partir de uma certa etapa histórica, aquela "inocência epistemológica" não mais se sustenta. Como identificou Weber, houve um momento em que as superestruturas estatais, econômicas e culturais perceberam o potencial efetivo do ideal matematizante e dele se apropriaram. O ideal racional tecnocientífico se ideologizou, com impactos cruciais na configuração da sociedade – o que nos impele a avançar mais um pouco em nossa investigação macrofilosófica.

1.6. A racionalidade *more geometrico* como ideologia e dominação: a usurpação do sonho emancipatório ilustrado pelas estruturas de poder

Como relatamos, o aguilhão que despertou o ímpeto investigarório de Sessarego foi sua perplexidade diante da ausência de tematização de algo tão fundamental quanto o direito ao projeto de vida. Diante dessa informação, cotejamos alguns escritos em que apresentou suas hipóteses

231. Larenz, K. 1997, *Metodologia da Ciência do Direito*, 3.ed., Fundação Calouste Gulbenkian, Lisboa, p.648.

232. Aristóteles, Reale, G. 2001, Metafísica, Loyola, São Paulo, p.3.

para referida ausência, e descobrimos que a relacionou a processos históricos e jurídicos ligados ao caráter individualista e patrimonialista do Código Napoleônico, que até os dias de hoje ainda influencia grande parte dos ordenamentos jurídicos ocidentais, induzindo a configuração de modelos sistêmicos formais e desumanizados.

Na meada das intuições de Sessarego, iniciamos um sobrevôo macrofilosófico em busca de coordenadas que permitissem ampliar seu espectro para confirmar a hipótese da existência de uma tal configuração desumanizante das estruturas sociais e, por derivação, jurídicas – e entendemos tê-las demarcado com relativo sucesso até então. Trata-se de empreitada essencial, pois somente a partir dessa cartografia será possível encontrar fundamentos sólidos para a enfim postular a existência de um direito ao projeto de vida como direito fundamental. Em outras palavras, não é possível compreender, e muito menos aderir, à construção jurídica de Sessarego sem expor seu pano de fundo histórico, epistemológico, sociológico e jurídico.

Vimos que a jornada da racionalidade pela história veio configurando um ambiente intelectual, social e jurídico desumanizante - e, portanto, hostil ao reconhecimento, inserção e consolidação de qualquer direito humano de alta densidade factual e existencial, como um direito ao projeto de vida.

A partir de agora, será preciso falar também sobre algumas forças menos explícitas de conformação dessa realidade social, refinando o mapeamento do relevo sobre o qual o mestre peruano enfim desdobraria seu projeto, e expondo os obstáculos em seu caminho.

Em nosso percurso um importante traçado servirá como guia: as reflexões da Teoria Crítica da Escola de Frankfurt - que, como lecionou Kellner, percebeu que a tecnologia e a racionalidade tecnológica, a administração e a burocracia, o estado capitalista, a mídia de massas e o consumismo, novos modos de controle social, produziram "um declínio da individualidade, liberdade e democracia, bem como a estabilização do capitalismo."[233]

233. Marcuse, H., Kellner, D. 2007, *One-dimensional man: studies in the ideology of advanced industrial society*, Routledge, London, p. xxiv, introdução.

Um dos textos fundamentais daquela Escola, "*Dialética da Ilustração*" (originariamente publicado sob o título "*Fragmentos Filosóficos*"), veio a público em 1944, ainda sob a fumaça dos campos de extermínio e outras técnicas que, como referimos alhures, expuseram a degeneração máxima das ferramentas que constituíam até então a glória da cultura tecnocientífica, cravando marcos ineludíveis para quem se proponha a refletir sobre a modernidade e a chamada pós-modernidade.

Para Horkheimer e Adorno, a humanidade "não só avançou até o reino da liberdade, até a plenitude da Ilustração, como também retrocede" para se dissolver num novo gênero de barbárie:[234]

> ...os avanços no âmbito dos meios técnicos se veem acompanhados de um processo de desumanização. O progresso ameaça destruir o objetivo que estava chamado a realizar: a ideia do homem.[235]

Segundo Kellner, a "Dialética da Ilustração" abrange a proposta de "compreender as razões desse drama, desta sombria regressão, que significava para eles o 'fim da Ilustração' e, mais ainda, 'a autodestruição da Ilustração". Portanto, o referido termo

> ... expressa, de entrada, a consciência da densa complexidade dos processos que deram lugar à modernidade ...E significa, além do mais, que esses processos e a situação a que nos hão conduzido estão marcados por uma grave e fundamental *ambiguidade*: que podem realizar a Ilustração, mas também liquidá-la.
>
> No debate que nos ocupa é muito o que está em jogo. Está em jogo nossa identidade e cultura europeias – a ideia de Europa – e o conceito mesmo de *razão* ou *racionalidade*, que está em seu centro e ao qual em grande medida vão ligados os valores que, em expressão de Kant, são do "maior interesse" para a humanidade: a liberdade, a justiça, a solidariedade.[236]

234. Horkheimer, M., Adorno, T.W. 1994, *Dialéctica de la Ilustración: fragmentos filosóficos, Colección Estructuras y procesos*, Serie filosofía. Ed. Trotta, Madrid, p.11 e 51.

235. Horkheimer, Max. 2010, *Critica de la razon instrumental. Presentación de Juan José Sánchez. Traducción de Jacobo Muñoz,* Ed. Trotta, Madrid, p. 43. Traduzimos.

236. Horkheimer, M., Adorno, T.W. 1994, *Dialéctica de la Ilustración: fragmentos filosóficos, Colección Estructuras y procesos*, Serie filosofía. Ed. Trotta, Madrid, p.10.

A proposta da Escola é a construção de uma Teoria Crítica: a Filosofia não seria um assunto meramente teórico, "mas um assunto teórico-prático: a filosofia – o pensamento – há de *fazer-se história* para cumprir seu sentido, para reconciliar o direito pendente à felicidade de suas vítimas",[237] num processo catalisador de um dinamismo emancipatório. Nas palavras de Sánchez, consistirá em "fazer descer a filosofia à terra", carregando-a do peso da realidade social, numa compenetração dialética de teoria filosófica e práxis de investigação social.[238]

A chamada índole absolutista da racionalidade científica, abordada em diversos tópicos deste trabalho, foi chamada por Horkheimer e Adorno de "enfermidade da razão": originariamente marcada pela intenção de domínio da natureza, a Ilustração e seu programa emancipador seriam geneticamente marcados pela aspiração ao domínio – que, eventualmente, acabaria por se estender sobre o próprio homem.[239]

O processo de Ilustração representaria, portanto, uma marcha de progressiva "racionalização, abstração e redução da realidade do sujeito sob o signo do *domínio*, do poder", razão pela qual se estruturou como processo de alienação e coisificação.[240] Na visão de Sánchez, Horkheimer reconhece o inegável progresso decorrente do movimento de racionalização; contudo, não abre mão de assinalar o preço que a humanidade pagou por esse avanço. Por fim, como vimos sustentando em nossa crítica macrofilosófica a respeito da caminhada histórica do ideal da *mathesis universalis*, conclui que "o que Horkheimer e Adorno denunciam não é a Ilustração, mas sua perversão em razão instrumental, identificadora e coisificadora."[241]

Com efeito, Ribeiro ensina que essa face da racionalidade tecnocientífica, que se apresenta hoje como o que Taylor denomina "racionalidade instrumental", "supõe uma lógica em que o valor das coisas é medido pela relação custo-benefício. A dinâmica natural dessa racionalidade é medir e quantificar tudo em bases econômicas" e, nesse aspecto

237. Horkheimer, M., Adorno, T.W. 1994, *Dialéctica de la Ilustración: fragmentos filosóficos, Colección Estructuras y procesos*, Serie filosofía. Ed. Trotta, Madrid, p.19.

238. *Ibid.*, p.17.

239. *Ibid.*, p.12.

240. *Ibid.*, p.13.

241. *Ibid.*, p. 31.

específico, tende a "controlar todos os âmbitos da vida humana. Neste caso, a razão instrumental se torna a medida de todas as coisas, inclusive do valor da vida humana ... de forma que se considerem os problemas humanos apenas como problemas técnicos."[242]

O projeto de Horkheimer e Adorno foi sintetizado no mote "Salvar a Ilustração", e seu método consistiria em desmascarar a "entranha autoritária da 'lógica de dominação' que determina a perversão da razão em seu contrário" a partir do exame do conceito de racionalidade que subjaz e fundamenta a atual sociedade industrial e sua cultura de massas.[243] Como destacou Sánchez,

> O mal, em efeito, não está na razão instrumental/tecnológica como tal, mas em sua hegemonia ou "hipóstase" - "colonização", dirá mais tarde Habermas - sobre a razão objetiva. Daí que - conclui finalmente - a "tendência ao domínio" (e portanto a instrumentalização da razão) não seja um processo "fatal", mas um processo histórico que pode - e deve - ser reorientado a partir do momento em que os homem tomem consciência dele. [244]

A essa altura é possível dizer que nosso trabalho vem sendo um caminhar por sobre as pegadas históricas do ideal ilustrado. Isso posto, faz sentido que o próximo passo consista em ajustar o foco da reflexão ao presente tópico - "A racionalidade *more geometrico* como ideologia e dominação: a usurpação do sonho emancipatório ilustrado pelas estruturas de poder" - para explicitar os mecanismos dessa apropriação. Nessa senda, redirecionamos o olhar para um importante registro feito por Sánchez, para quem Horkheimer e Adorno aceitam o diagnóstico weberiano de que

> ... a modernidade, a Ilustração, é um processo progressivo e irreversível de racionalização de todas as esferas da vida social, num processo que

242. Ribeiro, E.V. 2012, *Reconhecimento ético e virtudes*, Coleção Estudos vazianos, Edições Loyola, São Paulo, p. 61.

243. Horkheimer, Max. 2010, *Critica de la razon instrumental. Presentación de Juan José Sánchez. Traducción de Jacobo Muñoz*, Ed. Trotta, Madrid, p. 11.

244. *Ibid.*, p. 15.

> comporta, de uma só vez, a progressiva funcionalização e instrumentalização da razão, com a consequente perda de sentido e liberdade.[245]

Com efeito, em seus pioneiros estudos sobre a burocratização, Weber logo percebeu que aquele fenômeno constituía o gérmen do alastramento da racionalidade científica sobre a esfera social, convertendo o conhecimento em mero instrumento a serviço da ordem dominante existente.[246] Para ele, a racionalização significa, antes de tudo, um processo de expansão dos âmbitos sociais submetidos aos critérios de decisão racional – ou, sob outra formulação, uma institucionalização do progresso científico e técnico enquanto *modus operandi* e critério de racionalidade.

Com a elaboração do conceito de racionalização Weber tentou compreender como o progresso tecnocientífico influiu nos aparatos institucionais que sofreram o influxo do processo de "modernização"[247]e concluiu que a burocracia constitui uma "estrutura pura de *dominação do quadro administrativo*", sendo que "para a vida *cotidiana* dominação é primariamente 'administração'", e o tipo mais puro de dominação legal é aquele que se exerce dentro de um *quadro administrativo burocrático*."[248]

Com essa intuição, Weber conseguiu revelar a principal fissura pela qual a racionalidade tecnocientífica, instrumentalizada, rompeu decisivamente os diques epistemológicos - dos quais aos poucos já vertia - para inundar o mundo da vida humana, pela via das instituições públicas e, a partir desse epicentro, também das superestruturas sociais, culturais e econômicas. O método científico é incorporado ao aparato institucional, e a burocracia se torna o eixo de toda a administração das massas, respondendo ao engenho e necessidades de rigor, intensidade e calculabilidade de um de seus genitores: o capitalismo.[249]A dominação racional da natureza se torna a dominação do humano pelo científico-racional da

245. Horkheimer, M., Adorno, T.W. 1994, *Dialéctica de la Ilustración: fragmentos filosóficos, Colección Estructuras y procesos*, Serie filosofía. Ed. Trotta, Madrid, p. 23.
246. Horkheimer, M., Adorno, T.W. 1994, *Dialéctica de la Ilustración: fragmentos filosóficos, Colección Estructuras y procesos*, Serie filosofía. Ed. Trotta, Madrid, p. 52.
247. Habermas, J. 2014, *Técnica e ciência como "ideologia."*, Editora Unesp, São Paulo, pp.75 e 88.
248. Weber, M., Abellán, J. 2001, *La ética protestante y el "espíritu" del capitalismo*, Alianza Editorial, Madrid, p.175.
249. *Ibid.*, p.178-179.

burocracia. Com notável acuidade, Weber consegue expor a filiação da racionalização burocrática ao projeto matematizante fisicalista, do qual herdaria os efeitos reducionistas e desumanizantes:

> A dominação da *impessoalidade* formalista: *sine ira et studio*, sem ódio nem paixão, ou seja sem "amor" e sem "entusiasmo", submetida somente à pressão do *dever* estrito, "sem acepções pessoais", formalmente igual para todos, ou seja, para todo interessado que se encontre em igual situação *de fato*: assim o funcionário ideal conduz seu ofício.[250]
>
> Um mecanismo burocrático perfeitamente desenvolvido atua com relação às demais organizações da mesma forma que uma máquina com relação aos métodos não mecânicos de fabricação. ...
>
> A peculiaridade da cultura moderna, especialmente sua subestrutura técnico-econômica, exige esta "previsibilidade" ou calculabilidade do resultado. A burocracia em seu desenvolvimento se acha também, sentido específico, sob o princípio *sine ira et studio*. Sua peculiaridade específica, tão bem vinda para o capitalismo, a desenvolve em tanto maior grau quanto mais se "desumaniza", quanto mais completamente alcança as peculiaridades específicas que lhe são contadas como virtudes: a eliminação do amor, do ódio e de todos os elementos sensíveis puramente pessoais, de todos os elementos irracionais que se substraem ao cálculo. ... A estrutura burocrática oferece tudo isso nas condições mais favoráveis. Especialmente no que toca à ***administração da justiça***, tal estrutura cria a base para a organização de um *direito* sistematizado e racional fundado em "leis", tal como em sua maior perfeição técnica o criou a época imperial romana.[251]

Não é difícil situar a dinâmica identificada por Weber na trilha histórica da Ilustração enquanto marcha progressiva da formalização e dessubstancialização da razão, reduzida a "mera razão dos meios (razão funcional ou *mesológica*), *instrumento* a serviço da lógica do domínio e da autoconservação".[252]

250. *Ibid.*, p.179.

251. *Ibid.*, p.732.

252. Horkheimer, Max. 2010, *Critica de la razon instrumental. Presentación de Juan José Sánchez. Traducción de Jacobo Muñoz*, Ed. Trotta, Madrid, p. 21.

Nesse ponto, cumpre apenas resgatar uma questão fundamental colocada por Weber: "A questão é sempre esta: *quem domina* o aparato burocrático existente?"[253]

Os estritos limites da pesquisa não permitem que nos detenhamos nesse "remanso" da dialética da Ilustração; é necessário seguir o fluxo para continuar trilhando o caminho de explicitação da instrumentalização da racionalidade científica - desta feita, com Marcuse, que a partir de Weber "desmascara" o pano de fundo desse movimento expansionista do projeto tecnocientífico:

> À medida em que o projeto se desdobra, ele molda todo o universo do discurso e da ação, da cultura intelectual e material. No meio tecnológico, cultura, política e economia se fundem num sistema onipresente que engole ou repele todas outras alternativas. A produtividade e crescimento potencial desse sistema estabiliza a sociedade e confina o progresso técnico nos limites da dominação. A racionalidade tecnológica se tornou racionalidade política.[254]

A enfática afirmação de Marcuse tem lugar na relevante obra "*Homem Unidimensional: estudos da ideologia da sociedade industrial avançada*". O título indica como Marcuse irrigará as descobertas de Weber de constatações feitas já numa quadra histórica de considerável densidade tecnológica. Como veremos mais adiante, suas reflexões demarcarão cenários que, para nós que vivemos no século XXI, se mostrarão surpreendentemente antecipatórios. Antes disso, contudo, tentaremos mostrar como articula o processo de ideologização da racionalidade científica e sua infusão na esfera social e individual.

Para sustentar que o progresso da racionalização tecnológica é um processo político de reificação do ser humano, Marcuse postula que a ciência, em razão de seus próprios conceitos e métodos focados na manipulação da natureza, assimilou o ser humano enquanto espécie do gênero natural e, dessa forma, objeto natural - a ser também manejado e

---

253. Weber, M., Abellán, J. 2001, *La ética protestante y el "espíritu" del capitalismo*, Alianza Editorial, Madrid, p.178.

254. Marcuse, H., Kellner, D. 2007, *One-dimensional man: studies in the ideology of advanced industrial society*, Routledge, London, p. XLVII, Introdução.

controlado.[255] O modelo mecanicista é progressivamente incutido nas instituições, sob forma de burocracia, e dessa ambiência a conformação mecânico-fisicalista das instituições verte para configurar o indivíduo - num processo sutil, porém elaborado, de alienação, na qual a eficiência do sistema embota o reconhecimento desse mecanismo pelo sujeito, que de maneira dócil e gradual vai aceitando, como aceitara as leis da natureza, "a lei das coisas – não a lei da física, mas a lei de sua sociedade."[256] Assim sendo, "o *a priori* tecnológico é um *a priori* político na medida em que a transformação da natureza envolve a transformação do homem."[257]

Nesse processo, a ideologia viria embutida no sistema de produção, pois o aparato produtivo e os bens e mercadorias que fabrica "vendem" ou impõem o sistema social como um todo, conformando nos indivíduos e sociedade um ponto de vista operacional sobre si mesmos e o próprio mundo da vida:

> Os meios de transporte e comunicação em massa, as mercadorias de moradia, comida e vestuário, os irresistíveis resultados da indústria de entretenimento e informação carregam com eles atitudes e hábitos prescritos, certas reações intelectuais e emocionais que vinculam de forma mais ou menos agradável os consumidores aos produtores e, por meio desses, à totalidade. Os produtos doutrinam e manipulam: eles promovem uma falsa consciência imune a sua falsidade. E à medida em que esses produtos úteis se tornam disponíveis a mais indivíduos em mais classes sociais, a doutrinação que carregam deixa de ser publicidade; se torna um modo de vida. É um bom modo de vida – bem melhor do que antes – e, como um bom modo de vida, milita contra uma mudança qualitativa. Emerge então um padrão *unidimensional de pensamento e comportamento* no qual ideias, aspirações, e objetivos que, por seu conteúdo, transcendem o universo de discurso e ação estabelecidos, ou são repelidos ou são reduzidos para os termos desse universo. Eles são redefinidos pela racionalidade própria desse universo e de sua extensão quantitativa.[258]

Por fim, Marcuse aponta para outro momento fundamental do contexto descrito, que é quando a ciência e tecnologia, validadas por suas

255. *Ibid.*, p. 170-172.
256. *Ibid.*, p. 13.
257. Marcuse, H., Kellner, D. 2007, *One-dimensional man: studies in the ideology of advanced industrial society*, Routledge, London, p. 157-158.
258. *Ibid.*, p. 13-14.

inegáveis conquistas e crescente produtividade, se tornam instâncias de validação[259] e legitimação de formas de coesão e controle social que, inobstante mais efetivas e agradáveis,[260] blindam um aparato produtivo que tende a se tornar totalitário na medida em que "determina não só as ocupações, habilidades e atitudes socialmente necessárias, mas também as necessidades e aspirações individuais",[261] subordinando o indivíduo, como já notara Weber, "aos mestres do aparato":[262]

> A eficiência e o poder da administração sobrecarregaram o indivíduo, que gradualmente perdeu os traços anteriores da racionalidade crítica (ou seja, autonomia, dissidência, poder de negação), produzindo assim uma "sociedade unidimensional" e um "homem unidimensional". ...
>
> O Homem Unidimensional pode assim ser interpretado como um protesto prolongado contra o declínio da individualidade na sociedade industrial avançada.[263]

Retirado o véu tecnológico - para usar uma expressão de Marcuse -, podemos seguir adiante para a deslindar a interpretação de Habermas sobre essa etapa da jornada histórica da racionalização.

De acordo com Nobre, seguindo a vereda crítica aberta especial mente por Marx, Horkheimer, Adorno e Marcuse[264], no escrito "*Técnica e Ciência como 'Ideologia'*"[265] Habermas promoveria uma "reformulação da teoria weberiana de racionalização" sob o duplo aspecto de explicação da passagem das sociedades modernas para as contemporâneas e como processo de modernização das sociedades já prevalentente capitalistas.[266] No que tange ao foco de nosso trabalho, cabe destacar o propósito de expor "o papel legitimador da dominação desempenhado pela ciência e

259. *Ibid.*, p. 19.
260. *Ibid.*, p. XLVI, Introdução.
261. *Ibid.*, p. XLVI, Introdução.
262. *Ibid.*, p. 170.
263. Marcuse, H., Kellner, D. 2007, *One-dimensional man: studies in the ideology of advanced industrial society*, Routledge, London, p. XX-XXVIII, Introdução.
264. Habermas, J. 2014, *Técnica e ciência como "ideologia."* Editora Unesp, São Paulo, p.8.
265. Escrito programático que, segundo NOBRE, desenvolvido ao longo dos treze anos seguintes a sua publicação em 1968, levaria à Teoria da ação comunicativa.
266. Habermas, J. 2014, *Técnica e ciência como "ideologia."* Editora Unesp, São Paulo, p.16.

pela técnica no capitalismo tardio", perfilhando a concepção marcuseana acerca do papel ideológico desempenhado pela ciência e pela técnica.[267]

Nesse aspecto, o essencial é destacar que para compreender o processo de passagem às sociedades modernas Habermas propõe adicionar à perspectiva weberiana da racionalização como "espraiar constante de sistemas de ação racional com respeito a fins" uma segunda camada, consistente na "mudança de padrões da interação, da ação simbolicamente mediada", sendo que, de acordo com Nobre,

> É assim que Habermas, partindo de Weber, distingue entre uma "racionalização a partir de cima" e uma "racionalização a partir de baixo". Esta última é o espraiar horizontal da lógica da racionalidade com respeito a fins, que destrói os vínculos sociais tradicionais e atinge todos os domínios da vida.[268]

Assim como já fizemos ao apresentar as formulações de outros pensadores, é necessário explicitar como Habermas propõe fundamentar sua hipótese, acoplando-a como mais um vagão ao comboio histórico da razão tecnocientífica do qual ora somos passageiros.

Alinhando-o com as percepções iniciais de Weber e sua interpretação por Marcuse, é razoável afirmar que Habermas parte da compreensão de que a progressiva racionalização da sociedade se encontra ligada à institucionalização do progresso tecnocientífico e que, à medida em que técnica e ciência irrigam todos os âmbitos da sociedade, vão erodindo as antigas formas de legitimação e orientação da ação prática e política, abrindo o espaço para a emergência do desenvolvimento técnico-científico como fundamento de legitimação das instâncias de gestão e controle da sociedade.[269]Nessa dinâmica, as legitimações tradicionais são submetidas ao parâmetro da racionalidade técnica instrumental, cujos postulados "se infiltram de modo concorrente na tradição e forçam uma reconstrução das interpretações tradicionais de mundo."[270]

---

267. *Ibid.*, p.19. (Atentos aos limites epistemológicos da tese, não adentraremos na questão específica da distinção habermasiana entre "trabalho" e "interação")
268. Habermas, J. 2014, *Técnica e ciência como "ideologia."* Editora Unesp, São Paulo, p.26.
269. Habermas, J. 2014, *Técnica e ciência como "ideologia."* Editora Unesp, São Paulo, p.76-78.
270. *Ibid.*, p.121.

Na racionalização *de baixo para cima*, os imperativos da racionalidade instrumental de matriz tecnocientífica vão submetendo os contextos tradicionais e, alastrando-se sobre o terreno do *Lebenswelt*, apoderam-se gradativamente de todas as dimensões da vida social:

> ...do aparato militar, do sistema escolar, do sistema de sáude e mesmo da família, impondo tanto na cidade quanto no campo uma urbanização da *forma* de vida, isto é, fazendo brotar subculturas que ensinam a cada um poder passar a qualquer momento dos contextos de interação à ação racional com relação a fins.[271]

No outro sentido proposto - racionalização *de cima para baixo* - Habermas considera que os novos critérios tecnocientíficos expulsam as interpretações e referenciais cosmológicos do mundo e assumem seu lugar, num processo denominado por Weber de secularização. Paulatinamente, imagens de mundo e referenciais axiológicos tradicionais objetivados vão perdendo seu valor referencial como mito, religião, ritual ou metafísica, transformando-se em "meros" credos e éticas subjetivas. Fragilizada, a legitimidade das instâncias tradicionais pode então ser substituída pelas novas formas de legitimação que, por um lado, "reivindicam um caráter científico e, por outro lado cumprem funções de legitimação subtraindo relações fáticas do poder de análise e da consciência pública."[272]

Nesse processo, a nova ideologia dissocia "a autocompreensão da sociedade dos sistemas de referência da ação comunicativa e dos conceitos da interação simbolicamente mediada, substituindo-o por um modelo científico".[273] A autocompreensão dos homens é substituída pela autorreificação fundada num comportamento adaptativo, e a internalização crítica das normas sociais é substituída por formas de comportamento condicionado.[274]Nesse aspecto, a reflexão converge com as conclusões de Foucault, que registra esse processo em que o ser humano se torna "objeto

271. *Ibid.*, p.100.
272. *Ibid.*, p.100.
273. *Ibid.*, p.110.
274. Habermas, J. 2014, *Técnica e ciência como "ideologia."* Editora Unesp, São Paulo, p.110 e 116.

de uma informação, jamais sujeito dentro de uma comunicação".[275] Por fim, a dialética da eticidade é neutralizada, e a diferença entre ação racional com respeito a fins e interação linguisticamente mediada é suprimida da consciência dos homens: "a força ideológica da consciência tecnocrática é garantida pela ocultação dessa diferença."[276-277]

Nossa navegação macrofilosófica chega, com Habermas, ao seguinte porto: no âmbito existencial, o *homo faber* pode "pela primeira vez objetivar a si mesmo plenamente e, desse modo, defrontar-se com seus próprios produtos autonomizados; como *homo fabricatus* ele pode também ser integrado a seus dispositivos técnicos".[278] No âmbito social, o progresso tecnocientífico, que em determinado estágio histórico chegou a anunciar "um potencial excedente e de consequências emancipatórias" é submetido ao controle, transformando-se em fonte de legitimação da ideologia que, dominante, "transforma a ciência em um fetiche".[279]

Na síntese de Herrero,

> O progresso da ciência cria, assim, através do seu prolongamento técnico, graves problemas políticos e éticos. Políticos, porque a investigação científica se tornou um instrumento privilegiado de poder. Cada vez mais é o poder político que determina à investigação científica os seus planos de organização, os seus meios, os seus objetivos e os seus limites. Éticos, porque a amplidão mesma das repercussões das descobertas científicas modernas sobre as relações humanas coloca o homem diante da seguinte alternativa: ou a lógica da racionalidade técnica se impõe sobre a ética – e então o único princípio regulador será o da expansão sem limites do poder -, ou a humanidade terá de fazer um verdadeiro esforço de invenção moral para ajustar os seus novos poderes aos ideais humanos que a tradição nos legou. [280]

275. Foucault, M. 2008, *Surveiller et punir: naissance de la prison*, Collection TEL, Gallimard, Paris, p.234.
276. Habermas, J. 2014, *Técnica e ciência como "ideologia."* Editora Unesp, São Paulo, p.112.
277. Esse caráter de dissimulação e ocultação também será identificao por Foucault em suas reflexões, notadamente na construção teórica em torno do Panóptico, quando usa a expressão "poder furtivo". Foucault, M. 2008, *Surveiller et punir: naissance de la prison*, Collection TEL, Gallimard, Paris, p. 237 e 241.
278. Habermas, J. 2014, *Técnica e ciência como "ideologia."* Editora Unesp, São Paulo, p.111.
279. *Ibid.*, p.116-117.
280. Herrero, F.J. 2006, *Estudos de ética e filosofia da religião*, Leituras filosóficas, Ed. Loyola, São Paulo, SP, p. 13.

O ideal matemático nascido com os gregos, usurpado pelas superestruturas, se torna instrumento de dominação de todas as instâncias sociais. Seguindo nosso esquema investigativo, é preciso ajustar mais uma vez a distância focal para verificar os desdobramentos desse processo na seara jurídica.

1.7. A racionalidade jurídica *more geometrico* como ideologia e dominação: apropriação ideológica do universo jurídico sob o falso argumento do imperativo de cientificidade

Caminhamos até então refletindo sobre o percurso da racionalidade numa abordagem sempre desdobrada em dois tempos: 1º) partindo de uma crítica geral, tentamos identificar e extrair invariantes e consequências universais da "geometrização ao absurdo"; 2º) a seguir, nos aproximamos para discernir seu mecanismo em funcionamento nos recônditos do universo jurídico.

Nessa senda, após termos exposto a transmutação ideológica desumanizante da racionalidade tecnocientífica, reajustaremos a distância focal para revelar como a racionalidade *jurídica* de inspiração mecanicista, além de replicar as limitações epistemológicas e os efeitos reducionistas e desumanizantes da racionalidade *more geometrico lato sensu*, também tende a reproduzir uma situação de vulnerabilidade a forças apropriativas ideológicas, bem como a ser transformada em técnica social e instância velada de legitimação de controles desumanizadores. Dessa forma, técnica e a ciência *jurídicas* como ideologia atuam tanto sobre o aparato institucional quanto sobre as formulações teóricas jusfilosóficas, influenciando na configuração do ordenamento jurídico (daí o já denunciado "esquecimento" do direito ao projeto de vida e outros relacionados ao ser humano integral) e, por essa via, da própria sociedade e do indivíduo.

Para alcançar nossos objetivos manteremos a estratégia investigativa já empregada, partindo da análise de um paradigma específico. Dessarte, assim como já nos apoiamos na Teoria Pura do Direito de Kelsen como plataforma reflexiva, doravante buscaremos por invariantes universais nos debruçando sobre outra proposta filosófica marcante: a obra "*Vigiar e Punir*", de Foucault.

Michel Foucault fez orbitar grande parte de suas reflexões em torno da esfera do aparato jurídico penal – que, assim como já mostramos em relação ao Direito em geral, também sofreu acentuado influxo conformador da idealização matematizante. A título de exemplo concreto, Cesare Beccaria, em seu clássico "Dos Delitos e das Penas" (1764), não escondia a inspiração fisicalista de seu modelo:

> Tais são os meios de harmonizar as relações invariáveis das coisas, e de estar de acordo com a natureza, que, sempre ativa e jamais sujeita pelos limites do tempo, destrói e revoga todas as leis que se afastam dela. Não é só nas belas-artes que se deve seguir fielmente a natureza: as instituições políticas, ao menos aquelas que têm um caracter de sabedoria e dos elementos de duração, fundam-se sobre a natureza; e a verdadeira política nada mais é do que a arte de dirigir ao mesmo objetivo útil os sentimentos imutáveis do homem.[281]
>
> O legislador deve ser um arquiteto hábil, que sabe ao mesmo tempo empregar todas as forças que podem contribuir para a solidez do edificio, e amortecer todas aquelas que poderiam arruiná-lo.[282]

Sem cair na ingenuidade cientificista, há que recordar que mesmo Hans Kelsen, no processo de depuração epistemológica para construção de uma Teoria Pura do Direito, assinalou que "se o direito – de uma perspectiva puramente positivista – é uma ordem coativa externa, dever-se-á entendê-lo como **técnica social** específica."[283] Mais adiante, ao refletir sobre a elaboração do conceito de pessoa, descreveu a criação de conceitos jurídicos como instrumento de "representação expressiva do material que se trata de **dominar**."[284] O itinerário dessa forma de instrumentalização para previsão e controle é explicitado por Marcuse, segundo o qual

> *Logos* é lei, regra, ordem decorrente do conhecimento. Subsumindo casos particulares sob um universal, submetendo-os a seu universal, o pensamento obtém domínio sob os casos particulares. Se torna capaz não apenas de compreender mas também de agir sobre eles, controlando-os.[285]

281. Beccaria, C., de Plancy, C. 2002, *Des délits et des peines*, C. Éditions du Boucher, Paris, p.65.
282. *Ibid.*, p.77.
283. Kelsen, H., Robles Morchón, G. 2011, *Teoría pura del derecho*, Trotta, Madrid, p.59. Destacamos.
284. *Ibid.*, p.76.
285. Marcuse, H., Kellner, D. 2007, *One-dimensional man: studies in the ideology of advanced industrial society*, Routledge, London, pp. 141 e 171.

Assim como ocorreu no âmbito do conhecimento em geral, também na esfera jurídica a racionalidade tecnocientífica assumiu o papel de racionalidade política. Esse fato não escapou ao olhar atento de Weber, que já no início do século XX descreveu minuciosamente a dinâmica daquela confluência:

> Atualmente, a garantia jurídica está, no mais alto grau, a serviço direto dos interesses econômicos. E quando, em aparência ou em realidade, não é esse o caso, os interesses econômicos são os fatores mais poderosos na formação do direito, porque toda força que garante um poder jurídico é, de alguma maneira, mantida em existência pela ação consensual dos grupos sociais que a ele pertencem, e a formação de grupos sociais está condicionada em alto grau pela constelação de interesses materiais. ... Inclusive os meios coativos e penais mais drásticos fracassam quando os interessados simplesmente não se submetem. Dentro de um domínio amplo isso significa sempre: quando não se foi "educado" para essa submissão. A educação para essa submissão ao direito vigente foi sendo em geral incrementada com resultado cada vez melhor.[286]

Sob um ponto de vista histórico, já é possível averiguar que o influxo da racionalidade *more geometrico* ideologizada sobre o campo jurídico constitui ramificação de um movimento global. Como percebeu Foucault,

> ...a extensão dos métodos disciplinares se inscreve num processo histórico amplo: o desenvolvimento, aproximadamente na mesma época de outras tecnologias – agronômicas, industriais e econômicas.[287]

Face jurídica da ciência como ideologia, "as disciplinas são técnicas para assegurar a ordenação das multiplicidades humanas" por meio de uma "tecnologia fina e calculada de assujeitamento. De fato, os dois processos, acumulação dos homens e acumulação do capital, não podem ser separados... Cada um desses dois tornou o outro possível, e necessário; cada um dos dois serviu de modelo ao outro."[288] Ecoando a leitura da

286. Weber, M., Winckelmann, J., Medina Echavarría, J. 2002, *Economía y sociedad: esbozo de sociología comprensiva*, F.C.E. de España, Madrid, p. 270.

287. Foucault, M. 2008, *Surveiller et punir: naissance de la prison*, Collection TEL, Gallimard, Paris, p.261.

288. *Ibid.*, p.254-257.

realidade social feita por Weber, Foucault descobre uma emanação da racionalização weberiana, injetada no mecanismo jurídico-institucional pela via da burocratização judiciária.

Um dos eixos da proposta de Foucault consiste em tratar a história do Direito Penal e a das Ciências Humanas a partir de uma matriz comum, de um processo compartilhado de formação "epistemológico-jurídico" caracterizado pela "inserção na prática judiciária de todo um saber 'científico'", com a formação de uma burocracia jurídica para o exercício do poder punitivo estatal como uma "tecnologia política do corpo".[289] O poder de punir é estruturado matematicamente, sob pretexto de que assim herdará os efeitos benfazejos das aspirações cartesianas: certeza irrrefutável e segurança. Foucault desvenda o funcionamento desse mecanismo no processo de julgamento:

> A verificação do crime deve obedecer aos critérios gerais de toda verdade. O julgamento judicial, nos argumentos que ele emprega, nas provas que apresenta, deve ser homogêneo ao julgamento puro e simples. Daí o abandono das provas legais; rejeição da tortura, necessidade de uma demonstração completa para fazer uma verdade justa ... **Como uma verdade matemática, a verdade do crime não poderá ser admitida a menos que inteiramente provada**. Segue-se que, até a demonstração final de seu crime, o acusado deve ser reputado inocente; e que nessa demonstração, o juiz não deva mais utilizar formas rituais, mas instrumentos comuns, aquela razão de todo o mundo, que é também aquela dos filósofos e dos sábios.
>
> A investigação, exercício da razão comum, despoja o antigo modelo inquisitorial, para acolher o bem mais leve (e duplamente validado pela ciência e o senso comum) da pesquisa empírica. O juiz será como um "piloto que navega entre os rochedos".[290]

O ideal da *mathesis universalis* permeia toda a construção do universo jurídico teórico e prático. O problema é que aqui, no âmbito da racionalidade jurídica, se repetem aqueles mesmos problemas já identificados em nosso trabalho como invariantes universais inerentes à "geometrização ao absurdo": inconsistência epistemológica, reducionismo e, por fim, "inumanização" ideologicamente orientada. Retirado o véu

289. *Ibid.*, Paris, p.31.

290. *Ibid.*, p.115-116. Destacamos.

científico, o que Foucault percebe é que os supostos parâmetros científicos para uma decisão mais justa e eficiente são, na verdade, estacas confinando e direcionando a própria atividade judicial para assimilar o discurso tecnocientífico subjacente:

> De agora em diante a prática penal se encontrará submetida a um regime comum da verdade ou, melhor dizendo, a um regime complexo onde se entrelaçam para formar a "convicção íntima" do juiz elementos heterogêneos de demonstração científica, de evidências sensíveis, e de senso comum. A justiça penal, desde que guarde as formalidades que garantem sua equidade, pode agora se abrir às verdades vindas de todos os ventos, desde que elas sejam evidentes, bem estabelecidas, aceitáveis por todos. O ritual judiciário não é mais nele mesmo formador de uma verdade compartilhada. É então urdida, com a multiplicidade dos discursos científicos, uma relação difícil e infinita, que a justiça penal não está hoje preparada para controlar. O senhor de justiça não é mais o senhor de sua verdade.[291]

A reforma penal do século XVIII, marco histórico da humanização das penas, não teria ocorrido em nome de ideais científicos e, muito menos, humanísticos; pelo contrário, se faz a partir de uma agenda oculta de dominação total do corpo individual e social, com o objetivo de "constituir uma nova economia e uma nova tecnologia do poder de punir."[292] O teatro punitivo medieval não se teria mostrado eficiente para o controle social; a solução, como em outras áreas, foi buscada no ideal fisicalista, e à espetacularização exemplar da punição se segue "o grande aparelho uniforme das prisões". Sob o pretexto da "humanização das penas, o que encontramos são todas aquelas regras que autorizam, ou melhor, exigem a suavidade, como uma economia calculada do poder de punir".[293]

A humanização das penas não teria decorrido, assim, de um imperativo ético, mas de um ditame técnico: a busca por mais eficiência no controle social,[294] permitindo "efetuar essa grande 'economia' do poder

291. Foucault, M. 2008, *Surveiller et punir: naissance de la prison*, Collection TEL, Gallimard, Paris, p. 116.
292. *Ibid.*, p. 106.
293. *Ibid.*, p. 120.
294. *Ibid.*, p. 135-137.

cuja fórmula o século XVIII havia buscado, quando crescia o problema da acumulação e da gestão útil dos homens."[295] Dessa forma,

> ...a justiça penal com todo seu aparelho de espetáculo é feita para responder à demanda cotidiana de um aparelho de controle semi-imerso nas sombras.[296]

Dessa maneira, Foucault desvela a engrenagem jurídica como uma importante bomba de circulação, reciclagem e disseminação da racionalidade científica reificante: o princípio panóptico concretizado no aparato judiciário penal, em aparência, não passaria da solução de um problema técnico; contudo, "através dele todo um tipo de sociedade se desenha"[297] – de forma complexa, dispersa, mas coerente:

> O encarceramento, com seus mecanismos de monitoramento e punição, funciona ao contrário segundo um princípio de relativa continuidade. Continuidade das instituições que reenviam umas às outras (dos órgãos de assistência ao orfanato, à casa de correção, à penitenciária, ao batalhão penitenciário, à prisão; da escola à sociedade patronal, à oficina, ao refúgio, ao convento penitenciário; da cidade operária ao hospital, à prisão).[298]

Por fim, assim como vimos fazendo, Foucault irriga sua reflexão da noção subjacente de uma trajetória histórica da razão, e numa bela passagem desenrola o fio narrativo da jornada do ideal matematizante - desde seu nascimento até sua apropriação como instrumento de reificação do ser humano:

> O grande livro do Homem-máquina foi escrito simultaneamente sobre dois cadernos: o anátomo-metafísico, cujas primeiras páginas foram escritas por Descartes e que os médicos, os filósofos continuaram; e o técnico-político, que foi constituído por todo um conjunto de regulamentos militares, escolares, hospitalares e por procedimentos empíricos e reflexivos para controlar ou corrigir as operações do corpo. Dois cadernos bem distintos pois se tratava, aqui, de submissão e de utilização, e lá, de funcionamento e explicação: corpo útil, corpo inteligível. E contudo, de um

295. *Ibid.*, p. 354.
296. *Ibid.*, p. 330.
297. *Ibid.*, p. 252.
298. *Ibid.*, p. 350.

> ao outro, pontos de interseção. O *Homem-máquina* de La Mettrie é ao mesmo tempo uma redução materialista da alma e uma teoria geral do adestramento, em cujo centro reina a noção de "docilidade" que une ao corpo analisável o corpo manipulável. É dócil um corpo que pode ser submetido, que pode ser utilizado, que pode ser transformado e aperfeiçoado. Os famosos autômatos, por seu lado, não foram somente uma maneira de ilustrar o organismo; eram também bonecos políticos, modelos reduzidos de poder: obsessão de Frederico II, rei minucioso das pequenas máquinas, dos regimentos bem treinados e dos longos exercícios.[299]

1.7.1. *Inteligência Artificial, Estatística e Jurimetria: o processo eletrônico usado como vetor para tomada da cidadela judicial pela racionalidade tecnológica inumanizante*

Para fechar o percurso reflexivo desta primeira parte do livro, é preciso lançar as luzes acesas durante o trajeto sobre o processo eletrônico, ferramenta tecnológica hoje em ampla utilização no Judiciário brasileiro.

A propósito, tivemos a oportunidade histórica de testemunhar seu nascimento e atuar efetivamente em sua concepção e implantação, no início dos anos 2000. Portanto, somos testemunhas oculares e históricas do valor e utilidade da nova tecnologia. Na ocasião, enquanto Juiz Auxiliar da Coordenação dos Juizados Especiais Federais da Primeira Região - então com jurisdição sobre 13 estados e o Distrito Federal -, recebemos a atribuição de coordenar a equipe responsável por conceber, desenvolver e implantar o sistema de Juizado Virtual do TRF da 1ª Região. O JEF Virtual foi implantado em 2004, tendo sido o segundo sistema de processo eletrônico a operar no país, pouco tempo após a entrada em operação do sistema do TRF da 3ª Região, com sede em São Paulo. Desde então, por mais de vinte anos vimos trabalhando diariamente nos diversos sistemas judiciais, dentre eles o PJe e o e-Proc.

Em artigo publicado por ocasião da implantação do JEF Virtual, afirmamos que o objetivo não era criar um processo apenas eletrônico, mas um processo "virtual". Na base dessa concepção, de raiz aristotélica, a ideia diretora de Pierre Lévy, segundo o qual a virtualização

299. Foucault, M. 2008, *Surveiller et punir: naissance de la prison*, Collection TEL, Gallimard, Paris, p. 160.

não consiste numa desrealização, mas numa mutação de identidade, um deslocamento do centro de gravidade ontológico do objeto considerado, que passa a ser um campo problemático. Dessa forma, virtualizar algo (como um processo judicial) consiste em descobrir uma questão geral à qual se relaciona e redirecionar o aparato em busca de uma resposta a essa questão.[300]

O que se quis desenvolver, portanto, foi uma ferramenta que permitisse ao juiz tirar os olhos de rotinas burocráticas para focar na demanda concreta: daí porque o nome do projeto, "Sistema JEF VIRTUAL: JUSTIÇA REAL". Ou seja: celeridade e eficiência, alvos imediatos, abririram espaço para o valor último - a visada mais refletida e humana sobre o problema concreto; em outras palavras, buscava-se um deslocamento do núcleo ontológico do processo. Daí o título do artigo: "Juizado Virtual: o deslocamento do centro de gravidade ontológico do processo-papel para a problemática da eficiência da justiça."

Entretanto, com o passar do tempo o que observamos foi uma aceleração exponencial da velocidade de tramitação dos processos sem o proporcional incremento na qualidade dos julgamentos. Pelo contrário, o que se viu foi um foco cada vez maior em aspectos numéricos e estatísticos, jurimétricos: o processo virtual se desidratou em processo eletrônico, inserindo-se naquele movimento de transição do qualitativo para o quantitativo, que vimos demonstrando durante todo nosso percurso reflexivo. As consequências da aderência a essa onda foram exaustivamente tratadas e racionalmente fundamentadas, e são plenamente aplicáveis nesta seara. Ao final, resultam sempre em inumanização da justiça.

Não é lugar aqui de investigar a fundo as razões específicas dessa deriva estatístico-objetificante-inumanizante (muito se poderá extrair contextualizando-a no quadro geral já abordado); de toda forma, é razoável pensar que se deva à ocorrência de um fenômeno registrado na Carta Ética Europeia sobre o Uso de Inteligência Artificial nos Sistemas Judiciais e seu Ambiente, da Comissão Europeia para a Eficiência da Justiça (CEPEJ):

300. Santos Oliveira, Bruno Augusto. 2004. Juizado Virtual: o deslocamento do centro de gravidade ontológico do processo-papel para a problemática da eficiência da justiça. *Revista do Tribunal Regional Federal 1. Região*, v. 11, 10-24.

> Atualmente, todos os especialistas envolvidos no desenvolvimento de IA, incluindo pesquisadores, engenheiros e desenvolvedores de computação, têm responsabilidade excepcional e sem precedentes. Seu trabalho poderia vir acompanhado de um fortalecimento ainda maior das humanidades. O exemplo de algumas inovadoras escolas de desenvolvedores de computação mostra que por trás da vontade de "hackear o sistema" na verdade se esconde, de acordo com alguns observadores, **um pragmatismo desprovido de qualquer contextualização da responsabilidade que ora pende sobre os poderes quase-demiúrgicos dos tecnólogos.** Em medicina, o Juramento de Hipócrates pode até ter seus limites; mas ritualiza a responsabilidade e oferece um quadro ético. [301]

Fato é que em nossa experiência judicante testemunhamos avançar um movimento - sob a batuta dos tecnólogos protegidos pelo discurso da neutralidade da ciência e impelidos por imperativos orçamentários (outra face da hidra tecnocientífica) - que fez o número considerado "adequado" de audiências em juizados itinerantes saltar de 15-20 por dia para cerca de 40-50. Quanto a despachos e sentenças, de um dia para o outro a "caixa" do sistema eletrônico lança sobre a "mesa" do juiz centenas de novos processos para exame. Falar-se em milhares e milhares de sentenças por ano, centenas por mês e dezenas por dia como meta de produtividade de um único juiz tornou-se um discurso normalizado. Tudo sob o controle da nova ciência: a jurimetria, irmã mais nova da estatística.

Contudo, se novas são as ferramentas, é muito antigo o mecanismo: como mostramos, Weber já explicitara há mais de um século as entranhas dessa engrenagem de espraiamento da racionalidade tecnocientífica inumanizante por sobre as instituições públicas e, a partir delas, pelas superestruturas sociais, culturais e econômicas.[302] Sutilmente, a aparentemente neutra ferramenta do processo eletrônico foi usada para furar o tecido mental do exame judicial e ali injetar o DNA da visão monocromática e asséptica do ser humano como número ou como cifra, e da Justiça como serviço em acepção econômica.

---

301. European Commission for the Efficiency of Justice (CEPEJ). European Ethical Charter on the Use of Artificial Intelligence in Judicial systems and their environment. Strasbourg, Council of Europe 2019, p. 61.

302. Weber, M., Abellán, J. 2001, *La ética protestante y el "espíritu" del capitalismo*, Alianza Editorial, Madrid, p.175.

O que se quer dizer é que, premida pela racionalidade tecnoestatística e pelo novo mito judiciário da jurimetria, a essência da atividade judicante vai sendo qualitativamente desidratada. Afinal, como o juiz vai estudar e decidir dezenas de processos ao dia? O que ocorre, em suma, é que ao renunciar a ser virtual e se contentar em ser "eletrônico", o processo eletrônico alterou profundamente a temporalidade da atividade judicante. Contudo, para julgar é preciso pensar, e pensar leva tempo. Sem o tempo adequado, na ponta da esteira da linha de produção emerge um produto de baixa qualidade. Como o "produto" desse serviço é "justiça", é razoável esperar a produção de uma justiça de baixa qualidade.

Retoma-se a lição de Foucault: retirado o véu da neutralidade e virtude ínsita da tecnologia, vemos que os supostos parâmetros científicos para uma decisão mais justa e eficiente são, na verdade, estacas confinando e direcionando a própria atividade judicial para assimilar o discurso tecnocientífico subjacente – também ele impulsionado por agendas e objetivos ainda mais opacos:

> O ritual judiciário não é mais nele mesmo formador de uma verdade compartilhada. É então urdida, com a multiplicidade dos discursos científicos, uma relação difícil e infinita, que a justiça penal não está hoje preparada para controlar. O senhor de justiça não é mais o senhor de sua verdade.[303]

Agora, além da estatística e da jurimetria, com o surgimento da IA generativa mais um hoplita adentra o processo eletrônico instrumentalizado e transformado em Cavalo de Troia, trazendo com ele um novo problema: como contrariar o "parecer" de uma IA composta por milhões de neurônios artificiais?

A propósito, veja-se o exemplo das ações judiciais em que o cidadão solicita uma prestação de saúde por parte do estado: antes ancorados em perícias médicas presenciais, os julgamentos são hoje em grande parte baseados na análise à distância de documentos à luz de um Banco Nacional e Pareceres – Sistema E-NATJUS. Diante da demanda concreta, o juiz não mais indica um perito, mas solicita uma Nota Técnica, definida como

303. Foucault, M. 2008, *Surveiller et punir: naissance de la prison*, Collection TEL, Gallimard, Paris, p. 116.

> ...um documento de caráter científico, elaborado pela equipe técnica dos Núcleos de Apoio ao Judiciário (NATJus), que se propõe a responder, de modo preliminar, a uma questão clínica sobre os potenciais efeitos de uma tecnologia para uma condição de saúde vivenciada por um indivíduo. A NT é produzida sob demanda, ou seja, após a solicitação de um juiz como instrumento científico para auxílio da tomada de decisão judicial em um caso específico.[304]

Os ganhos em agilidade e eficiência do referido sistema são conhecidos. Assim como o processo eletrônico, a tecnologia não é em si negativa, e possibilitou grandes avanços. O problema é que, mesmo nas demandas de saúde com exame médico presencial, a avaliação técnica pelo especialista sempre colocou o juiz como parte mais fraca de uma relação foucaultiana de saber-poder: afinal, dificilmente pode-se afastar com base em uma perspectiva jurídica a conclusão do perito médico. E, na onda atual, a disparidade tende a se agravar exponencialmente.

Por ora, isso não tem impedido o juiz brasileiro de trazer a campo outros fatores não clínicos, como, v.g., o caso das doenças estigmatizantes ou socialmente incapacitantes (aquelas que, apesar de não gerarem incapacidade laboral por si, anulam por fatores sociais a empregabilidade do indivíduo). Afinal, juízes experientes sabem que algumas doenças, principalmente em comunidades menores, logo se tornam de conhecimento de todos, aniquilando as chances de emprego daquela pessoa. Do mesmo modo, há doenças físicas que, uma vez tratadas, levarão a um diagnóstico médico de recuperação; contudo, muitas vezes conduzem a moléstias psíquicas – também elas incapacitantes. Entretanto, são dimensões que tendem a se perder à medida em que vai se afunilando o espectro de exame das questões humanas.

Fato é que sistemas como esse têm avançado pela seara judicial, e o próprio sistema E-NATJUS recebeu, no final de 2023, um poderoso aliado nessa expansão: a inteligência artificial. Na ocasião anunciou-se que "Uso da inteligência artificial agiliza tomada de decisões judiciais em

304. Conselho Nacional de Justiça. NatJus. https://www.cnj.jus.br/programas-e-acoes/forum-da-saude-3/e-natjus/, acesso em 20/03/2024.

processos de saúde".[305] Veio então a disponibilização, na loja da Microsoft, do aplicativo "NatJus GPT". Segundo a página, trata-se de

> Inteligência Artificial Generativa confiável e responsável especializada em Direto da Saúde
>
> O NatJus GPT é uma Inteligência Artificial Generativa para o Direito da Saúde, especializada em pedidos que envolvam procedimentos médicos e fornecimento de medicamentos.
>
> O treinamento desta IA envolveu documentos de carácter científico tais como:
>
> - Notas Técnicas produzidas pela equipe técnica dos Núcleos de Apoio ao Judiciário (NATJus);
> - Pareceres Técnico-Científicos (PTC) elaborados pelas equipes técnicas dos Núcleos de Avaliação de Tecnologias em Saúde (NATS).[306]

Afirma-se que em casos como esse a IA não decidirá. Entretanto, a realidade atual não permite aos estudiosos fechar os olhos a uma hipótese problemática levantada pela Comissão Europeia para a Eficiência da Justiça (CEPEJ):

> ... um juiz que decide contra as previsões de um algoritmo provavelmente assumirá mais riscos, na medida em que assuma maior responsabilidade. Não parece irreal supor que juízes seriam relutantes em assumir esse fardo adicional, particularmente em sistemas onde seus mandatos não são permanentes, mas sujeitos a voto popular, ou naqueles onde provavelmente incorreriam em responsabilidade pessoal (disciplinar, civil, ou mesmo criminal), especialmente se suas garantias estatutárias em assuntos disciplinares forem insuficientes.[307]

305. Conselho Nacional de Justiça. https://www.cnj.jus.br/uso-da-inteligencia-artificial-agiliza-tomada-de-decisoes-judiciais-em-processos-de-saude/ acesso em 20/03/2024.

306 Microsoft. Aplicativo NatJus GPT . https://appsource.microsoft.com/pt-BR/product/web-apps/top3651592492552154.natjusgpt_saas?ocid=GTMRewards_WhatsNewBlog_natjusgpt_saas_11302023 acesso em 20/03/2023

307. European Commission for the Efficiency of Justice (CEPEJ). European Ethical Charter on the Use of Artificial Intelligence in Judicial systems and their environment. Strasbourg, Council of Europe 2019.

A questão levantada pela entidade europeia é essa: quem vai contrariar a poderosa rede neural? O fato é que para que adentremos a perigosa seara do julgamento por máquinas não é preciso que elas façam toda a operação do julgamento: se os algoritmos acabarem por bretar os juízes humanos (nova acepção para "juiz *natural*", em contraposição a "juiz artificial"?) rumo a determinada solução, já estaremos caminhando pelo sinistro terreno do julgamento por I.A.

Cientes desse risco, atos normativos e estudos por todo o mundo têm ressaltado a eclosão de um novo direito: o *direito a ser julgado por um ser humano*. A título de exemplo, o artigo 22(1) da Regulação Europeia 2016/679 estabelece que o indivíduo deverá ter assegurado "o direito de não ser sujeito a uma decisão baseada somente em processamentos automatizados", podendo exigir "intervenção humana da parte do controlador, para expressar seu ponto de vista ou contestar a decisão". No mesmo sentido, a Convenção do Conselho Europeu para Proteção de Indivíduos face ao Processamento Automático de Dados Pessoais", em seu artigo 9(1), estabelece como princípio que "Todos têm direito de não se submeter a uma decisão que os afete significativamente, e que seja tomada somente com base em processamento automático de dados." É razoável esperar que tais direitos sofram mitigações em casos específicos. Entretanto, já é possível vislumbrar os contornos do que seja esse direito a um julgamento por um ser humano.

Enquanto isso, o Judiciário brasileiro avança rumo à adoção da IA:

> **STF recebe propostas de uso de inteligência artificial para agilizar serviços.**
>
> Os protótipos foram apresentados ao presidente do Supremo, ministro Luís Roberto Barroso, durante evento no Museu do STF
>
> O Supremo Tribunal Federal (STF) recebeu nesta segunda-feira (18) os protótipos de soluções de inteligência artificial que permitem o resumo de processos judiciais, preservando suas informações principais. As propostas são fruto do chamamento público, lançado no mês passado. Conforme o edital, o desenvolvimento e a demonstração dos protótipos não vão acarretar qualquer custo ao Tribunal.

> Ao todo, 24 empresas, universidades e startups apresentaram propostas a partir do chamamento público. Presidente do STF, o ministro Luís Roberto Barroso visitou os stands das empresas e instituições participantes.[308]

Não é preciso reiterar quão vitais são os sistemas judiciais para a vida das sociedades, desde tempos antigos. Isso não mudou com a chegada da inteligência artificial, como reconhecido pela própria novel legislação europeia, a Lei da IA, aprovada em 2024 – que, em seu Anexo III, elencou como sensíveis as atividades relacionadas à administração e aplicação de justiça, rotulando como de "alto risco" as IAs a elas relativas – inclusive se destinadas para apoio em simples atividades de pesquisa jurisprudencial:

> São sistemas de IA de alto risco de acordo com o Artigo 6 os sistemas listados em qualquer das seguintes áreas:
>
> ... 8. **Administração de justiça** e processos democráticos:
>
> (a) Sistemas de IA destinados a serem utilizados por uma autoridade judicial, ou em seu nome para **assisti-la na <u>pesquisa</u>** e interpretação de fatos e do direito e na aplicação do direito a um conjunto concreto de fatos, ou usada de maneira similar em sistemas alternativos de resolução de conflitos; ... [309]

Trata-se de uma questão muito nova, num território até então inexplorado, e as possibilidades e dúvidas são muitas. Contudo, parece que está surgindo um novo direito fundamental, e é preciso indagar: para tratar da matéria não haveria reserva de lei?

Por fim, há que se levantar a questão da legitimidade do Judiciário, ainda hoje uma instância alimentada de forte carga simbólica:[310]como ficará a percepção de legitimidade uma vez que o julgamento seja feito,

---

308. Supremo Tribunal Federal. STF recebe propostas de uso de inteligência artificial para agilizar serviços. https://portal.stf.jus.br/noticias/verNoticiaDetalhe.asp?idConteudo=522767&ori=1 (acesso em 20/03/2024.)
309. The AI Act Explorer. Anexo III. https://artificialintelligenceact.eu/annex/3/ (acesso em 20/03/2024). Destacamos.
310. A propósito, remetemos a nosso artigo: Santos Oliveira, Bruno Augusto. A erosão do juiz como símbolo nas sociedades contemporâneas e a necessidade de formação ética e crítica do indivíduo-magistrado. *Revista JusNavigandi*. ISSN 1518-4862, Teresina, ano 17, n. 3402, 24 out. 2012. Disponível em: https://jus.com.br/artigos/22876 Acesso em: 20 mar. 2024.

ou determinado/condicionado por máquinas? Afinal, como refletiu a professora Mariah Brochado,

> ... imaginemos, no âmbito do direito de família, como soaria aos interessados saberem que suas demandas seriam julgadas por máquinas inteligentes hiperpotentes. Isso estafaria as bases institucionais do Judiciário em pouco tempo, sem qualquer tom escatológico, pelo malogro nos escopos do próprio Poder Judiciário, o qual cumpre a missão de receber demandas e decidi-las com competência e sensibilidade (não à toa sentença vem de *sentire*), no que reside simbolicamente sua legitimidade, respeitabilidade, sua posição de poder. Pessoas seguirão buscando por autoridades para resolver com sensibilidade humana seus dramas pessoais quando sabedoras serão de que robôs estão à frente dos processos?[311]

Confirmada a hipótese da professora, o Poder Judiciário poderia estar tecendo o véu do próprio destino:

> Não é demais mencionar o quanto pode ser desestabilizador para a simbologia social em torno do papel e da relevância do Direito o excesso de casos decididos por máquinas, a pôr em xeque a própria necessidade do Poder Judiciário enquanto instituição de *poder*, se se entender que este nada mais é que um compêndio de programas computacionais.[312]

A questão demanda atenção e prudência, principalmente da parte de países altamente expostos a esse influxo, quais sejam, aqueles com alto índice de digitalização de seus processos judiciais – como o Brasil.

311. Brochado, M. 2021. Prolegômenos a uma filosofia algorítmica futura que possa apresentar-se como fundamento para um cyberdireito. *Revista de Direito Público-RDP*, *18*(100), p. 154.

312. Brochado, M. 2023. Inteligência Artificial e Ética: um diálogo com Lima Vaz. *Kriterion: Revista de Filosofia*, *64*, p. 90.

Conférence sur les méfaits de l'alcoolisme dans l'auditorium de la prison de Fresne. Fonte: Foucault, M. 2008, *Surveiller et punir: naissance de la prison*, Collection TEL, Gallimard, Paris, p. 201.

Nossa navegação macrofilosófica chega enfim ao estuário atual da humanidade, e é tempo de indagar: alguém, dentre os filósofos estudados, acertou em seus vaticínios? Qual a situação presente do ser humano? É necessário cotejar as teorizações-prognósticos da Escola de Frankfurt e de Foucault com os diagnósticos em carne viva de filósofos que pensam o século XXI. Se formos bem-sucedidos, teremos cumprido os propósitos da primeira parte do trabalho: responder à indagação-estopim de Sessarego (por que o homem integral foi "esquecido" pelo Direito?) e traçar uma cartografia fiel do terreno atual, possibilitando assim dimensionar adequadamente a proposta do direito ao projeto de vida, fundando uma construção teórica à altura dos desafios impostos pela Era da Informação.

1.8. Consequências da matematização ao absurdo da cultura e do mundo da vida

É possível enxergar um traço comum nas reflexões de importantes filósofos que, nos séculos XX e XXI, pensaram a trajetória histórica do projeto ilustrado em sua crescente índole cientificista: o reconhecimento de um marco genético impresso no DNA da racionalidade tecnocientífica pelo pai da ciência moderna, e reproduzido no fenótipo das diversas emanações do ideal tecnocientífico no curso da história. Esse marco, ou "pecado original" da Ilustração foi exposto por Husserl, para quem

> Galileu, em sua visão retrospectiva a partir do mundo da geometria, e a partir desse método de tudo o que aparece sensivelmente e é matematizável, ***faz abstração* dos sujeitos como pessoas com uma vida pessoal**, de todo o espiritual, em qualquer sentido, de todas as peculiaridades pessoais que se estendem às coisas na prática humana.[313]

Estaríamos, na entrada da terceira década do século XXI, a testemunhar o momento em que a expressão desse marcador genético abstrativo, turbinada pelas tecnologias da cultura de massas e da Era da Informação, alcança o paroxismo. O resultado desse fenômeno recebeu a denominação de "ocaso do indivíduo". É tempo de falar sobre ele.

313. Husserl, Edmundo. 2008, *La crisis de las ciencias europeas y la fenomenología trascendental. Traducción y estudio preliminar de Julia V. Iribarne,* 1ª ed, Prometeo Libros, Buenos Aires, p.103. Destacamos.

1.8.1. *Diagnósticos e prognósticos para a humanidade segundo os pensadores da Escola de Frankfurt e Foucault: o ocaso do indivíduo*

Estudar a história do espraiamento da razão tecnocientífica, desde suas origens, do lugar onde hoje estamos - em pleno vórtice da Era da Informação - permite admirar a surpreendente clarividência dos pensadores da Escola de Frankfurt em suas prospecções sobre a situação do indivíduo e o futuro da humanidade. Adorno, Horkheimer, Marcuse e Habermas conseguem retratar numa linha coerente o fluxo histórico através do qual, para Marcuse, o *a priori* tecnológico vai se constituindo como *a priori* político à medida em que a transformação da natureza envolve também a transformação do ser humano e que

> o planejamento econômico no Estado, a automatização na economia, a racionalização da cultura na mídia de massas, e a crescente burocratização de todos os modos de vida sociais, políticos e econômicos criou uma 'sociedade totalmente administrada' que foi resultando no 'declínio do indivíduo'.[314]

Adorno e Horkheimer tacham o processo da ilustração de marcha de "desencantamento do mundo", posto que, embora proclamando um ideal liberador do ser humano, esteve viciada desde o princípio, evoluindo numa espiral de progressiva racionalização abstrativa para se desenvolver historicamente como um processo de alienação e coisificação.[315] Nesse espaço configurado por inumeráveis agentes de produção de massas e sua cultura, modos de ser são ardilosamente inculcados no indivíduo, que acaba configurado como "simples coisa, elemento estatístico, como êxito ou fracasso." [316]

Nesse movimento chama atenção a insidiosa engenhosidade do novo sistema, marcada por um aspecto identificado pela maioria daqueles que se dedicam a examiná-lo: a furtiva transição induzida de uma hetero-exploração para uma auto-exploração do indivíduo. Trata-se de

314. Marcuse, H., Kellner, D. 2007, *One-dimensional man: studies in the ideology of advanced industrial society*, Routledge, London, p. 157/158 e xxv (introdução).

315. Horkheimer, M., Adorno, T.W. 1994, *Dialéctica de la Ilustración: fragmentos filosóficos, Colección Estructuras y procesos*, Serie filosofía. Ed. Trotta, Madrid, p.13.

316 *Ibid.*, p.82.

uma nova tecnologia social, mais sofisticada e sutil – e, portanto, mais eficiente e estável, pois induz o sujeito a construir as paredes de sua própria prisão, como se fora um projeto seu.

Decantados, compartimentados e encapsulados pelo novo mecanismo na divisão do trabalho e dos espaços sociais, os indivíduos são impelidos a um processo de autoalienação, no qual "hão de se modelar de corpo e alma segundo o aparato técnico. Do qual, por sua vez, toma conta o pensamento ilustrado: ao final, o sujeito transcendental do conhecimento é aparentemente liquidado, como última lembrança da subjetividade...". No âmago desse processo técnico o sujeito se reificou, e a própria razão se converteu em ferramenta auxiliar do aparato econômico omnicompreensivo.[317]

Horkheimer e Adorno dão especial atenção ao papel da indústria cultural na aniquilação da individualidade: ao exercer, a partir de todas as direções, uma pressão constante de massificação e pasteurização das singularidades, ela hipertrofia a identidade da espécie em detrimento da identidade dos casos individuais, e realiza "malignamente o homem como ser genérico. Cada um é só aquilo em virtude do qual pode substituir a qualquer outro: fungível, um exemplar. Ele mesmo, enquanto indivíduo, é o absolutamente substituível, o puro nada...".[318] Disso segue que

> No momento em que o homem se amputa da consciência de si mesmo como natureza, todos os fins pelos quais se mantém vivo: o progresso social, o incremento de todas as forças materiais e intelectuais, inclusive a consciência mesma, perdem todo valor, e a entronização do meio como fim, que adquire no capitalismo tardio o caráter de aberta loucura, é perceptível já na pré-história da subjetividade. O domínio do homem sobre si mesmo, que fundamenta sua autoconsciência, é virtualmente sempre a destruição do si mesmo a cujo serviço se realiza, pois a substância dominada, oprimida e dissolvida pela autoconservação não é outra coisa que o vivente... Em qualquer dos casos, eles não deixam de ser objetos.[319]

317. Horkheimer, M., Adorno, T.W. 1994, *Dialéctica de la Ilustración: fragmentos filosóficos, Colección Estructuras y procesos*, Serie filosofía. Ed. Trotta, Madrid, p.83.

318. *Ibid.*, p.190.

319. *Ibid.*, p.107 e 191.

Nesse estado de coisas, no qual a sociedade extrai da debilidade de cada indivíduo sua própria força e em que "cada um pode chegar a ser feliz desde que se entregue sem reservas e que renuncie à sua pretensão de felicidade"[320]individual, consolida-se um ecossistema social visceralmente infenso ao projeto de vida - que pressupõe espaço para a *eudaimonia* em sua acepção mais própria, extrapolando a noção comum de felicidade para se traduzir plenamente como autorrealização.

Trataremos essa questão no tempo oportuno; por ora, avançaremos um pouco no tempo histórico, e passaremos da perspectiva de Horkheimer e Adorno, cujas reflexões eclodiram sob o impacto do nascimento da sociedade de massas ainda no calor dos escândalos da Segunda Grande Guerra, para a inestimável contribuição de Marcuse em sua obra "O Homem Unidimensional", publicada em 1964, no mesmo ano em que a IBM apresentava o histórico computador de grande porte, ou *mainframe*, System/360 - portanto, a partir de uma época em que já consolidadas as bases tecnológicas do que viria a se chamar de Era da Informação, com a invenção dos microprocessadores, redes de computadores, computador pessoal e da fibra ótica.

Kellner afirma que "O Homem Unidimensional" pode ser interpretado como um protesto contra o declínio da individualidade na sociedade industrial avançada, num movimento no qual o desenvolvimento da indústria moderna e da racionalidade tecnológica minaram os fundamentos da racionalidade individual.[321]A propósito, faz um importante esclarecimento:

> Na utilização feita por Marcuse o adjetivo "unidimensional" descreve práticas enquadradas em estruturas, normas e comportamentos pré-existentes, em contraste com o discurso multidimensional, que foca em possibilidades que transcendem o estado de coisas estabelecido.[322]

O mecanismo desse processo é desmascarado por Marcuse como uma ininterrupta e onipresente doutrinação subliminar:

320. *Ibid.*, p.198.

321. Marcuse, H., Kellner, D. 2007, *One-dimensional man: studies in the ideology of advanced industrial society*, Routledge, London, p. xx (introdução).

322. *Ibid.*, p. xx (introdução).

> Os meios de transporte e comunicação de massa, as mercadorias de moradia, alimentação e vestuário, os irresistíveis produtos das indústrias do entretenimento e informação carregam com eles atitudes e hábitos prescritos, certas reações intelectuais e emocionais que atam os consumidores de forma mais ou menos prazerosa aos produtores e, através desses, ao todo. Os produtos doutrinam e manipulam; eles promovem uma falsa consciência que é imune à sua falsidade.[323]

Nesse fluxo, a publicidade-doutrinação se sedimenta nas mentes dos indivíduos como um modo de vida positivo – que, como "boa-vida", fica imune à crítica e a mudanças qualitativas, fazendo emergir um *padrão unidimensional de pensamento e comportamento.*[324]Na síntese de Kellner,

> A eficiência e o poder da administração sobrecarregaram o indivíduo, que gradualmente perdeu os primeiros traços de racionalidade crítica (i.e., autonomia, dissenso, o poder da negação), produzindo dessa forma uma "sociedade unidimensional" e um "homem unidimensional".[325]

Na sociedade unidimensional, doutrinação e comunicação de massa absorvem o pensamento individual e sufocam a singularidade em meio a falsas necessidades artificialmente impostas, colocando o ser humano num estado permanente de ausência de liberdade, que Marcuse denomina *unfreedom*. Nesse processo, o indivíduo tem a falsa impressão de escolher livremente o modo de vida, mas o que ocorre realmente é a indução da adoção "voluntária" de um estado de servidão:

> Sob o domínio de um todo repressivo, a liberdade pode ser transformada num poderoso instrumento de dominação. A amplitude de escolha aberta ao indivíduo não é o fator decisivo para determinar o grau de liberdade humana, mas *o que* pode ser escolhido e o que *é* escolhido pelo indivíduo. **A livre eleição dos senhores não abole os senhores ou os escravos**. Livre escolha dentre uma ampla variedade de bens e serviços não significa liberdade se esses bens e serviços sustentam controles sociais sobre uma vida de trabalho e medo, ou seja, se eles sustentam a alienação. E a reprodução

323. *Ibid.*, p.14.
324. *Ibid.*, p.14.
325. *Ibid.*, p. xx (introdução).

> espontânea pelo indivíduo de necessidades superimpostas não estabelece autonomia; apenas testemunha a eficácia dos controles.[326]

Habermas lança luz sobre as engrenagens desse maquinário, explicando que funciona pela substituição gradual dos tradicionais dispositivos estatais de controle por pressões manipuladoras engendradas pelo conjunto técnico-operacional. Dessa forma, o mecanismo de controle opera por estímulos sociais mais do que por normas, e a implantação moral de uma ordem abandona o instrumento do estímulo à internalização de regras atreladas a sanções, para agir pela indução de formas de comportamento condicionado.[327]

Nesse espaço, o discurso tecnológico se eleva ao patamar do discurso religioso medieval: nesse como naquele, o conhecimento é reservado a poucos e não se admite qualquer questionamento – sob pena de ser tachado de irracional. A tecnologia é urdida como um véu obscurecedor da realidade social, e mediante a utilização do progresso técnico como ferramenta e discurso auto-legitimante, o estado de falta de liberdade, ou *unfreedom*, é perpetuado e robustecido sob a forma de pequenos confortos e liberdades já pré-incutidos no indivíduo como desejos e aspirações. Marcuse denuncia que, nesse contexto, as decisões fundamentais sobre a existência individual e social, desde as escolhas cotidianas até as questões de vida ou morte, são tomadas em lugares e processos aos quais os seres humanos individualmente considerados não têm qualquer acesso.[328]

Consolida-se então o processo de autorreificação, e se como

> ...*homo faber* o homem pode pela primeira vez objetivar a si mesmo plenamente e, desse modo, defrontar-se com seus próprios produtos autonomizados, como *homo fabricatus* ele também pode ser integrado a seus dispositivos técnicos ao projetar a estrutura da ação racional com respeito a fins no plano dos sistemas sociais.[329]

326. Marcuse, H., Kellner, D. 2007, *One-dimensional man: studies in the ideology of advanced industrial society*, Routledge, London, p.14.
327. Habermas, J. 2014, *Técnica e ciência como "ideologia."* Editora Unesp, São Paulo, p. 111.
328. Marcuse, H., Kellner, D. 2007, *One-dimensional man: studies in the ideology of advanced industrial society*, Routledge, London, p.35-36.
329. Habermas, J. 2014, *Técnica e ciência como "ideologia."* Editora Unesp, São Paulo, p. 110.

Na lição de Horkheimer e Adorno, o corpo vivente (*Leib*) degenera em mero corpo físico (*Kórper*).

Nesse cenário, os indivíduos da civilização industrial desenvolvida seriam, mesmo que com algum verniz tecnológico, escravos, pois o que determina a escravidão não é a obediência ou a carga de trabalho, mas o *status* de instrumento e a redução do ser humano ao estado de coisa. Para Marcuse, "Essa é a mais pura forma de servidão: existir como um instrumento, como uma coisa."[330]

O diagnóstico da Escola de Frankfurt encontra par no pensamento de Foucault, que identificou como pano de fundo da sociedade um "tecido carceral" urdido por

> ...afagos insidiosos, maldades pouco confessáveis, pequenos ardis, procedimentos calculados, técnicas, 'ciências' no fim das contas que permitem a fabricação do indivíduo disciplinar", atuando dia e noite não apenas no ambiente estatal, mas em torno ao aparelho de produção. O resultado é uma objetivação do comportamento humano por meio de técnicas que conjugam assujeitamento e reificação – tecnologias e métodos calculados, mecânicos e discretos focados na resolução do problema da "acumulação e da gestão útil dos homens. [331]

Na obra de Foucault é possível ver emanar uma certa "circularidade do *ethos* disciplinar" enquanto face tecnológica do poder de punir: de um *Lebenswelt* (mundo da vida) irrigado pelo espírito tecnocientífico emerge a aspiração de controle tecnológico da natureza humana; essa aspiração leva à elaboração da tecnologia normativa disciplinar (Direito Penal) e às tecnologias da prisão (considerada uma evolução em relação às antigas penas corporais e de indignidade) e das instituições disciplinares (orfanatos, oficinas, linhas de produção, escolas, hospitais) que, por sua vez, devolvem ao corpo social indivíduos já normalizados que reinjetarão as condutas incutidas pela tecnologia novamente no *Lebenswelt*, e assim por diante, reforçando os padrões de comportamento.[332]Uma

330. Marcuse, H., Kellner, D. 2007, *One-dimensional man: studies in the ideology of advanced industrial society*, Routledge, London, p.35-36.
331. Foucault, M. 2008, *Surveiller et punir: naissance de la prison*, Collection TEL, Gallimard, Paris, p.354-360.
332. *Ibid.*, p.349.

circularidade similar pode ser apreendida das conclusões da Escola de Frankfurt, com as devidas adaptações:

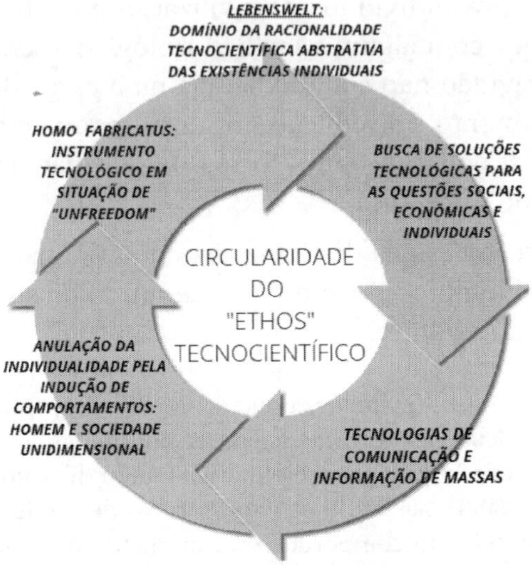

Assim, a tecnologia do controle silencioso pela indução de comportamentos é a base da marcha do ocaso do indivíduo, num movimento de aperfeiçoamento tecnológico no qual, segundo Foucault, por obra de designados "engenheiros da conduta e ortopedistas da individualidade", sob um regime de observação permanente (o *panóptico*, hoje em dia encarnado à perfeição nas redes sociais e seus algoritmos de catalogação de pessoas e comportamentos sob vigilância ininterrupta), com o objetivo do adestramento:

> A modelagem do corpo dá lugar a um conhecimento do indivíduo, o aprendizado de técnicas induz modos de comportamento e a aquisição de aptidões se entrelaça com a fixação de relações de poder; são formados bons lavradores vigorosos e hábeis; e nesse mesmo trabalho, mesmo que ele seja tecnicamente controlado, são fabricados sujeitos submissos, e são constituídos neles algum saber com o qual se possa contar. Duplo efeito dessa técnica disciplinar que se exerce sobre o corpo: uma "alma" a se conhecer e um assujeitamento a se manter.[333]

333. Foucault, M. 2008, *Surveiller et punir: naissance de la prison*, Collection TEL, Gallimard, Paris, p.344-345.

Não é difícil ver que o homem disciplinar de Foucault constitui mais uma perspectiva do mesmo fenômeno identificado por Marcuse como "escravo voluntário" e, por Habermas, como *homo fabricatus*. Mais uma vez, interpela-nos a indagação: como uma ordem jurídica acoplada a um tal sistema poderia ter espaço para a proteção do ser humano em sua plenitude? Como teria espaço, num tal lugar, um direito ao projeto de vida?

1.8.2. O estado de "unfreedom" e o ocaso do indivíduo no século XXI: o "homo obsoletus" de Gonçal Mayos

Em 1968 Habermas publicou o texto "Técnica e ciência como ideologia", que dedicou a Marcuse por seu aniversário de 70 anos. Naquele trabalho, relacionou alguns tópicos de inovações técnicas previstas por Hermann Kahn para ocorrer até o ano 2000, na obra "Toward the year 2000", publicada em 1967. Na lista, destacou técnicas de controle de comportamento e modificação de personalidade:

> 30. Outras técnicas novas e possivelmente universais de inspeção, monitoragem e contrôle de indivíduos e organizações
>
> 33. Técnicas novas e mais precisas de educação e de propaganda para afetar o comportamento humano – público e privado
>
> 34. Uso prático de comunicação electrônica direta com o cérebro e de estimulação cerebral
>
> 37. Técnicas novas e relativamente eficientes de contra-revolta (e também, talvez, técnicas de revolta)
>
> 39. Novas drogas, mais variadas e precisas, de contrôle da fadiga, do repouso, da prontidão mental, do humor, de personalidade, das percepções, das fantasias e de outros estados psicobiológicos
>
> 41. Capacidade aperfeiçoada de "mudar" o sexo de crianças e/ou adultos
>
> 42. Outro contrôle genético e/ou influência sôbre a "constituição básica" do indivíduo [334]

Refletindo sobre a lista de Kahn, Habermas afirmou que "um prognóstico desse tipo é sem dúvida bastante discutível"; contudo, a título

334. Kahn, H., Wiener, Anthony J., 1969. O Ano 2000 - Uma estrutura para especulação sobre os próximos trinta e três anos, 3a. ed. Melhoramentos, São Paulo, p.85-89.

hipotético considerou que sua consolidação significaria uma desvinculação do comportamento humano do jogo de linguagem para submetê-lo a sistemas autorregulados do tipo homem-máquina por meio da influência manipulativa física ou psicológica, com o pleno *exaurimento das antigas zonas de consciência, com a auto-objetificação do homem em forma de auto-alienação planejada (com vontade, mas sem consciência)* – hipótese que remete à reflexão de Marcuse sobre a situação de escravos por livre escolha. Na visão de Habermas,

> Não defendo que essa fantasia cibernética de uma **autoestabilização da sociedade análoga aos instintos** esteja em vias de realização ou que seja mesmo realizável algum dia. Mas penso que ela leva ao extremo, na forma de uma utopia negativa, os vagos pressupostos básicos da consciência tecnocrática, explicitando desse modo a linha evolutiva caracterizada pela dominação suave da ciência e da técnica como ideologia.[335]

Chamando as previsões de Kahn de "fantasia cibernética", Habermas as coloca no campo do improvável e utópico. Contudo, cinquenta anos depois, podemos testemunhar a consolidação daquela utopia negativa, e também de alguns outros vaticínios, turbinados na terceira década do século XXI pela pandemia do coronavírus e, logo após, pela emergência das inteligências artificiais baseadas nos grandes modelos de linguagem, como o Chat-GPT:

> 16. Contrôle relativamente eficaz do apetite e do pêso
>
> 17. Novas técnicas e instituições para educação de adultos
>
> 21. Repouso e sono controlados e/ou superefícazes
>
> 29. Centralização extensiva e intensiva (ou interconexão automática) de informações pessoais e comerciais presentes ou passadas em processadores de dados de alta velocidade
>
> 43. Novas técnicas e instituições para a educação infantil
>
> 49. Técnicas simples para mudanças cosmetológicas extensivas e "permanentes" (das feições dos "contornos", talvez aparência e mesmo côr da pele, e até do físico)
>
> 50. Uso mais extensivo de transplante de órgãos humanos

335. Habermas, J. 2014, *Técnica e ciência como "ideologia."* Editora Unesp, São Paulo, p. 126. Destacamos.

58. Métodos químicos para a melhora da memória e da capacidade de aprender

62. Controle químico aperfeiçoado de algumas doenças mentais e de alguns aspectos da senilidade

63. Métodos mecânicos ou químicos para aumentar a capacidade analítica humana mais ou menos diretamente

71. Comunicação não-dispendiosa de alta qualidade mundial, regional e local (doméstica e comercial) (usando-se, talvez, satélites, lêiseres e tubulações de luz)

72. Uso prático, doméstico e comercial, de comunicação televisual por telefone e TV em conjunto (incluindo, possivelmente, recuperação de material gravado em fita de bibliotecas ou outras fontes) e rápida transmissão e recepção de facsimiles (incluindo, possivelmente, notícias, matéria de livros, anúncios comerciais, entrega postal instantânea, outras publicações, e assim por diante)

76. Outros usos generalizados dos computadores para assistência intelectual e profissional (tradução, ensino, pesquisa literária, diagnóstico médico, contrôle de tráfego, detecção de crimes, cálculo, projeto, análise e, até certo ponto, como colaborador intelectual geral)

86. Educação em casa através da TV, e aprendizagem programada e computadorizada

96. Controle genético extensivo para plantas e animais [336]

De fato, algumas das mais distópicas previsões de Kahn se concretizaram, sendo proibidas pela nova Lei da IA europeia (2024):

1. As seguintes práticas de inteligência artficial deverão ser proibidas:

(a) A colocação no mercado, colocação em serviço ou uso de um sistema de IA que empregue técnicas subliminares além da consciência da pessoa ou propositalmente manipulativas ou enganosas, com o objetivo ou efeito de distorcer materialmente o comportamento de uma pessoa ou um grupo de pessoas ao prejudicar consideravelmente sua capacidade de tomar uma decisão informada, levando-a assim a tomar uma decisão que de outra forma não teria tomado, de maneira que cause

336. Kahn, H., Wiener, Anthony J. 1969, *O Ano 2000 - Uma estrutura para especulação sobre os próximos trinta e três anos*, 3a. ed., Melhoramentos, São Paulo, p.85-89.

> ou tenha a probabilidade de causar danos significativos àquela pessoa, outra ou a um grupo de pessoas.[337]

Com efeito, a propósito do jogo de linguagem e da própria razão comunicativa, o diagnóstico de Han é bastante sombrio, pois considera consumada a terrível hipótese que Habermas aventava como praticamente impossível: a desvinculação do comportamento do ser humano do jogo de linguagem para submetê-lo a sistemas autorregulados do tipo homem-máquina por meio de ferramentas de manipulação psicológica. Ou, em outros termos, o fim da razão comunicativa, base de toda a Ética do Discurso – e, com ela, da possibilidade efetiva de emancipação, individual ou social:

> A ideia da verdade é dimensionada pela possibilidade de a pretensão de validade das afirmações poder ser cumprida discursivamente. Isso quer dizer: as afirmações devem resistir aos contra-argumentos possíveis e encontrar anuência de todos os participantes potenciais do discurso. ... Estamos, hoje, aprisionados em uma *caverna digital* supondo estarmos em liberdade. ... A *luz da verdade* está completamente extinta. Não há mais *fora* da caverna informacional. A *época da verdade* evidentemente passou. O regime da informação recalca o regime da verdade. ... perde-se em ruído da informação. A verdade decai em poeira de informação levada pelo vento digital. Terá sido um breve episódio.[338]

Estaríamos a testemunhar a concretização plena da biopolítica e do biopoder foucaultianos, exercidos enquanto tecnologia de controle por sobre o ser humano como objeto corporal, já sob as novas vestes da psicopolítica e da infocracia de Han. Trata-se de fenômeno inegável, tanto que já começou a ser assimilado pela legislação dos países, sabidamente um lugar de eco e ressonânica de fatos para os quais o Direito não pode fechar os olhos.

De fato, em 2022 o Chile foi o primeiro país a propor a constitucionalização da proteção aos neurodireitos, com o objetivo de preservar a

337. The AI Act Explorer. Artigo 5. https://artificialintelligenceact.eu/article/5/ (acesso em 20/03/2024). Destacamos.

338. Han, B.-C. 2022, *Infocracia. Digitalização e crise da democracia*, Editora Vozes, Petrópolis, p. 105-107.

integridade mental diante dos avanços da tecnologia e da inteligência artificial. Como relatado por Guzmán,

> A adoção de tal arsenal jurídico pode parecer prematura à vista do desenvolvimento das neurotecnologias, ainda limitadas em sua capacidade de atuar sobre o cérebro humano. Mas os especialistas já deram o grito de alerta e insistem na capacidade de começar a legislar a generalização de atividades intrusivas, já que os progressos no âmbito das neurotecnologias não deixam de se acelerar.[339]

No Brasil, o Projeto de Lei nº 1.229/2021, referindo a obra de Dalese[340], se propõe a conceituar dado neural e regulamentar sua proteção sob o fundamento de que

> ... os dados neurais tornaram-se a última fronteira da privacidade humana, o que tem feito diversos cientistas enfatizarem a necessidade de se desenvolver uma nova estrutura regulatória que, no mínimo, venha a assegurar: a) o direito à privacidade mental; b) o direito à identidade e autonomia pessoal; c) o direito ao livre arbítrio e **autodeterminação**; d) o direito ao acesso equitativo ao aumento cognitivo; e e) o direito à proteção contra a discriminação algorítmica ou as decisões tomadas.

E o faz em esclarecedores termos:

> Do Tratamento de Dados Neurais
>
> Art. 13-A. O tratamento de dados neurais somente ocorrerá quando o titular ou o responsável legal consentir, de forma específica e destacada, para finalidades específicas, mesmo em circunstâncias clínicas ou nos casos em que a interface **cérebro-computador tenha a capacidade de tratar dados com o titular inconsciente**.
>
> Art. 13-B. É vedado o uso de qualquer interface cérebro-computador ou método que possa causar danos à identidade individual do titular dos dados, prejudicar sua autonomia ou sua **continuidade psicológica**.

339. Guzmán H., Lorena. 2022, "Chile, pionero en la protección de los 'neuroderechos'". *Correo de la Unesco*. Disponível em https://es.unesco.org/courier/2022-1/chile-pionero-proteccion-neuroderechos (acesso em 22 fevereiro 2023).

340. Dalese, Pedro. 2021, "Proteção jurídica de informações neurais: a última fronteira da privacidade." Disponível em https://www.jota.info/opiniao-e-analise/artigos/protecao-juridica-de-informacoes-neurais-a-ultima-fronteira-da-privacidade-13032021j (acesso em 10/03/2023).

> Art. 13-C. É vedada a comunicação ou o uso compartilhado entre controladores de dados neurais com objetivo de obter vantagem econômica.[341]

Para alguns, poderia parecer exagerada, e até mesmo distópica, a previsão do projeto de lei brasileiro; contudo, há importantes estudos científicos fundamentando essa necessidade. A título de exemplo, trazemos o estudo de Oeberst, que mostra que a última fronteira – a interioridade – já foi devassada, sendo possível até mesmo "escrever a autobiografia" de uma pessoa sem seu conhecimento:

> Até o momento, muitas pesquisas psicológicas demonstraram que nossa memória não se parece em nada com um gravador, mas tem natureza reconstrutiva e, potencialmente, falível e maleável. A evidência mais impressionante disso vem de estudos **implantando falsas memórias de eventos inteiros que nunca aconteceram** em crianças assim como em adultos. Uma "mega-análise" recente sobre vários estudos sobre memórias falsas concluiu que 30% dos 423 participantes haviam desenvolvido falsas memórias; outros 23% desenvolveram apenas falsas crenças (i.e., acreditaram que os eventos fictícios sugeridos tinham realmente acontecido sem, contudo, experimentar lembranças), e 47% não desenvolveram nem falsas memórias e nem crenças. **Em outras palavras, cerca de metade dos participantes pode ser persuadido a incorporar um evento que nunca aconteceu em sua memória autobiográfica.**[342]

Esses exemplos são apenas um recorte para amostragem de uma situação disseminada. Atento a esse estado de coisas - e ressalvando os benefícios da sociedade do conhecimento e das tecnologias da informação -, Mayos critica a unilateralidade com que se impôs a visão exclusiva do *homo oeconomicos*, e abraça uma empreitada:

---

341. Brasil 2021, *Projeto de Lei 1229*. Disponível em https://www.camara.leg.br/proposicoesWeb/fichadetramitacao?idProposicao=2276604 (acesso em 10 março 2023). Destacamos.

342. Oeberst, A., Wachendörfer, M.M., Imhoff, R., Blank, H. 2021, "Rich false memories of autobiographical events can be reversed.", *Proceedings of the National Academy of Sciences of the United States of America 118*. Disponível em https://doi.org/10.1073/pnas.2026447118 (acesso em 11 de março de 2023). Destacamos.

> Há pois que aprofundar as denúncias do filósofo Herbert Marcuse em seu livro de 1964 *O Homem unidimensional* que, desde então, inspirou uma importante linha de pensamento alternativo e contracultural.[343]

Fiel a esse propósito, apresenta um lúcido diagnóstico:

> A "condição pós-moderna" apresenta uma dupla face: de progresso tecnológico e de decadência humana; de potência coletiva nas instituições e de miséria nas pessoas; de crescimento exponencial do conhecimento especializado e de profunda degradação cultural e cívica; de enorme enriquecimento midiático e de profundo empobrecimento nos cidadãos.[344]

Nesse contexto, e destacando a paradoxal situação do ser humano - em que o inaudito poder sobre a natureza, por um lado, coexiste com uma excruciante precariedade existencial e desempoderamento pessoal -, Mayos coloca a pergunta decisiva: "**A humanidade atual está perdida?**".[345]

Diversos pensadores contemporâneos se propuseram a refletir a atualidade a partir dos primeiros alarmes soados pela Escola de Frankfurt, com abordagens de valor inestimável, como a corrosão do caráter de Sennet, a modernidade líquida de Bauman, a sociedade do risco de Beck, a sociedade do cansaço de Han ou a sociedade do efêmero de Lipovetsky. Nessa miríade, o trabalho de Mayos se destaca - não só pela profundidade das análises, mas por ter se proposto a recolher aquelas múltiplas visões, integrando as perspectivas dos grandes autores da atualidade:

> Devemos perguntar então: o que une a 'sociedade do conhecimento' com a 'pós-modernidade', a 'modernidade líquida' ou a 'sociedade do risco'? São de alguma maneira sua face oculta? Mais ainda, acaso guardam estranhas concomitâncias? Para além de uma clara coincidência temporal, pois surgem paralelamente durante a segunda parte do século XX, parece

343. Mayos S., Gonçal., Brey, A. (Eds.), 2011, *La sociedad de la ignorancia*, 1. ed., Atalaya. Ediciones Península, Barcelona, p. 202.

344. Mayos S., Gonçal., Brey, A. (Eds.), 2011, *La sociedad de la ignorancia*, 1. ed., Atalaya. Ediciones Península, Barcelona, p. 176.

345. Mayos S., Gonçal. 2016, *Homo obsoletus: precariedad y desempoderamiento en la turboglobalización*, Linkgua Pensamiento. Red ediciones, Barcelona, p. 105. Destacamos.

> haver entre estas realidades contemporâneas um vínculo profundo que não foi suficientemente pensado e explicitado.[346]

Estudando os escritos de Mayos, vemos que o caminho escolhido para seu projeto de explicitação passa, em importante medida, por um deslocamento da perspectiva espacial para a temporal: enquanto seus antecessores pensaram criticamente a evolução da situação humana com ênfase nas alterações do espaço vital pelas estruturas sociais, culturais e políticas, Mayos foca suas críticas no elemento temporal, observando os efeitos da aceleração do tempo nas existências individuais e coletivas.

As reflexões da Escola de Frankfurt e de Foucault são lapidarmente recontextualizadas e acolhidas em sua obra a partir da ideia de "malthusianismo cognitivo", com o influxo do elemento da aceleração exponencial no *ethos* e na *hexis*, num contexto em que o pensamento único trabalha com o incremento desmesurado "de mais produção, velocidade, intensidade, consumo, desejo e – se pressupõe erroneamente – desfrute."[347] Postulando a existência de uma "dialética da turboglobalização cognitiva"[348], desafia os limites da linguagem, reidratando conceitos tradicionais que foram sofrendo a natural erosão semântica e propondo ricos neologismos capazes de expressar os novos fenômenos sociais. Nessa linha, esclarece que

> Chamamos "turboglobalização" à aceleradíssima mundialização atual que aumenta exponencialmente todos os parâmetros de interação: velocidade, quantidade, qualidade, intensidade, alcance, distância, aceleração, sistematicidade, segurança, constância, onipresença... Antes a humanidade não tinha consciência de si como um conjunto em constante e profunda relação. Mas hoje a "turboglobalização" é uma realidade evidente e decisiva para todos por sua rapidez, intensidade, instantaneidade, onipresença, os acelerados e distantes *feedbacks*, assim como também por se ter convertido em uma realidade sistemática, cotidiana e banal.[349]

346. *Ibid.*, p. 71.
347. Mayos S., Gonçal. 2016, *Homo obsoletus: precariedad y desempoderamiento en la turboglobalización*, Linkgua Pensamiento. Red ediciones, Barcelona, p. 67.
348. *Ibid.*, p. 31.
349. *Ibid.*, p. 14.

Nesse fluxo, o veloz desenvolvimento das tecnologias da informação e da comunicação impulsiona uma verdadeira "aceleração existencial", com profunda alteração na experiência social e individual do tempo. Nessa nova temporalidade, por uma parte,

> ...se podem fazer mais coisas, mais rapidamente e, portanto, poupando tempo; mas – por outra parte – essa aceleração técnica gera uma enorme exigência de velocidade na sociedade e uma esgotante pressa nas pessoas.[350]

Em plena Era da Informação, as atividades ainda não absorvidas por máquinas e robôs demandam o exercício de atividades cognitivas e intelectuais vinculadas às tecnologias de informação e comunicação, e o computador se converte na perfeita ferramenta de controle. O antigo proletariado vai se transmutando no "cognitariado", e nesse "capitalismo cognitivo turboglobalizado" o ser humano se vê imerso numa espécie de taylorismo digital, que

> ... pode ser mais exigente que o fordista, pois é um controle exercido telematicamente e interiorizado até a autoexploração (Han, 2012). O cognitariado – como antes o proletariado – experimenta hoje como inclusive as atividades intelectuais e "criativas" podem ser controladas telematicamente e racionalizadas até a extenuação. Mas, assim como o duro trabalho manual havia encurvado e lacerado os corpos durante séculos, atualmente o que lacera e fere a mente é o trabalho intelectual, atado a máquinas cognitivas como os computadores (inclusive além da jornada de trabalho!).[351]

Concretiza-se então a transição da situação do ser humano de uma exploração forçada teorizada por Marx a uma situação de autoexploração, impelida por exigências de auto-superação e autoexigência infinitas que, cegas a qualquer sinal de fadiga, impelem o indivíduo até o esgotamento e ao *burnout*, "conduzindo o 'homo sapiens sapiens' em direção a um futuro '**homo obsoletus**'".[352]

---

350. *Ibid.*, p. 63.
351. *Ibid.*, p. 16 e 21.
352. Mayos S., Gonçal. 2016, *Homo obsoletus: precariedad y desempoderamiento en la turboglobalización*, Linkgua Pensamiento. Red ediciones, Barcelona, p. 30, 64 e 67.

Imersos numa dialética pós-moderna alienante em que paradoxalmente a capacidade coletiva de multiplicar os saberes subjuga a capacidade individual de assimilar todo esse conjunto de conhecimento, a maioria da população é lançada num estado de obsolescência cultural (alienação pós-moderna), e a capacidade crítica é substituída pelo monocromático pensamento único, conduzindo a "um futuro perigosamente inumano."[353] Nessa atmosfera de desconcerto ou anomia cultural do cidadão, já incapaz de sintetizar algum sentido da complexa realidade do mundo turboglobalizado, disseminam-se nas sociedades avançadas "novas formas de barbárie".[354] A trágica consequência é que

> No caos cambiante da velocidade e da aceleração, os hipermodernos acabam renunciando a sua condição humana como fez Peer. Tampouco se dão conta de que os paradoxos da aceleração temporal e a multiplicação infinita das opções os fazem **bárbaros**, superficiais e inviáveis.[355]

Vemos assim que Mayos, assim como os demais pensadores da pós-modernidade estudados nesse trabalho, também vislumbra em estado embrionário, ou ao menos iminente, uma situação que designaram de "neobarbárie". A nós cabe perguntar, ajustando o problema ao escopo de investigação: qual poderia ser o papel do direito ao projeto de vida num tal cenário?

1.8.3. A humanidade num estado de neobarbárie: o fechamento de um círculo mimético?

Na visão de Horkheimer e Adorno, chega então a humanidade a um estágio em que a teoria do progresso, com sua elevação à estatura de ideal máximo, faz com que o progresso degenere em uma mitologia estática. Enquanto isso, o desenvolvimento cego da técnica ameaça "converter o progresso em seu contrário, a plena barbárie."[356] Romero adverte

353. Mayos S., Gonçal., Brey, A. (Eds.), 2011, *La sociedad de la ignorancia*, 1. ed., Atalaya. Ediciones Península, Barcelona, p. 175 e 217.

354. *Ibid.*, p. 206.

355. Mayos S., Gonçal.. 2016, *Homo obsoletus: precariedad y desempoderamiento en la turboglobalización*, Linkgua Pensamiento. Red ediciones, Barcelona, p. 68. Destacamos.

356. Horkheimer, Max. 2010, *Critica de la razon instrumental. Presentación de Juan José Sánchez. Traducción de Jacobo Muñoz*, Ed. Trotta, Madrid, p. 147.

que "se os gregos tiveram motivos para distinguir-se dos bárbaros, o homem contemporâneo, gestado na opulência tecnológica, tem motivos de alarme de sobra para meditar sobre a neobarbárie."[357]

Esse retorno à barbárie significaria, numa perspectiva registrada por Habermas, uma "autoestabilização da sociedade análoga aos instintos"[358], com a dissolução da individualidade no ambiente, numa situação em que o indivíduo, segundo Horkheimer, "ao lugar de afirmar-se ativamente nele [no ambiente]", cede à "a inclinação a deixar-se levar, a recair na natureza. Freud chamou-a de instinto de morte; Caillois, mimetismo."[359]

Se, como lembrou Mayos, "o homem começa a romper com a animalidade quando a razão começa a animar-se e a buscar por si mesma"[360], a *contrario sensu*, quando o ser humano não mais se autodetermina pela própria razão, e passa a ser conduzido por mecanismos indutivos da cultura de massas, pelas redes sociais ou por arquiteturas de escolhas desenhadas por algoritmos, caminha novamente rumo ao estado de barbárie - no caso, talvez possamos atualizar o termo para "tecnobarbárie" -, a passos firmes para o ocaso do indivíduo.

Para melhor refletir sobre essa trajetória da humanidade, Horkheimer e Adorno propõem uma linha evolutiva comportamental que parte dos estágios primitivos do ser humano. Devidamente articulada, pode constituir uma plataforma hermenêutica que nos permita compreender essa caminhada, e até mesmo prever alguns desdobramentos possíveis. De acordo os fundadores da Escola de Frankfurt:

> A existência puramente natural, animal e vegetal, constituía para a civilização o perigo absoluto. Os comportamentos **mimético, mítico e metafísico** apareceram sucessivamente...[361]

357. Romero, Isidro Gomez. 1995, *Husserl y la Crisis de La Razon. Prologo de Antonio Millan Puelles*, 1ª ed. Ediciones Pedagógicas, Madrid, p. 109.

358. Habermas, J. 2014, *Técnica e ciência como "ideologia."* Editora Unesp, São Paulo, p. 126.

359. Horkheimer, M., Adorno, T.W. 1994, *Dialéctica de la Ilustración: fragmentos filosóficos, Colección Estructuras y procesos*, Serie filosofía. Ed. Trotta, Madrid, p. 271.

360. Mayos S., Gonçal. 2004, *Ilustración y romanticismo: introducción a la polémica entre Kant y Herder*, Herder, Barcelona, p. 162

361. Horkheimer, M., Adorno, T.W. 1994, *Dialéctica de la Ilustración: fragmentos filosóficos, Colección Estructuras y procesos*, Serie filosofía. Ed. Trotta, Madrid, p. 271. Destacamos.

Acreditamos que seguindo por essa trilha, e olhando para onde ela aponta, alcançaremos um bom esboço do itinerário que levou o sonho emancipatório à atual situação de tecnobarbárie. Em exígua síntese, a ideia é que, em seus estágios mais primitivos, o ser humano se encontrava de uma condição indiferenciada, sem a perspectiva do individual e mais próxima ao estado de natureza, na qual adotou o comportamento mimético para se relacionar com o mundo. Com o tempo, elaborou essa relação com a natureza sob a forma de mitos, abandonando a *mimesis*; por fim, foi impulsionado pela força da razão a superar o referencial mitológico, que dará lugar à construção racional da metafísica.

O estágio **mimético**, segundo Horkheimer e Adorno, seria o das tribos primitivas, com suas práticas xamânicas e análogas, em que os grupos humanos lidavam com a busca pelo sentido de forma coletiva e a partir do mimetismo e assimilação dos elementos naturais que desfilavam diante de seus olhos – como quando, em rituais mágicos, se vestiam com as peles de animais ou reproduziam características de elementos da natureza. Marcuse se refere ao estágio da *mimesis* como uma era em que o ser humano ainda não se diferenciava da comunidade ou mesmo do ambiente natural, numa posição de identificação automática com seu entorno.[362] A propósito, esclarece Gagnebin que

> Seguindo o exemplo primeiro do mimetismo animal, por exemplo da borboleta imóvel que tem as mesmas linhas marrons e verdes que a folha sobre a qual repousa, o "primitivo" se cobre de folhagens para melhor desaparecer na floresta, para não ser visto pela onça que caça, mas também coloca um máscara horrenda para apaziguar, pela aproximação e pela identificação, o deus aterrorizante de que depende.
>
> Esses rituais mágicos, analisados pelos etnólogos, apontam para um aspecto essencial do comportamento mimético: na tentativa de se libertar do medo, o sujeito renuncia a se diferenciar do outro que teme para, ao imitá-lo, aniquilar a distância que os separa, a distância que permite ao monstro reconhecê-lo como vítima e devorá-lo. Para se salvar do perigo, o sujeito desiste de si mesmo e, portanto, se perde. Nessa dialética perversa jaz a insuficiência das práticas mágico-miméticas e a necessidade de encontrar outras formas de resistência e de luta contra o medo: toda reflexão de Adorno e Horkheimer na Dialética do Esclarecimento consiste

362. Marcuse, H., Kellner, D. 2007, *One-dimensional man: studies in the ideology of advanced industrial society*, Routledge, London, London, p.12.

> em mostrar como a razão ocidental nasce da recusa desse pensamento mítico-mágico, numa tentativa sempre renovada de livrar o homem do medo (que o esclarecimento não o consiga mas, pelo contrário, aprisione ainda mais o homem, essa é a outra vertente dessa reflexão).
>
> O comportamento mágico-mimético ameaça profundamente o sujeito que, ao querer se resguardar, arrisca o seu desaparecimento, a sua morte na assimilação ao outro.[363]

Com as primevas luzes da racionalidade os homens dão os primeiros passos rumo à individuação, e a reverência simplória aos fenômenos naturais e o temor ao desconhecido são canalizados, reelaborados e sintetizados como mitos, que passam a constituir o novo horizonte de sentido; a era do comportamento mimético é então sucedida pela era **mitológica** – ainda, segundo Marcuse, uma modalidade de racionalidade primitiva e imatura, fadada ao declínio, pois "O processo de civilização invalida o mito (isso é quase a definição de progresso)..."[364] Contudo, principia ali uma caminhada rumo a um estado em que, ao final, "o humano passa a ser interpretado sob a metáfora da arte e do artista, os quais já superam a *mimesis* ou o estado da cópia, para passar a ser criadores."[365]

Segue então a humanidade para a próxima era, resultado da passagem do mito ao *logos*: a **metafísica**. A propósito dessa transição, Horkheimer e Adorno brilhantemente utilizam como catapulta hermenêutica a Odisseia, de Homero: a cada monstro ou entidade fantástica derrotados em seu retorno a Ítaca, Ulisses ascende um degrau rumo ao *logos*, deixando para trás os mitos e o estado de animalidade (efeito da magia de Circe) e de hipnose e torpor (sereias e lotófagos) – e, com eles, o horizonte de sentido primitivo da mitologia.[366]

Essa transição ascendente da racionalidade é acoplada a uma abertura cada vez maior para a consolidação do ser humano enquanto indivíduo

363. Gagnebin, Jeanne-Marie. 1993, "Do conceito de mímesis no pensamento de Adorno e Benjamin." *Perspectivas: Revista de Ciências Sociais*, v. 16, p.72. Disponível em https://periodicos.fclar.unesp.br/perspectivas/article/view/771/632 (acesso em 10/03/2023).

364. Marcuse, H., Kellner, D. 2007, *One-dimensional man: studies in the ideology of advanced industrial society*, Routledge, London, p.194-195.

365. Mayos S., Gonçal. 2004, *Ilustración y romanticismo: introducción a la polémica entre Kant y Herder*, Herder, Barcelona, p. 381.

366. Horkheimer, M., Adorno, T.W. 1994, *Dialéctica de la Ilustración: fragmentos filosóficos, Colección Estructuras y procesos*, Serie filosofía. Ed. Trotta, Madrid.

e, segundo Horkheimer e Adorno, na transição do estágio mítico para o metafísico Sócrates foi o verdadeiro arauto da ideia abstrata da individualidade, o primeiro que situou explicitamente em um primeiro plano a autonomia do indivíduo. A afirmação socrática da consciência elevou a relação entre o individual e o particular a um nível novo. O equilíbrio deixou de ser derivado da harmonia estabelecida dentro da *polis*; o geral foi, pelo contrário, concebido agora como uma verdade interior, capaz quase de de se auto-legitimar, cuja sede radicava no espírito do homem. ... Para Sócrates, que aderiu às especulações dos grandes sofistas, não bastava apenas desejar nem tampouco fazer o justo irrefletidamente. A escolha consciente era uma pré-condição da condução moral da vida. E, assim, teve que se chocar com os juízes atenienses, que representavam os costumes e o culto consagrados. Seu processo parece caracterizar o momento do processo histórico-cultural no qual a consciência individual e o estado, o ideal e o real, começam a ver-se separados por um abismo. Oposto à realidade exterior, o sujeito começa a pensar de si mesmo que é a mais alta de todas as ideias.[367]

Se Horkheimer e Adorno propuseram explicitamente o itinerário **m**ímesis → **m**ito → **m**etafísica, a essa altura da investigação já é possível dizer para onde apontava aquela seta, insuflada pela força ideal da *mathesis universalis*. Atentos à tendência da seta, postularemos, com base nas reflexões já apresentadas, que o próximo estágio humano seria o da **m**atemática enquanto referencial universal do universo de sentido.

Sobre esse fenômeno já discorremos em pormenores, inclusive quanto a seu papel enquanto força de consolidação da liberdade humana em torno de um ideal de racionalidade. Contudo, já mostramos que, a partir de um certo ponto, ocorreu uma "inversão de polaridade", e o que parecia ser um inexorável movimento ascendente rumo à afirmação do indivíduo pela via da razão toma a direção contrária. O problema foi a chamada "geometrização ao absurdo" e a apropriação e instrumentalização do ideal matemático pelas macroestruturas, degenerando-o em saber-poder reduzido a controle por meio da técnica. Como anotou Cerezo,

367. Horkheimer, Max. 2010, *Critica de la razon instrumental. Presentación de Juan José Sánchez. Traducción de Jacobo Muñoz,* Ed. Trotta, Madrid, p. 148.

> A primeira Ilustração havia minado a antiga ordem teológica/metafísica, havia derrubado seus velhos altares e instituições, destruindo superstições e medos ancestrais para colocar em seu lugar a Razão ou a Humanidade; mas logo, montada em sua crítica, se dirige contra seus próprios ídolos e acaba também destruindo céticamente sua própria fé na razão."[368]

Nesse estágio, como destacou Marcuse, a "Matemática passou a ser considerada o real e o 'bom' no mesmo sentido que as Ideias metafísicas de Platão"[369], e a marcha da individualidade sofre uma inversão, passando a indicar um movimento que tentaremos exprimir por meio da seguinte figura:

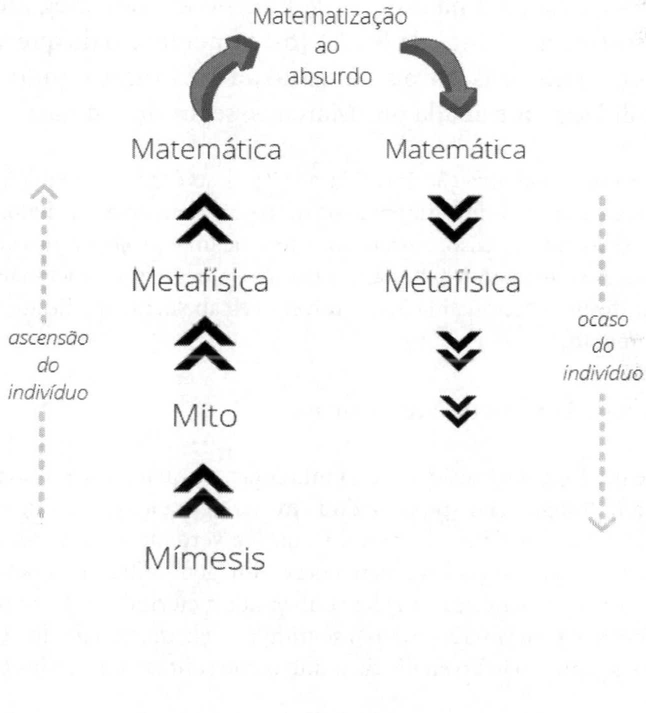

368. Cerezo, P. 2003, *El mal del siglo. El conflicto entre Ilustración y Romanticismo en la crisis finisecular del siglo XIX*. Universidade de Granada, Madrid, 2003 Mayos S., Gonçal. 2004, *Ilustración y romanticismo: introducción a la polémica entre Kant y Herder*, Herder, Barcelona, p. 377.
369. Marcuse, H., Kellner, D. 2007, *One-dimensional man: studies in the ideology of advanced industrial society*, Routledge, London, p.233.

Seguindo em frente, com a exponencial evolução tecnológica o ideal matematizante, já hipetrofiado e instrumentalizado, é reduzido à sua faceta tecnocientífica, fazendo com que o ser-humano dê mais um passo atrás em sua jornada emancipatória, num processo que Habermas identificou como uma transição do estado de *homo faber* para *homo fabricatus* e Heidegger reportou como um descenso conducente "à pobreza da ex-sistência do *homo humanus*"[370].

A essa altura, faz sentido adicionar a nosso esquema **m**ímesis → **m**ito → **m**etafísica → **m**atemática uma sub-etapa, caracterizada pela mecanização e automatização dos indivíduos: a Mecânica. A partir daí, ganha tração o movimento descendente, e tanto Horkheimer quanto Marcuse divisam a ocorrência de uma espécie de retorno ao mito. Segundo Sanchez, o diagnóstico da Crítica da Razão Instrumental é o de que a última etapa do processo histórico foi a submissão da razão ante o mito e o ídolo[371] – possibilidade antecipada por Marcuse, segundo o qual

> O processo da civilização invalida o mito (isso é quase uma definição de progresso), mas pode também reverter o pensamento a um status mitológico. Nesse último caso, teorias que identificam e projetam possibilidades históricas se tornam irracionais, ou antes parecem ser irracionais porque contradizem a racionalidade do universo estabelecido de discurso e comportamento. [372]

Na leitura de Horkheimer e Adorno,

> Deste modo, a Ilustração recai na mitologia, da qual nunca soube escapar. Pois a mitologia havia reproduzido em sua figura a essência do existente: ciclo, destino, domínio do mundo, como a verdade, e com isso havia renunciado à esperança. Na pregnância da imagem mítica, como na claridade da fórmula científica, se acha confirmada a eternidade do existente, e o fato bruto é proclamado como o sentido que ele mesmo oculta. O mundo como gigantesco juízo analítico, o único que sobreviveu a todos os sonhos

370. Heidegger, M., Cortés, H., Leyte, A. 2001, *Carta sobre el humanismo,* Alianza Editorial, Madrid, p. 72.

371. Horkheimer, Max. 2010, *Critica de la razon instrumental. Presentación de Juan José Sánchez. Traducción de Jacobo Muñoz,* Ed. Trotta, Madrid, p. 23.

372. Marcuse, H., Kellner, D. 2007, *One-dimensional man: studies in the ideology of advanced industrial society*, Routledge, London, p.194.

> da ciência, é da mesma índole que o mito cósmico, que associava as mudanças da primavera e outono com o rapto de Perséfone.[373]

Materializa-se, por fim, no *Lebenswelt*, o quadro pintado por Husserl: "A natureza é em si o que ela é, e o é matematicamente; seja que saibamos ou não saibamos do conhecimento matemático, está tudo **decidido de antemão** como matemática pura e também como natureza."[374] O esquema avança mais uma casa para se apresentar como **m**ímesis ⊠ **m**ito → **m**etafísica → **m**atemática → **m**ito, podendo ser expressado da seguinte forma:

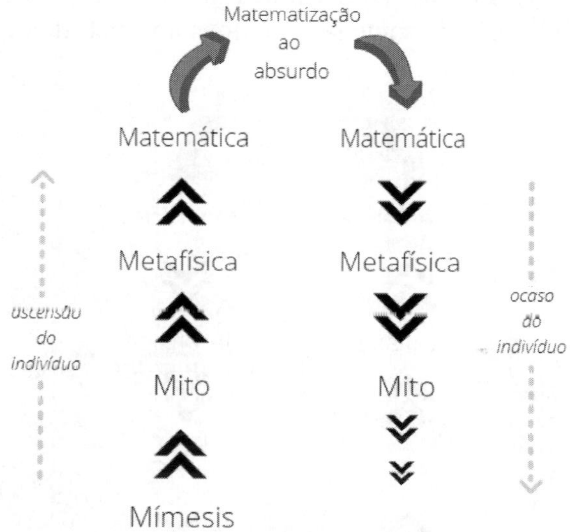

A essa altura, não teremos dificuldades na identificação da próxima peça do esquema intepretativo do movimento histórico de ocaso do indivíduo – que é justamente o estágio proposto no início do tópico: a neobarbárie como retorno à *mímesis*. Afinal, como ressaltado por Horkheimer,

373. Horkheimer, M., Adorno, T.W. 1994, *Dialéctica de la Ilustración: fragmentos filosóficos, Colección Estructuras y procesos*, Serie filosofía. Ed. Trotta, Madrid, p. 79/80.

374. Husserl, Edmundo. 2008, *La crisis de las ciencias europeas y la fenomenología trascendental. Traducción y estudio preliminar de Julia V. Iribarne*, 1ª ed, Prometeo Libros, Buenos Aires, p. 301. Destacamos.

> A ciência é repetição, elevada à categoria de regularidade precisa e conservada em estereótipos. A fórmula matemática é, como era o rito mágico, uma regressão conscientemente manipulada: é a forma mais sublimada de mimetismo. A técnica realiza a adaptação ao morto a serviço da autoconservação, já não como a magia, mediante a imitação material da natureza externa, mas pela automatização dos processos espirituais, mediante a transformação destes em decursos cegos. Com seu triunfo, as manifestações humanas se tornam ao mesmo tempo controláveis e forçadas. Da adequação à natureza só resta o endurecimento diante dela.[375]

No último degrau do movimento de regresso, estaríamos à beira do estágio que Habermas somente admitiu a título de utopia negativa - o de uma "autoestabilização da sociedade análoga aos instintos":[376]

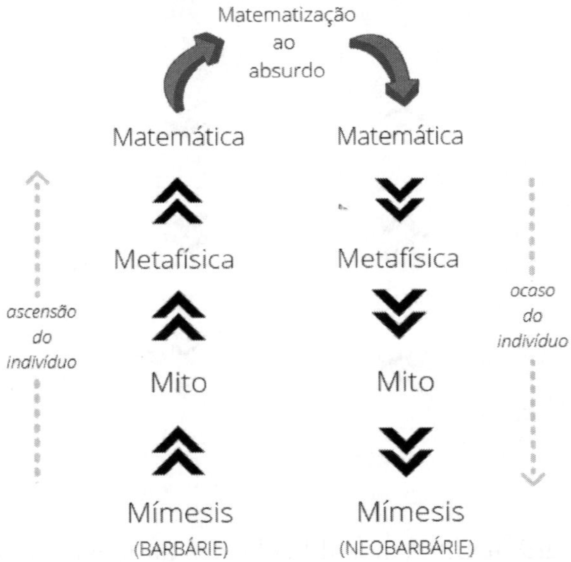

Nos dizeres de Horkheimer e Adorno,

> O indivíduo considerou em outro tempo a razão exclusivamente como um instrumento do eu. Agora experimenta o reverso de sua autodeificação.

375. Horkheimer, M., Adorno, T.W. 1994, *Dialéctica de la Ilustración: fragmentos filosóficos, Colección Estructuras y procesos*, Serie filosofía. Ed. Trotta, Madrid, p.226.

376. Habermas, J. 2014, *Técnica e ciência como "ideologia."* Editora Unesp, São Paulo, p. 126.

> A máquina prescindiu do piloto; caminha cegamente pelo espaço a toda velocidade.[377]

Nessa etapa do caminho, há duas interpretações possíveis: considerar o movimento encerrado, com a consolidação da utopia negativa de Habermas (ou seja, a estabilização da tecnobarbárie); ou, por outro lado, julgar que o movimento continua em curso e entender que não estamos diante de uma pura inversão de sentido até o momento estático fatal, mas de uma circularidade. A última hipótese deixa abertas possibilidades para o ser humano, pois ao menos aponta para uma possível retomada:

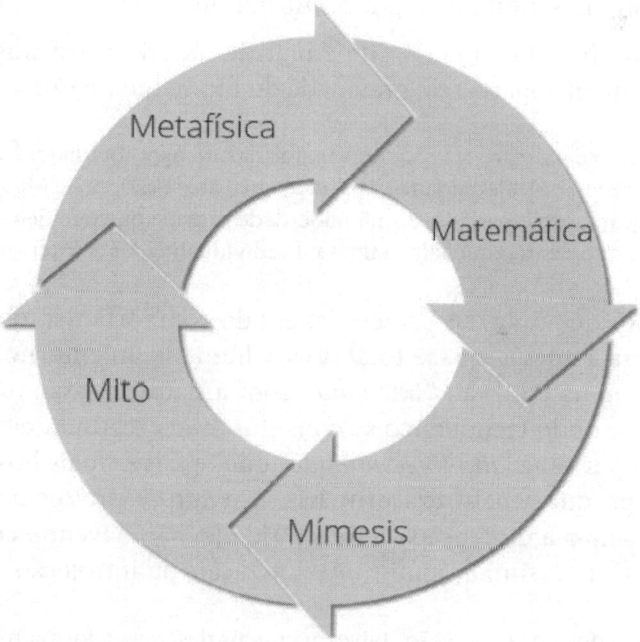

O desafio, portanto, seria duplo: primeiro, reorientar o descenso em linha reta em direção a um retorno de movimento circular ascendente, com a reconstrução do ser humano, empreendendo-se uma nova marcha de autodeterminação (e, como veremos mais adiante, a garantia de um direito ao projeto de vida enquanto *autodeterminação* seria uma

377. Horkheimer, Max. 2010, *Critica de la razon instrumental. Presentación de Juan José Sánchez. Traducción de Jacobo Muñoz*, Ed. Trotta, Madrid, p. 143.

ferramenta fundamental para essa marcha); segundo, uma vez reconstituído o movimento circular, evitar nova retomada do sentido descendente, para rumar enfim em direção à autoafirmação racional da individualidade (direito ao projeto de vida enquanto *autorrealização*).

Antes, contudo, de adentrar nessa seara, precisamos nos deter um pouco sobre esse círculo, trazendo uma reflexão adicional: seria essa "nova mímesis" uma simples repetição da primeira era mimética – o que já seria suficientemente trágico? Ou seria a tecnobarbárie um estado ainda mais inumano do que o da barbárie?

As constatações de Marcuse, a partir da realidade da era da informação, apontam no sentido da segunda afirmação.

Em sua obra "O Conceito de Angústia", Kierkegaard nos dá uma pista para dimensionar a real gravidade do momento histórico atual:

> Crendice e descrença são, ambas, formas de não liberdade. Na crendice, concede-se à objetividade um poder, igual ao da cabeça de Medusa, de petrificar a subjetividade, e a não liberdade impede que o feitiço se dissolva. ... O que é então que falta a uma tal individualidade? A interioridade.[378]

Sabemos que uma das características do comportamento mimético primitivo era a adesão quase total do ser humano ao entorno, com sua dissolução numa conexão "*imediata*" com a natureza assimilada; para Marcuse, o mundo tecnológico se constitui numa segunda natureza caracterizada por uma "***má** imediatidade*" que "é talvez mais hostil e mais destrutiva do que a natureza primária, a natureza pré-técnica."[379] Isso porque ela anula a dimensão da interioridade, não havendo como falar nem mesmo em assimilação por interiorização, ou introjeção:

> Mas o termo "introjeção" talvez não mais descreva a forma na qual o indivíduo por si mesmo reproduz e perpetua os controles externos exercidos por sua sociedade. Introjeção sugere uma variedade de processos relativamente espontâneos pelos quais um *Self* (*Ego*) transpõe o "exterior"

378. Kierkegaard, S. 2013, *O conceito de angústia: uma simples reflexão psicológico-demonstrativa direcionada ao problema dogmático do pecado hereditário de Vigilius Haufniensis*, Vozes Editora Universitária São Francisco, Petrópolis, RJ; Bragança Paulista, SP, p. 146. Destacamos.

379. Marcuse, H., Kellner, D. 2007, *One-dimensional man: studies in the ideology of advanced industrial society*, Routledge, London, p.XXVI – Introdução.

> para dentro do "interior". Assim, introjeção implica a existência de uma dimensão interior distinta de e mesmo antagônica às exigências externas – um indivíduo consciente e um indivíduo inconsciente à parte da opinião e comportamento públicos. A ideia de "liberdade interior" tem aqui sua realidade: designa o espaço privado no qual o homem pode se tornar e permanecer "ele-mesmo". Hoje esse espaço privado foi invadido e reduzido pela realidade tecnológica. A produção e distribuição em massa reivindicaram o indivíduo em sua inteireza, e a psicologia industrial há muito deixou de estar confinada à linha de produção. Os múltiplos fatores de introjeção parecem ter sido ossificados em reações quase mecânicas. O resultado é, não ajustamento, mas **mímese:** uma identificação imediata do indivíduo com sua sociedade e, através dela, com a sociedade como um todo. Essa identificação imediata, automática (que pode ter sido característica de formas primitivas de associação) reaparece na alta civilização industrial; sua nova "imediatidade", entretanto é o produto de uma administração e organização científica sofisticada. Nesse processo, a dimensão "interior" da mente na qual a oposição ao *status quo* pode se enraizar é comprimida. A perda dessa dimensão, na qual o poder do pensamento de negação – o poder crítico da Razão – está em casa, é a contraparte ideológica ao mesmo processo material no qual a sociedade industrial avançada silencia e reconcilia a oposição. O impacto do progresso transforma Razão em submissão aos fatos da vida e à capacidade dinâmica de produzir mais e maiores fatos do mesmo tipo de vida. A eficiência do sistema ofusca o reconhecimento individual de que não contém fatos que não se comunicam com o poder repressivo do todo. Se os indivíduos se encontram nas coisas que formatam sua vida, eles o fazem não dando, mas aceitando a lei das coisas – não a lei da física mas a lei de sua sociedade.[380]

Na sociedade hipertecnológica não houve um simples retorno à mímesis primitiva, mas uma neomimética, inferior à primeira em termos de afirmação do indivíduo: na *barbárie*, o ser humano se identificava com a natureza dando vazão a uma necessidade íntima de dar sentido ao universo e se posicionar existencialmente, num processo relativamente ativo de aderência e assimilação, do qual emergia pacificado na compreensão da totalidade, à qual se deixava pertencer para rumar em direção à autoafirmação, preparando o solo para um movimento positivo que o impeliu para os estágios seguintes do comportamento mitológico e, a seguir, metafísico; na *tecnobarbárie*, quem dita o comportamento a

380. *Ibid.*, p.12.

ser mimetizado é a mídia de massa e os algoritmos, visando seus objetivos de controle, lucro e crescimento operacional. O papel do ser humano é meramente passivo, pois não há mais o espaço de interioridade.

O círculo começa a se delinear como uma espiral descendente: se a primeira mímesis se dava numa relação horizontal com o mundo da vida e havia alguma autodeterminação no processo de assimilação, na tecnobarbárie o que aparece quando retirado o véu tecnológico é uma heterodeterminação aviltante e anuladora do indivíduo, sinalizando para a dissolução da separação herderiana entre *Welt*, mundo propriamente humano, e *Unvwelt*, caracterizado por uma relação automática regida pela força do instinto.[381]

Nesse passo, pode parecer que se vem delineando uma figura de cores excessivamente sombrias. Entretanto, é possível apresentar exemplos concretos do fenômeno da renúncia à autoafirmação em favor de uma assimilação passiva das emanações indutoras do novo mundo da vida – a maioria deles no ecossistema das redes sociais.

A propósito, veja-se o seguinte fenômeno, descrito na revista eletrônica InStyle com o título "*A mais popular inspiração para a cirurgia plástica é você mesmo: Millenials e Geração Z estão trazendo fotos do Instagram para suas consultas cirúrgicas*". No comentário destacado, a constatação da profissional médica: "Não existe mais realidade":

381. Vaz, H.C. de L. 2020, *Antropologia Filosófica*, Edições Loyola, São Paulo, p.106.

InStyle

HOME > BEAUTY > SKIN

Share

BEAUTY

The Most Popular Inspiration for Plastic Surgery Is Yourself

Millennials and Gen Z are bringing in edited photos from Instagram to their surgery consultations.

By Erin Lukas

https://www.instyle.com/beauty/skin/social-media-cosmetic-procedures-influence 1/9

"There's no reality anymore."

– DR. DARA LIOTTA, DOUBLE-BOARD CERTIFIED PLASTIC AND RECONSTRUCTIVE SURGEON

Segundo a reportagem,

> Millenials e Geração Z estão trazendo fotos editadas do Instagram para suas consultas cirúrgicas. Ao invés de fotos de celebridades em tapetes vermelhos ou capas de revistas, cirurgiões plásticos estão reportando que pacientes Millenials e da Geração Z estão trazendo fotos fortemente alteradas de influenciadores Insta-famosos – e deles mesmos – como inspiração para seus procedimentos cosméticos. É natural querer se sentir aceito, mas recompensar fotos alteradas com "likes" celebra padrões de beleza sem base na realidade.
>
> "Cada vez que elevamos imagens retocadas ou alteradas das pessoas, ou cumprimentamos alguém que realizou um trabalho, estamos dando a alguém dopaminas de 'bem estar' e toques de oxytocina, 'hormônio do amor', criando uma cascata neurológica de sentimentos compensadores", diz o Dr. Logan Persons Jones, psicólogo e diretor da Clarity Therapy em Nova York. "Infelizmente, ao postar essas imagens alteradas, estamos convidando as pessoas a amar essas apresentações físicas alternativas de nós mesmos. Idealmente, experimentaríamos amor, aceitação e seríamos celebrados por quem naturalmente somos, *versus* uma versão alternativa de nós mesmos como esses avatares."[382]

Já de saída fica claro que o título da reportagem peca por um aspecto fundamental, que acaba sendo explicitado no corpo do texto: as pessoas não estão sendo inspiradas por elas mesmas, mas por heterodeterminações perpetradas por filtros estéticos – ou melhor, por algoritmos, que aprenderam a estimular e modular comportamentos a partir dos mecanismos psicoquímicos que culminam na liberação das dopaminas e oxitocinas. Como relatado por Wang, Rieder *et al*,

> Muitas plataformas de mídias sociais disponibilizam ferramentas de filtragem, ou filtros, que podem permitir aos usuários alterar suas aparências de forma sutil ou substancial. ... apesar de ser quase impossível parecer com "selfies" filtrados, as pessoas frequentemente vão longe em busca de emular suas imagens idealizadas.[383]

382. Lukas, E. 2021, "The most popular inspiration for plastic surgery is yourself: Millennials and Gen Z are bringing in edited photos from Instagram to their surgery consultations.", *InStyle*, Disponível em https://www.instyle.com/beauty/skin/social-media-cosmetic-procedures-influence (acesso em 11 março 2023).

383. Wang, J.V., Rieder, E.A., Schoenberg E., Zachary C.B., Saedi N. 2020, "Patient perception of beauty on social media: Professional and bioethical obligations in esthetics." *J Cosmet*

Segundo os autores do estudo, a mídia social começou a influenciar decisões de se submeter a procedimentos estéticos, e pacientes começaram até a trazer "selfies" filtrados para demonstrar sua aparência desejada, fazendo emergir um fenômeno denominado "dismorfia de snapchat" e "dismorfia de *selfie*" para denominar a insatisfação com a aparência induzida pelas redes sociais.[384] A situação se mostrou tão grave que o próprio Instagram, em 2019, precisou banir os filtros que retratavam ou promoviam cirurgias estéticas, como relatou a BBC na reportagem "*Instagram bane filtros de 'cirurgia cosmética'*":

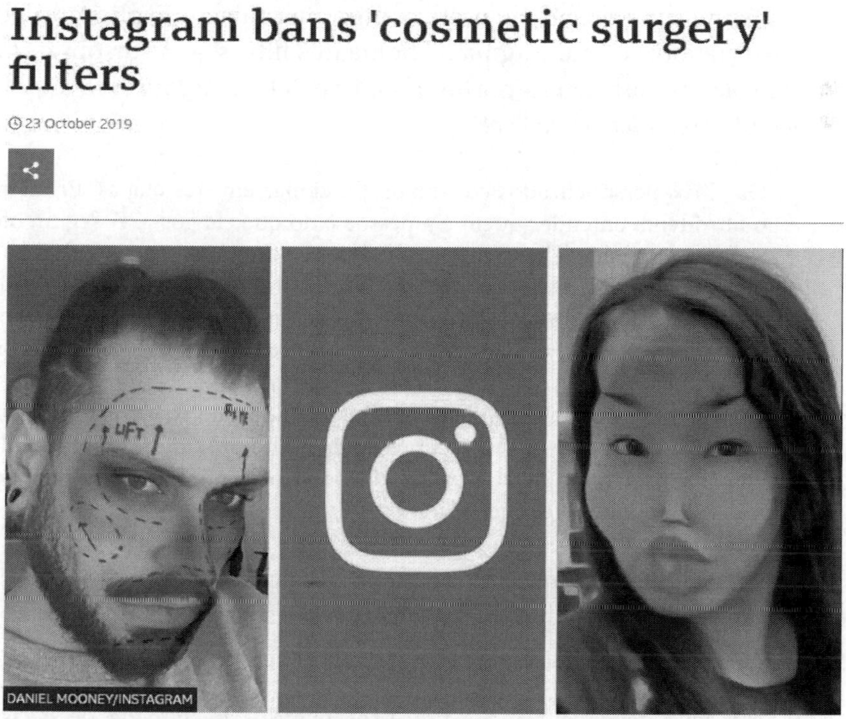

BBC News. 2019, *Instagram bans 'cosmetic surgery' filters*. Disponível em https://www.bbc.com/news/business-50152053 (acesso em 11 março 2023).

Dermatol. 2020 May;19(5):1129-1130. Disponível em https://www.studocu.com/en-ca/document/the-university-of-british-columbia/management-and-organizational-behaviour/patient-perception-of-beauty-on-social-media/14789391 (acesso em 11 março 2023).

384. *Ibid.*

Mais uma vez, impressiona a clarividência de Horkheimer e Marcuse, que ainda na década de 1960 afirmaram que

> ...esta mentirosa substituição do indivíduo pelo estereótipo vai se tornar insuportável por si mesma. A unidade da personalidade foi desmascarada como aparência desde o *Hamlet* de Shakespeare. Nas atuais **fisionomias sinteticamente preparadas** já se esqueceu que um dia existiu o conceito de vida humana.[385]

Esse processo indutor sub-reptício se infiltra nos indivíduos, afetando ativamente sua capacidade prática, num mecanismo explicitado por Pariser ao elaborar o "paradigma da bolha dos filtros", em sua obra "*The Filter Bubble*", traduzida em português como "*O Filtro Invisível: o que a internet está escondendo de você*":

> Os filtros personalizados costumam funcionar em três etapas. Primeiro, o filtro tenta entender quem é a pessoa e do que ela gosta. A seguir, oferece-lhe conteúdo e serviços adequados. Por fim, faz um ajuste fino para melhorar essa correspondência. A nossa identidade molda a nossa mídia. Mas existe uma falha nessa lógica: a mídia também molda a identidade. Dessa forma, esses serviços talvez acabem por criar uma boa correspondência entre você e a sua mídia por moldarem... você. Se uma profecia autorrealizada é uma definição falsa do mundo que se torna verdadeira por meio das nossas ações, estamos agora muito próximos de identidades autorrealizadas, em que a imagem distorcida que a internet apresenta de nós se torna quem realmente somos. [386]

Nesse contexto, como era de se esperar, o ocaso do indivíduo reverbera na esfera pública: o que ocorre na ética se espraia pela política, cujo novo termo é "algocracia", definida por Danaher como a

> crescente dependência dos processos públicos de tomada de decisão (burocráticos, legislativos e legais) em algoritmos, ou seja, instruções passo a passo programadas por computador para obter um determinado conjunto de *inputs* e produzir um *output* – obviamente ameaçando a

385. Horkheimer, M., Adorno, T.W. 1994, *Dialéctica de la Ilustración: fragmentos filosóficos, Colección Estructuras y procesos*, Serie filosofía. Ed. Trotta, Madrid, p. 201. Traduzimos e destacamos.

386. Pariser, E. 2012, *O filtro invisível: O que a internet está escondendo de você*, Zahar, Rio de Janeiro, p. 78.

> própria legitimidade política e moral dos processos públicos de tomada de decisões.[387]

Como destacado por Fricano,

> com a governança algorítmica, o 'governo por discussão' desapareceria ... A sociedade do algoritmo transforma o cidadão num mero consumidor.[388] O cidadão entendido como titular de direitos e deveres é então destituído de suas dimensões individual e social...[389]

Trata-se de um diagnóstico realista de uma situação que já se dissemina, como podemos apreender do artigo "*A Justiça Algorítmica se impõe na França*", por Desaunay:

> O Conselho de Estado (máxima instância judicial) acaba de validar o sistema informático de ajuda à decisão DataJust, que permite aos tribunais estabelecer as indenizações às quais têm direito as vítimas de danos pessoais. As associações de defesa das liberdades fundamentais denunciam o uso de dados pessoais sem o consentimento prévio dos litigantes.[390]

Chamando atenção ao fundo econômico desse cenário, Han afirma que

> Hoje, nos expomos no *facebook* e com isso nos transformamos em mercadoria. ... A intenção que está ao fundo desse conceito é que toda a pessoa,

387. Danaher, J. 2016, "The Threat of Algocracy: Reality, Resistance and Accommodation." *Philosophy & Technology* 29, 245–268. Disponível em https://doi.org/10.1007/s13347-015-0211-1 (acesso em 11 março 2023).
388. Daí a importância de uma atitude crítica diante do discurso contemporâneo da Justiça enquanto "serviço" e do juiz como um prestador de serviço, sob pena de se abraçar ingenuamente uma concepção da sentença como mercadoria – o que é especialmente problemático em se tratando muitas vezes de uma atividade decisória sobre a vida humana (e não um bem em comércio), na qual uma das duas partes deverá perder e, portanto, nem sempre "o cliente tem razão".
389. Fricano, Alessandro. ""Algocracy": The decline of representative democracy." *CEUR Workshop Proc.*. 2020. Disponível em https://ceur-ws.org/Vol-2781/poster1.pdf. Acesso em 10/03/2023.
390. Desaunay, D., 2022. *La justicia algorítmica se impone en Francia*. Disponível em https://www.rfi.fr/es/francia/20220106-la-justicia-algor%C3%ADtmica-se-impone-en-francia?fbclid=IwAR3L_6ahxXOR7UMACDpfLktfZF1Qs84Ri3udnDubbpFzr3y2dM8v8dyEdss (acesso em 07/05/2022).

> toda sua vida é transformada num valor puramente comercial. O hipercapitalismo atual dissolve totalmente a existência humana numa rede de relações comerciais. Já não existe nenhum âmbito da vida que consiga se eximir da degradação provocada pelo comércio.[391]

Nessa torrente, a vida humana é reduzida a processos biológicos, esvaziada de toda narratividade e toda teleologia, e

> A mera vida sadia, que hoje adota a forma do sobreviver histérico, converte-se no morto; sim, num morto-vivo. Nós nos transformamos em zumbis saudáveis e fitness, zumbis do desempenho e do botox. Assim hoje, estamos por demais mortos para viver, e por demais vivos para morrer.[392]

No ano de 2023 a situação se tornou tão grave que, nos Estados Unidos, 33 (trinta e três) estados federados entraram com uma ação judicial contra Meta e Instagram, alegando que

> Na década passada, Meta – ela própria e através de suas Plataformas de Redes Sociais Líderes Facebook e Instagram (suas Plataformas de Mídia Social ou Plataformas) – alterou profundamente as realidades psicológicas e sociais de uma generação de jovens Americanos. Meta desenvolveu tecnologias poderosas e sem precedentes para seduzir, atrair, e por fim capturar jovens e adolescentes. Seu motivo é o lucro, e em busca de maximizar seus ganhos financeiros, Meta repetidamente enganou o público sobre os perigos substanciais de suas Plataformas de Mídia Social. Escondeu os meios pelos quais essas Plataformas exploraram e manipularam seus consumidores mais vulneráveis: adolescentes e crianças. E ignorou os danos abrangentes que essas Plataformas causaram à saúde física e mental da juventude de nossa nação. Assim agindo, Meta cometeu, e continua cometendo, conduta enganosa e ilegal em violação ao direito estadual e federal.[393]

No fundo, a gestão de pessoas, que na biopolítica foucaultiana da modernidade industrial era exercida disciplinarmente sobre a dimensão racional, passa a incidir sobre os afetos por meio de veículos como as redes sociais, inaugurando uma nova fase de controle, mais eficiente

391. Han, B.-C., Giachini, E.P. 2019, *Sociedade do cansaço*, 2. ed. ampl. ,Vozes, Petrópolis, p.127.
392. *Ibid.*, p.119.
393. People of the State of California v. Meta Platforms, Inc., 4:23-cv-05448, (N.D. Cal. Oct 24, 2023) ECF No. 1

porque mais profunda, denominada por Han de política psíquica neoliberal ou "psicopolítica".[394]Contudo, como destacou Mounier, o principal problema é que justamente dessa região é que irradia a eminente dignidade do ser humano, e

> É porque elas desarmam essa cidadela interior que as técnicas modernas de aviltamento ... são mais mortais do que as armas de fogo.[395]

Concordamos, portanto, com Marcuse, em que o estado de neobarbárie, a tecnobarbárie, representa um degrau abaixo da barbárie originária. Esse fato demanda um ajuste de nossa proposta de representação visual, para incorporar um movimento descendente - com o que passa a sugerir uma tendência de espiral, e não de círculo:

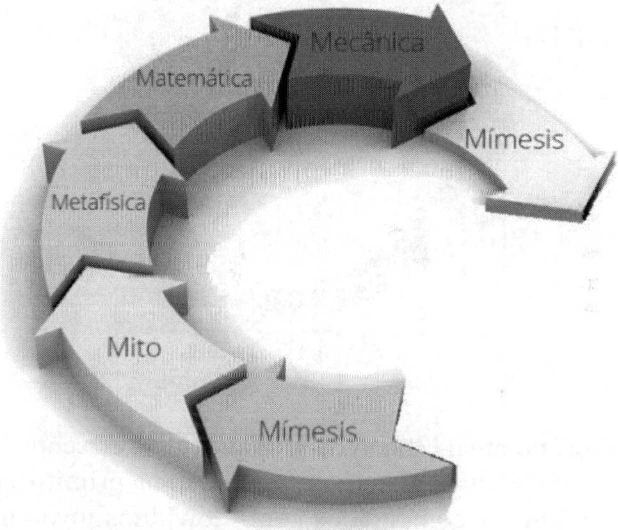

Ressurge com mais força a indagação de Mayos: "A humanidade atual está perdida?".[396] Antes da resposta emerge desse contexto uma

394. Han, B.-C. 2021, *O desaparecimento dos rituais: Uma topologia do presente*,Vozes, Petrópolis, p.27.

395. Mounier, E. 1969, *Le personnalisme*, 11a ed, Presses Universitaires de France, Paris, p. 91.

396. Mayos S., Gonçal. 2016, *Homo obsoletus: precariedad y desempoderamiento en la turboglobalización*, Linkgua Pensamiento. Red ediciones, Barcelona, p. 105.

questão decisiva, que a humanidade precisa resolver. Há duas possibilidades para o ser humano:

1. retomar o movimento ascendente, ou
2. se aprofundar numa espiral descendente rumo ao mais e mais inumano, a mais e mais *unfreedom*.

Mantida a tendência atual, com o aprofundamento do estado de tecnobarbárie, o futuro humano poderia ser retratado na seguinte imagem:

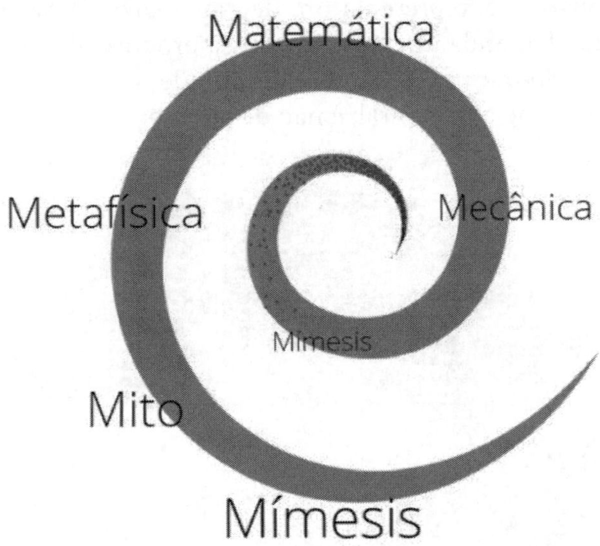

Estaríamos, no atual estágio da humanidade, refazendo em sentido oposto os passos de Ulisses. Contudo, enquanto na primitiva bárbarie os homens poderiam ser comparados com indivíduos involuntariamente hipnotizados pelas sereias ou tornados em felizes animais sob a vara da feiticeira Circe, na tecnobarbárie melhor seria compará-los com os Lotófagos, povo ilhéu que recebera seu nome pelo costume de se alimentar das flores da planta de lótus - pois, nesse consumo, se jogavam *deliberadamente* no estado de inconsciência e letargia. Aquele idílio, destacam Horkheimer e Adorno,

> ... faz pensar na ebriedade dos estupefacientes com cuja ajuda em estruturas sociais petrificadas às classes submetidas se lhes fez capazes de suportar

> o insuportável ... é, em efeito, mera aparência de felicidade, um obtuso vegetar, indigente como a existência dos animais. No melhor dos casos seria a ausência de consciência da infelicidade. A felicidade, pelo contrário, implica verdade. É essencialmente um resultado. Por isso, o paciente herói está em seu direito, que não lhe permite ficar entre os lotófagos.[397]

Ao mesmo tempo vítima e algoz, o escravo por escolha própria de Marcuse e o *homo obsoletus* de Mayos poderia também ser designado pela alcunha de *homo lotofagus*.

Retomada a questão crucial, haveria algum caminho para reverter a espiral bestificante? Marcuse propôs um rumo:

> Assim, a apreensão de potencialidades de liberdade e felicidade possibilitaria a negação das condições que inibiam o pleno desenvolvimento e realização dos indivíduos. Em outras palavras, **perceber a possibilidade de autodeterminação** e **construir suas próprias necessidades e valores** poderia possibilitar aos indivíduos romper com o mundo de pensamento e comportamento existente. A filosofia deveria, assim, fornecer as normas para a crítica social e o ideal de libertação que guiaria a mudança social e a autotransformação individual.[398]

O caminho parece promissor, e é possível avançar. Na Odisseia, Ulisses libertou seus companheiros da situação autoinfligida de lotofagia amarrando-os, prendendo-os sob os remos de sua embarcação e zarpando da Ilha dos Lotófagos. Como não há mais Ulisses, é preciso que a humanidade resgate a si própria, e parece ser um consenso entre os autores estudados que a navegação proposta por Marcuse somente pode zarpar de um porto: o espaço interior do ser humano. O problema, como destacado pelo filósofo, é que

> A ideia de "liberdade interior" tem aqui sua realidade: designa o espaço privado no qual o homem pode **se tornar e permanecer "ele-mesmo"**. Hoje esse espaço privado foi invadido e reduzido pela realidade

397. Horkheimer, M., Adorno, T.W. 1994, *Dialéctica de la Ilustración: fragmentos filosóficos, Colección Estructuras y procesos*, Serie filosofía. Ed. Trotta, Madrid, p. 114.
398. Marcuse, H., Kellner, D. 2007, *One-dimensional man: studies in the ideology of advanced industrial society*, Routledge, London, p.XV.

> tecnológica... Nesse processo, a dimensão "interior" da mente na qual a oposição ao *status quo* pode se enraizar é comprimida.[399]

Se na tecnobarbárie até mesmo aquele espaço interior do ser humano já foi invadido e ocupado, o primeiro passo de uma reconquista deve ser assegurar um porto de onde possa zarpar numa "quarta navegação". Diante disso, a tarefa primordial é retomar o território e resguardar as fronteiras da interioridade. E como se garantirá esse espaço interior? Possivelmente haverá mais de um caminho para reconquistar para o sujeito o espaço interior de autodeterminação. Em nosso caso, a investigação recai sobre uma proposta jurídica de grande potencial prático: afirmar, estabelecer e garantir o direito a um projeto de vida. Isso porque assegurar um *direito ao projeto de vida* é garantir ao ser humano a liberdade interior, o espaço privado no qual "pode *se tornar* e permanecer '*ele-mesmo*'"[400], dando-lhe condições de escapar ao controle da psicopolítica, romper o círculo mimético e se afastar do estado de tecnobarbárie.

Como sabemos, o projeto fundamental de Sessarego foi assegurar a proteção jurídica do projeto de vida, e o primeiro passo para compreender sua proposta é entender como foi gerada no bojo de um projeto fenomenológico existencial. É o que se fará a seguir.

1.9. Propostas de resgate do humano: a abordagem fenomenológica e a formulação teórica do direito ao projeto de vida como vanguarda de um Projeto Fenomenológico Existencial

Na abertura da primeira parte do trabalho narramos como Sessarego, encarregado de presidir a comissão de reforma do Código Civil Peruano de 1936, declarou surpresa e desconcerto diante do que qualificou de uma "incrível ausência" de artigos destinados à proteção da vida, liberdade ou integridade psicossomática, dentre outros direitos humanos

399. Marcuse, H., Kellner, D. 2007, *One-dimensional man: studies in the ideology of advanced industrial society*, Routledge, London, p.12.

400. *Ibid.*, p.12.

básicos.[401] Vimos também que lançou uma hipótese para o que chamou de "pobreza" daquele diploma:

> O Código de 1936 recolhia em seus artigos a ideologia individualista-patrimonialista que sustenta todos os códigos civis atualmente vigentes no mundo, mesmo que a jurisprudência, em certos países, atenue esta corrente de pensamento. O egoísmo é a atitude que substancialmente o nutre. O valor da solidariedade não aparecia em seu horizonte. A proteção da pessoa não era vigorosa mas débil, praticamente quase não aparecia em seus dispositivos. Toda a preocupação do codificador, seguindo a tradição de seu tempo, esteve concentrada na proteção da propriedade. [402]

Aqueles registros históricos, feitos por Sessarego no artigo "El Código Civil peruano de 1984: Su elaboración, sus aportes, las enmiendas que reclama", demarcam um momento crucial na reflexão acerca do direito ao projeto de vida, pois além de exporem a perplexidade que impeliu o jusfilósofo rumo àquela rica construção teórica, mostram que Sessarego suscitou a existência de uma situação problemática universal: o perfil desumanizado de todos os códigos civis à época vigentes.

Passados mais de trinta anos da promulgação daquele Código, escapa a nossos limites científicos verificar o grau e a extensão da alegada generalização da índole desumanizante dos diplomas civis das nações. Entretanto, conseguimos expor os importantes processos que induziram uma formatação normativa desumanizada – processos que parecem ter se acelerado em velocidade exponencial.

Fazendo justiça à perplexidade fundadora de Sessarego, realizamos um mapeamento histórico, expondo suficientemente o pano de fundo daquele olvido desconcertante e da débil proteção à pessoa dos ordenamentos jurídicos contemporâneos: uma marcha absolutista da racionalidade tecnocientífica que veio a resultar numa conformação social e

401. Sessarego, C.F. 2014, "El Código Civil peruano de 1984: Su elaboración, sus aportes, las enmiendas que reclama." *THEMIS Revista De Derecho*, (66), p. 43. Disponível em https://revistas.pucp.edu.pe/index.php/themis/article/view/12687 (acesso em 11 março 2023).

402. Sessarego, C.F. 2014, "El Código Civil peruano de 1984: Su elaboración, sus aportes, las enmiendas que reclama." *THEMIS Revista De Derecho*, (66), p. 42. Disponível em https://revistas.pucp.edu.pe/index.php/themis/article/view/12687 (acesso em 11 março 2023). Destacamos.

jurídica desumanizante e ideologizada, que baseia seu mecanismo no expediente da reificação e controle do ser humano.

Confirmou-se, assim, a hipótese de que um estudo sobre os fundamentos e possibilidade concreta de efetivação de um direito ao projeto de vida não poderia se furtar à tarefa de recontextualização, sem o que seria significativo o risco de esterilidade da construção teórica.

Com efeito, já é possível entrever que um indivíduo com projeto de vida – e, portanto, livre – não é somente "olvidável": é indesejável, pois solapa os sistemas de controle a partir de sua base. O *a priori* antropológico de um direito ao projeto de vida - qual seja, o ser humano enquanto ser essencialmente livre - confronta a estrutura social e econômica tecnocientífica a partir de sua unidade operacional básica, que é um indivíduo coisificado e atomizado. A ponta de lança de uma reação humanista se fez presente, na Filosofia, com a eclosão da escola Fenomenológica.

1.9.1. A Fenomenologia como reação aos excessos da matematização desumanizante da realidade

Se as enormes conquistas técnicas advindas da disseminação da racionalidade científica não passaram desapercebidas aos pensadores que refletiram sobre sua trajetória histórica, certamente a Filosofia não quedaria inerte diante dos efeitos nefastos da matematização ao absurdo. A reação veio sob a forma de elaborações teóricas visando servir de contrapeso ao excesso de abstração e de reducionismo da razão tecnocientífica, notadamente tendo em vista neutralizar seus efeitos desumanizantes.

A esse respeito, o próprio Hans Kelsen desvelou o cerne problemático do excesso matematizante da racionalidade *more geometrico*: tão alto chegaram as ciências em sua escalada abstrativa que perderam a capacidade de enxergar o ser humano em sua totalidade **fenomênica**.[403] Por isso mesmo, dentre as respostas filosóficas aos excessos mecanicistas talvez a mais consistente e fecunda tenha sido a Fenomenologia, de Edmund Husserl, cuja resistência à geometrização ao absurdo não foi apenas teórica, mas veio embebida duma atitude de reação ao estado de coisas decorrente daqueles excessos.

403. Kelsen, H., Robles Morchón, G. 2011, *Teoría pura del derecho*, Trotta, Madrid, p.76.

Curiosamente, o marco explícito da reação fenomenológica ao processo de reificação do ser humano foi publicado em 1934, mesmo ano da publicação da Teoria Pura do Direito de Kelsen: trata-se da obra "*A crise das ciências europeias e a fenomenologia transcendental*" Naquele escrito, Husserl parte do entrelaçamento das perspectivas epistemológicas e práticas para explicitar a crise das ciências como expressão da radical crise vital da humanidade.[404] A solução também emergiria desse entrelaçamento, retomando-se o ideal epistêmico dos antigos: a fusão de Filosofia teórica e Filosofia prática numa Filosofia como saber da totalidade.[405]

Uma síntese da essência teórica da Fenomenologia foi apresentada por Santos Oliveira:

> Segundo o filósofo checo, somente focando exclusivamente no dado tal qual aparece no interior da consciência poder-se-ia falar de uma ciência efetivamente rigorosa. Para uma explicitação satisfatória dessa ciência fenomenológica, será preciso articular quatro de seus termos chave: consciência (foco da inteligência sobre algo); intencionalidade (movimento que lança esse foco sobre algo); fenômeno (aquilo que aparece diante da consciência e que é por ela abraçado, e que dá nome à escola fenomenológica); e intuição (preenchimento de sentido que ocorre na inteligência quando aquele fenômeno é apreendido pela consciência). A Fenomenologia, por fim, será apresentada como a ciência que estuda esses fenôme nos que aparecem diante da consciência humana, tal como aparecem. Seu método, que consiste em colocar "entre parênteses" os dados do mundo desnecessários à reflexão, para dessa maneira abrir o caminho do olhar mental até o fenômeno cognitivo visado, foi chamado por Husserl de redução fenomenológica.[406]

Sob o enfoque epistemológico, o conceito de fenômeno tem talvez sua melhor definição vinda de Martin Heidegger, discípulo filosófico de Husserl e integrante do chamado Círculo de Friburgo (formado por alunos que acorreram àquela cidade para estudar com o criador da

---

404. Romero, Isidro Gomez. 1995, *Husserl y la Crisis de La Razon. Prologo de Antonio Millan Puelles*, 1ª ed. Ediciones Pedagógicas, Madrid, p.68.
405. *Ibid.*, p.74.
406. Santos Oliveira, Bruno Augusto. 2022, *Justiça Possível? Derrida e a possibilidade do julgamento justo*. Edição do Kindle.

Fenomenologia, dentre eles notáveis pensadores como Gadamer, Sartre, Marcuse e Lévinas)[407]:

> A expressão grega φαινόμενον [fainómenon], à qual remonta o termo "fenômeno", deriva do verbo φαίνεσθαι [faínesthai] que significa: se mostrar; φαινόμενον [fainómenon] quer então dizer: aquilo que se mostra, o se-mostrando, o manifesto; φαίνεσθαι [faínesthai] é ela mesma uma forma *mediana* de φαίνω [faínó], trazer para a luz do dia, colocar sob a luz; φαίνω [faínó] pertence à raiz φα- [fá-] como φως [fós], a luz, a transparência da claridade, ou seja em cujo interior qualquer coisa pode vir a ser manifesta, visível de si mesmo. Como significação da expressão, "*fenômeno*", deve-se *ater* a: o *se-mostrando-por-si-mesmo*, o manifesto. Os φαινόμενα [fainómena], os "fenômenos", são então o conjunto completo daquilo que vem ao dia ou daquilo que pode ser trazido à luz e que os Gregos identificavam por vezes siplesmente com τά 'όντα (o ente).[408]

Fenomenologia, portanto, significa fazer com que aquilo que se mostra seja visto a partir dele mesmo, tal qual se mostra, em sua totalidade:

> Ali o sentido formal da investigação que se dá pelo nome de fenomenologia. Mas aquilo que vem a se exprimir assim não é nada mais do que a máxima formulada alhures: 'direto às coisas mesmas!'.[409]

Ora, se foi preciso recorrer ao método fenomenológico para desencobrir algum fenômeno soterrado pela geometrização ao absurdo, há que se inquirir: de qual fenômeno se trata? A essa altura já mostramos que a realidade fragmentada, desidratada e encoberta pelo estreitamento da razão foi o próprio ser humano, como se a razão matematizante tivesse colocado, diante dele, um filtro monocromático.

Nesse aspecto, o lema da Fenomenologia - o "retorno às coisas mesmas" como se dão à consciência - precisa ser especificado como "retorno ao homem mesmo", consolidando-se então como força de reversão do

407. Romero, Isidro Gomez. 1995, *Husserl y la Crisis de La Razon. Prologo de Antonio Millan Puelles*, 1ª ed. Ediciones Pedagógicas, Madrid d, p.59-60.

408. Heidegger, M., Boehm, R., De Waelhens, A., Vezin, F. 1986. *Être et temps*, Gallimard, Paris, pp.55-55. Destacamos.

409. Heidegger, M., Boehm, R., De Waelhens, A., Vezin, F. 1986. *Être et temps*, Gallimard, Paris, pp.61-62.

movimento histórico de fracionamento e redução ao qual foi submetido o ser humano pelo influxo ideológico da racionalidade *more geometrico*:

> Em filosofia, como em outras áreas da atividade humana, o negativo e o erro procede geralmente do exclusivismo, do reducionismo; não da pluralidade. A variedade de métodos está em relação com o objeto de que se trate. Mostrou-se a limitação da razão objetivista para o mundo do espírito. ... Daí a principal lição da fenomenologia husserliana que coincide em tantos aspectos com a filosofia de Santo Agostinho: a volta ao sujeito.[410]

Refletindo sobre a Fenomenologia enquanto movimento filosófico, Romero divisa em Husserl a utilização do termo "Europa" como signo de uma espécie de "forma espiritual de ser". Seu *telos* seria, para o ser humano, viver configurando sua própria existência em função de ideias da razão e de tarefas infinitas. Para Husserl, essa atitude só é possível com o ressurgimento do horizonte filosófico (entrelaçado com uma *atitude* filosófica), já que com a supressão da totalidade pelo domínio do positivismo-naturalismo perdeu-se o próprio humanismo.

O predomínio de outras atitudes do homem por sobre a filosófica "poderia por em perigo o humanismo como forma superior de civilização". Contudo, com a atitude fenomenológica "há possibilidade de resgatar a dignidade do sujeito, que, extraviado entre objetos e objetivos, se esquece da questão do sentido total do mundo da vida": [411]

> Ora, isso requer uma *ciência universal do espírito* que restaure a vocação sapiencial do homem com o autêntico sentido do paradigma universal da razão ... "na qual se põe em marcha um modo completamente novo de cientificidade, no qual encontram seu lugar todas as questões imagináveis; questões do ser e questões normativas, questões da chamada existência."[412]
>
> Husserl encontra a origem do humanismo, de um homem novo, na transição da atitude natural para a atitude teorética pura ou filosófica. A atitude natural, espontânea, consiste em ocupar-se das coisas do mundo. A atitude teorética passa a ter por tema o mundo. ... Na intenção originária do renascentista opera o ideal de configurar sua vida **livremente** a partir

410. Romero, Isidro Gomez. 1995, *Husserl y la Crisis de La Razon. Prologo de Antonio Millan Puelles*, 1ª ed. Ediciones Pedagógicas, Madrid, p. 203. Traduzimos e grifamos.

411. *Ibid.*, pp. 86 e 109.

412. *Ibid.*, p.109.

> da razão, da filosofia. ... Mas este ideal de conhecimento da filosofia teorética implica, como culminação, a explicação teleológica, a questão do sentido último. ... ao descobrir o infinito mundo ideal, põe de manifesto o plano transcendental que faz possível, em toda sua plenitude, o exercício da **liberdade**. ... Ideal de configurar a vida humana em liberdade a partir da razão.[413]

Dessa forma, pode-se dizer que a Fenomenologia tem um núcleo duplo: sob o aspecto epistemológico é proposta de reflexão sobre a realidade em todos seus aspectos, sem recortes, tal como se dão à inteligência humana; do ponto de vista prático, assume que enquanto Filosofia da Totalidade resultará na valorização do ser humano em sua dignidade. Justificado, portanto, seu papel distinto no teatro da atualidade, dominado pela perspectiva desumanizante da civilização tecnocientífica.

1.9.2. A reação fenomenológica no campo jurídico: a Teoria do Dano ao Projeto de Vida como ponta de lança de um Programa Jurídico Fenomenológico-Existencial global

Como seria de se esperar, o mote fenomenológico do retorno às coisas mesmas e seu eixo totalizador humanizante foram recolhidos, em diferentes graus, por importantes correntes jurídicas, também elas buscando fazer um contraponto aos excessos da matematização transposta ao Direito.

Nessa linha, Larenz apresenta uma consistente explanação sobre a corrente fenomenológica do Direito - que, refutando o *a priori* gnosiológico do neokantismo, postula que os conceitos juscientíficos não são construções diferentes feitas a partir de uma realidade material indiferenciada e valorativamente neutra. Perfilhando o dístico metodológico fundamental de Husserl ("O verdadeiro método segue a natureza das coisas a investiga, mas não segue os nossos preconceitos e modelos."[414]), entende-se que

413. *Ibid.*, p.89. Destacamos.

414. Husserl , E. 2021, "A filosofia como ciência de rigor." *Revista de Estudos Universitários - REU*, v. 1, n. 1, Sorocaba, SP, p.54. Disponível em: http://periodicos.uniso.br/ojs/index.php/reu/article/view/4585 (acesso em 11 março 2023).

> ...também o jurista não pode pôr e dispor livremente dos seus conceitos; tem de esforçar-se por compreender a estrutura ôntica do real cuja apresentação jurídica lhe incumbe.[415]

De um ponto de vista histórico, Larenz relata visualizar já na contraposição de Welzel aos fundamentos epistemológicos do neokantismo uma relação embrionária com as ideias fundamentais de Edmund Husserl, e afirma que "quem primeiro aplicou o método fenomenológico a objectos do mundo do Direito foi o filósofo Adolf Reinach", segundo o qual as figuras jurídicas (como, por exemplo, as pretensões, as obrigações e a propriedade) têm, tal como outras entidades materiais, um "ser" - uma existência autônoma na esfera da realidade, e que

> Este ser é "independente de que haja ou não quem o apreenda", e em especial independente de todo o Direito positivo. O Direito positivo "não produz em nada" os conceitos jurídicos a que dá acolhimento: depara com eles. Esses conceitos têm uma estrutura própria, sobre a qual podemos enunciar proposições apriorísticas; e se o Direito positivo é livre de "os acolher na sua esfera ou deles divergir", todavia não consegue" afectar sua existência específica. Pelo contrário, a "estrutura do Direito positivo só se torna inteligível através da estrutura da esfera exterior ao Direito positivo".[416]

O cerne material da formulação teórica é a premissa de que a prática das pessoas (*v.g.*, quando se entendem para fazer uma compra e venda, para renunciar a algum direito ou para se casar) produz efeitos por si só, independente de que sejam seus atos acobertados ou não por uma ordem jurídica ou seja, há fatos não normativos jurígenos.

Olhando pelo ângulo inverso, "o Direito positivo não poderia preceituar que actos destes fossem 'eficazes' (no sentido da vigência jurídico-positiva) se entre as possibilidades do comportamento humano não se contasse já a de praticar actos que, *pelo seu próprio sentido*, estão dirigidos a produzir um determinado efeito na esfera jurídica."[417] Nessa

415. Larenz, K. 1997, *Metodologia da Ciência do Direito*, 3.ed., Fundação Calouste Gulbenkian, Lisboa, p.152.

416. *Ibid.*, p.153.

417. Larenz, K. 1997, *Metodologia da Ciência do Direito*, 3.ed., Fundação Calouste Gulbenkian, Lisboa, p.152.

senda, Larenz apresenta a proposta de Gerhart Husserl,[418] segundo o qual as figuras do Direito positivo consistiriam numa concretização legal de possibilidades aprioristicamente dadas – negando "inequivocamente a tese fundamental do positivismo, a saber: a da discricionariedade absoluta do conteúdo das normas".[419]

Vê-se efetuada uma verdadeira *contra-revolução copernicana*, pois o sentido, que partia integralmente da estrutura cognoscente do elaborador da norma (que daria a conformação e valoração que entendesse apropriada sobre a realidade do mundo da vida), passa a emanar da própria realidade. O fato juridicamente relevante, passando a ser entendido como fenômeno (na acepção da Fenomenologia), deixa de ser puramente passivo e impossibilita a construção de qualquer ordem normativa estritamente formal e de índole *more geometrico* e abstrativa - como ocorrera, por exemplo, na Teoria Pura do Direito de Kelsen.

Na prática, a tarefa da ciência jurídica passa a ser investigar os "nexos específicos fundados numa 'legalidade da essência'", ou seja, se converte em trabalho de investigação da essência, ou investigação fenomenológica, para lançar um olhar conglobante sobre a realidade da vida e para o Direito positivo, cujo núcleo de sentido "supra-positivo" terá de desvendar. Núcleo de sentido, reitera Larenz, que "não é em caso algum vazio... mas sim pleno de conteúdo" e emergente "da realidade jurídica previamente dada em cada caso."[420]

Também no Brasil vieram a lume construções jurídicas de índole fenomenológica. Citando as contribuições de Miguel Reale, Lourival Vilanova e Luís Washington Vita, Strenger registrou, em 1959, que "apesar de não muito extensa, é profunda a penetração do método fenomenológico no pensamento jusfilosófico brasileiro",[421]sendo particularmente notável seu influxo no sistema de Miguel Reale, "onde as teorias husserlianas se tornaram profícuos mananciais para a solução de alguns dos

418. Filho de Edmund Husserl com sua esposa Malvine Charlotte.

419. Larenz, K. 1997, *Metodologia da Ciência do Direito*, 3.ed., Fundação Calouste Gulbenkian, Lisboa, p.155.

420. *Ibid.*, p.154-156.

421. Strenger, Irineu. 1959, "Influências de Husserl no pensamento jusfilosófico brasileiro", *Revista Brasileira de Filosofia*, t. 35, São Paulo, p.569.

mais relevantes problemas da Filosofia em geral e da Filosofia do Direito em particular."[422]

A considerável influência da Fenomenologia na obra de Reale consistiria em que "na pesquisa sobre a consistência da experiência jurídica, o citado professor parte de uma análise fenomenológica da realidade jurídica para, depois, verificar quais os seus reflexos como vigência no processo histórico das ideias."[423] Essa opinião é compartilhada por Cavalcanti Filho, que, na Introdução à segunda edição da obra *Fundamentos do Direito*, de Reale, afirma que "através de uma meditação segura da fenomenologia husserliana, o autor iria estabelecer a premissa central de que o método se ajusta ao objeto e assim se impunha, antes de tudo, através das perspectivas apontadas, estabelecer a rearticulação já exposta do Ser e do Direito."[424]

Lecionando sobre a análise fenomenológica da realidade jurídica, Miguel Reale propõe em primeiro lugar "recorrer, na descrição do fato jurídico, a alguns elementos que compõem o chamado método fenomenológico de Husserl": o primeiro dever do estudioso é realizar a *epoché* fenomenológica – ou seja, procurar afastar de si todos os preconceitos porventura formados a respeito do mesmo fenômeno; a seguir, colocar-se num estado de disponibilidade perante o objeto, buscando captá-lo com todas suas qualidades e elementos, recebendo-o tal como se oferece originariamente ao intelecto. Nesse estado, procede-se a uma sucessão de perguntas, retirando uma a uma as camadas ou estruturas do objeto, até que só restem seus elementos essenciais, quando então a intuição empírica terá sido elevada a intuição da essência.[425] A seguir, o professor Reale oferece ao leitor o que consideramos uma das definições mais didáticas já formuladas para descrever a operação do método fenomenológico:

> Se quisermos, por exemplo, saber qual a consistência de um objeto como esta mesa, a fim de poder penetrar-lhe a essência, devemos considerá-la

422. Strenger, I. 1965, "Fenomenologia e criticismo ontognoseológico", Revista da Faculdade De Direito, Universidade De São Paulo, 61(1), p.199. Disponível em https://www.revistas.usp.br/rfdusp/article/view/66505 (acesso em 11 março 2023).

423. Strenger, Irineu. 1959, "Influências de Husserl no pensamento jusfilosófico brasileiro", *Revista Brasileira de Filosofia*, t. 35, São Paulo, p.570.

424. Reale, M. 2014, *Fundamentos do Direito,* Migalhas, São Paulo, p.52.

425. Reale, M. 2007, *Filosofia do direito*, Saraiva, São Paulo, p.362.

> apenas como conteúdo da consciência [...] para uma descrição pura e imediata. Verificamos, por exemplo, que se trata de mesa envernizada, dotada de certa forma. Podemos, de maneira evidente, reconhecer, num ato espiritual, que a circunstância de ser ou não envernizada, de ser de mármore ou de bronze, são qualidades acessórias, que não dizem respeito à consistência daquilo que procuramos determinar como sendo o objeto "mesa" como tal.
>
> Através desta análise em progressão, podemos e devemos atingir uma ou várias notas que não poderemos mais colocar entre parêntesis, porque, se o fizermos, o próprio objeto acabará entre parêntesis... Quando atingirmos esse ponto, esse dado não abstraível, temos o que se denomina *eidos*, a essência da coisa (*redução eidética*).[426]

Reale postula que todo ato cognoscitivo se funda em um "*a priori* material" (a relação do sujeito cognoscente com o objeto de conhecimento), pelo que toda reflexão fenomenológica se resolve em uma reflexão subjetivo-objetiva, ou *ontognoseológica*. Quando a inteligência humana (espírito) se debruça sobre uma realidade objetiva, também ela se objetiva e as significações então construídas são dela inseparáveis. Entre sujeito cognoscente e objeto conhecido estabelece-se naquele instante o que Reale denomina "correlação de polaridade e complementaridade", que encontra correspondência, no plano prático, no binômio *valor* e *realidade*.[427]Segundo ele, "somente através desse duplo processo de implicação, isto é, em virtude do apontado *processo dialético de implicação e polaridade*, é que atingiremos alguns resultados sobre a consistência e a natureza do fenômeno jurídico, assim com de qualquer outro fenômeno cultural."[428]Enlaçados os elementos fáticos e axiológicos, virão à luz "as distintas espécies de *normas*, morais, religiosas ou jurídicas."[429]

Apoiado sobre essa meticulosa construção teórica, Reale postula que

> ... o estudo do Direito não pode ser deduzido de dois ou três preceitos fundamentais, mas deve, ao contrário, ser feito a partir da experiência e sem perda de contato com a experiência, mas não da experiência mutilada

426. Reale, M. 2007, *Filosofia do direito*, Saraiva, São Paulo, p.363.
427. *Ibid.*, p.367-369.
428. *Ibid.*, p.370.
429. *Ibid.*, p.370.

> dos empiristas, e sim da experiência histórico-axiológica correspondente à plenitude da existência humana.[430]

Por fim, Strenger consegue apresentar a essência da teoria de Miguel Reale numa formulação que deixa explícita sua lealdade ao programa fenomenológico enquanto reação às consequências reducionistas e desumanizantes dos excessos da racionalidade *more geometrico*:

> Realçando como uma das características fundamentais do pensamento contemporâneo o desejo de totalidade e demonstrando que a experiência total do homem se desenrola na unidade de um processo correlacionante de três momentos, *valor, dever ser* e *fim,* Miguel Reale transporta para o âmbito do Direito a noção segundo a qual não existe possibilidade de qualquer fenômeno jurídico sem que se ponha um fim como algo valioso e imperativo de nosso comportamento.[431]

No epicentro de sua tese, uma ideia central de Lima Vaz: a ação humana é axiogênica.

Chegamos, enfim, a Sessarego. A tarefa é mostrar como sua construção teórica sobre o direito ao projeto de vida se insere, ela também, no bojo de um amplo programa fenomenológico-existencial. A partir dessa perspectiva é poderemos lançar as bases de explicitação de seus fundamentos apriorísticos antropológicos e, a seguir, normativos.

Na abertura dessa senda cumpre relembrar seu diagnóstico a propósito da configuração objetificante do Direito atual, para ele em grande parte tomado pelo espírito da geometrização ao absurdo.

No artigo em que narra o histórico de elaboração do novo Código Civil peruano, Sessarego - que liderou aquele processo durante sua longa maturação de duas décadas - nomeia sua proposta jusfilosófica de "Teoria do Dano ao Projeto de Vida", e já indica seu pertencimento ao ramo das investigações jurídicas de índole fenomenológica:

430. Reale, M. 2014, *Fundamentos do Direito,* Migalhas, São Paulo, p.355-356.

431. Strenger, I. 1965, "Fenomenologia e criticismo ontognoseológico", Revista Da Faculdade De Direito, Universidade De São Paulo, 61(1), p.213. Disponível em https://www.revistas.usp.br/rfdusp/article/view/66505 (acesso em 11 março 2023).

> O Código Civil de 1984, além do que já anteriormente assinalado, contém outros aportes da dogmática jurídica universal, pelo que foi reconhecido como um corpo de leis inovador. Podem-se assinalar, para esse efeito, duas dessas contribuições originais à literatura jurídica. Elas são a "Teoria Tridimensional do Direito" e a "Teoria do Dano ao Projeto de Vida", ambas provenientes do Peru. A "Teoria Tridimensional do Direito", uma das criações jurídicas simultaneamente aparecidas no Brasil e no Peru em meados do século XX, a encontramos recolhida por alguns dos dispositivos do Código de 1984. Esta teoria, como se sabe, sustenta que o objeto de estudo do Direito é o resultado da interação de: (i) Vida humana social; (ii) valores; (iii) normas jurídicas. [432]

Numa reflexão histórica acerca das características daquele diploma normativo, Sessarego revela o envoltório axiológico com o qual se lhe buscou revestir:

> O importante e singular aporte que distingue nosso Código Civil dos demais corpos de leis que se encontram vigentes na atualidade, é ter outorgado preeminência a uma concepção humanista-personalista do Direito, em substituição àquela de corte individualista-patrimonialista que, inspirada no Código Civil francês de 1804, é recolhida pelos códigos civis que o tomaram como modelo e que se mantém até nossos dias. [433]

Nesse aspecto, a peculiar situação institucional de Sessarego (Ministro da Justiça por ocasião da deflagração do processo de revisão do Código Civil, presidente da primeira comissão de revisão e participante ativo de todo o processo até sua promulgação) lhe permitiu influir diretamente naquele "movimento de humanização" do Direito positivo de seu país, com a adoção do que chama de uma "cláusula geral de proteção do ser humano", tutelando a pessoa de forma unitária e integral, sem exclusão dos interesses existenciais. Essa cláusula foi consubstanciada no artigo 5º do Código Civil peruano de 1984 e, na visão de Sessarego, sob o

432. Sessarego, C.F. 2014, "El Código Civil peruano de 1984: Su elaboración, sus aportes, las enmiendas que reclama." *THEMIS Revista De Derecho*, (66), p. 42. Disponível em https://revistas.pucp.edu.pe/index.php/themis/article/view/12687 (acesso em 11 março 2023).

433. *Ibid.*, p. 45. Disponível em https://revistas.pucp.edu.pe/index.php/themis/article/view/12687 (acesso em 11 março 2023). Destacamos.

manto do princípio da dignidade é acolhida pelo artigo 3º da Constituição Política do Peru de 1993:[434]

> Art. 5º. O direito à vida, à integridade física, à liberdade, à honra e demais direitos inerentes à pessoa humana são irrenunciáveis e não podem ser objeto de cessão. Seu exercício não pode sofrer limitação voluntária, salvo o disposto no artigo 6.

Apresentando as linhas axiais de sua teoria no opúsculo "Daño al proyecto de vida",[435] Sessarego explicita a adoção não apenas do método fenomenológico de Husserl, mas também de sua proposta enquanto movimento filosófico, afirmando que

> Cruza por nossa mente, neste instante, uma frase de Husserl que nos marcou desde jovem e que é algo assim como um "grito de guerra" contra todo exacerbado conceitualismo distanciado da realidade. Husserl, ao tratar de descobrir, de desvelar o ser mesmo (*noumeno*), nos aconselhava pôr entre parêntesis tudo aquilo que perturbava nossa visão, que nos desviava da reta e direta via epistemológica para aceder ao ser mesmo. Por isso seu drástico conselho, que soa como uma ordem, foi: "às coisas mesmas". É dizer, a necessidade de livrarmos do emaranhado conceitual, que frequentemente nos ata, constrange e confunde, para enfrentar a realidade tal como se nos oferece. Dessa forma, à maneira de Husserl, poderíamos proclamar, tratando-se do Direito, este lema: "à experiência mesma".[436]

Caminhando por sobre a árvore genealógica da Fenomenologia, Sessarego adota uma concepção do ser humano enquanto realidade unitária e integral, e ancora o *a priori* antropológico de sua tese nas noções de temporalidade e liberdade trazidas de Heidegger e Sartre, ambos integrantes do grupo de estudantes de Husserl chamado Círculo de Friburgo, postulando que:

434. Sessarego, C.F., 1996. "Daño al proyecto de vida.", *Derecho PUCP, (50)*, 47–97, p.77. Disponível em https://revistas.pucp.edu.pe/index.php/derechopucp/article/view/5925/5934 (acesso em 25/02/2023).

435. *Ibid.*, p.77. Disponível em https://revistas.pucp.edu.pe/index.php/derechopucp/article/view/5925/5934 (acesso em 25/02/2023).

436. Sessarego *Ibid.*, p.10. Disponível em https://revistas.pucp.edu.pe/index.php/derechopucp/article/view/5925/5934 (acesso em 25/02/2023).

> O ser humano é tempo. Constitui um processo temporal aberto, onde o passado condiciona o presente e, desde este, se projeta o futuro. O futuro está, portanto, dado no presente em forma de projeto. Se o ser humano é temporal é, também, e por conseguinte, um ser histórico. A liberdade no tempo, a vida temporal da liberdade, fazem possível que cada ser humano se projete, se realize, desenvolva sua personalidade, tenha uma biografia e uma identidade.
>
> O ser humano, para realizar-se no tempo enquanto ser livre, deve projetar sua vida. A vida resulta, assim, um processo continuado de fazeres segundo sucessivos projetos. O projeto tem como condição a temporalidade. No presente decidimos com o que projetamos ser no instante imediato, no futuro, condicionados pelo passado.[437]

Tendo assumido as premissas antropológicas, metodológicas e axiológicas centrais da Fenomenologia, Sessarego também acolhe expressamente contribuições intelectuais de Kierkegaard, Jaspers, Heidegger, Sartre e Mounier, perfilhando assim com a visão de mundo do Existencialismo e do Personalismo. Com isso, atrela sua teoria jurídica a um *a priori* antropológico centrado no modelo da "Antropologia Existencial".

A propósito dessa linha de pensamento, Lima Vaz ensina que a raiz comum que permite reunir diversos pensadores sob a designação de "existencialistas" é a centralidade da categoria de *existência* na acepção que emergiu pela primeira vez em Kierkegaard,[438]que define um projeto existencial como a busca pela interiorização e a seriedade do existir,[439] pois "é esse prodígio da vida, que qualquer ser humano que presta atenção a si mesmo sabe o que nenhuma ciência sabe, dado que ele sabe quem ele mesmo é, e isso é o que há de profundo na sentença grega Γνώθι Σεαυτόν (*conhece-te a ti mesmo*)."[440]

437. Sessarego, C.F., 1996. "Daño al proyecto de vida.", *Derecho PUCP, (50),* 47–97, p.10. Disponível em https://revistas.pucp.edu.pe/index.php/derechopucp/article/view/5925/5934 (acesso em 25/02/2023).

438. Vaz, H.C. de L. 2020, *Antropologia Filosófica,* Edições Loyola, São Paulo, p.128.

439. Kierkegaard, S. 2013, *O conceito de angústia: uma simples reflexão psicológico-demonstrativa direcionada ao problema dogmático do pecado hereditário de Vigilius Haufniensis,* Vozes Editora Universitária São Francisco, Petrópolis, RJ; Bragança Paulista, SP, p. 171.

440. *Ibid.*, p. 85.

Quanto aos herdeiros filosóficos de Kierkegaard, Lima Vaz destaca em primeiro lugar Karl Jaspers como, talvez, o filósofo que mais se aproximou do modelo de uma Antropologia Existencial, e que num processo denominado "clarificação da existência" distingue o *Dasein*, enquanto existência empírica do ser humano, da *Exsistenz*, correspondente ao indivíduo em sua unicidade irredutível. A seguir, destaca o lugar de Martin Heidegger e de sua Analítica Existencial dentre as mais importantes fontes da concepção existencial do ser humano. Adiante, aponta como a mais conhecida tentativa de constituição de uma Antropologia Existencial a proposta de Jean-Paul Sartre, que formula, ao exemplo de Heidegger, uma concepção do ser humano a partir de uma ontologia que busca investigar fenomenologicamente as estruturas da existência humana, e conclui destacando as peculiaridades da fenomenologia da percepção, de Merleau-Ponty.[441]

Portanto, não é difícil entender porque Sessarego realiza toda sua caminhada de construção da "Teoria do Dano ao Projeto de Vida" sob a luz da Antropologia Filosófica, advertindo que somente por meio dessa disciplina se poderá obter uma fundamentação racional rigorosa. Enquanto postula a necessidade de fundamentação de sua teoria a partir da explicitação das categorias antropológicas essenciais do ser humano, assevera que

> Se não acudíssemos à Antropologia Filosófica com o propósito de colocar em evidência certos princípios retores que servem de necessário e iniludível sustento a nossa exposição, não seria improvável que se pudesse pensar que o "dano ao projeto de vida" poderia ser tão só uma mera abstração, um enganoso jogo conceitual, uma simples ilusão, algo irreal, em suma.[442]

De fato, é preciso concordar com Sessarego, pois a disciplina capaz de identificar as estruturas inerentes ao ser humano é justamente a Antropologia Filosófica. Em se tratando de um projeto jusfilosófico - qual seja, a construção teórica de um novo direito ao projeto de vida -, cuida-se de ferramenta essencial, pois o conhecimento da natureza do ser humano

441. Vaz, H.C. de L. 2020, *Antropologia Filosófica*, Edições Loyola, São Paulo, pp.128-129.

442. Sessarego, C.F., 1996. "Daño al proyecto de vida.", *Derecho PUCP, (50)*, 47–97, p.10. Disponível em https://revistas.pucp.edu.pe/index.php/derechopucp/article/view/5925/5934 (acesso em 25/02/2023).

"é determinante quanto a sua proteção jurídica. Sem esse conhecimento prévio não é possível outorgar-lhe a devida proteção jurídica."[443]

Aproximando-nos do final de nossa arqueologia macrofilosófica, ainda devemos nos deter um pouco para chamar a atenção para um pequeno, mas vital, trecho do artigo 5º do novo Código Civil peruano, concebido por Sessarego:

> Art. 5º. O direito à vida, à integridade física, à liberdade, à honra e demais direitos inerentes à pessoa humana são irrenunciáveis e não podem ser objeto de cessão. Seu exercício não pode sofrer limitação voluntária, salvo o disposto no artigo 6.

Analisando os termos desse dispositivo que Sessarego chamou de "cláusula geral de proteção do ser humano", identificamos em seu cerne a expressão "*e demais direitos inerentes à pessoa humana*" – locução que adiciona discretamente ao artigo, além da evidente força protetiva, uma outra capacidade: servir de porta automática de entrada para outros direitos, que se entenderão como já desde sempre protegidos, desde que inerentes à pessoa humana.

Trata-se de um mecanismo engenhoso e, sob um ponto de vista racional, bastante consistente, pois abre espaço para postular que determinado direito já se encontra desde sempre aninhado implicitamente na ordem jurídica positiva, bastando para seu acolhimento apenas a prova antropológica de que emana de uma estrutura universal e essencial do ser humano. Nessa dinâmica, seu reconhecimento expresso consistiria apenas num desvelamento de uma realidade jurígena já dada.

Além do mais, trata-se de expediente bastante fecundo pois, em qualquer ordenamento jurídico que consagre o Princípio da Dignidade na acepção de proteção do ser humano enquanto integralidade e fim em si mesmo, encontrará guarida toda e qualquer estrutura categorial do ser humano.

443. Sessarego, C.F. 1996, "Precisiones preliminares sobre el daño a la persona", *THEMIS Revista de Derecho*, (34), p. 183. Disponível em https://revistas.pucp.edu.pe/index.php/themis/article/view/11843 (acesso em 11/03/2023).

Por fim, há que se registrar que, partindo da observação da evolução da responsabilidade civil por dano à pessoa, Sessarego conclui que os aportes da Filosofia da Existência abriram as portas para uma nova concepção jurídica do ser humano, possibilitando a gradual transição de uma concepção de raiz individualista-patrimonialista para um personalismo solidário. Aderindo àquele movimento, afirma então sua própria Teoria do Direito do Projeto de Vida como ramificação de uma corrente de renovação do Direito, baseada na revalorização do ser humano e partícipe de um "processo de proteção integral da vida humana."[444]

Concluímos, dessarte, nossa jornada exploratória, e pensamos ser razoável afirmar que:

> 1) a postulação da existência de um direito humano ao projeto de vida se coloca em conflito com a própria estrutura científica, social e econômica da atualidade, tornando-se uma árdua tarefa;
>
> 2) entretanto, a jornada vale a pena, pois é capaz de assegurar um espaço existencial mínimo a partir do qual o ser humano contemporâneo pode escapar de sua atual situação de precariedade existencial e de tecnobarbárie;
>
> 3) é preciso, portanto, investigar ao máximo os fundamentos do direito ao projeto de vida, notadamente seu *a priori* antropológico, e explicitar como, a partir dessa fundação, se torna uma necessidade sua transposição para o interior do ordenamento jurídico.

Se formos bem sucedidos nessa empreitada de explicitação do fundamento apriorístico do direito ao projeto de vida e do mecanismo de sua introjeção no direito positivo, conseguiremos dotá-lo de rigorosa base teórica e postular de forma consistente a sua situação de direito formal e materialmente protegido.

Dessa forma, cumpre atentar às recomendações de Sessarego para empreender uma investigação preliminar sob a luz da Antropologia Filosófica.

444. Sessarego, C.F. 1996, "Precisiones preliminares sobre el daño a la persona", *THEMIS Revista de Derecho*, (34), p. 178. Disponível em https://revistas.pucp.edu.pe/index.php/themis/article/view/11843 (acesso em 11/03/2023).

PARTE 2

ANTROPOLOGIA FILOSÓFICA:

Mostrando o ser humano enquanto projeto

PREPARANDO O TERRENO

para viabilizar a proposta de uma Teoria do Direito Projeto de Vida

Imagem. Disponível em https://www.ecologiaverde.com/preparar-la-tierra-para-sembrar-hortalizas-715.html (acesso em 11 março 2023).

EMENTA: *Refutamos a infalibilidade do parâmetro tecnocientífico--matemático como instância máxima da racionalidade. Abre-se espaço para assentar a base racional de uma Teoria do Projeto de Vida sobre fundamentos racionalmente justificados. No caso, isso significa investigar a essência mesma do ser humano para ver se é possível identificar nele, como estrutura fundamental, o projeto de vida. Tal investigação será feita por meio da disciplina que estuda o ser humano: a Antropologia Filosófica. Se comprovado que o ser humano é, estruturalmente, um ser-que-(se)projeta, será possível afirmar o direito ao projeto de vida como direito fundamental e iniciar os trabalhos de semeadura de um esboço de Teoria do Direito ao Projeto de Vida.*

2. RAÍZES ANTROPOLÓGICAS DO PROJETO DE VIDA: O SER HUMANO COMO PROJETO

Sessarego pontificou que o conhecimento do ser humano é pressuposto do Direito, pois

> **...não se pode compreender o que significa o direito se não se conhece, previamente, a natureza do ente que motiva a valiosa proteção de suas normas.** ... Não se pode **levantar uma construção conceitual-normativa** sem conhecer quais são os cimentos, as bases, os supostos do direito. ... O conhecimento do ser humano, à altura de nosso tempo, permite que se ampliem assim os alcances tradicionais do direito subjetivo... [1]

De fato, não poderíamos discorrer racionalmente sobre o direito ao projeto de vida sem antes investigar o ser humano e sua relação com o projeto. E, uma vez assumida a premissa, um bom ponto de partida para a reflexão é a questão da temporalidade. Afinal, de que o ser humano vive no tempo e no tempo configura seu horizonte existencial não há dúvidas, e disso somos nós próprios testemunhas efetivas no simples ato de ler essa frase, retendo e conectando e modulando temporalmente as palavras isoladas para que, ao final, façam sentido. Enfim, como leciona Jolivet, o ser humano é o ser que existe sob o modo de testemunha de seu próprio ser.[2] Eu posso, afirmou Sartre, "sentir o tempo que corre e me perceber a mim mesmo como unidade de sucessão. Nesse caso, tenho consciência *de* durar."[3]

Conforme a lição de Sartre, a temporalidade é, antes de tudo, sucessão, ou "ordem cujo princípio ordenador é a relação antes-depois", e essa sucessão é o ser do ser humano enquanto consciência de si: o ser humano existe "se temporalizando", e somente pode existir sob a forma temporal – possui, assim, uma existência diaspórica.[4]

1. Sessarego, C.F. 1996, "Precisiones preliminares sobre el daño a la persona", *THEMIS Revista de Derecho*, (34), 180 e 183. Disponível em https://revistas.pucp.edu.pe/index.php/themis/article/view/11843 (acesso em 11/03/2023). Destacamos.
2. Jolivet, R. 1948, *Les doctrines existentialistes de Kierkegaard à J.P. Sartre*, Éditions de Fontenelle, Abbaye Saint-Wandrille, p. 195.
3. Sartre, J.-P., Elkaïm-Sartre, A. 2017, *L' être et le néant: essai d'ontologie phénoménologique*, Edition corrigée. ed, Collection TEL, Gallimard, Paris, p. 185.
4. *Ibid.*, p. 165 e 172.

No mesmo sentido, discorrendo sobre o pensamento heideggeriano, Jolivet ensina que a existência humana "se temporaliza necessariamente, mesmo que de forma diferente, em suas diversas possibilidades", sendo essencialmente temporal, e de tal forma que "existir nada mais é do que exercer modos de temporalização". Nesse aspecto, concordamos com Heidegger em que o ser humano (quer se adira plenamente, ou não, à sua concepção do *Dasein*) "é sempre e necessariamente antecipante, na medida em que ele não cessa de se posicionar em face de suas possibilidades. Ele é, em seu ser, fundamentalmente futuro: o ser humano é 'o ser à distância".[5]

Nessa senda, "O *Dasein* é fundamentalmente temporalização. O tempo não é uma coisa: ele se temporaliza ele-próprio sob a forma do futuro, do passado, e do presente, que são as três *extases da temporalidade (Ekstasen der Zeitlichkeit)*, não espalhadas, niveladas e repetidas, como imagina a concepção corrente, mas imbricadas entre elas na unidade fundamental de sua estrutura ontológica." Por ser temporal, o ser humano é também histórico – e não pode existir de outra forma, pois o caráter de temporal constitui o fundo mesmo de seu ser. Por meio dessa dialética viva, a temporalidade oferece para o ser humano um *horizonte* a partir do qual enxergará o mundo interior, o exterior, e a relação.[6]

Esboçando uma Ontologia do Tempo, Sartre postulou que a reflexão humana, por ele definida como "consciência consciente de si mesma", coloca em evidência duas modalidades de temporalidade: uma *original*, totalidade tridimensional composta por passado, presente e futuro, que define a estrutura do indivíduo enquanto temporalização ou historicidade; e uma temporalidade *psíquica*, surgida a partir da reflexão como "uma série concreta de unidades ou fatos psíquicos que se sucedem à maneira das coisas", fazendo "da multiplicidade de objetos exteriores uns aos outros como que vagões de um trem em movimento."[7] Nessa seara surge a *psyché*, definida como o *Ego*, seus estados, qualidades, atos e memórias, na existência cotidiana do ser humano - ou seja, "totalidade

5. Jolivet, R. 1948, *Les doctrines existentialistes de Kierkegaard à J.P. Sartre*, Éditions de Fontenelle, Abbaye Saint-Wandrille, p. 125-126.
6. Jolivet, R. 1948, *Les doctrines existentialistes de Kierkegaard à J.P. Sartre*, Éditions de Fontenelle, Abbaye Saint-Wandrille, p. 129-131.
7. *Ibid.*, p. 196-197.

acabada num Presente que conserva todo um Passado e determina o Futuro". Nesse ambiente, a consciência reflexiva do homem se constitui em consciência temporal, revelando ao homem o território da duração psíquica - e, nesse território, ele se percebe enquanto realidade temporalizante.[8]

Na busca por um fundamento antropológico racional para um direito ao projeto de vida, a tarefa que ora nos interpela é explicitar:

1. como a percepção interna a partir de um horizonte temporal, enquanto constitutiva do ser humano, vai determinar sua existência – ou seja, como o ser humano se relaciona com essa constituição interna temporal, e como a perspectiva do futuro acaba por determinar o ser humano atual, que se constitui, no presente, a partir da escolha de uma possibilidade futura enquanto *projeto* fundamental.
2. que viver segundo um projeto fundamental é estrutural ao ser humano – que constitui-se, essencialmente, num ser-que-(*se*) projeta.

É o que buscaremos trazer à luz a seguir.

2.1. Rememoração histórica: em busca das invariantes conceituais de uma essência projetiva do ser humano

Sessarego advertiu que sem o recurso à Antropologia Filosófica "o 'dano ao projeto de vida' poderia ser tão só uma mera abstração, um enganoso jogo conceitual, uma simples ilusão, algo irreal, em suma".[9]

Atentos à exortação, entendemos ser necessário fazê-lo como ensinou Lima Vaz: sob a forma de Antropologia integral como ontologia do ser humano, que investiga suas estruturas e relações tendo como ponto de partida a pré-compreensão, entendida como compreensão espontânea que cada ser humano tem de seu próprio ser na experiência

8. *Ibid.*, p. 198.
9. Sessarego, C.F., 1996. Daño al proyecto de vida. *Derecho PUCP, (50)*, 47–97, p.10. Disponível em https://revistas.pucp.edu.pe/index.php/derechopucp/article/view/5925/5934 (acesso em 25/02/2023).

cotidiana da vida – experiência essa que é capaz de fazer de si mesmo como expressividade.[10]

Somente por esse caminho será possível identificar e recolher as estruturas e ideias que, como veremos, emergirão da pesquisa histórica: espaço de interioridade, auto-regulação racional, *dynamis* vital e *autokinesis*. A partir desse percurso será possível divisar o ser humano como "ser-que-(*se*)projeta" e, dessa forma, enxergar o direito ao projeto de vida em sua real posição de direito fundamental.

Cumpre ressaltar, a propósito, que o fato de que a referida *autokinesis* decorra de uma orientação teleológica às ideias, de uma ordenação existencial a Deus, de pulsões naturais ou de uma carência surgida pela perplexidade diante da infinitude do universo é uma questão que escapa ao recorte de nossa investigação. A tarefa, nesse estudo, é evidenciar a essência projetiva do ser humano enquanto estrutura essencial.

Seguindo o trajeto da rememoração (*Erinnerung*) de Lima Vaz, que se propõe a recolher e "examinar de que modo as formulações e soluções dadas às questões foram sendo pensadas e articuladas ao longo do tempo" e, por meio dessa investigação histórica, descobrir invariantes conceituais desveladas pela Filosofia,[11] buscaremos agitar o fundo do leito sapiencial para deixar virem à tona noções e reflexões que nos permitam mostrar que, nas diversas concepções do ser humano ao longo da história, esteve sempre presente o *projeto de vida* como emanação de um dinamismo ilimitado de inteligência e vontade sob a forma de projeto.

No epicentro dessa estrutura, como núcleo último de inteligibilidade do ser humano, sua autoposição como sujeito.[12] Ao final, se comprovado que o "projetar-se" é estrutura fundamental do ser humano, da articulação dessa categoria com a construção teórica do direito ao projeto de vida decorrerá seu acolhimento sob o manto do princípio da dignidade.

10. Vaz, H.C. de L. 2020, *Antropologia Filosófica,* Edições Loyola, São Paulo, p.15.

11. *Ibid.*, p.14.

12. *Ibid.*, p.30.

2.1.1. *O ser humano como projeto na filosofia do período Grego Arcaico*

O percurso histórico de Vaz inicia no período grego arcaico, onde já identifica na oposição entre o apolíneo e o dionisíaco (onde a primeira referência representa a "presença ordenadora do *logos* na vida humana") um gérmen de tematização do elemento racional como estrutura fundamental do ser humano; com Diógenes de Apolônia a filosofia pré-socrática já via o ser humano como ser ordenado finalisticamente em si mesmo e em relação ao *kósmos*.[13] A individualidade, nosso *topos* focal de investigação, só teria começado a emergir na poesia épica e lírica (como, ademais, já vimos indicado na leitura que Horkheimer e Adorno fazem da Odisseia de Ulisses como uma ruptura gradual com o mito e, na afirmação do nome do herói diante da velha ordem representada pelo ciclope Polifemo, uma elevação por sobre a situação de indiferenciação, fazendo das jornadas do Odisseu um movimento de hipóstase do indivíduo ascendente); enfim, com a Ilustração sofística ateniense viria a decisiva inflexão antropológica da qual eclodiriam tanto o individualismo relativista quanto a análise do ser humano enquanto animal racional e ser de necessidade e carência.[14]

Com Sócrates despontaria a "inflexão decisiva que orienta até hoje o pensamento antropológico": refletindo sobre o que constitui o "propriamente humano", o filósofo concluiu que essa expressão só tem sentido se referida a "um princípio interior ou a uma dimensão de interioridade presente em cada homem e que ele designou justamente com o antigo termo de 'alma' (*psyché*)".[15] Essa interioridade seria o ponto culminante de um caminhar que teria iniciado no ídolo homérico, passou pela alma como sopro vital, percorreu o *daímon* (espírito conselheiro interior) órfico pitagórico para enfim chegar ao "homem interior" onde, segundo Vaz, tem lugar "a **opção profunda** que orienta a vida humana segundo o justo ou o injusto" e é a verdadeira essência do ser humano.[16] Na lapidar narrativa de Horkheimer e Adorno,

13. Vaz, H.C. de L. 2020, *Antropologia Filosófica,* Edições Loyola, São Paulo, p.39.
14. *Ibid.*, p.43-44.
15. *Ibid.*, p. 44.
16. *Ibid.*, p. 44-45. Destacamos.

> Sócrates... foi o verdadeiro arauto da ideia abstrata da individualidade, o primeiro que situou explicitamente em um primeiro plano a autonomia do indivíduo. A afirmação socrática da consciência elevou a relação entre o individual e o particular a um nível novo. O equilíbrio deixou de ser derivado da harmonia estabelecida dentro da *polis*; o geral foi, pelo contrário, concebido agora como uma verdade interior, capaz quase de de se auto-legitimar, cuja sede radicava no espírito do homem. ... Para Sócrates, que aderiu às especulações dos grandes sofistas, não bastava apenas desejar nem tampouco fazer o justo irrefletidamente. A escolha consciente era uma pré-condição da condução moral da vida. E, assim, teve que se chocar com os juízes atenienses, que representavam os costumes e o culto consagrados. Seu processo parece caracterizar o momento do processo histórico-cultural no qual a consciência individual e o estado, o ideal e o real, começam a ver-se separados por um abismo. Oposto à realidade exterior, o sujeito começa a pensar de si mesmo que é a mais alta de todas as ideias.[17]

Sobre esse tópico, Vaz destaca ainda como um dos principais traços da ideia socrática do ser humano a valorização ética do indivíduo pivotando em torno da interpretação socrática "do preceito délfico do 'conhece-te a ti mesmo' (*gnôthi sautón*) do qual resulta a necessidade de Cura e do cuidado com a vida interior".[18] Trata-se de um marco fundamental para nosso trabalho, no curso do qual descobriremos que a alocação, no espaço da interioridade, do "conhece-te a ti mesmo" abre espaço para a articulação subsequente com uma outra máxima da antiguidade, o "torna-te quem tu és", de Píndaro, cuja obediência estará no cerne da escolha existencial fundamental à qual poderemos também chamar de *projeto de vida*.

Platão recolhe a noção Socrática de "homem interior", sede da inteligência finalística, e "a 'alma' é apresentada como movendo-se a si mesma (*autokínêton*) e como 'princípio de movimento' (*archè kinêseôs*)";[19]já a antropologia aristotélica coloca no centro da composição humana a *physis*, ou natureza à qual o ser humano pertence, mas animada pela *enteléchеia*, dinamismo teleológico, que constitui seu núcleo. Seu princípio

17. Horkheimer, Max. 2010, *Critica de la razon instrumental. Presentación de Juan José Sánchez. Traducción de Jacobo Muñoz,* Ed. Trotta, Madrid, p. 148
18. Vaz, H.C. de L. 2020, *Antropologia Filosófica,* Edições Loyola, São Paulo, p. 45.
19. *Ibid.*, p. 48.

vital é a *psyché*, capacidade humana de mover-se a si mesmo (*autokinêton* – termo que se refere a um movimento existencial, e não meramente físico-natural).[20] A noção de *autokinesis* já contém em si a essência do ser humano enquanto projeto de si mesmo, realizado dinamicamente enquanto circuito da ipseidade.

2.1.2. O ser humano como projeto no período Helenístico

Quanto às antropologias da idade helenística, o fato decisivo para Vaz é o advento do indivíduo ao centro da reflexão filosófica, fazendo com que o problema da vida boa passasse a constituir o centro da investigação sobre o ser humano, sendo a *eudaimonía* entendida como a plena satisfação das carências e desejos propriamente *humanos*, ou seja, de acordo com a razão,[21] com a descoberta da interioridade que aprofundou o "*conhece-te a ti mesmo*" socrático.[22]

Em relação àquela Era, especialmente relevante face ao problema fulcral de nossa reflexão (a corrosão da individualidade e da liberdade interior) o foco da escola Estóica no problema do indivíduo abordado como investigação das "condições do seu 'viver feliz' (*eudaimonía*). Dentre essas condições, obtêm primazia aquelas que tornam o indivíduo independente ou asseguram-lhe o senhorio de si mesmo (*autárkeia*),[23]sendo a noção de autogoverno ou *autodeterminação* central para nossa reflexão atual. Sob outro aspecto, a presença da autodeterminação já nos primórdios da reflexão antropológica é indicativo de sua natureza categorial.

Vaz finaliza seu percurso pela concepção clássica do ser humano trazendo a preciosa noção neoplatônica do *éndon anthropos*, ou **homem interior e verdadeiro**, como *telos* da psyché em sua estrutura dualista psychésôma (alma-corpo).[24] Da concepção do homem enquanto unicidade derivou, dentre outros aspectos, a liberdade expressa na ascendência da *psyché* sobre a *physis*.[25]Ao final do percurso de rememoração daquela

20. *Ibid.*, p. 50.
21. Vaz, H.C. de L. 2020, *Antropologia Filosófica,* Edições Loyola, São Paulo, p. 54.
22. *Ibid.*, p. 58.
23. *Ibid.*, p. 56.
24. *Ibid.*, p. 59.
25. *Ibid.*, p. 60.

Era, identifica um movimento de reconhecimento da interioridade e busca racional e autodeterminada como essencial ao ser humano.[26] A autodeterminação livre, como veremos em tempo próprio, é uma das faces do projeto de vida, e já era identificada como estrutura categorial pelos antigos helenos.

2.1.3. O ser humano como projeto na Patrística e no Medievo

A concepção bíblica do ser humano se caracterizou pela organização soteriológica, e não ontológica, das situações existenciais, dentro da situação do ser humano dividida em carne (fragilidade e transitoriedade), alma (vitalidade que compensa a fragilidade), espírito (manifestação superior da vida), e coração, sendo este último definido como o "interior profundo do ser humano, onde tem sua sede afetos e paixões, onde se enraízam a inteligência e vontade"[27], também expressas na tradição pelo binômio *razão* e *liberdade*.

O espaço da interioridade (como veremos, território do projeto de vida enquanto autodeterminação) é assumido com destaque na antropologia patrística, notadamente a antropologia existencial de Santo Agostinho - que, sob a influência neoplatônica da elaboração da estrutura do "homem interior", aprofundou o problema da liberdade e do livre arbítrio,[28] pensando o ser como inseparável da descoberta do Eu (ordenado existencialmente em direção a Deus, em cuja imagem é pensado).[29] A propósito, reflete o Bispo de Hipona:

> É certo, Senhor, que estou trabalhando nisso, **trabalhando sobre mim mesmo**, e me tornei para mim mesmo uma **terra difícil de lavrar** e de pesado suor. Não estamos aqui olhando para as extensões do céu ou calculando as distâncias entre estrelas ou o peso da terra: a pessoa que se lembra sou eu mesmo; eu sou minha mente. Não surpreende que tudo o que não sou eu mesmo deva ser remoto; todavia, o que pode estar mais próximo de mim do que eu mesmo?[30]

26. *Ibid.*, p. 54-60.
27. *Ibid.*, p. 63.
28. Vaz, H.C. de L. 2020, *Antropologia Filosófica*, Edições Loyola, São Paulo, p. 66.
29. *Ibid.*, p. 67.
30. Augustin, Boulding, M., Rotelle, J.E., 1997. *The confessions, The works of Saint Augustine.* New City Press, New York, p.253.

No que tange a nosso tema, de especial relevo é o aspecto da *itinerância essencial do ser humano:* na concepção do tempo como caminho para a eternidade, que se avança no próprio desenrolar da vida humana,[31]essa vida se desenha como itinerário e percurso que se caminha olhando para frente, projetando-se. Nessa estrutura projetiva da interioridade humana, o ser humano se faz *homo itinerantis*, e se configura como ser-que-projeta.

Dessa forma, também nos escritos de Santo Agostinho é perceptível uma espécie de "estrutura dinâmica" do ser humano, que será identificada por todo o arco histórico da reflexão filosófica, donde emergirá sempre a noção de *autokinesis* como uma constante, mesmo que com diferentes matizes e torno de causas diversas (para o *Doctor Gratiae*, ordenada a Deus; para reflexões mais atuais, como o Existencialismo, *v.g.*, ordenada ao próprio Eu do ser humano, tendo como claro exemplo a concepção sartriana da consciência como consciência-*de*, sendo o ser humano um ser-*para*).

Interessante perceber, já na divisão agostiniana do *Itinerário da Vida* em *Itinerário da Mente* e *Itinerário da Vontade*, os traços da estrutura interior do ser humano expressa sob a imagem helicoidal no pensamento místico de São Boaventura, numa integração dinâmica em que consciência (razão unida à vontade), inteligência (fina ponta da alma e racionalidade) e sabedoria (vontade) giram em sentido ascendente.[32] Na formulação do Doutor Seráfico,

> Mas saibam que vosso progresso nas três vias depende de três forças que estão em vós: o aguilhão da consciência, a luz da inteligência e o fogo da sabedoria.[33]

Essa estrutura se tornará referência para as reflexões ulteriores sobre o ser humano, estabilizando a noção de sua constituição enquanto

31. Vaz, H.C. de L. 2020, *Antropologia Filosófica,* Edições Loyola, São Paulo, p. 68.
32. Bonaventure, Saint. 1956, *Itinéraire de l'âme en elle-même. Introd. et traduction du P. Jean de Dieu de Champsecret; commentaire du P. Louis de Mercin,* Librairie Mariale et Franciscaine, Blois, p. 46.
33. Bonaventure, Saint. 1956, *Itinéraire de l'âme en elle-même. Introd. et traduction du P. Jean de Dieu de Champsecret; commentaire du P. Louis de Mercin,* Librairie Mariale et Franciscaine, Blois, p. 129.

unidade dinâmica de inteligência-*vontade*/razão-*liberdade*, que implica o auto-movimento livre impulsionado pelo segundo elemento de cada binômio, e que podemos encontrar na descrição de Vaz sob a denominação de "ritmo triádico da vida" (*memoria, intelligentia, voluntas / mens, notitia, amor*), e veremos se repetir, sob formulações as mais diversas mas sempre emanando do mesmo fundamento estrutural, pelo pensamento antropológico ocidental. No núcleo dessa concepção, a vida constitui um caminhar, e o ser humano é um peregrino do mundo e também de seu território interior, que ele mesmo faz. Essa constante será uma noção central para a percepção do projeto de vida como elemento essencial do espaço de interioridade.

Em relação à concepção medieval, Vaz recorda a tensão entre aristotelismo e agostinismo e como vão se equilibrar, à luz da herança bíblico-cristã, com a antropologia tomásica ancorada na concepção do ser humano enquanto *imago Dei* e que, no aspecto central para nosso tema de investigação, terá como objeto especialmente relevante a questão da *historicidade* do ser humano - dentro, é claro, de uma orientação soteriológica definida pela *historia salutis,*[34]mas demarcando, de toda forma, a noção da historicidade como inerente à natureza humana. E, como já apontamos, é por ser essencialmente histórico que o ser humano existe se projetando.

2.1.4. O ser humano como projeto na Filosofia Moderna

Seguindo para a concepção moderna do ser humano, que situa do século XV ao XVIII, Vaz abre com a descrição do ser humano na Renascença, permeada pela ideia do humanismo, caracterizada por uma "antropologia de ruptura e transição: ruptura com a imagem cristão-medieval do ser humano e transição para a imagem racionalista que dominará os séculos XVII e XVIII"[35], e época na qual aparece "uma *consciência* da humanidade ou das características essenciais do homem (*homo humanus*) em sua universalidade abstrata".[36] Na concepção renascentista, centrais as matrizes da dignidade do homem e a do homem universal[37]

34. Vaz, H.C. de L. 2020, *Antropologia Filosófica,* Edições Loyola, São Paulo, p. 70.
35. *Ibid.*, p. 80.
36. *Ibid.*, p. 79.
37. *Ibid.*, p. 77.

e, seguindo a meada já identificada, mais uma vez é destacado o dinamismo da individualidade humana, deflagrada pela percepção da infinitude inalcançável de Deus e do universo que "provoca no homem um movimento tendencialmente infinito de conhecimento de Deus e do universo".[38]

Reaparece, uma vez mais, a imagem do *homo itinerantis* ou do *homo peregrinus*, e sua dignidade é novamente celebrada, não mais na atividade contemplativa do filósofo clássico, mas no agir, *operari*, na "capacidade de transformação do seu mundo que passa a ser o indício incontestável da superioridade do homem"[39]caracterizado por ser "*indivíduo* plasmador de seu mundo".[40]A expressão utilizada por Vaz é extremamente densa, e explicita o sentido da clássica formulação de Pico della Mirandola:

> Tu, não submetido a quaisquer limites, só mercê do arbítrio que em tuas mãos coloquei, **definas a ti próprio.**[41]

2.1.5. O ser humano como projeto no Racionalismo

O próximo período rememorado por Vaz é o da concepção racionalista do ser humano no século XVII, que acolhe, pelos moralistas franceses - notadamente Montaigne -, o mote da observação de si mesmo e o clássico "*conhece-te a ti mesmo*". Com Descartes, ganha força a noção máxima da interioridade e individualidade do *ego* do "homem cartesiano", numa concepção dual espírito-corpo na qual pelo primeiro elemento o ser humano também molda o mundo e, claro, a própria vida, desta feita sob um modelo matemático mecanicista – mas ainda numa jornada existencial pelo relevo da própria interioridade, construindo seu caminho-projeto existencial:

> Foi por isso que, assim que a idade me permitiu sair da sujeição a meus preceptores, abandonei totalmente o estudo das letras; e, me reservando de não buscar outra ciência a não ser aquela que se poderia encontrar **em**

38. Vaz, H.C. de L. 2020, *Antropologia Filosófica,* Edições Loyola, São Paulo, p. 78.
39. *Ibid.*, p. 78.
40. *Ibid.* p. 79, nota 19.
41. Mirandola, G.P., Minghetti, A.A. 2015, *Discurso pela Dignidade do Homem*, Fi, Porto Alegre, p.62. Destacamos.

> **mim mesmo** ou no grande livro do mundo... Mas, depois de ter empregado alguns anos estudando assim no livro do mundo e a tratar de adquirir alguma experiência, tomei um dia resolução de estudar **também em mim mesmo** e de empregar todas as forças do meu espírito em **escolher os caminhos que eu deveria seguir**, o que me aproveita bem melhor, me parece, do que se eu nunca tivesse me afastado nem de meu país, nem de meus livros.[42]

No mesmo sentido, e mesmo renunciado ao uso de atributos como imortalidade da alma, liberdade de arbítrio e reta razão, Hobbes estabelece como tarefa do ser humano ser "artífice de sua própria humanidade",[43]em leitura similiar à do "homem liberal" de Locke, que confere primazia ao indivíduo e postula uma "concepção da consciência-de-si como manifestação da identidade pessoal".[44]Mais uma vez na história emana a noção do ser humano enquanto obra, ou projeto, de si mesmo.

2.1.6. O ser humano como projeto na Ilustração

Vaz ensina que o século XVIII é dominado pelo movimento da Ilustração, ancorado na teoria do conhecimento de Locke e na mecânica de Newton e adotando como ferramentas chave a experiência e a análise. Marcada pela ambição de conquistar todos os domínios do saber humano, a Ilustração lê a história segundo os progressos da razão, e na infalibilidade desta deposita seu esteio teórico. Emanando os valores da humanidade, civilização, tolerância e revolução, coloca o ser humano no centro de inteligibilidade do mundo, orientado pelas luzes da razão e do progresso.[45]

Como destacou Cassirer, aquela Era que "descobriu pela primeira vez a autonomia da razão e combateu apaixonadamente por ela, fazendo-a valer e reger em todos os domínios do ser espiritual" constituiu uma flutuação incessante de muitos corpos doutrinais, que não é possível reduzir a uma mera soma de doutrinas particulares; contudo, a partir

42. Descartes, R. 1900, *Discours de la méthode: suivi des Méditations métaphysiques,* Flammarion, Paris, pp.8-9. Destacamos.
43. Vaz, H.C. de L. 2020, *Antropologia Filosófica,* Edições Loyola, São Paulo, p. 86.
44. *Ibid.*, p. 87-88.
45. *Ibid.*, pp. 91-96.

da forma e modo de seu desdobramento intelectual é possível encontrar uma articulação consistente.[46] No que atine às coordenadas antropológicas focadas por nosso estudo, Cassirer destaca que um dos elementos centrais das Luzes foi a suposição de um "princípio radical dinâmico" no âmbito da interioridade do ser humano, constituindo como que uma alma em eterno vir-a-ser, numa multiplicidade progressiva de formações.[47] Na busca pela fonte dessa *dynamis* vital,

> Locke considera esse desconforto (*uneasiness*), este desassossego, como o motor próprio do conato de todo nosso querer. Condillac se apoia nessas ideias, mas trata de levá-las muito além do círculo dos fenômenos volitivos, estendendo-os sobre a totalidade da vida anímica.[48]

Dessa forma, numa bela analogia, Cassirer ensina que não seria a razão "a força diretora no homem, mas poderíamos compará-la aos ponteiros que marcam as horas na esfera do relógio. O mecanismo que as move está dentro...", nos impulsos primários e radicais advindos de um campo não racional. Haveria, portanto, um "impulso fundamental da natureza humana", que a Ilustração encontrará no interior dos próprios instintos humanos, e não em alguma instância transcendente.[49] Se insinua, mais uma vez, no pano de fundo da *autokinesis* que é o ser humano, a presença do projeto de vida.

2.1.7. O ser humano como projeto em Kant

Chegamos então a Kant, que Vaz considera estuário da Ilustração e, ao mesmo tempo, prenúncio do Romantismo: sua concepção do ser humano recolheria a tradição ilustrada, a herança pietista e o pensamento de Rousseau, culminando na construção de uma antropologia de base empírica fundada, de um lado, no senso comum, e por outro subordinada à metafísica dos costumes (ética) que, procedendo *a priori*, permitiria definir a essência verdadeira do ser humano. A partir da ciência da

46. Cassirer, E., Imaz, E. 1993, *Filosofía de la ilustración*, 3.ed. Fondo de Cultura Económica, Madrid, p.13-14.
47. *Ibid.*, p.123.
48. *Ibid.*, p.123.
49. Cassirer, E., Imaz, E. 1993, *Filosofía de la ilustración*, 3.ed. Fondo de Cultura Económica, Madrid, p.128.

observação (abordagem empírica), atinge-se o *eu* como *consciência-de-si* e, pela ciência apriorística, a determinação da essência humana no campo da ética.[50]

Insuflado pelo ideal Ilustrado germânico de tornar a filosofia útil para a vida, com sua "Antropologia desde o ponto de vista pragmático" Kant redesenha o próprio conceito de *pragmático*, e o que inicialmente "designa um conhecimento capaz de tornar o homem prudente nas questões da vida em sociedade" passa a designar "o conhecimento do que o homem faz, pode ou deve fazer de si mesmo".[51]Quanto ao espaço de interioridade e à natureza humana a partir dessa interioridade, especialmente valiosa para nosso trabalho é sua elaboração conceitual do *fim*, tecida em torno da ideia de *escolha*:

> Um fim é um objeto da escolha (de um ser racional)... Ora, posso efetivamente ser constrangido por outros a executar *ações* que são dirigidas como meios a um fim, porém não posso jamais ser constrangido por outros a *ter um fim*: somente eu próprio posso *fazer* de alguma coisa meu fim. ... a determinação para um *fim* é a única determinação de escolha cujo próprio conceito exclui a possibilidade de constrangimento *através de meios naturais* pela escolha de outrem. Um outro pode efetivamente *coagir-me* a *fazer* alguma coisa que não constitui meu fim (mas somente um meio para o fim de outrem), mas não *fazer disso o meu fim*...
>
> Um fim é um objeto de livre escolha, cuja representação o determina para uma ação (pela qual o objeto é instaurado). Toda ação, portanto, possui seu fim; e uma vez que alguém não pode ter um fim sem este próprio alguém transformar o objeto de sua escolha num fim, ter qualquer fim de ação, seja qual for, constitui um ato de *liberdade* da parte do sujeito agente ... [52]

Percorrendo as reflexões kantianas sobre o tópico, é possível ver já na antessala de seu pensamento ético (na parte que denomina "doutrina técnica" dos fins) a identificação da estrutura subjetiva do ser humano

---

50. Vaz, H.C. de L. 2020, *Antropologia Filosófica*, Edições Loyola, São Paulo, pp.96-98.
51. *Ibid.*, pp.96-98.
52. Kant, I., Bini, E. 2010, *A Metafísica dos Costumes*, Coleção Folha: livros que mudaram o mundo. Folha de São Paulo, São Paulo, pp. 154 e 156.

como um *ser-para*[53] - ou, em outra formulação, *ser-que-projeta*. Ademais, ao adentrar a doutrina moral dos fins o pensamento de Kant lança ainda mais luz sobre o lugar do projeto de vida, pois ali o filósofo já nos posiciona no terreno da liberdade enquanto realidade geneticamente entrelaçada com o fim/projeto.

Mas a contribuição kantiana para aclarar o *status* antropológico do projeto de vida vai além: ao assumir a tarefa de edificar uma *Psychologia ratinonalis*[54] Kant realiza notável cartografia do espaço íntimo, marcando as coordenadas e explicitando o funcionamento da interioridade humana como estrutura temporal e projetiva. Isso é feito com a identificação de duas capacidades ínsitas ao ser humano: a "faculdade de prever" (*praevisio*) e o "desejo/apetite" (*appetitio*), numa minuciosa descrição do funcionamento do que a tradição virá a denominar "consciência interna do tempo". Segundo Kant, a faculdade de representar-se de propósito o passado é a faculdade de recordar, e a **faculdade de representar-se algo como futuro** é a capacidade de **prever**; entrelaçadas, possibilitam a combinação do que já não é com o que ainda não é, a partir do presente, em uma experiência coerente. Nessa dinâmica, destaca o papel fundamental da *praevisio*, faculdade cuja posse interessaria mais do que a qualquer outra,

> ... pois ela é a condição de toda prática possível e dos desejos aos quais o homem aplica o emprego de suas forças. Todo desejar comprova uma previsão, duvidosa ou certa, do que tais forças permitem alcançar. ... Entre todas as perspectivas que o homem pode ter, a mais consoladora consiste em pensar que seu estado atual de moralidade lhe dá razões para perdurar e, ainda, de progredir ... [nos **projetando** corajosamente para alcançar uma forma de vida nova e melhor].[55]

A partir da *praevisio*, ou representação de algo como futuro, entra em ação a faculdade de apetecer, e o desejo (*appetitio*) opera como a "autodeterminação do poder de um sujeito por meio da representação

53. Kant, I., Bini, E. 2010, *A Metafísica dos Costumes*, Coleção Folha: livros que mudaram o mundo. Folha de São Paulo, São Paulo, p. 157.
54. Vaz, H.C. de L. 2020, *Antropologia Filosófica*, Edições Loyola, São Paulo, p.99.
55. Kant, E., Foucault, M. 1970, *Anthropologie du point de vue pragmatique*, Librairie Philosophique J. Vrin, Paris, p. 60. Destacamos.

de algo futuro, que seria o efeito desse poder"[56]. A representação, que por entrelaçar recordação e previsão no momento presente evidencia a historicidade humana e, portanto, está "no tempo",[57] é insuflada pela autodeterminação, constituindo a vida propriamente humana e justificando a afirmação decisiva de Kant:

> A faculdade de um ser atuar em conformidade com suas representações é denominada *vida*.[58]

Em suma, a investigação antropológica kantiana identifica o ser humano como um ser que projeta e realiza a si próprio, e no cume de sua reflexão acerca dos deveres do ser humano para consigo mesmo, a partir da postulação do dever de tentar ao máximo conhecer a si mesmo e lutar por um progresso contínuo, acabam por desabrochar mais uma vez na história, entrelaçadas, as máximas de Delfos (*conhece-te a ti mesmo*) e Píndaro (*torna-te quem tu és*).

Nessa senda, Kant reconhece na base do direito à autorrealização a estrutura dual "representação-escolha livre" como um livre projeto humano de si mesmo, pois "é um comando da razão moralmente prática de um *dever* de um ser humano para consigo mesmo cultivar suas capacidades (algumas entre elas mais do que outras, porquanto as pessoas têm fins distintos[59]) e ser, de um ponto de vista pragmático, um ser humano igual ao fim de sua existência".[60]

É notável como a reflexão antropológica kantiana alcançou um patamar de elaboração e consistência tão elevado que bastaria, por si só, para fundar a postulação de um direito ao projeto de vida como garantia do espaço livre de interioridade – lugar tão inexpugnável e irredutível que nem mesmo a coação externa poderia adentrar. Entretanto, como ficará claro, a doutrina kantiana dos fins, acoplada a sua concepção de

56. *Ibid.*, p. 109.
57. Kant, I., Bini, E. 2010, *A Metafísica dos Costumes*, Coleção Folha: livros que mudaram o mundo. Folha de São Paulo, São Paulo, p. 45.
58. Kant, I., Bini, E. 2010, *A Metafísica dos Costumes*, Coleção Folha: livros que mudaram o mundo. Folha de São Paulo, São Paulo, p. 43.
59. E portanto, veremos em momento oportuno, *projetos de vida* distintos.
60. Kant, I., Bini, E. 2010, *A Metafísica dos Costumes*, Coleção Folha: livros que mudaram o mundo. Folha de São Paulo, São Paulo, p. 194-196.

liberdade balizada pela lei moral interior, não foi a linha adotada por Sessarego, que ancorou sua proposta do direito ao projeto de vida na concepção antropológica do Existencialismo – que, ao aliar ao exame psicológico a reflexão sobre a dimensão dos afetos, conseguiu alcançar profundidades às quais o pensamento kantiano não conseguiu chegar.

Diferenças à parte, certamente já podemos recolher das reflexões de Kant importantes luzes para lançar sobre nossa investigação. Ademais, cumpre anotar: que um tal espaço de autodeterminação estivesse já teoricamente delimitado há tanto tempo é mais um elemento a justificar a perplexidade de Sessarego com a carência de institutos jurídicos em torno da proteção desse território interior.

Além disso, também é difícil não conjecturar o que pensaria Kant, se vivo fosse, ao constatar como as tecnologias de comunicação, algoritmos e redes sociais conseguiram romper a fortaleza inexpugnável do núcleo da interioridade, tornando-se capazes de ir muito além da indução de comportamentos para chegar ao ponto de construir e incutir falsas vivências na mente das pessoas, escrevendo informações que percebem como se fossem suas próprias biografias, como apontamos anteriormente ao descrever a queda do ser humano no estado de tecnobarbárie.

2.1.8. O ser humano como projeto na Filosofia Contemporânea

A rememoração segue para a concepção do ser humano na filosofia contemporânea, que Vaz situa nos séculos XIX e XX, onde se destaca o pensamento de Hegel.

O Sistema hegeliano integra dialeticamente na inteligibilidade do *todo* diversos níveis da realidade: a relação do ser humano com o mundo natural → a relação do ser humano com a cultura → a relação do ser humano com a história → e a relação do ser humano com o Absoluto.[61] No que tange a nosso foco sobre o espaço constitutivo do ser humano enquanto *ser-que-(se)projeta*, de especial relevância é o nível da relação do ser humano com a história - posto que, sob impulso da "inflexão historiocêntrica" e do projeto de Fichte e Schelling de dar um novo estatuto ontológico à liberdade, entrelaça as duas realidades para postular a

61. Vaz, H.C. de L. 2020, *Antropologia Filosófica*, Edições Loyola, São Paulo, pp.108-109.

história como o "progresso na consciência da liberdade", ou o ser *histórico* do homem como constitutivamente o seu ser *livre*"[62].

Dessa forma, se Kant aprofundou as noções de autodeterminação e consciência interna do tempo como mecanismo de funcionamento da interioridade, Hegel consolida o traço essencial da *historicidade* e do sentido histórico da vida humana individual – o ser humano, "em sua situação mais radical, é pensado como ser-no-tempo; não simplesmente no tempo *físico*, mas o tempo *dialético* que articula a cadência da história" vista não em seu transcurso linear-cronológico, mas sob a ordem da progressão dialética.[63]

Esse dinamismo se encontra com a liberdade de autoconfiguração no momento hegeliano do *Espírito subjetivo*, quando o Espírito existe como relação consigo mesmo e "o que ele é segundo o seu *conceito* deve **tornar-se para si mesmo**", pois seu ser verdadeiro é "estar junto de si (*bei sich*) ou ser *livre*."[64] No exame do que Vaz designa como "momento propriamente antropológico" de Hegel, onde é exposta a estrutura dialética do ser humano como indivíduo, vem à luz o tema da estrutura antropológica da consciência interna do tempo, fulcral para a sedimentação da noção do ser humano como ser essencialmente projetivo. Na lição de Arantes,

> Hegel indicava-nos que a temporalidade centrada no agora (primeira posição da consciência no tempo) era substituída por uma temporalidade orientada, cujos parâmetros eram fixados pelo cuidado e pela visada formadora da **meta** (segunda posição da consciência do tempo).[65]

Enfim, trata-se para Vaz de uma concepção articulada segundo um "ritmo dialético ternário" em que o caráter *subjetivo* do Espírito permite ao ser humano "realizar-se como sujeito efetivamente real, ou seja, em sua individualidade efetiva", podendo a Filosofia do Espírito, em seu momento subjetivo, ser vista como "o processo do 'torna-te aquilo que

62. *Ibid.*, p.109.
63. *Ibid.*, pp.108-109.
64. *Ibid.*, pp.113-114. Destacamos.
65. Arantes, P.E., Torres Filho, R.R. 2000, *Hegel a ordem do tempo*, Editora Hucitec/Polis, São Paulo, p.241.

és', que retoma uma das intuições fundamentais da antropologia grega clássica."[66]

Nessa acepção, mais uma vez emana a concepção do ser humano enquanto ser-que*(se)*-projeta - na reflexão de Vaz a propósito do significado do termo *sujeito* em Hegel: "o sujeito *é*, no movimento do seu *vir-a-ser*."[67]Na formulação hegeliana do "homem efetivo" podemos enfim identificar, mais uma vez, as invariantes antropológicas desenterradas em toda nossa arqueologia: a noção de homem como *autokínesis*, autorrealização e "atualização" de si mesmo a partir da assunção efetiva de uma meta, ou projeto existencial:

> Aliás, a substância viva é o ser, que na verdade é sujeito, ou – o que significa o mesmo – que é na verdade efetivo, mas só na medida em que é o movimento do pôr-se-a-si-mesmo, ou a mediação consigo mesmo do tornar-se outro. ... O verdadeiro é o **vir-a-ser de si mesmo**, o círculo que pressupõe seu fim como sua meta, que o tem como princípio, e que só é efetivo mediante sua atualização e seu fim. Com efeito, a mediação não é outra coisa senão a igualdade-consigo-mesmo semovente, ou a reflexão sobre si mesmo, o momento do Eu para-si-essente ... Se o embrião é de fato homem em si, contudo não é para si. Somente como razão cultivada e desenvolvida – que se fez a si mesma o que é em si – é homem para si; só essa é sua efetividade. Pode exprimir-se também o acima exposto dizendo que "a razão é o agir conforme a um fim".[68]

A essa altura da investigação, podemos afirmar que em nosso sobrevôo das concepções antropológicas no curso da história sempre foi possível identificar o dinamismo projetivo vital, um *tender-para-si* como dimensão essencial do ser humano. Claro que os fundamentos para tal cerne dinâmico foram diversos – desde uma afinidade com o Divino, passando com uma aspiração a Deus, chegando até ao simples reflexo de pulsões naturais.

A reflexão sobre tais hipóteses constitui, sem dúvida, atividade relevante; contudo, adstritos aos limites da investigação do direito ao projeto de vida, o que sobreleva é a constatação daquela estrutura autocinética

66. Vaz, H.C. de L. 2020, *Antropologia Filosófica,* Edições Loyola, São Paulo, p.115.
67. *Ibid.*, p.115, nota 61.
68. Hegel, G.W.F., Meneses, P., Hegel, G.W.F. 2008, *Fenomenologia do espírito*, 5. ed., Coleção Pensamento Humano. Vozes, Petrópolis, p.35-36.

como invariante antropológica: "no plano do próprio ser somos incessantemente evolutivos e progressivos", dotados do anhelo *fáustico* e da infatigável dinâmica constitutiva de um movimento que "eternamente se acha em busca de si mesmo"[69].

Na bela formulação de Landmann, o ser humano foi produzido pela Natureza, de certo modo, pela metade: "a outra metade de sua existência toca a ele mesmo completar. ... O ser humano é o ser que... encontra em si ainda uma tarefa, a saber, produzir-se a si mesmo em certo modo até o fim."[70] Quanto a esse fim, acaba determinando um *modo de existência* livremente escolhido:

> Assim como Michelangelo via dormida no bloco de mármore a estátua que haveria de esculpir, assim também dormem, segundo Nietzsche, no homem - não como predisposições originais, mas como **projetos livres** - imagens ideais de si mesmo. "Ah, vós homens, sois para mim uma imagem adormecida na pedra, imagem de minhas imagens! Ah, que isso deva dormir na pedra duríssima e horrível" (*Zarathustra*, II, 2).[71]

Com o que coletamos até então, esperamos ter demonstrado a premissa antropológica sessareguiana do ser humano enquanto ser que projeta livremente a si mesmo – ou, na formulação de Landmann: "No lugar daquilo que nos demais seres é natureza permanente, no homem existe o que ele mesmo faz de si em cada caso. Não se baseia em nenhum plano, ele **se projeta a si mesmo**. 'O homem inventa o homem'", numa incessante superação de si mesmo em busca de chegar a ser o que quiser ser.[72]

Como já afirmamos, a construção teórica de Sessarego assenta fundamentalmente sobre uma determinada concepção do ser humano enquanto ser-que*(se)*-projeta: a do Existencialismo. Mergulhando nas reflexões de Landmann, é sem dificuldades que se compreende porque foi ali que Sessarego encontrou o manancial de sua teoria em torno do *projeto de vida* ou, na formulação de Heidegger, *esboço que fazemos de nós mesmos*:

69. Landmann, M., Cañadas, C.M. 1961, *Antropologia Filosofica*, Primera Edición en Español, Union Tipografica Editorial Hispano Americana, México, p. 250.

70. *Ibid.*, p. 6.

71. *Ibid.*, p. 253.

72. *Ibid.*, p. 258. Destacamos.

> Sempre estamos em **projeto** e simplesmente introduzimos a faticidade no projetado. Assim como o cuidado da existência em geral nos compele a nos prevenir para o futuro, façamo-lo também assim para nosso próprio devir. E em verdade cada qual deveria **projetar-se a si mesmo** apenas na medida de suas mais peculiares possibilidades. Cada existência individual não é somente um caso da existência geral, não repete simplesmente o que tem vigência para a existência em geral: é minha própria existência. As possibilidades inatas de uma não são as da outra. Mas caímos demasiado fácil no perigo de ignorar as vozes da própria mesmidade e ouvir apenas as possibilidades que nos vêm de fora através de um canal impessoal. E desse viver surdo e irresponsável, caindo na impessoalidade que nos arrebata as decisões que deveríamos tomar por nós mesmos, nos afastará precisamente a **filosofia existencial**. Esta será para nós um chamado a sondar as possibilidades que há em nós, as quais estão de acordo com o próprio eu e somente com ele.[73]

Passemos, portanto, a investigar a concepção antropológica do Existencialismo, que trouxe, com a fundamental noção de livre *modo de existência*, fecundas possibilidades - não apenas para fundar no âmbito jurídico um direito ao projeto de vida, como postulou Sessarego, mas para capacitá-lo, na esfera social, para funcionar como garantidor de um ponto de fuga ao estado contemporâneo de *tecnobarbárie*.

2.2. O projeto de vida a partir do Existencialismo

Toda a fundamentação da doutrina sessareguiana do projeto de vida é construída a partir das descobertas e conceitos do Existencialismo, notadamente em Sartre - assumindo, é claro, contribuições de seus predecessores. Dessa forma, a compreensão do que seja o direito ao projeto de vida deve passar pela exploração daquela corrente, e a proposta é fazê-lo a partir da rota traçada por Régis Jolivet na obra "*As doutrinas existencialistas de Kierkegaard a J.-P. Sartre*". Àquela reflexão deve ser adicionado o estudo de "*O Personalismo*", de Mounier, por constituir outro pilar vital da obra de Sessarego.

A questão preliminar a ser enfrentada a propósito do tópico é, segundo Jolivet, a dificuldade de definição unívoca do que se pode entender

73. Landmann, M., Cañadas, C.M. 1961, *Antropologia Filosofica*, Primera Edición en Español, Union Tipografica Editorial Hispano Americana, México, p. 255. Destacamos.

por "Existencialismo"; por isso mesmo aquele autor buscará extrair, dos expoentes daquela linha de pensamento, pontos de tangência que permitam destilar uma noção comum.

O termo *Existencialismo* exprime tanto um fenômeno sociológico quanto uma corrente filosófica, e é nessa última acepção que Jolivet colocará seu foco, agrupando seus representantes em três linhas principais: uma primeira que considera o Existencialismo uma análise da existência "no que tem de mais individual e mais concreta", o que implicaria a negação da Filosofia enquanto sistema (Jaspers e Kierkegaard); uma linha que adota a mesma análise existencial, mas focada na busca da construção de um sistema ontológico existencialista (Sartre e Heidegger) e, por fim, renegando até mesmo o "rótulo" de existencialistas, os que se qualificariam por uma "crença no absurdo fundamental da existência e do mundo" (Camus e Bataille).[74]

O primeiro ponto abordado é o de que não basta, para caracterizar o Existencialismo, a simples adoção do ser humano como ponto de partida ou objeto focal de estudo; é necessário professar que essa reflexão componha, mais que uma ciência,

> ... uma *experiência*, ou, podemos também dizer, um esforço, coincidindo com aquela mesma experiência, "de trazer à claridade o enigma que o homem não cessa de ser para ele mesmo."[75]

Disso decorre, para Jolivet, uma distinção em relação a Sócrates (Platão), Pascal e Santo Agostinho – que, não obstante tenham partido do ser humano para lançar luzes sobre ele mesmo e sua consciência, não cogitaram que tal visada pudesse nos "*revelar* o enigma de nosso destino e a aclarar a obscuridade de nossa condição."[76] Daí então uma novidade do Existencialismo: tanto em Kierkegaard e Jaspers, para os quais a análise existencial não chega a alcançar uma verdade universal, restando ao existencialista coerente simplesmente existir ("O existente autêntico é

74. Jolivet, R. 1948, *Les doctrines existentialistes de Kierkegaard à J.P. Sartre,* Éditions de Fontenelle, Abbaye Saint-Wandrille, p. 11.

75. Jolivet, R. 1948, *Les doctrines existentialistes de Kierkegaard à J.P. Sartre,* Éditions de Fontenelle, Abbaye Saint-Wandrille, p. 11.

76. *Ibid.*, p. 14.

silêncio, mesmo para si."[77]); quanto para Heidegger e Sartre, ontologistas em busca da constituição de uma "ciência do ser",

> ... o *princípio* da filosofia é sempre a análise concreta, em suas formas mais singulares, tendo em vista descobrir por ela seja uma verdade, inefável e estritamente pessoal, seja uma noção universal do homem, e do mundo em cujo seio esteja em jogo o destino do homem.[78]

Emerge, dessa forma, o primeiro traço característico do Existencialismo: a "análise existencial."

O segundo aspecto fundamental daquela linha de pensamento o encontramos na clássica expressão "*a existência precede a essência*". Com isso se quer dizer que a essência do ser humano não é uma "potência que o ato de existir viria a atualizar. Ao contrário, é o existente que, ao ir existindo, constrói sua essência".[79] Disso emerge uma realidade central para a concepção do ser humano enquanto ser-que-*(se)*projeta: "a existência não poderá jamais ser apreendida a não ser sob a forma de uma história, como fortemente insistiu Kierkegaard, ou, segundo a fórmula de Heidegger, como **temporalidade**."[80] O indivíduo é, concretamente, uma história, ou seja, "uma sucessão de eventos que adquiriram realidade e continuidade pelo fato de que foram assumidos por mim, que sua necessidade foi convertida em liberdade."[81]E por não repousar sobre uma essência preexistente, fundando-se apenas em si mesma, decorreria que a existência é *liberdade* – o que culminará com a definição sartriana do ser humano fundamentalmente como liberdade absoluta, noção que veremos espelhada no conceito sessareguiano de projeto de vida como expressão fenomenológica da liberdade.

Articuladas, as noções de análise existencial, existência pura e liberdade constituirão a estrutura da definição que Jolivet formula do Existencialismo como

77. *Ibid.*, p. 15.
78. *Ibid.*, p. 15.
79. *Ibid.*, p. 16.
80. *Ibid.*, p. 23.
81. Jolivet, R. 1948, *Les doctrines existentialistes de Kierkegaard à J.P. Sartre*, Éditions de Fontenelle, Abbaye Saint-Wandrille, p. 58.

> Conjunto das doutrinas nas quais a filosofia tem como objeto a análise e a descrição da existência concreta, considerada como ato de uma liberdade que se constitui se afirmando e não tem outra gênese nem outro fundamento que não essa afirmação de si.[82]

A propósito do fio condutor global do Existencialismo, Lacroix afirma:

> Fato revelador, todas as filosofias da existência reconheceram o papel chave do ato de escolher. Dele fizeram a engrenagem fundamental da construção da personalidade.[83]

A partir desse núcleo comum, os pensadores existencialistas irradiarão, cada um a seu modo, um espectro próprio de luz sobre a questão da existência humana, e a análise detida de mais de um desses espectros permitirá a visão compreensiva do poliedro formado pelo ser humano enquanto ser-que-*(se)*projeta. A porta de entrada da reflexão será a busca pelas raízes do Existencialismo, que Jolivet situa em Kierkegaard e Nietzsche.

Contudo, antes de iniciarmos esse mergulho, nos parece importante fazer um último registro, desta feita sobre o que o professor francês Jolivet chamou em sua obra, escrita em 1948, de "explosão existencialista" – insuflada, segundo ele,

> ... pelo fato dos eventos trágicos desses últimos anos. O cataclismo terrível da guerra mundial, com os horrores sem nome que ele envolveu, o clima de insegurança profunda vivido pela humanidade, o sentimento de uma sorte de colapso de todos os valores até então respeitados, a angústia que tomou conta dos corações durante alguns dos anos mais sombrios que o mundo conheceu, tudo isso contribuiu poderosamente a arrancar o homem das especulações abstratas onde séculos felizes podem se saciar e trazê-lo de volta a si, sedento de descobrir uma doutrina mais próxima da vida e que adira, por assim dizer, ao real dramático e cotidiano da existência.[84]

---

82. *Ibid.*, p. 24.
83. Lacroix, M. 2009, *Se Réaliser - Petite philosophie de l'épanouissement personnel,* Éditions Robert Laffont, Paris. Edição do Kindle.
84. Jolivet, R. 1948, *Les doctrines existentialistes de Kierkegaard à J.P. Sartre,* Éditions de Fontenelle, Abbaye Saint-Wandrille, p. 24.

O quadro descrito poderia ser muito bem transposto para o momento atual da humanidade, expresso por Mayos, Bauman, Han, e Beck como obsolescência, liquidez, angústia e risco existencial. Talvez Sessarego tenha sido um precursor de uma retomada, já sentindo no rosto o sopro dos ventos da tecnobarbárie, da psicopolítica e do ocaso do indivíduo que se anunciavam – e que, aliados aos eventos recentíssimos da pandemia mundial de COVID-19, da guerra na Ucrânia e da eclosão da Inteligência Artificial Generativa precipitam o retorno à reflexão sobre a perspectiva humana singular.

Mais uma vez, como destacou Jolivet escrevendo ainda sob a fumaça da Segunda Guerra Mundial, somos violentamente remetidos a nós mesmos, como que "sacudidos por um tremor de terra, bruscamente desnudados, pela violência do furacão...".[85] Sob esse novo impulso, uma Teoria do Direito ao Projeto de Vida seria capaz de ir além de sua esfera jurídica, meta inaugural, para tomar a feição de garantidora e ponta de lança de uma reação existencial ao estado global de tecnobarbárie.

2.2.1. O ser humano como projeto no pensamento de Kierkegaard

Jolivet inicia sua rememoração através do Existencialismo com Kierkegaard, filósofo que situa como origem do movimento existencialista contemporâneo. E é muito interessante constatar que, para Kierkegaard, a principal fonte de reflexão nada mais seria do que a própria

> *realidade existencial de Sören Aabye Kierkegaard*, sua personalidade concreta, o 'Indivíduo' que ele foi antes de decidir ser unicamente e de fazer do 'Indivíduo' o tema central de sua doutrina", constituída por um aprofundamento e tomada de consciência de sua própria personalidade e das condições de seu próprio existir.[86]

Tecendo sua trama com fios de Teologia e Filosofia, a obra de Kierkegaard não constitui um trabalho filosófico sistemático ou teoricamente ordenado. Entretanto, no mar revolto de sua reflexão existencial,

85. Jolivet, R. 1948, *Les doctrines existentialistes de Kierkegaard à J.P. Sartre,* Éditions de Fontenelle, Abbaye Saint-Wandrille, p. 29.
86. *Ibid.*, p. 35.

> Ele sai para pescar monstros, nas mil profundezas de sua própria alma, sobre a qual ele navega e que por vezes subjuga seu pequeno barco, mas vez ou outra consegue arpoar um monstro marinho.[87]

O "Vigia de Copenhague" é quem lança, em meio ao triunfo mundial da perspectiva de certa forma homogeneizante das construções teóricas de seu contemporâneo Karl Marx[88], as pedras fundamentais sobre as quais Sartre edificará a analítica existencial que dará a base teórica para a postulação de um direito ao projeto de vida. Recolhendo, em seu mergulho interior, as noções de *vontade, ação, decisão, escolha, existência, temporalidade, historicidade* e *possibilidade*, segue a trilha agostiniana e avança na construção do projeto existencial, abrindo picadas pela interioridade e pela seriedade do existir humano individual, pavimentando um caminho de liberdade.

Seguindo os passos de Jolivet através do pensamento do filósofo dinamarquês buscaremos recolher os aspectos mais pertinentes com nosso tema de investigação. E, como veremos, logo no começo do trajeto se revelarão os primeiros traços de uma noção primordial do projeto de vida: no imperativo de encontrar uma verdade *para si* e escolher uma ideia pela qual se quer viver e morrer reside própria essência de uma existência humana coerente.[89]

Para Kierkegaard toda sua obra não seria mais do que uma expressão de sua vida concreta e, ao mesmo tempo, um esforço para sua educação, entendida como um empenho constante para descobrir a própria verdade e se assimilar a ela, "suprimindo toda distância de si a si" – ou,

---

87. Jolivet, R. 1950, *Introduction to Kierkegaard. Trans. W.H.Barber Frederick*, Muller, London, p.111. Destacamos.
88. "Não é do meu gosto proferir grandes palavras sobre nossa época como um todo, mas aquele que já observou a geração que vive hoje não iria querer negar que a desarmonia que há nela e a razão para a sua angústia e inquietude consistem em que numa direção cresce a verdade em abrangência, em massa, em parte também em clareza abstrata, enquanto que a certeza interior constantemente diminui." Kierkegaard, S. 2013, *O conceito de angústia: uma simples reflexão psicológico-demonstrativa direcionada ao problema dogmático do pecado hereditário de Vigilius Haufniensis*, Vozes Editora Universitária São Francisco, Petrópolis, RJ; Bragança Paulista, SP, p. 145
89. Jolivet, R. 1948, *Les doctrines existentialistes de Kierkegaard à J.P. Sartre*, Éditions de Fontenelle, Abbaye Saint-Wandrille, p. 36.

em outras palavras, conhecendo-se a si mesmo para tornar-se quem efetivamente é, numa existência singular e incomunicável.[90]

Importante registrar, como anota Jolivet, que em Kierkegaard esse caminho sobre si mesmo seria uma preparação para a vida cristã, num esforço permanente em direção a um "alcance de si-mesmo segundo o ideal cristão".[91] Mas isso não impede divisar, nesse contexto, o afloramento de dois temas fundamentais para os desenvolvimentos contemporâneos da questão do resgate do indivíduo: *autenticidade* e *pluralidade*. Da necessidade de tomada de consciência das exigências de uma existência autêntica, se eleva o tema da *autenticidade*; e de sua posição como contingência radical, a existência autêntica opera como princípio de *pluralidade*, e não de "multiplicidade quantitativa, suscetível de ser somada por meio de números."[92]

Nessa linha, precisar a natureza do existencialismo será então definir as condições de um existir autêntico,[93]numa reflexão capaz de fazer de uma existência vivida também uma existência refletida e escolhida.[94]As condições do existir autêntico serão três: o *engajamento e o risco*; o *primado da subjetividade* e a *experiência da angústia e do desespero*.[95]

A primeira condição da existência autêntica é o par *engajamento-risco*. Essa noção se articula em torno da noção de *verdade*[96]: uma vez assumida, *a* verdade passa a ser, ao mesmo tempo, *minha* verdade, e me torno eu mesmo a regra de minha conduta. Passa a ser, então, verdade vivida e, dessarte, "coloca em jogo como tal tudo o que sou e tudo o que faço."

O motor da adesão à verdade, segundo Kierkegaard, é a *paixão* (*pathos*, que poderíamos assemelhar ao elemento volitivo ou à força

90. *Ibid.*, p. 37.
91. *Ibid.*, p. 43.
92. *Ibid.*, p. 38 e 41.
93. *Ibid.*, p. 44.
94. Mais uma vez se apresenta o binômio inteligência-vontade; razão-liberdade.
95. Jolivet, R. 1948, *Les doctrines existentialistes de Kierkegaard à J.P. Sartre*, Éditions de Fontenelle, Abbaye Saint-Wandrille, p. 44.
96. Referencial ou regra de pensamento objetivo, da mesma forma que um imperativo moral – não cabendo aqui adentrar na espinhosa seara do tema da objetividade, factibilidade ou verificabilidade de algum referencial de verdade.

impulsionadora do *desejo* ou apetite, em Kant), deflagradora de um movimento de verdade dialética, que implica

> ... ao mesmo tempo o diálogo consigo mesmo, ato pelo qual eu engendro minha própria verdade ao assumi-la, e me crio a mim mesmo através da ação, e o estado de tensão onde me instala, pelo risco que ele comporta, todo engajamento verdadeiro.[97]

A premissa, portanto, é a de que todo engajamento, por desaguar numa ação, assume consigo o risco que é inerente a toda e qualquer ação. Trata-se, dessa forma, de tornar algum referencial um referencial *seu*; engajar-se existencialmente com ele sob a forma de atos; e, naturalmente, assumir o risco que decorre de qualquer ato. Esse *engajamento* é a primeira condição de uma existência autêntica – e, a essa altura de nossos estudos, já se torna bastante clara a ligação da autenticidade com o exercício do livre direito humano de *se projetar existencialmente.*

A segunda condição de uma existência autêntica é o "*primado da subjetividade*" e, assim como o engajamento, parte de sua relação com a noção de *verdade* – contudo, não mais de uma verdade objetiva, mas da verdade *existencial.* Não se trata, entretanto, de um postulado relativista, mas de ter como aspecto principal da questão da verdade o ato de adesão a ela: nesse aspecto, "a razão *última* que tenho para aderir à verdade, de assumi-la sob a forma de certeza vivida, não é jamais seu valor objetivo". E não que a objetividade seja um fator irrelevante; contudo, por mais evidente que possa se mostrar, não é ela quem determina o indivíduo:[98]

> O que me determina, é o acordo da verdade com as exigências mais profundas da pessoa, com essa verdade moral que é em mim o Indivíduo que sou e quero ser.[99]

Emerge a questão da escolha de si mesmo, que é articulada com uma afirmação crucial: "Existir, é escolher."[100] O cerne dessa questão é apre-

97. Jolivet, R. 1948, *Les doctrines existentialistes de Kierkegaard à J.P. Sartre,* Éditions de Fontenelle, Abbaye Saint-Wandrille, p. 46.

98. *Ibid.*, pp. 47-48.

99. Jolivet, R. 1948, *Les doctrines existentialistes de Kierkegaard à J.P. Sartre,* Éditions de Fontenelle, Abbaye Saint-Wandrille, p. 48.

100. *Ibid.*, p. 48.

sentado por Jolivet a partir da exposição do caráter impessoal da escolha racionalista, mero movimento de justaposição de peças conceituais; contudo, na realidade da vida, quando surge a ocasião de uma escolha o que está em jogo sou *eu mesmo.*

A partir dessa conclusão, enriquece-se a afirmação inicial, reformulada agora como "Existir, é **se** escolher": a cada ocasião da vida que demanda uma escolha, tenho diante de mim apenas a possibilidade; ao me engajar livremente a determinada possibilidade, escolho livremente a mim mesmo.[101] Essa escolha é, ao mesmo tempo, necessária e livre: necessária porque, dentro da vida efetiva, em cada pequeno passo de sua caminhada existencial, o ser humano é obrigado a escolher (mesmo a inação é uma escolha); livre, porque sempre será dado apenas ao indivíduo direcionar seu engajamento rumo a uma das possibilidades dadas. Essa reflexão será fundamental na construção da noção de projeto de vida, pois à característica de escolha livre de si-mesmo adiciona-se o tema da necessidade: mais do que um ser-que-*(se)*projeta, o ser humano seria um ser que é obrigado, por sua própria natureza, a ter um projeto de vida; ele é, constitutivamente, *autokinesis* e "escolha viva".

A terceira condição kierkegaardiana da existência autêntica é a "*experiência da angústia e do desespero*" – ambas ligadas à realidade e à possibilidade de culpa, e decorrentes da obrigação humana de escolher se arriscar no ato que concretizará a possibilidade escolhida. A experiência do desespero, em Kierkegaard, é um aguilhão que desperta a alma à consciência de seu valor eterno relacionado ao Divino; a angústia, espécie de vertigem psíquica do hom ser humano em diante das possibilidades. Ligada, portanto, à possibilidade e à liberdade, "instala o homem diante dele mesmo, daquilo que ele não é [ainda], mais vai se tornar pela liberdade", ou escolha livre daquela possibilidade concreta, propondo ao existente um si-mesmo a realizar.[102] A angústia, portanto,

> ...pode-se comparar com vertigem. Aquele, cujos olhos se debruçam a mirar uma profundeza escancarada, sente tontura. Mas qual é a razão? Está tanto no olho quanto no abismo. Não tivesse ele encarado a fundura! ... Deste modo, a angústia é a vertigem da liberdade, que surge quando o

101. *Ibid.*, p. 48-49.
102. *Ibid.*, p. 55-56.

> espírito quer estabelecer a síntese, e a liberdade olha para baixo, para sua própria possibilidade...[103]

Vê-se aqui claramente uma raiz do pensamento heideggeriano sobre o lugar da angústia no Dasein, bem como de onde Sartre tirará sua premissa antropológica da liberdade constitutiva e estrutural no ser humano, enquanto busca permanente de uma possibilidade livremente assumida (já se anuncia, ainda que ao longe, o "projeto").

Claro que o ângulo de abordagem do danês é bastante diferente. Para mostrar o ser humano como ser livre, faz uma escavação em busca de um instante na história em que, teoricamente, o ser humano ainda não era livre: antes do pecado original. É dizer: com o fim de mostrar como o ser humano é estruturalmente livre, conjectura sobre como seria um ser humano não-livre. Ao especular sobre o Adão antes da "escolha" (portanto, da liberdade), mostra como a liberdade enquanto possibilidade própria é estrutural ao ser humano. Como destacado por Valls, "falar o tempo todo de Adão é apenas adotar um termo conhecido para refletir sobre o homem, em seus fundamentos".[104] Dessa forma,

> ... Adão deve ter tido um saber acerca da liberdade, uma vez que o prazer consistia em usá-la. ... A proibição o angustia porque desperta nele a possibilidade da liberdade. O que tinha passado desapercebido pela inocência como o nada da angústia, agora se introduziu nele mesmo, e aqui de novo é um nada: a angustiante possibilidade de *ser capaz-de*.[105]

A propósito, do mesmo recurso já havia se servido Kant em seu "*Começo conjectural da História Humana*", onde a narrativa da queda de Adão serve de fio condutor para a reflexão sobre a transição do estado de natureza para o estado de liberdade:

> ... a saída do homem do Paraíso, que a razão lhe apresenta como a primeira instância de sua espécie, não significa outra coisa que a passagem da rudeza de uma criatura puramente animal para a humanidade, dos domínios

103. Kierkegaard, S. 2013, *O conceito de angústia: uma simples reflexão psicológico-demonstrativa direcionada ao problema dogmático do pecado hereditário de Vigilius Haufniensis*, Vozes Editora Universitária São Francisco, Petrópolis, RJ; Bragança Paulista, SP, p. 66.

104. *Ibid.*, p. 172.

105. *Ibid.*, p. 48. Destacamos.

> nos quais prevalecia o governo do instinto para aqueles da razão; numa palavra, da tutela da natureza para o estado de liberdade.[106]

Contudo, Kierkegaard vai além, e tematiza a liberdade de forma mais pessoal e interior do que havia feito Kant. É a mesma liberdade, mas vista de uma perspectiva diversa – e é esse caráter existencial da perspectiva que a torna tão fecunda para nossa reflexão, pois é naquela liberdade que encontra morada o projeto de vida.

Não surpreende, portanto, a afirmação de Lacroix de que para o filósofo dinamarquês a escolha é a chave da personalidade humana, fazendo sua transição de um *estado* puramente *estético* (característica do indivíduo que ainda não decidiu nada de importante em sua vida), para o *estado ético*, quando o sujeito "se fixa um objetivo. Se dá uma tarefa. O que implica fazer uma escolha":

> Efetuando um ato de escolha, o indivíduo cruza a fronteira que separa os dois estados e, com isso, se realiza enquanto ser humano. ... O indivíduo acede à plenitude de sua humanidade a partir do momento onde, cessando de oscilar entre as possibilidades, se fixa num objetivo. Se dá uma tarefa. O que implica fazer uma escolha. O salto da possibilidade à tarefa, a passagem do estado estético ao estado ético supõem que tenhamos a coragem de escolher. ... Ao tomar uma decisão, eu corto com um machado a massa de possibilidades que se ofereciam a mim, eliminando a maior parte, e pela magia desse "decidir", eu transformo a(s) possibilidade(s) que eu conservei em uma tarefa, uma tarefa que doravante incumbe a mim. Pela magia do "escolher", eu me encarrego de uma responsabilidade, a qual a partir desse instante repousa sobre mim, pesa sobre meus ombros: exercer um negócio, criar um filho, participar da vida pública, me consagrar a uma associação, assumir o cuidado de um ser que requer minha ajuda, escrever um livro, mudar de profissão, romper uma relação, buscar um mandato eleitoral, criar uma empresa... Kierkegaard tem uma fórmula magnífica para designar esse momento onde a vida entra numa nova fase. Ele a chama de "batismo da escolha". Eu sou, escreve, batizado por minha própria escolha. Batizado por uma sorte de sacramento da vida, de autosacramento, de unção terrestre, de consagração de si-mesmo por si-mesmo.[107]

106. Kant, I., Menezes, E. 2010, *Começo conjectural da história humana*, Ed. UNESP, São Paulo, p. 24

107. Lacroix, M. 2009, *Se Réaliser - Petite philosophie de l'épanouissement personnel,* Éditions Robert Laffont, Paris. Edição do Kindle.

Por fim, cabe anotar que a tematização das condições de um existir autêntico em Kierkegaard já constitui um primeiro método para identificar se determinada escolha existencial constitui, ou não, um projeto de vida. Essa ferramenta será importante quando da reflexão sobre as condições de verificação acerca do dano ao projeto de vida. Veremos, então, que aquelas três condições são passíveis de aferição indireta, a partir da observação da existência concreta: a vida, atos e obras do indivíduo. Como lecionou Jolivet:

> ...vejam como eles vivem, observem se eles vivem a verdade mesmo em suas consequências, sem se reservar qualquer escapatória ou qualquer refúgio...[108]

2.2.2. O ser humano como projeto no pensamento de Nietzsche

O segundo grande precursor do Existencialismo foi Nietzsche e, de acordo com Jolivet, mesmo não tendo desenvolvido uma "teoria Existencialista", seus escritos foram tão ou mais marcantes do que os trabalhos de Kierkegaard, que apenas tardiamente veio a ser descoberto na Europa continental, e cuja leitura foi decisivamente influenciada pelas concepções nietzscheanas.

Assim como para Kierkegaard, também para Nietzsche o pensamento era um reflexo de sua personalidade, "expressão de sua vida e a tradução de seu drama mais pessoal", pois o pensamento não vale a pena a não ser que, "surgido da própria existência, engaje toda a vida e aceite todos os riscos desse engajamento."[109] Tendo afirmado que "De tudo escrito, amo apenas o que se escreve com o próprio sangue. Escreve com sangue: e verás que sangue é espírito"[110], Nietzsche postulou:

> 292. *Avante*. ... Seja você como for, seja sua própria fonte de experiência. Livre-se do desgosto com seu ser, perdoe a seu próprio Eu, pois de toda

108. Jolivet, R. 1948, *Les doctrines existentialistes de Kierkegaard à J.P. Sartre*, Éditions de Fontenelle, Abbaye Saint-Wandrille, p. 46.

109. Jolivet, R. 1948, *Les doctrines existentialistes de Kierkegaard à J.P. Sartre*, Éditions de Fontenelle, Abbaye Saint-Wandrille, p. 61-62.

110. Nietzsche, F.W., Souza, P.C. de. 2011, *Assim Falou Zaratustra*, Companhia das Letras, São Paulo, p. 37.

> forma você tem em si uma escada com cem degraus, pelos quais pode ascender ao conhecimento. ... Não é possível, exatamente com a ajuda de tais experiências, explorar com maior compreensão enormes trechos do passado humano? ... Quando o seu olhar tiver se tornado forte o bastante para ver o fundo, na escura fonte de seu ser e de seus conhecimentos, talvez também se tornem visíveis para você, no espelho dele, as distantes constelações das culturas vindouras.[111]

Sua abordagem particular é distinta do pensamento antropológico de Kierkegaard em aspectos fundamentais, notadamente quanto à questão do Absoluto. Contudo, um ponto de tangência entre os dois pensadores vem a reforçar a estrutura projetiva do ser humano: a concepção do ser humano enquanto ser inacabado e "que não é, mas se torna".

O Super-homem, que tem por essência "se superar sempre a si-mesmo", ser essencialmente autotranscendente, é um ser-que-*(se)*projeta. Na visão de Jolivet "já é realmente aquele 'ser do distante' do qual falarão Heidegger, Jaspers e Sartre e que, apoiando-se apenas sobre si mesmo, deve se escolher a si mesmo, e escolher-se apenas para saltar constantemente para além dele-mesmo".[112]

Essa essência projetiva emergirá novamente na crítica à moral cristã. Segundo Nietzshe, ao propor um espaço de conforto interior e submissão ao fato, aquela constituiria uma obstrução à liberdade pela qual o ser humano construiria para si, "na luta e na angústia, um destino em sua medida", realizando sua essência. Essência essa que é "futuro, sempre projetado no horizonte do mundo que ele edifica com sua dor e suas lágrimas."[113] Nessa senda, importante destacar que essa projeção, para Nietzshe, aponta para uma possibilidade inalcançável e eternamente fugidia; entretanto, como veremos no momento adequado, o conteúdo ou a factibilidade de um projeto não constitui elemento essencial para sua caracterização como *projeto de vida.*

111. Nietzsche, F.W., Souza, P.C. de. 2007, *Humano, demasiado humano: um livro para espíritos livres*. Companhia de Bolso, São Paulo, p. 179.
112. Jolivet, R. 1948, *Les doctrines existentialistes de Kierkegaard à J.P. Sartre,* Éditions de Fontenelle, Abbaye Saint-Wandrille, p. 65.
113. *Ibid.*, p. 71.

2.2.3. O ser humano como projeto no pensamento de Heidegger

Chegamos então a Heidegger, que fará de sua antropologia uma ontologia cujas descobertas serão extremamente fecundas para o esboço de uma Teoria do Direito ao Projeto de Vida.

Sua empreitada filosófica parte da identificação de uma crise dos fundamentos do pensamento especulativo, cuja causa situa no fato de que, desde a Grécia antiga, a resposta à questão sobre o *ser* foi dada por autoevidente e, em razão disso, teria sido subtematizada. E esse olvido seria, mais do que uma questão puramente abstrata, um problema efetivo, já que qualquer ciência, a partir de um certo nível de sofisticação, terá que se deparar com o problema de seus fundamentos – ou seja, das noções em torno das quais construiu seu arcabouço de conhecimento. Foi o que ocorreu, já descrevemos, com a Matemática, ao se deparar com o problema da objetividade no seio da subjetividade constitutiva, ou da Física, para a qual "a teoria da relatividade marcou... o mesmo fenômeno crítico."[114] Dessa crise fundamental eclode a necessidade de investigar a questão esquecida, ou seja, a questão do *ser*.

O projeto filosófico de Heidegger assume como tarefa a elucidação do sentido do ser e, como método, proceder pela via concreta como caminho apto à construção de uma teoria do ser. Nessa senda, parte da premissa de que 1) toda pergunta, pela forma em que é colocada, já pressupõe alguma noção da resposta e 2) assim sendo, se o ser humano se pergunta sobre o sentido do ser, é porque sabe algo sobre ele.[115] Trata-se, portanto, de investigar o ser humano - o *existente* que tem noção e realiza ao máximo a essência do ser:

> O ente, que temos por tarefa analisar, nós o somos nós mesmos a cada vez. O ser desse ente é cada vez *meu*. É próprio do ser desse ente que ele se relacione ele-mesmo com seu ser.[116]

114. Jolivet, R. 1948, *Les doctrines existentialistes de Kierkegaard à J.P. Sartre*, Éditions de Fontenelle, Abbaye Saint-Wandrille, p. 83.

115. *Ibid.*, pp.81-85.

116. Heidegger, M., Boehm, R., De Waelhens, A., Vezin, F. 1986. *Être et temps*, Gallimard, Paris, p. 73.

Heidegger efetuará, assim, uma analítica existencial e uma hermenêutica da facticidade, orientadas a partir de um ente específico, que se acha "a princípio absorvido na facticidade incontornável de seu mundo, ao mesmo tempo em que seja marcado por uma relação originária e indissolúvel com o ser. Para designar esse ente, Heidegger vale-se em *Ser e Tempo* do termo **ser-aí** (*Dasein).*"[117] O único objeto de investigação possível será, dessarte, o "*ser mesmo do sujeito* existente, que chamaremos, com Heidegger, o *Dasein*. É pelo aprofundamento reflexivo desse existente que poderemos esperar aceder a uma noção do sentido do ser em geral". [118] E, ao acompanhar Heidegger por essa expedição na busca pelo sentido do ser, encontraremos importantes evidências sobre a natureza do ser humano enquanto ser-que-*(se)*projeta.

A obra filosófica de Heidegger é extensa e, mesmo que não tenha alcançado plenamente seu objetivo mais explícito, notabiliza-se por ter deixado múltiplas vias abertas para investigação e reflexão – pelo que afirmou, a propósito de seu trabalho: "não tenho obras (*Werke*), mas caminhos (*Wege*)."[119] Dentre suas luzes, a que mais ilumina a questão do projeto de vida é a da relação da essência do ser com sua existência, manifestada nos *modos de ser*, desdobrada na concepção de que o "Dasein *é* sua possibilidade, e não que ele tenha ou *possua* sua possibilidade como uma coisa presente e atualizável. É porque ele precisa **se escolher** e **se conquistar**".[120] Assim sendo, "A 'essência' desse ente está em seu (ter) que-ser."[121] Dessa forma,

> O Dasein se determina como ente a cada vez a partir de uma possibilidade que ele *é* e isso quer dizer que, ao mesmo tempo, ele o compreende de uma determinada maneira em seu ser.[122]

---

117. Casanova, M.A. 2009, *Compreender Heidegger*, Série Compreender, Vozes, Petropolis, p. 87.
118. Jolivet, R., 1948. Les doctrines existentialistes de Kierkegaard à J.P. Sartre. Éditions de Fontenelle, Abbaye Saint-Wandrille, p. 82.
119. Casanova, M.A. 2009, *Compreender Heidegger*, Série Compreender, Vozes, Petropolis, p. 75.
120. Jolivet, R. 1948, *Les doctrines existentialistes de Kierkegaard à J.P. Sartre*, Éditions de Fontenelle, Abbaye Saint-Wandrille, p. 86.
121. Heidegger, M., Boehm, R., De Waelhens, A., Vezin, F. 1986. *Être et temps*, Gallimard, Paris, p. 73.
122. *Ibid.*, p. 75.

Emerge novamente, agora em Heidegger, a noção de autenticidade, sob a forma do binômio existência autêntica/existência inautêntica, que ele formula também como *projeto* autêntico/*projeto* inautêntico, e elucida tendo por pano de fundo a "atitude do sujeito em relação a sua própria morte, quer ele se esconda na angústia (inautenticidade), quer ele a assuma absolutamente (autenticidade)".[123] Assim,

> ... o ser original do Dasein rumo a seu poder-ser, nós o revelamos como ser rumo à morte, ou seja, como ser rumo a essa possibilidade que se caracteriza por ser a insigne possibilidade do Dasein.[124]

Cumpre ressaltar que, como a fuga da morte, assim como o apego à vida, são inescapáveis, não poderiam ser tomados como *projetos fundamentais* em si mesmos. "Ao contrário, não podemos compreendê-los a não ser sobre a base de um projeto original de viver ou de ser, ou seja, de uma escolha original de nosso ser."[125]

A articulação da existência em torno do evento *morte* na filosofia de Heidegger estabeleceu um marco que influenciará decisivamente toda a reflexão posterior acerca do tema – que, numa reflexão acerca do direito ao projeto de *vida*, naturalmente terá especial relevância e será abordada no momento apropriado. Por ora, uma indagação vestibular seria: se considerado que um indivíduo *é* suas possibilidades (escolhidas), a aniquilação de uma possibilidade abraçada como escolha fundamental constituiria, em alguma medida, a aniquilação - ou morte -, mesmo que parcial, do indivíduo *enquanto tal*? Deixaremos, por ora, a questão em aberto.

Refletindo sobre o ser humano como ser situado num mundo que é, para ele, uma multiplicidade de alternativas, Heidegger propõe que o indivíduo vive num estado constante de interpretação de seu entorno, pleno de caminhos à sua escolha. Assim sendo, o *Dasein* não será jamais algo fechado ou acabado, mas aparecerá sempre como um poder-ser e

123. Jolivet, R. 1948, *Les doctrines existentialistes de Kierkegaard à J.P. Sartre*, Éditions de Fontenelle, Abbaye Saint-Wandrille, p. 86.

124. Heidegger, M., Boehm, R., De Waelhens, A., Vezin, F. 1986. *Être et temps*, Gallimard, Paris, p. 365.

125. Jolivet, R. 1948, *Les doctrines existentialistes de Kierkegaard à J.P. Sartre*, Éditions de Fontenelle, Abbaye Saint-Wandrille, p. 86.

existirá segundo o modo de suas próprias possibilidades. Viver, para o ser humano, é interpretar seu ser - ou seja, suas possibilidades -, e cada escolha que recai sobre uma alternativa existente constitui uma "determinação criativa" de seu ser. *A escolha determina o indivíduo.*[126] Essa relação conglobante do ser humano em relação ao mundo pode ser traduzida como "interpretação" ou "compreensão" e, segundo Jolivet,

> ... possui uma estrutura ontológica que denominaremos *pro-jeto* (*Ent-wurf*). Pro-jetar resulta imediatamente do poder-ser. Mas não se deve entender esse projeto como uma relação com um plano pré-concebido; de fato, é o Dasein que já se pro-jetou a si mesmo: existir, para ele, é necessariamente pro-jetar, ou seja, **se apropriar** (mesmo sem ter sempre conhecimento expresso disso) do espaço aberto ao jogo do poder-ser como trajetória de seu ser. É por isso também que o Dasein é sempre "mais" do que ele é de fato, mas nunca mais do que ele é realmente, pois o poder-ser pertence essencialmente à sua realidade. Podemos então dizer com toda a verdade: **"Torna-te quem tu és."**[127]

Como num eterno retorno, mais uma vez emerge a máxima de Píndaro, e podemos identificar nessa nova eclosão mais um forte indicativo e evidência de que a realidade projetante é uma estrutura universalmente característica e, portanto, constitutiva do ser humano:

> Na interpretação o gênero de ser do Dasein toma o sentido existencial de **poder-ser**. ... O Dasein é cada vez o que ele pode ser **e sua maneira de ser essa possibilidade**. O ser possível essencial ao Dasein diz respeito aos modos já caracterizados do cuidado com o "mundo", do cuidado mútuo em relação aos outros e em todo caso e sempre já o **poder-ser em relação a si mesmo em função de si mesmo**. O ser-possível que o Dasein é, cada vez, sobre o plano existencial ... Na medida em que lhe é essencial ser disposto a cada vez, o Dasein já está imerso no meio de certas possibilidades; enquanto poder-ser que ele é, deixa passar outras possibilidades, lutando constantemente com as possibilidades de seu ser, as quais agarra, mas com o risco de fazê-lo mal. Tudo isso para dizer que o Dasein é ser-possível entregue a si-mesmo, e que ele é de baixo acima a *possibilidade em seu instante*. O Dasein é a possibilidade de ser livre *em vista do* poder

126. *Ibid.*, p. 99-100.
127. *Ibid.*, p. 100.

> ser mais próprio. O ser-possível se revela para ele de diferentes maneiras e em diversos graus possíveis. [128]

Assim, Heidegger desprende-se da metafísica tradicional para investigar o *ser* em sua relação com o tempo e o ser humano, cuja condição seria essencialmente "uma contínua possibilidade de transformar-se e de superar-se. A existência do ser humano passa, assim, a assumir o significado da etimologia latina do termo existência (*ex-sistere*, ou seja, "ultrapassar")",[129] e o ser humano passa a ser dito como um *poder ser*, uma força de auto-transcendência rumo a algo que ainda não é – em suma, um *projeto de si mesmo*.

Para demonstrar a estrutura do ser humano como escolha de si mesmo, Heidegger propõe investigar se não seria possível descobrir no próprio ser humano algum fenômeno revelador de seu ser mais íntimo. Esse problema é resolvido por meio das tonalidades afetivas,[130]tidas como lugares privilegiados de tangência do ser-aí (ser humano) com o mundo. Nessa jornada, partirá da interpretação que o indivíduo tem do mundo da vida, ou "sentimento da situação original", do qual emergirá o sentimento de abandono – e, dele, o medo e a angústia, que será identificada como fenômeno capaz de revelar a estrutura do *Dasein*, por exprimir seu sentimento mais profundo: a sensação de isolamento e "solipsismo existencial" diante do mundo como um todo.[131]

> ... enquanto tonalidade afetiva fundamental, que confronta o ser-aí com a insignificância do mundo fático e abre ao mesmo tempo a possibilidade de ele se articular com a sua determinação mais própria enquanto poder ser ... a angústia traz consigo a possibilidade de uma quebra do domínio irrestrito do discurso cotidiano sobre o ser e de uma retomada de seu poder-ser mais próprio. Uma vez que ela inviabiliza a simples operacionalização de "em-virtude-de" disponíveis no mundo fático, ela abre o espaço para que o ser-aí possa descobrir em seu si mesmo singular aquilo em virtude

128. Heidegger, M., Boehm, R., De Waelhens, A., Vezin, F. 1986. *Être et temps*, Gallimard, Paris, p. 188. Destacamos.
129. Heidegger, M. 2020, *A questão da técnica*, Paulus, São Paulo, p. 13.
130. Casanova, M.A. 2009, *Compreender Heidegger*, Série Compreender, Vozes, Petropolis, p. 110.
131. Jolivet, R. 1948, *Les doctrines existentialistes de Kierkegaard à J.P. Sartre*, Éditions de Fontenelle, Abbaye Saint-Wandrille, p. 98-108.

> de que ele precisa existir como o ser-aí que ele é. ... No momento em que a angústia vem à tona, portanto, o ser-aí se rearticula diretamente com o seu poder-ser e experimenta ao mesmo tempo a si mesmo a partir do poder-ser que é.[132]

Dessa forma, retoma-se o tema da angústia, já levantado por Santo Agostinho e Kierkegaard; contudo, enquanto nesses a angústia seria tratada como um fenômeno puramente psicológico, Heidegger a colocará em outro patamar, qual seja, o ontológico: referido à própria estrutura do ser, o sentimento da angústia tenderia a arrancar o *Dasein* do que chama de estado de decadência e faz com que o ser humano "experimente seu ser como *constrangido à liberdade* de se escolher a si mesmo; ele se sente responsável por ele mesmo, inelutavelmente."[133]

Ao se deparar com as possibilidades, o indivíduo é confrontado com seu caráter de possibilidade de si mesmo, se angustia, e "dessa confrontação nasce ao mesmo tempo a possibilidade de **assunção de si mesmo** como **cuidado**", assunção plena da responsabilidade de conquistar sua possibilidade mais autêntica.[134]

> Com efeito, o ser do Dasein aparece como estando sempre *à frente dele mesmo*, não na medida em que está em relação com outros existentes, mas como *poder-ser* (*Sein-können*), ou seja, responsável pelo ser que ele é como ser-já-lançado-num-mundo. O existir é um fato primitivo: no momento em que eu me interrogo sobre ele, eu já existo, com tudo o que isso implica para mim de **necessidade de me projetar à frente de mim--mesmo**, ou seja, de ser "cuidado com". *O **cuidado como antecipação de si** não é portanto uma conduta particular e contingente do Dasein em relação a ele-mesmo: ele define adequadamente, em sua unidade fundadora, todas as determinações do ser.* Eu *não tenho* cuidado, ou se eu tenho cuidado, se eu quero, desejo, se eu sou inclinado e impelido, é a título de consequência: eu *sou* cuidado, assim mesmo como eu sou.[135]

132. Casanova, M.A. 2009, *Compreender Heidegger*, Série Compreender, Vozes, Petropolis, p. 125-128.
133. Jolivet, R. 1948, *Les doctrines existentialistes de Kierkegaard à J.P. Sartre*, Éditions de Fontenelle, Abbaye Saint-Wandrille, p. 98-108.
134. Casanova, M.A. 2009, *Compreender Heidegger*, Série Compreender, Vozes, Petropolis, p. 128.
135. Jolivet, R. 1948, *Les doctrines existentialistes de Kierkegaard à J.P. Sartre*, Éditions de Fontenelle, Abbaye Saint-Wandrille, p. 109.

Essa análise do Dasein como cuidado explicitaria que o ser humano é uma perpétua incompletude, um "ainda não", um adiamento e uma suspensão[136], como "a lua crescente é nela mesma uma coisa acabada: sou somente eu que faço dela uma lua cheia em suspensão".[137]Para o *Dasein*,

> ... *sua incompletude é realmente constitutiva;* o "*ainda não*" é para ele uma maneira essencial de ser. O Dasein é uma fuga perpétua rumo a suas possibilidades: ele corre atrás de um possível que nada mais é do que ele mesmo e que, como tal, é necessariamente fora de alcance. *Ele é, por essência, o ser que não pode jamais se reunir.*[138]

Sendo o *Dasein* essa realidade sempre *in fieri*, decorre que o ser humano, desde o início, já incorpora a perspectiva de seu próprio fim: "Desde que um homem nasce, ele já é velho o suficiente para morrer",[139] e a morte se torna uma maneira de ser que afeta toda sua existência. Constitui-se, assim, como possibilidade suprema e, como evento personalíssimo e inevitável (a morte que paira sobre mim como evento fatal é somente *minha*), libertador do homem para o exame de todas suas outras possibilidades enquanto também personalíssimas, sobressaindo assim que a essência do *Dasein* se funda sobre a possibilidade "de cada um se tornar seu poder-ser como ele bem entenda".[140]

Esse atributo será essencial numa Teoria do Direito ao Projeto de Vida, já que a medida para aferir se um projeto constitui o *projeto vital* deverá ser extraída da ótica e escolha pessoal do indivíduo, e não da escala de valoração de sujeitos externos. Daí que se torna o sujeito o *homo mensura* a partir do qual se extrairá a chave hermenêutica a propósito de sua escolha existencial. Afinal,

---

136. Que não se compararia à "incompletude" das coisas do mundo, sempre completas tais como são no instante em que a percebemos, e cujo atributo da incompletude seria causado por nossa percepção.

137. Jolivet, R. 1948, *Les doctrines existentialistes de Kierkegaard à J.P. Sartre*, Éditions de Fontenelle, Abbaye Saint-Wandrille, p. 114.

138. Jolivet, R. 1948, *Les doctrines existentialistes de Kierkegaard à J.P. Sartre*, Éditions de Fontenelle, Abbaye Saint-Wandrille, p. 115.

139. *Ibid.*, p. 116.

140. *Ibid.*, p. 119.

> ... é em se projetando livremente rumo a sua possibilidade última que o "Dasein" acederá à existência autêntica e se destacará da banalidade quotidiana para atingir a unicidade insubstituível da pessoa.[141]

Estamos, portanto, diante de um processo de singularização, único no qual o ser-aí emerge da impessoalidade, conquista a si mesmo e se realiza plenamente, enquanto **projeto lançado** numa jornada de "supressão da multiplicidade de possibilidades e a descoberta de uma necessidade singular para sua existência."[142]

Nesse estágio de exposição sintética da ontologia existencial heideggeriana já é possível identificar, permeando todo o tecido da existência humana, a estrutura fundamental da temporalidade, que "torna possível a unidade da existência".[143] Pano de fundo da relação do ser humano consigo mesmo e com o mundo da vida, o próprio cuidado como antecipação de si "se enraíza na experiência da temporalidade": a resolução pela existência autêntica "se temporaliza necessariamente... em suas diversas possibilidades", e é temporal por essência, de tal forma que "*existir nada mais é do que exercer modos de temporalização*". O *Dasein* se apresenta como um ser necessariamente "antecipador", na medida em que "não cessa de se mover em direção a suas possibilidades. Ele é, em seu ser, fundamentalmente futuro: *o homem é 'o ser à distância*'".[144]

Nessa dinâmica, o ser humano se mostra como historicidade e emerge a questão da perspectiva do contexto da "vida inteira", em cuja construção o passado e o devir se fundem enquanto presente, e a vida autêntica se constitui como "ao mesmo tempo e solidariamente retorno sobre o passado e pro-jeto rumo ao devir, a saber rumo à morte e ao nada. *O Dasein é no mesmo movimento futuro e passado*"[145] e, como leciona Heidegger,

141. *Ibid.*, p. 117, nota 74.

142. Casanova, M.A. 2009, *Compreender Heidegger*, Série Compreender, Vozes, Petropolis, p. 138-139.

143. Heidegger, M., Boehm, R., De Waelhens, A., Vezin, F. 1986. *Être et temps*, Gallimard, Paris, p. 388.

144. Jolivet, R. 1948, *Les doctrines existentialistes de Kierkegaard à J.P. Sartre*, Éditions de Fontenelle, Abbaye Saint-Wandrille, p. 125-126.

145. *Ibid.*, p. 126.

> Não se trata aqui de indagar: por quais meios o Dasein poderá alcançar a unidade do todo que lhe permite encadear, a título retrospectivo, as "vivências" em curso com aquelas que já aconteceram mas, ao contrário: qual é o modo de ser de seu si-mesmo onde *ele se perde de tal forma que precise, logo após se dispersar, se reagrupar e se inventar, para essa unidade, um princípio global de unificação?*[146]

Como já destacado, nosso recorte científico não permitirá examinar em profundidade a questão da temporalidade em Heidegger; contudo, mesmo antes de adentrarmos no tópico específico do *projeto de vida* já se eleva, de alguma forma, a partir desse lugar de suas reflexões, a impressão sobre uma provável ligação entre as noções de projeto de vida e princípio global de unificação existencial do indivíduo.

A compreensão filosófica da temporalidade abrirá caminho para a noção de *historicidade*, e a concepção heideggeriana será brilhantemente sintetizada por Jolivet a partir dos marcos do *nascimento* (início do *Dasein*) e da *morte* (fim do *Dasein*):

> O existente se estende ou se desdobra, de certo modo, entre o nascimento e a morte, e essa extensão, na medida em que constitui uma sucessão contínua de dias, dá à temporalidade o caráter de *historicidade* (*Geschichtlichtkeit*). A existência global do Dasein, entre esses dois termos extremos, é uma duração e uma história.[147]

Essa historicidade que resulta da temporalidade do *Dasein* não se confunde com a concepção comum, onde a dimensão do *passado* sobressai acima das outras duas dimensões temporais; a estrutura temporal humana é dialética, integrando, no território do presente, o passado e o futuro: ente obrigado a antecipar a inevitável possibilidade última da morte, o *Dasein* existe necessariamente como um ser *futuro*; por outra face, é herdeiro necessário de seu próprio passado, que continuamente assume, reinterpreta e faz incidir renovado sobre a vivência atual. No presente, precisa lidar com todas as possibilidades que, de fato, realizou em sua existência – ato composto, sucessivo e encenado sobre o triplo

146. Heidegger, M., Boehm, R., De Waelhens, A., Vezin, F. 1986. *Être et temps*, Gallimard, Paris, p. 455.

147. Jolivet, R. 1948, *Les doctrines existentialistes de Kierkegaard à J.P. Sartre*, Éditions de Fontenelle, Abbaye Saint-Wandrill, p. 131.

palco fundamental das três dimensões temporais. Nesse itinerário, "a mobilidade específica segundo a qual o Dasein *adquire sua extensão à medida em que se expande*, nós a chamamos *aventura [Geschehen]* do Dasein. ... a história, que tem lugar no tempo, é a aventura específica do Dasein existente..."[148]

Por fim, na noção de transcendência encontramos novamente, sob outra formulação, a característica da *dynamis* essencial do ser humano: para Heidegger, transcender significa *ir além*, num movimento que "vai 'de' alguma coisa 'em direção' a alguma coisa"; e o existente que realiza esse ato de transcender é o *Dasein:*

> ...a transcendência é uma propriedade sua; ela é uma *estrutura fundamental da subjetividade*, ou seja, não é apenas um modo de ser de que o Dasein disporia dentre outros, mas que ela é constitutiva do Dasein, e, a esse título, anterior a todo comportamento.[149]

Por esse "ir além", ou transcender essencial, o *Dasein* se constitui no mundo, que é para ele a totalidade das possibilidades em seu horizonte e aquilo que ele projeta diante de si mesmo, e "pro-jetar dessa forma o mundo é se pro-jetar e se transcender a si mesmo". No exercício dessa "ultrapassagem", o *Dasein* extrapola as coisas do mundo e, dessa forma, a si próprio:

> *O Dasein se transcende, portanto, a si mesmo, e ele se transcende necessariamente.* Essa transcendência constitui sua ipseidade. ... *Ela é fundamentalmente e essencialmente* ***pro-jeto*** *das possibilidades do Dasein:* os existentes só se tornam inteligíveis em função dessas possibilidades.[150]

Insinua-se, a partir daí, uma espécie de inversão de polaridade bastante fecunda para a noção de projeto de vida que, além de causa final para a qual tenderiam as demais escolhas existenciais, apresenta a possibilidade de se constituir em causa eficiente ou núcleo gravitacional que

148. Heidegger, M., Boehm, R., De Waelhens, A., Vezin, F. 1986. *Être et temps*, Gallimard, Paris, p. 439 e 443.

149. Jolivet, R. 1948, *Les doctrines existentialistes de Kierkegaard à J.P. Sartre*, Éditions de Fontenelle, Abbaye Saint-Wandrill, p. 137-140.

150. *Ibid.*, p. 137-140. Destacamos.

orientará o sentido da convergência das demais possibilidades mundanas à disposição da escolha do indivíduo em sua aventura existencial.

2.2.4. *O ser humano como projeto no pensamento de Sartre*

Em nossa rememoração fizemos um sobrevôo histórico sobre as concepções clássica, cristão-medieval, moderna e contemporânea do ser humano; nessa trajetória, nos movemos com mais vagar e atenção no exame das doutrinas existencialistas, notadamente em Kierkegaard, Nietzsche e Heidegger. Em todo nosso arco histórico foi possível recolher, como invariante universal, o caráter do ser humano como ser-que-*(se)*projeta, permitindo-nos apontar para o projeto de vida como estrutura essencial do ser humano. Ei-nos, enfim, no território do pensamento que se constituiu no pilar mais fundamental da noção de direito ao projeto de vida de Sessarego: a Ontologia Existencial de Sartre.

Logo na partida de sua obra axial, *O Ser e o Nada*, Sartre adota como fundamento epistemológico a noção de fenômeno como aquilo que "não indica, por cima do ombro, um ser verdadeiro que seria, ele sim, o absoluto. Aquilo que ele é, o é absolutamente, pois ele se revela *como ele é*. O fenômeno pode ser estudado e descrito em tanto que tal, pois ele é *absolutamente indicativo dele-mesmo*."[151] O método de investigação escolhido será o mesmo de Husserl e Heidegger:

> O ser nos será revelado por qualquer meio de acesso imediato, o tédio, a náusea, etc., e a ontologia será a descrição do fenômeno tal qual ele se manifesta ... Parece que não haverá dificuldades: Husserl mostrou como uma **redução eidética** é sempre possível, ou seja, como se pode sempre **ultrapassar o fenômeno concreto rumo a sua essência** e, para Heidegger, a "realidade humana" é ôntico-ontológica, ou seja, ela pode sempre ultrapassar o fenômeno em direção a seu ser. ... Num objeto singular, podemos sempre distinguir qualidades como a cor, o odor, etc. E, a partir delas, podemos sempre fixar uma essência que elas implicam, assim como o signo implica a significação. O conjunto "objeto-essência" forma um todo organizado: a essência não está *dentro* do objeto, ele é o sentido o objeto, a razão da série de aparições nas quais se desdobra.[152]

151. Sartre, J.-P., Elkaïm-Sartre, A. 2017, *L'être et le néant: essai d'ontologie phénoménologique*, Edition corrigée. ed, Collection TEL, Gallimard, Paris, p. 12.

152. *Ibid.*, p. 15. Destacamos.

O fenômeno em questão para Sartre é o ser humano. E sua descrição, por visar, pela análise fenomenológica, o próprio ser do homem, constitui uma ontologia fenomenológica. Como busca descrever o ser do homem tal qual ele se manifesta, é também uma antropologia. Ora, estudando essa antropologia, consolidaremos enfim o **fundamento antropológico da Teoria do Direito ao Projeto de Vida**, qual seja, a **afirmação do ser humano enquanto ser-que-*(se)*projeta.**

Ao final, será possível compreender como toda a reflexão sartriana converge para a noção de liberdade enquanto auto-determinação da essência do ser humano pelo próprio ser humano no curso de sua vida. Assumindo o mote existencialista de que a existência precede a essência (ou seja, o que define o indivíduo não é uma essência externa e anterior a ele, mas seu próprio existir), o princípio basilar da existência concreta dos indivíduos é a liberdade entendida, numa primeira abordagem, como "*opção profunda, absolutamente gratuita,* pela qual eles se escolhem absolutamente."[153]

Na superfície do pensamento de Sartre eclodem, a todo tempo, intuições e conceitos indicativos da estrutura do ser humano enquanto ser que se autoconstitui necessariamente em torno de um projeto de vida, justificando-se assim a escolha de seu pensamento como pedra fundamental da construção teórica de Sessarego. É preciso, então, que nos debrucemos mais detidamente sobre a itinerário percorrido por Sartre para chegar a esse ponto. O caminho inicia a partir de dois marcos: o *ser-em-si* e o *ser-para-si.*

O *ser-em-si,* para Sartre, é o mundo das coisas, "ser-do-mundo", ou ser "no sentido pleno da palavra", sem remissão a qualquer outra realidade e em identidade absoluta consigo mesmo: estado indiferenciado de coisas e objetividade pura onde existimos; totalidade da existência material. Se a consciência humana, como consciência-*de,* tem a qualidade de sempre tender para um outro algo ou ser, esse ser para o qual a consciência tende é o *ser-em-si.*

Já o *ser-para-si* é a **consciência** do indivíduo: reflexão do ser humano sobre si mesmo, estabelece uma "distância interna" entre o sujeito,

153. Jolivet, R. 1948, *Les doctrines existentialistes de Kierkegaard à J.P. Sartre,* Éditions de Fontenelle, Abbaye Saint-Wandrill, p. 145.

que reflete, e a percepção que tem dele mesmo, pelo que também pode ser chamada de "presença a si". Nesse "descolamento" do ser do homem em relação a si mesmo, pela consciência "eu me coloco *à distância* daquilo que eu sou e me constituo como *não sendo o que eu sou*, ou bem (o que dá no mesmo) como *sendo o que eu não sou*". Sempre consciência *de* alguma coisa, que transborda de si mesma para aderir a algo do mundo - a um ser que não é ela, ou seja, um "transcendente" -, essa "presença a si" se torna "presença ao mundo", e em seu viver nesse mundo engendra valores e possibilidades.[154]

Esse transcender é como que um transbordamento, e nele reside o cerne da consciência, e na base desse cerne habita, como raiz do ser do homem, um estado de *carência* essencial. Essa carência gera e impulsiona o ímpeto inesgotável de transbordamento de si que é característico de todo ser humano, em sua luta para escapar à sua condição de incompletude, de "ainda não" ser. A realidade humana é, portanto, uma "persecução perpétua" [155] e é possível vislumbrar ali indícios da própria estrutura projetiva do ser humano como ser essencialmente configurado para existir como *autokinesis*, "se transbordando" e *se projetando.*

Ao tematizar o ser humano como o ser que se projeta rumo a algo, Sartre conceitua esse algo como *valor*, definido como "aquilo *em cuja direção* um ser se ultrapassa a si mesmo..." ou aquilo que falta ao ser humano enquanto ser de carência. Assim,

> o valor significa o ser que eu não sou e preciso me fazer ser. Como tal, esse ser somente pode existir através da liberdade, e a liberdade, ao mesmo tempo, é aquilo através do qual posso me fazer existir enquanto eu mesmo.[156]

A partir dessa noção, vislumbramos mais uma face possível de um direito ao projeto de vida: direito humano de escolher um valor fundamental. Esse "algo" do qual o ser humano enquanto consciência é carente, Sartre o chama de "sua possibilidade que surge necessariamente

---

154. Jolivet, R. 1948, *Les doctrines existentialistes de Kierkegaard à J.P. Sartre*, Éditions de Fontenelle, Abbaye Saint-Wandrill, p. 180.

155. *Ibid.*, p. 159.

156. Jolivet, R. 1948, *Les doctrines existentialistes de Kierkegaard à J.P. Sartre*, Éditions de Fontenelle, Abbaye Saint-Wandrill, p. 183.

com a consciência do mundo": "O para-si [consciência] não pode, assim, aparecer sem ser ao mesmo tempo assombrado pelo valor e projetado rumo às suas próprias possibilidades."[157] Assim sendo, a consciência ou para-si do ser humano é

> Um ser que se encontra diante de suas possibilidades mesmas, e que *é* suas possibilidades, ou seja, que se define por elas como "saída de si rumo a..."[158]

O possível, ou possibilidade, é aquilo de que carece o ser humano e de que a consciência precisa para apreender e alcançar "a si mesma" – ou, retomando a máxima de Píndaro, *tornar-se aquilo que é.*

Essa articulação abre espaço para a deflagração de um movimento denominado dialética do desejo humano:

> Todo desejo visa a uma possibilidade e aspira a se tornar esse desejo satisfeito pelo qual o para-si [consciência], se reunindo com sua possibilidade, se tornaria apenas um consigo mesmo, ou seja, se realizaria como ser-em-si.[159]

Nesse movimento, contudo, o desejo não busca sua própria supressão; busca antes, sem se exaurir numa satisfação pontual, subsistir num estado de enlevo permanente. Entretanto, no instante mesmo da satisfação do desejo (como o de matar a sede, por exemplo) vem a decepção do exaurimento e, assim, "a realização da possibilidade faz surgir um novo horizonte de possibilidades. *O para-si se escapa perpetuamente para além do em-si.*"[160] No olhar que sempre remete para algo distante no tempo se revela, para o ser humano, a consciência e perspectiva da temporalidade – considerada, por isso mesmo, uma estrutura fundamental do ser humano.

A análise fenomenológica da temporalidade é, por motivos bastante claros, de grande relevância numa investigação do direito a um projeto de vida - afinal, a auto-experiência enquanto ser temporal constitui um

157. *Ibid.*, p. 185.
158. *Ibid.*, p. 185.
159. *Ibid.*, p. 187.
160. *Ibid.*, p. 187.

dos fundamentos do ser humano enquanto projeto. Além disso, com a Fenomenologia é possível evitar que uma compreensão errônea a partir da hipertrofia da estrutura temporal do futuro leve a atribuir ao projeto de vida um caráter de abstração incompatível com o reconhecimento atual de um direito juridicamente protegido. Por fim, a investigação fenomenológica constitui o mergulho mais profundo de nossa exploração antropológica em busca de estruturas fundamentais do ser humano que permitam afirmar o projeto como essencial à sua existência – e, portanto, digno de proteção jurídica.

A propósito da temporalidade, a análise de Sartre parte de uma fenomenologia das três dimensões temporais, ou estruturas temporais secundárias: passado, presente e futuro - elaborando, dessa forma, uma Ontologia do Tempo.[161] Essa empreitada, começa com uma advertência:

> A temporalidade é evidentemente uma estrutura organizada e os três pretensos "elementos" do tempo: passado, presente, futuro, não devem ser vistos como uma coleção de "dados" que se deve simplesmente somar – por exemplo, como uma série infinita de "agora" dos quais uns ainda não são, os outros não são mais – mas como momentos estruturados de uma síntese original. Caso contrário, nos encontraremos diante do seguinte paradoxo: o passado não é mais, o futuro ainda não é, e quanto ao presente instantâneo, cada um sabe bem que ele simplesmente não é nada, ele é o limite de uma divisão infinita, como o ponto sem dimensão.[162]

Assim sendo, o único método possível para estudo da temporalidade é abordá-la enquanto totalidade "que domina suas estruturas secundárias, e que lhes confere significação", evitando com isso "transformar o homem em algo insular, isolado na ilhota instantânea de seu presente",[163] sob pena de supressão do caráter serial e temporal da temporalidade.[164]

161. Sartre, J.-P., Elkaïm-Sartre, A. 2017, *L'être et le néant: essai d'ontologie phénoménologique*, Edition corrigée. ed, Collection TEL, Gallimard, Paris, p. 142-185.

162. *Ibid.*, p. 142.

163. *Ibid.*, p. 142.

164. Jolivet, R. 1948, *Les doctrines existentialistes de Kierkegaard à J.P. Sartre*, Éditions de Fontenelle, Abbaye Saint-Wandrill, p. 190.

Estabelecida aquela premissa, Sartre inicia pela análise da estrutura temporal do *passado* – e o faz a partir de uma crítica sobre a noção vulgar do passado como algo que simplesmente "não é mais" e em que

> ... ser passado, para um evento, seria simplesmente ser aposentado, perder a eficiência sem perder o ser. A filosofia bergsoniana retomou essa ideia: relegado ao passado, um evento jamais cessa de ser, ele cessa de agir, simplesmente, mas continua "em seu lugar".[165]

O problema com a noção comum é que, para Sartre, ela não explica como o passado pode "'renascer', nos assombrar, em suma, existir *para nós*", se inserindo na trama de nossa consciência presente.[166] O caminho a seguir, ou seja, a consideração da temporalidade em sua totalidade, implica em negar ao presente um privilégio sobre as demais estruturas e, ao admitir o entrelaçamento entre elas, compreender que

> "meu" passado é, primeiramente, *meu*, ou seja, que ele existe em função de um certo ser que eu *sou*. O passado não é um mero *nada*, mas também não é o presente; mas ele pertence à própria fonte do presente, como que ligado a um certo presente e a um certo futuro. Essa "medianidade" da qual nos falou Claparède, não é uma mera nuance subjetiva que vem fraturar a memória: é uma relação ontológica que une o passado ao presente. Meu passado não aparece jamais no isolamento de sua "passadidade", e será mesmo absurdo pensar que ele possa *existir* como tal: ele é originalmente passado *desse* presente.[167]

Por tal razão, Sartre defende que a expressão "*ter* um passado" deveria ser substituída pela expressão "*ser* seu próprio passado": é pelo para-si [consciência] que o passado chega ao mundo, "pois seu 'eu sou' o é sob a forma de um 'eu *me* sou'": "Nesse sentido, o *cogito* cartesiano deveria ser formulado como: 'Penso, logo fui'".[168] Por ser passado, não é um terreno de possibilidades abertas, mas de faticidade consolidada - pelo que o sujeito terá que assumir, diante desse passado que ele é,

165. Sartre, J.-P., Elkaïm-Sartre, A. 2017, *L'être et le néant: essai d'ontologie phénoménologique*, Edition corrigée. ed, Collection TEL, Gallimard, Paris, p. 144.

166. Sartre, J.-P., Elkaïm-Sartre, A. 2017, *L'être et le néant: essai d'ontologie phénoménologique*, Edition corrigée. ed, Collection TEL, Gallimard, Paris, p. 144.

167. *Ibid.*, p. 145-146.

168. *Ibid.*, p. 154.

responsabilidade total. Ainda assim, terá papel fundamental na dialética global da vida humana pois, no percurso da existência integral do ser humano, é a partir dessa faticidade que o indivíduo poderá construir seu caminho, tentando se tornar o que escolher ser.

A segunda estrutura da temporalidade é o *presente*. Sartre inicia sua análise pela exposição de uma antinomia:

> de uma parte, podemos facilmente defini-lo pelo *ser*; é presente aquilo que é por oposição ao futuro que ainda não é e ao passado que não é mais. Mas, d'outra parte, uma análise rigorosa que pretendesse livrar o presente de tudo aquilo que não é ele, ou seja, do passado e do futuro imediato, não encontraria nada além de um instante infinitesimal ... termo ideal de uma divisão remetida ao infinito: um nada.[169]

Dessa forma, sua investigação deve partir do estudo de seu caráter distinto e próprio: a qualidade de *presença*, que pode ser descrita como uma "relação interna do ser que é presente com os seres aos quais ele é presente ... a presença-a... significa existir fora de si perto de... Eu somente posso ser presente a essa cadeira por estar unido a ela numa relação ontológica de síntese..." Assim sendo, o para-si, ou consciência do indivíduo, se define como presença diante do mundo e das coisas, que a consciência sintetiza, unifica e agrupa numa totalidade de sentido. Essa saída de si para configurar o mundo das coisas como totalidade é o que se pode chamar de *presença*. O presente, dessarte, pode ser definido como a co-presença das coisas do mundo no momento em que uma consciência está presente diante delas.[170] Enquanto *consciência-de*, o presente do ser humano

> ... tem seu ser fora de si, adiante e atrás. Atrás, ele *era* seu passado, e, adiante, ele *será* seu futuro. Ele é **fuga** para fora do ser co-presente e **do ser que ele foi rumo ao ser que ele será**. Enquanto presente, ele não é [mais] o que ele é (passado), e ele é o que ele [ainda] não é (futuro). Então aqui somos nós reenviados ao Futuro.[171]

169. *Ibid.*, p. 156-157.

170. Sartre, J.-P., Elkaïm-Sartre, A. 2017, *L' être et le néant: essai d'ontologie phénoménologique*, Edition corrigée. ed, Collection TEL, Gallimard, Paris, p. 156-157.

171. *Ibid.*, p. 159. Destacamos.

Abre-se, então, a porta para análise da terceira estrutura secundária da temporalidade: é no futuro que encontraremos explícita, sem reservas, a evidência definitiva da natureza humana enquanto realidade essencialmente projetante.

A propósito do futuro, Sartre primeiramente ensina que o devir somente pode se anunciar no horizonte do mundo por meio de um ser que é seu próprio futuro, ou seja,

> ...de-vir para ele mesmo, cujo ser é constituido por um vir-a-si de seu ser. ... Somente um ser que precisa ser seu ser, ao invés de simplesmente ser, pode ter um futuro.[172]

Mais do que um "agora" que ainda não existiu, o estudo das possibilidades mostrou o futuro como "*aquilo que devo ser*, mas como podendo não ser... aquilo que o para-si se faz ser na medida em que se apreende como perpetuamente inacabado em relação a ele mesmo."[173] Assim,

> **Eu me projeto rumo ao futuro** para ali coincidir com o que me falta e ser o que sou. *O para-si é, portanto, futuro em sua essência:* ***ele é fundamentalmente projeto*** *rumo ao em-si."*[174]

Dessa forma, o tempo da consciência do indivíduo nada mais seria do que "a realidade humana que se temporaliza como totalidade, que é, para ela mesma, sua própria incompletude", e o tempo se infiltra na consciência para fragmentá-la e dispersá-la nas três dimensões do presente, futuro e passado:

> A realidade humana é uma totalidade que corre atrás de si mesma, e essa perserguição é a fonte do tempo: enquanto ela se renega, ela é *passado* - enquanto ela se ultrapassa rumo a ela-mesma, ela é *futuro*, e precisamente refutação do instante, que nada mais faria do que colar a existência num em-si pontual, mortal tanto para sua espontaneidade quanto para a totalidade (necessariamente desejada e fatalmente faltante) de sua realização.

172. *Ibid.*, p. 159.
173. *Ibid.*, p. 193.
174. *Ibid.*, p. 193. Destacamos.

> Jamais, em qualquer instante, poderemos dizer que o para-si *é*, porque, justamente, o para-si *jamais é*.[175]

Numa síntese global lapidar, somente possível no fecundo universo da literatura, Sartre oferece um mergulho em profundidade na realidade humana no tempo, perpetuamente engajada em seu futuro, fazendo com que o devir seja um esboço preliminar de um presente que será, e constituindo nossa vida como uma "longa espera: espera da realização de nossos fins... espera, sobretudo, de nós mesmos"[176]:

> Ele pensava em sua própria vida. O futuro penetrara seu coração, e ali tudo estava pendente, suspenso. Os dias mais remotos de sua infância, o dia no qual ele havia dito: eu serei livre, o dia no qual ele havia dito: eu serei grande, apareciam para ele, ainda hoje, com seu futuro particular, como um pequeno e redondo céu pessoal acima dele, e esse futuro, era ele, *ele* tal qual ele era hoje, cansado e maduro, eles tinham direito sobre ele, através de todo esse tempo decorrido, eles mantinham suas exigências e ele tinha muitas vezes remorsos esmagadores, pois seu presente indiferente e cansado, era o velho futuro de seus dias passados. Era por ele que eles tinham esperado vinte anos, era dele, desse homem cansado, que uma criança inflexível tinha exigido que realizasse suas esperanças; e dependia dele que aquelas juras infantis continuassem para sempre infantis, ou que se tornassem os primeiros anúncios de um destino. Seu passado não cessava de receber os retoques do presente; cada dia decepcionava mais aqueles velhos sonhos de grandeza, e cada dia tinha um novo futuro; de espera em espera, de futuro em futuro, a vida de Mathieu escorria docemente... em direção a que? Em direção a nada.[177]

Numa formulação que ecoa o que Sartre quis expressar no trecho acima, Étienne Souriau destaca a questão da responsabilidade no bojo da existência temporal do indivíduo:

> Me explico: somos responsáveis diante da criança e diante do adolescente que fomos, por tudo o que abria um caminho em que não avançamos;

175. Sartre, J.-P., Elkaïm-Sartre, A. 2017, *L' être et le néant: essai d'ontologie phénoménologique*, Edition corrigée. ed, Collection TEL, Gallimard, Paris, p. 194.

176. Sartre, J.-P., Elkaïm-Sartre, A. 2017, *L' être et le néant: essai d'ontologie phénoménologique*, Edition corrigée. ed, Collection TEL, Gallimard, Paris, p. 582.

177. Sartre, J.-P. 1945, *L'âge de raison, Les chemins de la liberté*, Gallimard, Paris, p. 261.

> por tudo o que desenhava forças que mais tarde não foram empregadas e ficaram esclerosadas, ressecadas pela vida que nem sempre é realização.[178]

Explicitada enquanto totalidade, a temporalidade permite compreender como a existência humana é determinada a partir da operação simultânea, em seu horizonte de vida, das três dimensões temporais, tornando possível que o ser humano seja aquilo que ainda não é e, ao mesmo tempo, não seja aquilo que é - ou seja, determine-se no presente pelo que foi no passado e pelo que vislumbra de si no futuro. A partir da temporalidade coloca-se em movimento o "circuito da ipseidade" - clareira onde se revelarão inúmeros lados do poliedro do projeto de vida.

A "possibilidade" (ou "aquilo de que carece todo ser humano enquanto consciência" para que possa "se tornar aquilo que é") se encontra no mundo das coisas e pessoas, e rumo a ela o indivíduo que vive projeta, sem cessar. Nessa dinâmica entra em operação uma dialética, o *circuito da ipseidade*, a propósito do qual Sartre esclarece:

> Nós chamaremos de "*circuito da ipseidade*" a relação do para-si [consciência] com a possibilidade que ele é – e "*mundo*" a totalidade do ser enquanto trespassada pelo circuito da ipseidade.[179]

O mundo, assim, é incessantemente percorrido pelo indivíduo em busca de uma possibilidade: é ele [mundo] que, desde o surgimento da consciência, "se desdobra como indicação de atos a fazer, e esses atos remetem a outros atos, e aqueles a outros e assim por diante."[180] O circuito da ipseidade, dessarte, é o movimento eterno da consciência através do mundo em busca de uma possibilidade que o ser humano escolhe livremente para si mesmo, "no futuro, no passado, no mundo. A reflexão apreende assim a temporalidade à medida em que ela se desvela como modo de ser único e incomparável de uma ipseidade, ou seja, como **historicidade**".[181] E, na tessitura dessa relação da consciência com o mundo, se trata da "minha" consciência; "sou eu, eu que subsisto,

178. Souriau, É., Romero, W., Júnior, M. 2020, *Os diferentes modos de existência,* n-1 Edições, São Paulo, p.182.

179. Sartre, J.-P., Elkaïm-Sartre, A. 2017, *L'être et le néant: essai d'ontologie phénoménologique*, Edition corrigée. ed, Collection TEL, Gallimard, Paris, p. 139.

180. *Ibid.*, p. 361.

181. *Ibid.*, p. 193.

engajado no circuito de minha ipseidade, em perigo no meio do mundo, com minha historicidade", e aparece como condutor o fio do *projeto*, pois

> Quanto ao mundo (ou totalidade dos existentes), ele só pode ser aquilo que a realidade-humana transpõe rumo a si própria, ou seja, como se exprime Heidegger, "*aquilo a partir do qual a realidade-humana se faz anunciar o que ela efetivamente é*". O mundo, por definição, é então *meu* em tanto que ele é o correlativo em-si do nada, ou seja, o obstáculo que eu devo superar para me reencontrar como sendo aquilo que sou sob a forma do "precisar ser". Consequentemente, sem mundo, não existe pessoa (ou ipseidade); mas sem a pessoa, não existe mundo.[182]

Dessa forma, através dos marcos do valor, dialética do desejo, temporalidade e circuito da ipseidade, Sartre logra propor uma explicitação da fonte e mecanismo interno do ser humano como *autokinesis* que existe eternamente se projetando: apreendendo algo no mundo como um valor, o ser humano tenderá volitivamente para esse algo – ou seja, o desejará. Empenhado rumo à consecução do algo desejado (possibilidade), coloca em marcha a dialética do desejo: uma vez alcançada aquela possibilidade, não se gerará satisfação, mas exaurimento, insatisfação e necessidade de uma outra busca, abrindo-se um novo horizonte de possibilidades, e assim eternamente. Nesse teatro interior, surge para o ser humano a percepção de seu horizonte de existência sob o pano de fundo da temporalidade. Essa estrutura interna (valor - dialética do desejo - temporalidade) se desdobrará na relação do ser humano com o mundo da vida sob a forma de circuito da ipseidade, na qual o indivíduo atuará sobre o mundo em busca da realização da possibilidade que escolheu livremente enquanto aquela "que ele mesmo é".

Nesse fluxo, lançada desde o nascimento dentro do mundo das coisas (*ser-em-si*), a consciência (*ser-para-si*) é capaz de efetuar um recuo crítico diante realidade objetiva, e essa capacidade é condição mesma da liberdade.[183]

182. Jolivet, R. 1948, *Les doctrines existentialistes de Kierkegaard à J.P. Sartre,* Éditions de Fontenelle, Abbaye Saint-Wandrill, p. 189.

183. Jolivet, R. 1948, *Les doctrines existentialistes de Kierkegaard à J.P. Sartre,* Éditions de Fontenelle, Abbaye Saint-Wandrill, p. 185.

Assim como fez Heidegger, Sartre utiliza como via de acesso existencial ao ser investigado uma experiência afetiva fundamental: o Tédio - que, em seu estado mais profundo e disseminado no interior do indivíduo, o colocaria em contato com o mundo indiferenciado em estado bruto, revelando ao ser humano a existência em sua totalidade. Sartre discorre sobre essa experiência a partir da descrição da Náusea – que, para ele, tem "um valor metafísico. Ela nos revela o fundo do ser e, como tal, deve nos introduzir a uma visão nova do mundo das coisas e do homem."[184]E, como seus antecessores no Existencialismo, empresta especial ênfase ao sentimento da angústia, que revelaria ao ser humano o seu ser enquanto consciência, pois é pela angústia que

> ... *eu sou obrigado a ser livre*, em tanto que não posso ser *assim* a não ser me escolhendo a mim mesmo, e que não posso evitar de me escolher (já que não escolher constitui também uma escolha), pois, lançado à revelia na situação de existir, eu devo assumir essa existência me fazendo ser o que eu quero e sem poder contar com nada mais do que comigo mesmo.[185]

Dessa forma, a liberdade se revela ao ser humano pela angústia, pois é no momento da angústia diante das possibilidades no mundo concreto que o ser humano se depara com o peso da liberdade da escolha; a angústia é a *apreensão reflexiva da liberdade por ela mesma*, ou seja, de que "o eu-mesmo que eu sou depende em efeito, nele próprio, do eu-mesmo que eu ainda não sou, como o eu-mesmo que eu ainda não sou depende do eu-mesmo que eu já sou. Eu sou meu próprio devir, 'sob a forma do não ser'".[186]

Sob o pano de fundo da temporalidade, a consciência do indivíduo existe enquanto consciência de seu próprio futuro - ou, numa outra formulação possível, como *projeto de si*. Trata-se, para o ser humano,

> ... de refazer constantemente aquilo que designa o ser-livre, ou seja, de refazer sua própria essência. Essa essência ou esse eu-mesmo, com seu conteúdo a priori e histórico, é tudo o que eu sou como tendo sido, tudo o que está, de alguma forma, em meu passado. Assim, eu devo me desvencilhar sem cessar desse passado-presente, a fim de me fazer existir, sob pena

184. *Ibid.*, p. 149.
185. *Ibid.*, p. 151.
186. *Ibid.*, p. 174.

de me tornar uma coisa, de me petrificar no em-si. Devo, portanto, estar sempre *à frente* de mim mesmo e, como tal, separado por um não-ser da essência que construo enquanto vou existindo. "Uma vida se faz com o futuro, assim como os corpos são compostos de vazios."[187]

Chega-se, portanto, ao centro gravitacional da construção sartriana: a *liberdade*. Ser que tem por característica fundamental *se fazer* durante a caminhada da existência, o ser humano é necessariamente e totalmente livre: a liberdade constitui seu ser e núcleo essencial, e na busca incessante que constitui sua existência, essa liberdade se efetua no seio do mundo por meio de ações concretas, dando fundamento à vontade enquanto "decisão definida relativamente a certos fins que ela escolhe deliberadamente perseguir por tais e tais meios."[188]

> Esses fins, em efeito, não é ela [a vontade] que cria; eles são aqueles que a realidade-humana se dá como **projeção de suas possibilidades** nas quais ela busca se realizar em-si-para-si. ... *O homem escolhe seus fins e, ao escolhê-los, dá a eles uma existência transcendente que é como o termo limite de seus projetos.* Aqui, *a existência precede e determina a essência,* o que quer dizer que o homem, simplesmente por existir, define seu próprio ser através dos fins que ele se dá. Tal é o derramamento original de minha liberdade, e esse derramamento é fundamentalmente a existência, de forma que o fundamento dos fins que eu persigo, seja por minha vontade ou por minhas paixões, nada mais é do que minha própria liberdade.[189]

Na antessala do tema, Sartre formula uma questão basilar: "Indefinível e inominável, seria a liberdade também indescritível?" A resposta é não: sendo o ser humano um existente que aprende a ser livre por seus atos, e cuja existência individual e única se temporaliza como liberdade, ele é necessariamente consciência-de-liberdade. Assim,

> ...minha liberdade está perpetuamente em questão em meu ser; ela não é uma qualidade sobreposta ou uma *propriedade* de minha natureza; ela é o estofo de meu ser; e como meu ser está em questão para mim, eu devo

187. Jolivet, R. 1948, *Les doctrines existentialistes de Kierkegaard à J.P. Sartre,* Éditions de Fontenelle, Abbaye Saint-Wandrill, p. 176.

188. *Ibid.*, p. 216.

189. *Ibid.*, p. 217. Destacamos.

> necessariamente possuir uma certa compreensão da liberdade. É essa compreensão que desejamos, presentemente, explicitar.[190]

Assume, dessa forma, a premissa heideggeriana, herdeira da maiêutica socrática: toda pergunta já vem "grávida" da resposta – ou seja, a capacidade de indagar sobre alguma coisa já pressupõe, necessariamente, algum conhecimento sobre aquela coisa. E inicia sua explicitação ensinando que dizer que o ser humano *deve se tornar aquilo que é* equivale a afirmar que o ser humano é livre: a liberdade é precisamente aquilo que obriga a realidade-humana a se *fazer*, ao invés de simplesmente *ser*; para o homem, existir equivale a *se escolher* e, portanto, a liberdade é o ser do homem.[191]

Uma vez que o indivíduo-consciência eleja livremente seus fins últimos, a escolha dos meios para atingi-los constitui uma projeção temporalizante da liberdade, definindo-o, na existência, como um livre projeto de si mesmo. Consciente de que se escolhe a cada passo de sua vida, o ser humano percebe que ele *é* sua escolha de si-mesmo, e que essa escolha configurará não apenas o sentido de seu próprio ser, mas o sentido do mundo no qual existe. Desvela-se plenamente o significado da tese de que a existência do ser humano é anterior à sua essência:

> *O homem se define, ou seja, realiza sua essência, pela escolha de seus fins*: aquilo que lhe anuncia sua pessoa não se encontra no passado (como se uma essência colocada previamente predeterminasse sua existência), mas no futuro.[192]

Na Ontologia da Liberdade de Sartre, para a realidade-humana, *ser* se reduz a *agir*, e o ser humano constitui uma unidade organizada de condutas e comportamentos. Nesse existir-agir, o ser humano se define por uma intenção, ou escolha, rumo a um resultado, ou fim: a intenção coloca um fim, e se escolhe e se interpreta a partir desse fim. Estruturalmente, o ser humano é livre escolha do fim, livre escolha de si, e livre

190. Sartre, J.-P., Elkaïm-Sartre, A. 2017, *L'être et le néant: essai d'ontologie phénoménologique*, Edition corrigée. ed, Collection TEL, Gallimard, Paris, p. 483.

191. Sartre, J.-P., Elkaïm-Sartre, A. 2017, *L'être et le néant: essai d'ontologie phénoménologique*, Edition corrigée. ed, Collection TEL, Gallimard, Paris, p. 485.

192. Jolivet, R. 1948, *Les doctrines existentialistes de Kierkegaard à J.P. Sartre*, Éditions de Fontenelle, Abbaye Saint-Wandrill, p. 221.

interpretação da realidade a partir desse fim escolhido. Em suma, a liberdade é a escolha, pelo ser humano, de seu próprio ser – e o *projeto livre* é fundamental, pois ele *constitui, essencialmente, o ser do homem.*[193]

Se, até o momento, já foi possível evidenciar a estrutura fundamental do ser humano como ser-que-*(se)*projeta, com o mergulho fenomenológico em busca de sua essência descobrimos o entrelaçamento genético entre projeto e *liberdade*, revelando-se, desde já, o motivo da concepção sessareguiana de projeto de vida como uma das faces da própria liberdade. Nesse aspecto, um outro nome possível para o direito ao projeto de vida poderia ser: direito à liberdade de autoconfiguração. Nessa caminhada, composta por pequenos atos e escolhas livres, cumpre destacar que

> ... se cada um de meus atos é totalmente livre, isso não quer dizer que possam ser quaisquer uns ou mesmo imprevisíveis, pois eles são sempre e necessariamente a expressão de meu projeto (ou da **escolha fundamental que eu faço de mim mesmo**)...[194]

O ser humano, relembra Sartre, não pede para nascer; no início de sua trajetória é lançado no mundo para se experimentar como pura e simples liberdade, obrigado a decidir sobre si mesmo a cada passo de caminhada pela vida – ou, na expressão de Sartre, "condenado a ser livre": de um jeito ou de outro, devo me escolher, e

> ...o mundo inteiro nada mais é para mim do que um amontoado de *chances* ou oportunidades de realizar esse ser que fui obrigado a assumir, ou seja, de dar sentido ao mundo.[195]

Eclode o "absurdo da liberdade": a liberdade "é liberdade de escolher, mas não a liberdade de não escolher. Com efeito, não escolher, já é escolher não fazer um escolha. ... Daí o absurdo da liberdade." Dessa forma, "nós somos uma liberdade que escolhe, mas não escolhemos ser livres: nós somos condenados à liberdade, como dissemos anteriormente,

193. Sartre, J.-P., Elkaïm-Sartre, A. 2017, *L' être et le néant: essai d'ontologie phénoménologique*, Edition corrigée. ed, Collection TEL, Gallimard, Paris, p. 523-524.

194. Jolivet, R. 1948, *Les doctrines existentialistes de Kierkegaard à J.P. Sartre,* Éditions de Fontenelle, Abbaye Saint-Wandrill, p. 219. Destacamos.

195. *Ibid.*, p. 223.

jogados na liberdade ou, como diz Heidegger, 'abandonados'... É a faticidade da liberdade."[196]

Ser livre é se escolher dentro do mundo. Necessariamente livre, o ser humano é escolha e projeto de si mesmo; é ser que existe se projetando, ou seja, que se define por seu fim; é ser-que-*(se)*-projeta: "é em seu esforço para se escolher como si-mesmo pessoal que o para-si mantém a existência de algumas características sociais e abstratas que fazem dele *um homem*."[197]

Chegamos ao termo de uma longa trajetória de exploração. Certamente foi um caminho árido, mas necessário, pois no extremo oposto à perspectiva humanista do ser humano como ser-que-*(se)*projeta se encontram os interesses materiais das estruturas tecnocientíficas de controle e dominação. Com Sartre, finalizamos nossa tarefa de mostrar racionalmente que o projeto de vida é uma estrutura essencial do ser humano. E que faz sentido, portanto, falar da existência de um direito humano a um projeto de vida.

2.3. O projeto de vida a partir do Personalismo de Mounier

2.3.1. O Personalismo como teoria da ação frente à crise da humanidade

Com as reflexões alinhavadas, nosso arco macrofilosófico já delineou no horizonte o fundamento antropológico do direito ao projeto de vida; contudo, antes de avançar diretamente sobre a tese de Sessarego ainda é preciso explicitar seu segundo pilar estrutural: o Personalismo de Mounier.

Para os fins de nossa reflexão o pensamento de Mounier se mostrará especialmente fecundo, pois seu Personalismo viabiliza articular a primeira e a segunda partes do trabalho, recombinando-as num sólido alicerce para a edificação da terceira parte (Direito ao Projeto de Vida). O caminho será escarpado, mas a empreitada vale a pena, pois ao final suas construções filosóficas irrigarão de tanto vigor as reflexões de seus

196. Sartre, J.-P., Elkaïm-Sartre, A. 2017, *L'être et le néant: essai d'ontologie phénoménologique*, Edition corrigée. ed, Collection TEL, Gallimard, Paris, p. 525-530.

197. *Ibid.*, p. 564.

antecessores que as possibilidades de um direito ao projeto de vida se verão impulsionadas de forma exponencial: de direito fundamental normativamente protegido, se verá alçado à condição de alternativa viável de reação ao movimento global de reificação do ser humano.

Gérar Lurol conta que Emmanuel Mounier, nascido em 1905 e falecido em 1950, aos 45 anos de idade, assumiu em sua jornada filosófica e existencial as lições de seu mestre Jacques Chevalier:

> a verdade, não se deve apenas formular, mas também praticar; que os pensamentos justos nascem da ação; e que a moral é fundamento de toda metafísica.[198]

Denunciando, assim como Edmund Husserl, uma situação de crise civilizacional, e adotando como ponto de partida, assim como os existencialistas, a investigação do espaço de interioridade do ser humano, Mounier avançou rumo a uma filosofia moral (cujas bases foi buscar na "relação interior e livre do ser humano com seus atos"[199]), e a um pensamento engajado, como declarou na abertura de seu "Tratado do Caráter":

> Estamos entrando numa dessas crises periódicas do homem, onde o homem busca na angústia reter os traços de um rosto que se desfaz, ou a se reconhecer homem no novo rosto que surge diante dele. Ele precisa então escolher vigorosamente, em meio à confusão de todos os valores, o que é ser um homem, e um homem de seu tempo, e depois desejá-lo com ousadia, aliando imaginação e fidelidade. Nós fizemos nossa escolha. Em nossa pesquisa, nós não quisemos apenas lidar com o homem, mas combater pelo homem. Ademais, ninguém trata objetivamente do homem. Mas como é costume disfarçar o preconceito sob vestes científicas, preferimos declarar abertamente que nossa ciência, para ser uma ciência honesta, é também uma ciência combativa.[200]

De fato, assim como Husserl, Mounier assumiu como situação problemática chave uma crise do humanismo; na mesma linha de Husserl,

---

198. Canto-Sperber, M. 2004, *Dictionnaire d'éthique et de philosophie morale*, 4e éd. rev. et augm. ed, Quadrige. Presses universitaires de France, Paris, p. 1299.
199. *Ibid.*, p. 1299-1300.
200. Mounier, E. 1949, *Traité du Caractère*, Collections "Esprit" - La condition humaine, Éditions du Seuil, Paris.

Heidegger, da Escola de Frankfurt e seus herdeiros, identificou nos excessos abstrativos da geometrização ao absurdo as principais causas daquela crise desumanizante e fez uma crítica severa às pretensões da mentalidade fisicalista; e, com os existencialistas, adotou a existência e a liberdade como peças centrais de um pensamento que, por fim, suprassumirá seus congêneres para avançar na forma de um engajamento atuante, visando movimentar a história em direção à irrupção e ascensão do ser humano enquanto ser que se projeta livremente rumo à sua própria realização como ser singular - ou seja, como *pessoa.*

Para entender seu pensamento e o papel que exerce enquanto viga estrutural da construção teórica do direito ao projeto de vida de Sessarego, seguiremos pelo fio condutor da obra referência "O Personalismo".

Mounier inicia "O Personalismo" ressaltando a importância do esforço de sistematização para ampla compreensão e aprofundamento das ideias, e tecendo uma rememoração da história da noção de pessoa e da condição pessoal, que parte, na antiguidade, de um ser humano indiferenciado e diluído nas esferas comuns da família e da cidade.

Esse estado de coisas se manteria relativamente inerte até a eclosão do "*conhece-te a ti mesmo*" socrático, primeira grande revolução personalista; e com o advento do cristianismo emergiria uma noção decisiva da pessoa enquanto singularidade – verdadeiro escândalo para o pensamento grego.

A multiplicidade, para os antigos um mal inadmissível em face do ideal da homologia e vinculação do espírito ao Uno, é alçada a um patamar mais elevado a partir da criação *ex nihilo*, pelo Ser supremo, de singularidades dotadas de destinos eternos individuais e insufladas por atos de amor singulares; acima das pessoas não reina mais a "tirania abstrata de um Destino, de um céu de ideias ou de um Pensamento impessoal, indiferentes aos destinos individuais, mas um Deus ele mesmo pessoal, mesmo que de uma forma eminente, um Deus que 'doou sua pessoa' para assumir e transfigurar a condição humana, e que propõe a cada pessoa uma relação singular de intimidade, uma participação em sua divindade" ao lhe outorgar uma liberdade análoga à sua, pela qual a existência humana intervirá no mundo a partir de escolhas pessoais.[201]

201. Mounier, E. 1969, *Le personnalisme*, 11. ed, Presses Universitaires de France, Paris, p. 13-14.

Essa existência criada é constituída de liberdade, e Deus, que poderia ter gerado uma criatura perfeita, preferiu "chamar o homem a amadurecer livremente a humanidade e os efeitos da vida divina. O direito de pecar, ou seja, de recusar seu destino, é essencial ao pleno exercício da liberdade. Longe de ser um escândalo, será sua ausência que alienará o homem." Com a noção de que toda e cada pessoa é individualmente criada à imagem de Deus, afirma-se pela primeira vez a unidade do gênero humano, e cada um de seus indivíduos é herdeiro do direito à liberdade homóloga à divina.[202] Faz-se assim um nivelamento dos homens - ao menos em abstrato, pois "será preciso séculos para passar da reabilitação espiritual do escravo à sua libertação efetiva; da igualdade das almas, não conseguimos ainda derivar a igualdade de oportunidades sociais"[203] De toda forma, lentamente vai emergindo uma noção de pessoa.

Na Filosofia, Descartes, com seu *cogito*, estabelece um marco da existência e vida pessoal; no meio social, a burguesia passa a exaltar o indivíduo e, mesmo apesar do lento desenvolvimento sociológico da condição humana, no curso da história os homens começam a se libertar e "a desmistificar o medo de monstros e a desenvolver uma noção mais rica do homem pessoal, suas relações com o mundo e com suas obras".[204]

Seguindo a mesma trilha, as investigações personalistas do início do século XX se propõem, em sua linha existencialista, a retomar os problemas da liberdade, interioridade, comunicação e sentido da história; em sua vertente marxista, a refletir sobre a condição concreta comum dos homens. De diversos troncos históricos brotam os ramos de um personalismo, tendo por núcleo comum a visão da pessoa não como um objeto de estudos e manipulação, mas um "centro de reorientação do universo objetivo."[205] Sua proposta axial: *trazer novamente o ser humano ao centro do universo axiológico.*

202. Mounier, E. 1969, *Le personnalisme*, 11. ed, Presses Universitaires de France, Paris, p. 13-14.
203. *Ibid.*, p. 15.
204. *Ibid.*, p. 19.
205. *Ibid.*, p. 20.

2.3.2. As estruturas do universo pessoal em Mounier

Após uma rememoração preambular, Mounier articula seu pensamento sobre o que chama de "estruturas do universo pessoal", que virão a ser: 1. a *existência incorporada*; 2. a *comunicação*; 3. a *conversão íntima*; 4. a *liberdade sob condições*; 5. a *dignidade eminente*; e 6. o *engajamento*. A explicitação de seu teor possibilitará compreender o profundo entrelaçamento do projeto de vida com a caminhada existencial do indivíduo e como, a partir daí, a luta por um direito fundamental a um projeto de vida poderá emergir como um combate em defesa do humanismo.

2.3.2.1. A existência incorporada

No tópico da *existência incorporada*, Mounier retoma o clássico problema da constituição estrutural do ser humano e das relações corpo-espírito, tão bem formulados na tradição cristã em torno do "paradoxo do espírito encarnado". Afirmando que "o homem é um corpo da mesma forma que é espírito, inteiramente 'corpo' e inteiramente 'espírito'", supera as perspectivas históricas que colocam as duas estruturas em situação de antagonismo para afirmar que a natureza não é o mal do homem, e que "a encarnação não é uma queda. Mas como ela é o lugar do impessoal e do objetivo, ela é uma *oportunidade* permanente de alienação".[206]

Dessa forma, mesmo sendo um ser corpóreo e, portanto, mergulhado na natureza, o ser humano é capaz de emergir, transcendendo-a ao romper com o determinismo para se singularizar por meio do exercício da liberdade, impulsionando, assim, um movimento de personalização. Mounier harmoniza as duas instâncias natureza-espírito numa totalidade para afirmar que "a emergência do universo pessoal não interrompe a história da natureza, ela a engaja na história do homem sem dobrá-la inteiramente", e a conquista do universo pessoal é a marcha histórica do próprio ser humano.[207]

Dessa visão reconciliadora da condição humana resulta que não se deve obstruir a ciência da matéria e a ciência do espírito com antagonismos sem valor no plano da realidade, abrindo-se a partir daí o caminho do Personalismo, que

206. Mounier, E. 1969, *Le personnalisme*, 11. ed, Presses Universitaires de France, Paris, p. 23-25.
207. *Ibid.*, p. 28-29.

> ...recolhe para si todo problema humano sob toda a amplitude da humanidade concreta, da mais humilde condição material à mais alta possibilidade espiritual. As Cruzadas são, por motivos diversos para cada uma delas, ao mesmo tempo produtos eminentes do sentimento religioso e movimentos econômicos do feudalismo declinante.[208]

Com isso, suprassumindo o excesso de generalização do espiritualismo abstrato e o exagero de concreção do materialismo, a reflexão personalista pode nos revelar "um mundo que não pode prescindir do homem, e um homem que não pode prescindir do mundo"[209], levando-nos a perceber que é necessário repetir no plano da ação o que se alcançou no plano da reflexão:

> Em todo problema prático é preciso assegurar a solução no plano das infraestruturas biológicas e econômicas se queremos que sejam viáveis as medidas tomadas em outros planos. ... Reciprocamente, a solução biológica ou econômica de um problema humano, por mais próxima que esteja das necessidades elementares do homem, é incompleta e frágil se não tem em conta as dimensões mais profundas do homem. O espiritual também é uma infraestrutura. As desordens psicológicas e espirituais ligadas a uma desordem econômica podem minar indefinidamente as soluções alcançadas por meio da economia. E a estrutura econômica mais racional, se estabelecida desprezando as exigências fundamentais da pessoa, traz em seu bojo a própria ruína.[210]

Chega-se, por esse caminho, à percepção do sentido do que seja uma "existência encarnada": por ser oposto ao idealismo, que reduz o corpo e a matéria a um mero eco do espírito humano, dissolvendo o espírito pessoal em uma moldura de relações geométricas e abstratas, para o Personalismo a materialidade constitui um existente irredutível e inolvidável. Por isso, *eu* sou uma pessoa desde meu surgimento no mundo, e a existência incorporada/encarnada é um fator essencial da personalidade:

> Meu corpo não é apenas um objeto dentre outros objetos, o mais próximo dos objetos: se assim fosse, como se uniria à minha experiência enquanto sujeito? De fato, as duas experiências não são dissociáveis: *eu existo*

208. *Ibid.*, p. 29.

209. *Ibid.*, p. 29.

210. Mounier, E. 1969, *Le personnalisme*, 11. ed, Presses Universitaires de France, Paris, p. 30.

> *subjetivametne, eu existo corporalmente* são uma só e mesma experiência. Eu não posso pensar sem ser, e nem ser sem meu corpo: eu sou *exposto* por ele a mim mesmo, ao mundo, ao outro, é por ele que eu escapo da solidão de um pensamento que, de outra forma, seria apenas pensamento de meu pensamento. **Recusando-se a me deixar ser inteiramente transparente a mim mesmo, ele me lança eternamente fora de mim, para dentro da problemática do mundo e das lutas do homem.** Por **exigência** de seus sentidos, ele me lança no espaço; por seu envelhecimento, ele me ensina a duração; por sua morte, me confronta com a eternidade. Ele me faz sentir o peso de seu jugo, mas ao mesmo tempo, está na raiz de toda consciência e de toda vida espiritual. Ele é o mediador onipresente da vida do espirito.[211]

Com essa elaborada formulação Mounier consegue, de forma sutil mas bastante coesa, propor um entrelaçamento ontológico entre existência e ação, entre compreensão reflexiva do mundo e engajamento existencial concreto e, com isso, fundamentar a tese de que as conquistas mentais da reflexão filosófica - espírito - devem necessariamente transbordar da instância mental para o campo natural - matéria - sob a forma de ação: a ação não é uma opção, mas uma exigência ontológica dirigida do ser humano-corpo para o ser humano-espírito. Para nós isso significa que toda reflexão teórica sobre o projeto de vida deve se transfigurar numa tarefa de edificação concreta de um direito ao projeto de vida.

Nessa engenhosa construção antropológica, o filósofo alcança ao mesmo tempo uma sólida filosofia da ação e uma teoria do engajamento, que abrirão caminho para uma experiência espiritual integral na qual, enquanto seres humanos, somos demandados a

> ... modificar a realidade exterior, a nos formar, a nos reaproximar dos homens, ou a enriquecer nosso universo de valores. ... Sob a força do *agir*, o parâmetro de medida é a autenticidade, a dignidade, a qualidade de presença. ... Sob a força, enfim, dos valores, quer se trate de acolhê-los, de dotá-los de sentido ou de explorá-los e vivenciá-los, o parâmetro de medida reside na qualidade do discernimento ou na plenitude de uma obra consumada. Desconsiderar essa dimensão da ação é assumir o risco de cair num espiritualismo desencarnado; sequer tê-la em conta faz do

211. *Ibid.*, p. 31. Destacamos.

> homem um cata-vento sem horizonte, imaginação ou **projeto**, e da ação uma atividade cega ou de visão estreita, onde a imediatidade se torna a regra.[212]

Essa modificação da realidade exterior tem por ponto de partida a intervenção do ser humano sobre a natureza pela imposição da soberania de um universo pessoal, numa relação em que a natureza serve de campo para exercício da liberdade criativa sobre um espectro cada vez maior de possibilidades de humanidade. Nesse movimento, o ser humano "deve negar a natureza como dado para afirmá-la como obra, como obra pessoal e suporte de toda personalização. Então, o mundo se anexa à carne do homem e a seu destino."[213] A propósito, Mounier é firme ao ensinar que essa ação sobre a natureza

> ... não consiste em impor às coisas uma relação de senhor a escravo. A pessoa só pode se libertar libertando. Ela é chamada a libertar as coisas como à humanidade. Marx dizia do capitalismo que ele degrada as coisas em mercadorias, em mecanismos de lucro, destruindo sua dignidade mesmo de coisas, aquela, por exemplo, que o poeta alcança. Nós procedemos a essa degradação cada vez que consideramos unicamente as coisas como obstáculos a vencer, matéria a possuir e a dominar. O poder discricionário que queremos então exercer sobre as coisas não tarda a se comunicar às relações humanas, a secretar tirania, que sempre vem do homem e não das coisas. ... A relação da pessoa com a natureza não é portanto uma relação de pura exterioridade, mas uma relação dialética de troca e ascensão.[214]

No âmbito dessa relação, Mounier aborda o problema do desenvolvimento da técnica e da produção – que, para ele, só podem ter o justo sentido a partir da perspectiva global, balizada pelo mais elevado fim, qual seja, o advento de um mundo de pessoas por meio de uma atividade humanizante e libertadora. Por outro lado, deixadas às cegas, técnica e produção são uma força poderosa de despersonalização. A ação humanizante, que faz avançar a personalização do mundo, precisa então caminhar sobre o árduo percurso da existência, renovando-se a cada

212. Canto-Sperber, M. 2004, *Dictionnaire d'éthique et de philosophie morale*, 4e éd. rev. et augm. ed, Quadrige. Presses universitaires de France, Paris, p. 1302.
213. Mounier, E. 1969, *Le personnalisme*, 11a ed, Presses Universitaires de France, Paris, p. 32.
214. *Ibid.*, p. 32.

escolha pessoal de cada um de nós por meio do exercício de uma liberdade aguerrida e combatente.[215]

2.3.2.2. A comunicação

A segunda estrutura do universo pessoal é a *comunicação*, e ali se justifica plenamente o recurso à obra de Mounier como síntese e articulação totalizante de nossas reflexões. Assim como fizeram os autores já expostos em nossa rememoração, a partir de uma crítica do excesso abstrativo matematizante e de uma reflexão antropológica ele chega a uma noção de comunicação essencial enquanto proposta para escapar à "inumanização", rumo à consolidação da pessoa humana. Numa perspectiva alinhada à de Husserl, da Escola de Frankfurt e dos fenomenólogos existencialistas, é assim que denuncia os riscos que uma tirania tecnocientífica coloca para a humanidade:

> O mundo dos outros não é um jardim de delícias. Ele é uma provocação permanente à luta, à adaptação e à superação. Ele reintroduz constantemente o risco e o sofrimento lá onde tocávamos a paz. ... A mais leve presença, por vezes, parece secretar um veneno mortal para a relação do homem ao homem. Sobre esse separatismo profundo, a cultura desenvolve um jogo de máscaras pouco a pouco incrustadas até que não se possam mais distinguir do rosto do indivíduo. Para ele, são um duplo e só meio de enganar o outro e a si mesmo, de se instalar no refúgio da impostura para evitar essa zona de verdade que nasce no reencontro do olhar do outro e do olhar interior. O **individualismo** é um sistema de modos, de sentimentos, de ideias e de instituições que organiza o indivíduo sobre essas atitudes de defesa. ...
>
> Um homem abstrato, sem amarras nem comunidades naturais, deus soberano no coração de uma liberdade sem direção nem medida, dirigindo primeiro aos outros a desconfiança, o cálculo e a reivindicação; instituições reduzidas a assegurar a não-invasão desses egoísmos, ou seu melhor rendimento pela associação reduzida ao lucro: tal é o regime da civilização que agoniza sob nossos olhos, um dos mais pobres que a história já conheceu. **Ele é a antítese mesmo do personalismo, e seu mais próximo adversário.**[216]

215. *Ibid.*, p. 34-36.

216. Mounier, E. 1969, *Le personnalisme*, 11. ed, Presses Universitaires de France, Paris, p. 38-39. Destacamos.

Interessante notar que, como alguém que descreve um outro lado do mesmo poliedro, Mounier consegue abordar o problema sistêmico denunciado por Husserl com uma ótica nova e pessoal, esboçando cuidadosamente o mecanismo de "inumanização" a partir do mais íntimo do sujeito e construindo a crítica a partir do micro – ou seja, do indivíduo, unidade básica da comunidade tecnocientífica.

Sua maior novidade, contudo, é revigorar a crítica contemporânea à geometrização ao absurdo, avançando mais uma casa no tabuleiro para vocalizar um chamado à ação ao conclamar explicitamente o Personalismo às armas para fazer frente àquele sistema enquanto adversário declarado. Nesse combate, o primeiro passo tático é um movimento de evolução do indivíduo para a pessoa:

> Tudo se passa então como se não sendo mais 'consigo mesma, 'cheia de si', ela se tornasse, então e somente, **capaz de outrem**, entrasse em graça. Assim, a primeira preocupação do individualismo é centrar o indivíduo sobre si, e a primeira preocupação do personalismo descentrá-lo para situá-lo nas perspectivas abertas da pessoa.[217]

Ao estabelecer uma relação entre sistema macro (em crise desumanizante) e unidade básica micro (o ser humano) e propor a regeneração do corpo social partindo do nível "celular" do sujeito individual (e não a partir de uma abordagem sistêmica), Mounier confere extraordinária potência a um eventual Direito ao Projeto de Vida: uma vez comprovada a existência de tal direito, assegurando-se espaço íntimo de autodeterminação livre, não se estaria apenas deixando aberta uma porta para a realização do indivíduo enquanto pessoa, mas lançar-se-ia uma cabeça de ponte para uma escalada exponencial de humanização de toda a comunidade global.

No que tange a essa proposta, Mounier não se detém numa simples declaração de princípios ou metas gerais; fiel à essência de sua filosofia enquanto pensamento engajado, apresenta diretrizes notavelmente detalhadas para a conversão do indivíduo em pessoa.

---

217. Mounier, E. 1969, *Le personnalisme*, 11. ed, Presses Universitaires de France, Paris, p. 39. Destacamos.

Para tanto, identifica na comunicação e na relação com o outro o fato primordial do ser humano, cujo primeiro movimento, ainda na primeira infância, consiste numa descoberta de si a partir do olhar do outro: a pessoa "não se conhece a não ser rumo ao outro, ela não se conhece a não ser pelo outro, ela não se encontra a não ser no outro. A experiência primitiva da pessoa é a experiência de uma segunda pessoa."[218] Assim sendo, em seu itinerário de personalização o indivíduo deve percorrer uma série de atos originais que, entrelaçados, formam uma dialética do comércio pessoal:

> 1/*sair de si.* A pessoa é uma existência capaz de se descolar dela-mesma, de se despossuir, de se descentrar para se tornar disponível ao outro. ...;
>
> 2/ *compreender.* Cessar de me localizar em meu próprio ponto de vista para me situar no ponto de vista do outro. ...;
>
> 3/ *assumir-se, assumir* o destino, a pena, a alegria, a tarefa do outro, "ter a dor no peito"...;
>
> 4/ *doar.* A força viva do impulso pessoal não é nem a reivindicação (individualismo pequeno-burguês) nem na luta até a morte (existencialismo), mas a *generosidade* ou a *gratuidade*, ou seja, ao limite, o doar sem medida e sem expectativa de retorno. A economia da pessoa é uma economia de doação, a não de compensação ou de cálculo. ...;
>
> 5/ *ser fiel.* A aventura da pessoa é uma aventura contínua do nascimento à morte. ... Essa continuidade não é uma expansão, uma repetição uniforme como a da matéria ou da generalidade lógica, mas um refluxo contínuo. ...[219]

Denunciando o estado de coisas no qual desaguou a geometrização ao absurdo, bem como as mazelas do mundo tecnocientífico impessoal "da consciência sonolenta, dos instintos sem rosto, da opinião vaga", afirma que as sociedades insuficientemente personalizadas tendem à hipnose, à arrogância e à guerra, e proclama que "o primeiro ato da vida pessoal é a tomada de consciência dessa vida anônima e a revolta contra a degradação que ela representa".[220] Com essa articulação, estabelece uma relação densa entre a preservação do espaço de liberdade de

218. *Ibid.*, p. 42.

219. *Ibid.*, p. 42.

220. Mounier, E. 1969, *Le personnalisme*, 11. ed, Presses Universitaires de France, Paris, p. 46.

autodeterminação do indivíduo e a construção de uma sociedade humana global viável, deixando entrever ligações importantes entre a garantia individual do direito ao projeto de vida e a possibilidade de existência da humanidade a nível planetário.

2.3.2.3. A conversão íntima

A terceira estrutura do universo pessoal é a *conversão íntima* - que, como veremos, pode ser associada ao instante crucial de adesão a um chamado interior (vocação) e assunção de si-mesmo enquanto projeto – em outras palavras, ao instante da escolha do projeto de vida. Em torno da experiência vital do recolhimento que o ser humano pode fazer para sua própria interioridade (o *sobre-si*), Mounier acolhe a tradição filosófica para concluir que

> O homem pode viver como uma coisa. Mas como ele não é uma coisa, uma tal vida lhe aparece sob o aspecto de uma demissão: é o "diversionismo" de Pascal, o "estado estético" de Kierkegaard, a "vida inautêntica" de Heidegger, a "alienação" de Marx, a "má fé" de Sartre. O homem do diversionismo vive como que expulso de si, confundido com o tumulto exterior: assim é o homem prisioneiro de seus apetites, de suas funções, de seus hábitos, de suas relações, do mundo que o distrai. Vida imediata, sem memória, **sem projeto**, sem controle, o que é a definição mesma de exterioridade, e num registro humano de vulgaridade. A vida pessoal começa com a capacidade de romper o contato com o meio, de *se retomar*, de *se reapropriar*, em vista de se reagrupar sobre um centro, de se unificar.[221]

Essa convergência existencial será tecida, durante toda a vida, em direção a uma "unidade pressentida" e viva que o ser humano descobrirá em si mesmo, buscando escutar seu apelo silencioso, decifrando incessantemente sua vocação: "Daí porque a palavra vocação convém mais do que qualquer outra". Para o Personalismo, "toda pessoa tem uma significação, insubstituível no lugar que ocupa no universo das pessoas. Tal é a magistral grandeza da pessoa, que lhe dá a dignidade de um universo; e, ao mesmo tempo, sua humildade, pois toda pessoa lhe é equivalente em sua dignidade, e as pessoas são mais numerosas que as estrelas."[222]

---

221. *Ibid.*, p. 54. Destacamos.
222. Mounier, E. 1969, *Le personnalisme*, 11. ed, Presses Universitaires de France, Paris, p. 60.

Nesse sentido, o ato de adesão a um projeto coincide com um movimento de personalização, e com o início de uma vida pessoal; e seria razoável esboçar, a partir dessa formulação de Mounier, o projeto de vida como esse centro em torno do qual se unificaria o ser humano para se tornar *pessoa*. Essa vereda será percorrida mais adiante.

2.3.2.4. A liberdade sob condições

A quarta estrutura do universo pessoal é a *liberdade sob condições*, tema recorrente em toda a tradição filosófica, e cuja abordagem parte de uma refutação contundente das pretensões totalitárias da racionalidade tecnocientífica, que vimos até então denunciando.

Nessa senda, Mounier afirma que o indeterminismo revelado pela física moderna desarma as pretensões positivistas e que, se a ciência moderna estabelece que o universo não é mais totalizável ao plano do determinismo, nada tem a dizer a propósito da liberdade – nem a favor, nem contra. Em verdade, para ele, sob a ótica da ciência atual a liberdade essencial é a hipótese mais provável, pois

> ...a natureza revela uma preparação lenta e contínua das condições da liberdade. O indeterminismo da partícula material não é a liberdade, mas propõe uma estrutura não rígida a um mundo onde atua a liberdade. A molécula viva não é a liberdade, mas uma tal acumulação de energia explosiva não tem sentido a não ser multiplicar as possibilidades e preparar centros de escolha.[223]

Ao romper o cerco do determinismo tecnocientífico, Mounier permite o afloramento da questão da escolha: à pessoa é reservada a iniciativa de reconhecer suas possibilidades, escolhê-las e nelas se engajar.

Nesse aspecto, Mounier parte de uma visão compartilhada com o Existencialismo e afirma que "é a pessoa que se faz livre, após ter escolhido ser livre"; contudo, se distancia de Sartre ao postular que a liberdade absoluta é um mito, já que o ser humano é um dado a si-mesmo, precedido pelo mundo, que o condiciona. Uma liberdade que irrompesse continuamente como fato puro seria uma natureza cega, indistinguível da arbitrariedade e da vontade de poder, o que seria altamente problemático.

223. *Ibid.*, p. 77.

Afinal, quem traçaria para ela os limites do inumano ou lhe deteria de querer, numa exaltação suprema, escolher sua própria dissolução? O ser humano, portanto, não seria "condenado a ser livre" e a liberdade não poderia ser associada a uma condenação ou destino fatal: ao ser humano é possível aceitá-la ou recusá-la.[224]

Sob outro aspecto, também em contraponto a Sartre, Mounier afirma a possibilidade de interação construtiva entre duas liberdades: o sentido da liberdade começa com a percepção da liberdade de outro, e assim em círculos concêntricos expansivos, de forma que "a liberdade da pessoa, ao contrário [do que pensava Sartre] cria em torno de si a liberdade, por uma sorte de leveza contagiosa – como a alienação, em sentido inverso, engendra a alienação."

Por fim, entrelaça a liberdade com a noção de projeto de si mesmo, retomando a figura do "batismo da escolha", de Kierkegaard: "Ao escolher isso ou aquilo, eu escolho cada vez indiretamente a mim-mesmo, e me edifico nessa escolha."[225]Dessa forma, mais do que simples escolha, a liberdade é adesão existencial a uma dentre múltiplas possibilidades. E, para o Personalismo, indo além da concepção existencialista, adesão que se deve lançar ao mundo, sob a forma da luta e do engajamento.

2.3.2.5. A dignidade eminente

Na abordagem da quinta estrutura do universo pessoal, a *dignidade eminente*, Mounier parte da concepção, já recolhida em todas as etapas de nossa rememoração, do ser humano enquanto movimento ou *autokinesis* – e corrobora, com essa reiteração, nossas conclusões acerca da natureza autodinâmica do ser humano enquanto circuito da ipseidade e *ser-que-(se)-projeta*. Mas, indo além, mais uma vez potencializa as descobertas teóricas dos existencialistas, e incute a necessidade do engajamento para propor o ser humano como o ser-que-**deve**-(*se)*projetar.

A esse movimento que a pessoa não apenas faz, mas *é*, chama de "transcendência íntima". Consubstanciada numa aspiração transcendente, não é simplesmente uma agitação interna, mas contínua negação de si como modelo fechado e estanque. A pessoa, portanto, é um fluxo

---

224. Mounier, E. 1969, *Le personnalisme*, 11. ed, Presses Universitaires de France, Paris, p. 78.
225. *Ibid.*, p. 79-83.

contínuo de superabundância, que experimentamos em nós mesmos como um incessante e espraiado transbordamento:

> Eu me experimento, todo o tempo, como um transbordar. O pudor diz: meu corpo é mais que meu corpo; a timidez: eu sou mais que meus gestos e palavras; a ironia: a ideia é mais do que a ideia. Na minha percepção, o pensamento interpela os sentidos, no pensamento, a fé interpela a determinação, como a ação interpela as vontades que a geraram, e o amor, os desejos que o despertaram. O homem, dizia Malebranche, é movimento para ir sempre mais longe.[226]

Nesse movimento, "a pessoa não é o ser, ela é movimento de ser rumo ao ser, e ela consiste apenas naquele ser visado": o indivíduo tende a si mesmo, a *tornar-se aquilo que é* - e, para Mounier, essa aspiração estável é essencial, pois sem ela a pessoa se dispersaria em "sujeitos momentâneos".[227] Insinua-se, nessa formulação, uma possível qualidade do *projeto de vida* enquanto instância unificadora do indivíduo.

Avançando no tema do ser humano enquanto movimento rumo a si mesmo, Mounier adiciona à trajetória existencial um elemento qualitativo, afirmando que, na projeção perpétua de si-mesmo à frente de si,

> ... a ultrapassagem da pessoa por ela-mesma é mais do que um projeto, é elevação (Jaspers), *superação*. Como a bicicleta ou o avião, que somente podem se equilibrar em movimento e por sobre uma certa força viva, o homem não se mantém de pé sem um mínimo de força ascencional.[228]

Retoma-se, sob outra forma, a questão da constituição de si mesmo enquanto movimento de ascese rumo a uma maior perfeição, como já mostramos em São Boaventura: em outros termos, indica que um ser humano que abrace seu *projeto de vida* é *mais humano*. E Mounier, pensador cristão, coloca a pergunta: qual é o alvo do movimento da transcendência?

Na perspectiva do Personalismo cristão, o termo do movimento estaria no "chamado singular de uma Pessoa suprema"; entretanto, o

226. Mounier, E. 1969, *Le personnalisme*, 11. ed, Presses Universitaires de France, Paris, p. 87.
227. *Ibid.*, p. 87.
228. *Ibid.*, p. 88.

próprio Mounier pondera que, pertencendo ao universo da liberdade, a transcendência não pode ser objeto de prova, permitindo-se apenas entrever, na plenitude da vida pessoal. E o fundamento e meta dessa plenitude, de díficil elaboração conceitual, Mounier afirma que giram em torno dos valores enraizados nas profundezas do ser humano, cujos contornos poderão apenas ser esboçados na linguagem dos poetas e artistas ou das sutilezas dos mitos, paradoxos, humor ou da transposição da arte. Contudo, uma coisa é certa: "é dessa região que irradia a 'eminente dignidade do homem.'"[229]

Como veremos em nossa proposta de Fenomenologia do Projeto de Vida, nosso exame não busca descobrir um *telos* universal ao qual tenderia todo e qualquer ser humano; antes, se circunscreverá à busca dos fundamentos do direito *de* projetar, independentemente do conteúdo concreto de cada projeto de vida. O importante, nessa etapa, é revelar a existência de um espaço de interioridade propriamente humano, a *dignidade* eminente, e sua relação com o ser humano enquanto ser-que-*(se)* projeta. Alcançado esse objetivo, poderíamos afirmar, a partir da tese de Mounier, que resguardar o projeto de vida é o mesmo que resguardar a dignidade do ser humano.

2.3.2.6. O engajamento

Concluindo a trajetória de "O Personalismo", Mounier apresenta a sexta estrutura do universo pessoal: o *engajamento*. A existência é ação e, do ponto de vista do Personalismo, o termo ação, "do lado do homem, designará a experiência espiritual integral; do lado do ser, sua fecundidade íntima. Então podemos dizer: o que não age, não é."[230] Com esse movimento, Mounier coloca a ação como elemento central do Personalismo, constituindo-o assim como uma teoria do ação e do engajamento.

Nessa teoria da ação, podemos ver o pensamento de Mounier perfilhado às reflexões dos fenomenólogos, dos existencialistas e da Escola Crítica, como que fechando o ciclo reflexivo que identificou na coisificação do ser humano uma realidade a ser combatida, e que vimos delineando desde o início da caminhada.

229. *Ibid.*, p. 99.

230. Mounier, E. 1969, *Le personnalisme*, 11. ed, Presses Universitaires de France, Paris, p. 103.

Sua maior contribução, nesse tópico, é buscar superar o antagonismo que se instaurou entre humanismo e técnica, reconciliando as duas instâncias. A humana e a científica, a existencial e a teórica. A proposta é suprassumir a contraposição a partir da análise de três tipos de ação, construída sobre as noções clássicas da filosofia grega: o *fazer* enquanto ποίησις (*poíesis*); o agir enquanto πραξις (práxis); e o agir enquanto Θεωρία (theoría).

Em relação à ação enquanto poíesis - que denomina econômica -, consiste na dominação e organização da matéria exterior, lugar onde o ser humano desmonta e redireciona os determinismos por meio da ciência aplicada. A propósito desse tipo de "fazer", Mounier se une à denúncia contra a perspectiva matematizante e suas derivas objetificantes e desumanizantes.

Postulando que o ser humano não pode se contentar se não encontra, nessas operações, "sua dignidade, a fraternidade de seus camaradas de tarefa, e qualquer elevação acima da utilidade", afirma que o economista que ignore tal dimensão "anuncia o tecnocrata que trata as relações humanas como se não fossem mais do que leis objetivas tratando sobre coisas." Nesse ponto, Mounier está em plena sintonia com as correntes filosóficas críticas da geometrização ao absurdo, e dá um passo adiante ao propor, como reconciliação das perspectivas, que

> A economia definitivamente só pode resolver seus problemas na perspectiva do político articulado à ética. ... o político deve atrelar o rigor da ética ao rigor da técnica. É nesse nível que se deve personalizar o econômico e se institucionalizar o pessoal. É por isso que o apolitismo que foge dessa zona vital da ação, de baixo, rumo à pura técnica, do alto, rumo à pura mediação ou exclusiva formação interior, na maioria dos casos é uma deserção espiritual.[231]

Após colocar sob "justa medida" as perspectivas abstrata (da matematização) e concreta (do humano), Mounier tematiza a ação enquanto *práxis*, ou seja, visando à formação do próprio agente, de sua habilidade, virtudes e unidade pessoal. Recolhendo a noção de autenticidade dos existencialistas, afirma o ser humano enquanto ser que age para se tornar

231. Mounier, E. 1969, *Le personnalisme*, 11. ed, Presses Universitaires de France, Paris, p. 106.

aquilo que é (remetendo mais uma vez à noção, para nós central, do ser humano enquanto *ser-que-(se)projeta*).

Seguindo adiante, assim como fez ao tratar da *poíesis*, também no campo da *práxis* Mounier empreende uma busca de reconciliação do humano com a técnica. A partir da afirmação de que a escolha ética afeta profundamente a ordem econômica, postula que ambas as instâncias são visceralmente entrelaçadas.

Nessa senda, lembra que mesmo que o universo econômico-técnico seja comandado pela lógica da eficiência, que rege o aspecto técnico dos problemas, a relação entre pessoas nunca se estabelece sobre um plano puramente técnico:

> Uma vez que o homem esteja presente, ele contamina o mundo inteiro. Ele age pela simples qualidade de estar presente. Os próprios meios materiais se tornam para ele meios humanos, vivendo nos homens, modificados por eles, os modificando, e integrando essa interação no interior do processo total.[232]

A partir dessa elaboração, Mounier estabelece uma engenhosa relação de necessidade entre técnica e ética, sob o próprio ponto de vista da eficácia, que é a diretriz da técnica: se aqueles meios materiais aviltarem o agente, eles comprometem seus próprios resultados. Por isso, mesmo do ponto de vista dos resultados econômicos e técnicos de um sistema, a ética de uma revolução ou regime "é tão importante quanto seus cálculos de força".[233]Numa afirmação surpreendentemente atual e antecipadora dos efeitos da algocracia e das redes sociais, estatui:

> Temamos a esperança sansimonista e tecnocrática de substituir o governo das relações humanas pela administração das coisas. O homem seria rapidamente tratado como coisa num tal mundo, se ele fosse viável. Técnica e ética são os dois pólos da inseparável cooperação da *presença* e da *operação* num ser que faz apenas na proporção daquilo que ele é, e que apenas é enquanto se faz a si-mesmo.[234]

232. *Ibid.*, p. 107-108.
233. *Ibid.*, p. 108.
234. Mounier, E. 1969, *Le personnalisme*, 11a ed, Presses Universitaires de France, Paris, p. 108.

Por fim, ao falar do terceiro tipo de ação, a *theoría*, é que Mounier faz talvez a contribuição mais original, ao mesmo tempo em que se afasta da concepção clássica de *theorein* enquanto contemplação pura. Segundo ele, a contemplação é *ação* contemplativa e, portanto, não é um assunto apenas da inteligência, mas do ser humano em sua integralidade. Dessa forma, não consiste, como entendiam os gregos, num puro fim em si mesmo, mas numa aspiração que, mesmo visando à *perfeição* e à *universalidade,* tem consciência de que deverá fazê-lo através da obra finita e da ação singular.[235] Assim sendo, mesmo que não vise diretamente as relações entre o ser humano e o mundo da vida, não é indiferente àquelas relações; pelo contrário, como toda atividade humana, recebe em sua própria tessitura o influxo dos condicionamentos naturais. Com efeito,

> ... a pesquisa monástica é feudal com os beneditinos, colegial com os dominicanos, militante com os jesuítas, porque os tempos quiseram assim.[236]

Mas se a teoria, enquanto *ação* teórica, age sobre o mundo da vida, como se dá essa operação? Mounier fala em dois tipos de ação: indireta e direta.

Na modalidade de ação indireta, a ação contemplativa incide sobre o mundo como um transbordamento, de forma não finalística, mas gerando como que uma *indução contemplativa* e mostrando que não se pode declarar inútil *a priori* uma atividade cuja utilização próxima ainda não se vislumbra. Afinal,

> Foram as mais altas especulações matemáticas, as menos utilitárias, que levaram às aplicações mais fecundas e, ao mesmo tempo, mais imprevistas dos cálculos astronômicos à navegação, dos debates sobre a estrutura do átomo à energia atômica, etc.[237]

Mas é na *ação contemplativa* em sua forma direta que Mounier oferece sua contribuição mais densa e instigante para a teoria da ação, lançando novas luzes sobre as possibilidades em torno da garantia do ser humano enquanto projeto de vida. A ação contemplativa direta ocorre

235. *Ibid.*, p. 108.
236. *Ibid.*, p. 108.
237. *Ibid.*, p. 109.

quando a contemplação visa diretamente ao estremecimento e questionamento existencial da prática. E, ao fazer incidir sobre a esfera prática as apreensões intelectivas puras, a ação contemplativa se qualifica enquanto ação *profética*. Nessa senda, assim como a ação política estabelece uma ligação entre a ética e o mundo da vida, a ação profética irriga a esfera prática das conquistas auferidas pela teoria (contemplação). A ação profética afirmará, por exemplo,

> o absoluto em seu agudo rigor, por palavra, escrita ou gesto, quando seu sentido estiver embotado por concessões: são as *Provinciais* ou o *Eu acuso!*, é a obediência de Abraão, o protesto do objetor de consciência, as greves de fome de Gandhi.[238]

O gesto ou ação profética poderá, de um ponto de vista estritamente técnico ou instrumental, parecer "desesperado", tendo em vista as probabilidades racionalmente aferíveis de sucesso imediato; contudo, antes que um resultado naturalístico, seu real fim pode ser exercer pressão sobre determinada situação ou estado de coisas, rompendo com a inércia para imprimir um movimento no sentido apreendido pela reflexão contemplativa. Com efeito,

> Por vezes mesmo o profeta atravessa toda a densidade da ação, e de testemunha se transforma em técnico: Joana d'Arc começou por testemunhar com suas vozes, e depois se transformou em general de exército. Contudo, mesmo que não despreze o aspecto da eficácia, o profeta (diferentemente do emigrado espiritual) não *calcula* a eficácia como o político, ele projeta diante de si a força invencível de sua fé, seguro de que mesmo que não atinja algum objetivo imediato, ele conseguirá ao menos manter a força viva do homem no único nível onde os avanços da história podem ocorrer.[239]

Adotando tal perspectiva, Mounier empresta grande potência ao indivíduo autêntico enquanto ser capaz de romper a circularidade do *ethos*, como lecionou Lima Vaz, e fazer avançar o movimento de humanização como um todo:

238. Mounier, E. 1969, *Le personnalisme*, 11a ed, Presses Universitaires de France, Paris, p. 109.
239. *Ibid.*, p. 110.

> É verdade que algum suporte das coletividades é indispensável à criação; vivas, elas a fazem viva, medíocres, elas a desbotam. Mas o ato criador surge sempre de **uma** pessoa, mesmo que perdida na multidão: as canções ditas populares têm todas um autor.[240]
>
> Entre as inúmeras variações de sentido da palavra caráter, há uma que designa a coragem daquele que, portador de uma verdade amadurecida pelo esforço total de sua vida, está pronto a defendê-la, se preciso for, só e contra todos: desses heróis do caráter o número nunca foi grande, pois as convicções são leves e os corações frágeis; mas eles são daqueles dez justos que, nos piores momentos de abandono, bastam para salvar uma cidade.[241]

Por fim, a articulação das estruturas da vida pessoal faz convergir toda a reflexão de Mounier numa teoria do engajamento, construída a partir de um exame sobre o problema que denomina de "*estrutura trágica da ação*": por um lado, uma filosofia voltada a valores absolutos estará tentada a somente agir diante de causas perfeitas e por meios irretocáveis. Contudo, como as condições dadas para o engajamento jamais se dão em combates indiscutíveis sobre causas perfeitas, tal postura equivale a uma renúncia à ação, numa espécie de narcisismo superior insensível ao drama coletivo. Por outro lado, mesmo que na prática seja inevitável "sujar as mãos" na poeira da imperfeição das situações, o engajamento não pode se dar à custa do sacrifício da pessoa e dos valores aos quais ela serve.

Estaríamos, portanto, diante de uma situação trágica essencial. Entretanto, essa tensão intrínseca entre a imperfeição da causa e os valores implicados injeta na ação sua força criativa, impulsionando uma dialética da ação, na qual o ser humano terá que assumir a tarefa de habilmente integrar os dois polos opostos, como

> as duas alavancas de um mecanismo que ela não pode ainda unificar. Ela empurrará uma, depois a outra, o teste tático, depois o testemunho profético, o engajamento, depois o desengajamento, a mediação, depois a ruptura, não numa alternância arbitrária onde cada movimento anula o

240 *Ibid.*, p. 136.

241. Mounier, E. 1949, *Traité du Caractère*, Collections "Esprit" - La condition humaine, Éditions du Seuil, Paris, p. 456.

precedente, mas como o operário experimenta uma máquina emperrada, aproveitando de cada arranque e empurrando cada vez a embreagem.[242]

A essa altura da reflexão é adequado colocar uma indagação: qual seria o impacto das conclusões de Mounier sobre a questão do projeto de vida?

Como já mostramos, o "esquecimento" do direito ao projeto de vida vem no bojo de um grande movimento de coisificação e anulação do ser humano, que se aproxima perigosamente de um estado de neobarbárie. Ao irrigar a noção de projeto de vida com as conclusões de Mounier acerca das estruturas do universo pessoal, elevamos o direito ao projeto de vida a uma instância capaz de desbordar a esfera individual para se constituir como virtual polo de irradiação de um movimento de rehumanização de amplo espectro, mesmo que a partir de um só indivíduo, rompendo a atual circularidade do *ethos* – que, como vimos em nossa arqueologia macrofilosófica, se assemelha hoje a uma espiral descendente rumo ao ocaso do indivíduo.

2.3.3. O Personalismo enquanto filosofia e engajamento existencial em torno de um projeto de vida

Ao final de nossa reflexão vemos que, no núcleo do Personalismo, reside a ideia de pessoa enquanto liberdade, e a vida se define como a "aventura de uma liberdade responsável" com base na "existência de pessoas livres e criativas" que, aderindo a um projeto de vida, fazem de sua existência uma "atividade vivida de autocriação, de comunicação e de adesão, que se apreende e se conhece em seus atos, como *movimento de personalização*".[243] Dessarte, assim como para Sartre, também para Mounier é a escolha livre de si mesmo que torna o para-si um ser propriamente humano[244] e o Personalismo, entendido simultaneamente como filosofia e atitude existencial, remete à concepção sartriana de *liberdade enquanto projeto.*

242. Mounier, E. 1969, *Le personnalisme*, 11. ed, Presses Universitaires de France, Paris, p. 112.
243. Mounier, E. 1969, *Le personnalisme*, 11. ed, Presses Universitaires de France, Paris, p. 10.
244. *Ibid.*, p. 11.

Fecha-se enfim, na definição personalista de "pessoa", o círculo que abrimos com a denúncia de Husserl e encerramos com a descoberta do ser humano enquanto projeto: "pessoa" é o ser humano enquanto abraça sua tripla dimensão de 1) *movimento de exteriorização;* 2) *movimento de interiorização* e 3) *transcendência contínua do mundo e de si.*[245]

Na *exteriorização*, o ser humano se abre ao real; na *interiorização*, recua para a vida íntima da alma, carregando consigo o que recolheu fora de si para meditar sobre si mesmo; na *transcendência*, segue seu impulso de suprassunção de si rumo a si mesmo, agindo conformemente sobre o mundo da vida. Essa suprassunção se dá numa caminhada existencial do indivíduo por sobre a trilha de seu projeto vital, ou projeto de vida.

Nessa senda, Mounier não se limita a fincar marcos abstratos; fiel ao espírito do Personalismo enquanto teoria da ação, propõe concretamente regras preparatórias para a ação. E o roteiro que traça denota a acolhida, já no campo da prática efetiva, do ser humano assumido existencialmente enquanto projeto, numa síntese das já destacadas fórmulas do *conhece-te a ti mesmo* e *torna-te quem tu és*:

> - Conhece-te e aceita-te a ti mesmo, pois não pode haver eficácia para ti fora dos caminhos e limites que te são atribuídos. Em outros termos, não tente saltar por sobre sua própria sombra.
>
> - Tu apenas encontrarás a ti mesmo em se transcendendo sem cessar.
>
> - Impulsione cada uma de suas inclinações pelos caminhos onde ela te agregue o máximo de riqueza e abertura; desarme-a em seus endurecimentos e suas exclusões, ame se harmonizar por disposições contrárias às suas, mantendo-se firme em sua direção mestra.
>
> - Compreende e aceita a maneira de ser do outro pois ela é o caminho obrigatório para te conduzir a seu mistério, para romper seu egocentrismo e para estabelecer entre vocês os fundamentos duráveis de uma vida comum.[246]

245. Canto-Sperber, M. 2004, *Dictionnaire d'éthique et de philosophie morale*, 4. éd. rev. et augm. ed, Quadrige. Presses universitaires de France, Paris, p. 1300.

246. *Ibid.*, p. 1302.

A partir da visão do ser humano como interioridade estruturada sob a dupla forma de interrogação do mundo e de integração de si, Mounier dá um passo adiante na investigação do circuito da ipseidade, assumindo de forma mais concreta e pessoal a reflexão acerca da existência humana, e propondo um pensamento engajado e exemplar como força impulsionadora concreta e militante:

> A história da pessoa será, assim, paralela à história do personalismo. Ela não se desdobrará somente no plano da consciência, mas, em toda sua amplitude, sobre o plano do esforço humano por **humanizar a humanidade.**[247]

A partir dessa elaboração, é possível divisar no horizonte de seu pensamento a defesa de um **projeto de vida coletivo** à altura dos desafios da precariedade existencial e da tecnobarbárie: o projeto de construir uma defesa à liberdade de autodeterminação dos indivíduos e, por extensão, de toda a humanidade.

Concluímos aqui um itinerário histórico de rememoração que iniciou pela concepção do ser humano no período grego arcaico; examinou as antropologias da idade helenística; apresentou as concepções bíblica, moderna, e medieval; refletiu sobre a concepção racionalista do ser humano e, a partir dela, sobre o conceito de ser humano para a Ilustração; deteve-se com mais atenção sobre a antropologia de Kant; refletiu sobre a concepção contemporânea, especialmente em Hegel; e estudou com particular enfoque as contribuições do Existencialismo e do Personalismo. Nesse percurso, uma realidade se manteve constante – mesmo que tenha recebido vários nomes, a depender do ângulo de abordagem de cada corrente filosófica: a captação de uma essência projetiva do ser humano. Fôssemos conclamados a sintetizar discursivamente essa essência, seria razoável apresentar uma formulação a partir do pensamento heideggeriano para afirmar que o modo de *ser-que(se)-projeta* é constitutivo ontológico do ser humano enquanto ser-no-mundo. Em outros termos, na bela formulação de Sartre: eu, enquanto ser humano, me relaciono comigo mesmo de uma forma temporal,

247. Canto-Sperber, M. 2004, *Dictionnaire d'éthique et de philosophie morale*, 4e éd. rev. et augm. ed, Quadrige. Presses universitaires de France, Paris, p. 1299.

> onde eu me espero no futuro, onde eu "tenho um encontro marcado comigo-mesmo do outro lado desta hora, desse dia ou desse mês." [248]

Poderíamos então caminhar para o fim do tópico indagando, sobre o ser humano, como fez Heidegger a propósito do *Dasein*:

> Pode o Dasein ser entendido mais originalmente do que na projeção de sua própria existência?

Buscamos apresentar, a partir de nossa rememoração, uma base antropológica consistente para o postulado axial da Teoria do Direito ao Projeto de Vida de Sessarego:

> Depois do exposto cabe perguntar-se se todas as pessoas têm um projeto de vida ou, pelo contrário, se é possível uma existência humana que careça de um. Pode ocorrer que alguns seres humanos não consigam precisar com nitidez qual é sua vocação, o que é que desejam fazer com sua vida, que se achem desorientados, que sejam imaturos, irresponsáveis ou acometidos de perturbações psíquicas. Contudo, não obstante a existência de casos de incerteza vocacional, somos do parecer de que toda pessoa tem um projeto de vida, pois não é possível existir sem dar um sentido à vida, uma razão de ser, um rumo, salvo casos excepcionais.[249]

Encerrada nossa caminhada antropológica vemos formar-se uma trilha que, mais do que simplesmente indicar os marcos reveladores do ser humano enquanto *ser-que-(se)projeta*, conduz o olhar adiante, apontando para o território da ética – e, portanto, para o Direito. Afinal, como lembrou Mounier,

> mediadora entre a prática e a invenção, entre a interioridade absoluta da escolha moral e a comunicação na generalidade da ideia moral, a lei, pilotada pela liberdade, é o instrumento de nossa liberação contínua e de nossa agregação progressiva a um universo de pessoas morais.[250]

248. Sartre, J.-P., Elkaïm-Sartre, A. 2017, *L' être et le néant: essai d'ontologie phénoménologique*, Edition corrigée. ed, Collection TEL, Gallimard, Paris, p. 71.

249. Sessarego, C.F. 2016, "El Derecho y la Libertad como proyecto". *Ius et Veritas*, 24 (52), p.130. Disponível em https://revistas.pucp.edu.pe/index.php/iusetveritas/article/view/16375 (acesso em 11/03/2023).

250. Mounier, E. 1969, *Le personnalisme*, 11. ed, Presses Universitaires de France, Paris, p. 97.

Apresentada uma fundamentação racional para a postulação da existência de um direito humano ao projeto de vida, podemos enfim nos debruçar diretamente sobre ele, juntando-nos assim efetivamente às fileiras dos que atenderam ao chamado de Sessarego, acompanhando-o "na tarefa de precisar os alcances e a importância de uma proteção plena e integral do ser humano em tudo o que significa e representa." [251]

251. Sessarego, C.F., 1996. Daño al proyecto de vida. *Derecho PUCP, (50),* 83. Disponível em https://revistas.pucp.edu.pe/index.php/derechopucp/article/view/5925/5934 (acesso em 25/02/2023).

PARTE 3

FILOSOFIA DO DIREITO:

DIREITO AO PROJETO DE VIDA

SEMEANDO A PROPOSTA DE UMA TEORIA DO DIREITO PROJETO DE VIDA

Imagem: https://www.istockphoto.com/es/foto/
muchas-semillas-de-ancestros-en-el-suelo-gm1255156544-367104691

EMENTA: Explicitamos racionalmente que o ser humano é essencialmente um ser-que-(se)-projeta. O próximo passo é entender como o Direito deve lidar com essa realidade, ou seja: como a ordem jurídica deve recolher o projeto de vida para acolhê-lo como direito ao projeto de vida. Isso implica um trabalho de construção conceitual e sistematização. O itinerário partirá da observação do projeto de vida, chegará na elaboração conceitual do direito ao projeto de vida e se exaurirá com algumas reflexões sobre o dano ao projeto de vida. A tarefa primordial da Terceira Parte do trabalho é propor o esboço de uma Teoria do Direito ao Projeto de Vida.

3. TEORIA DO DIREITO AO PROJETO DE VIDA

Mostramos num sobrevoo macrofilosófico sobre a história da Filosofia que o ser humano é criador, vivencia valores e, enquanto livre e temporal, é projetivo:[1] sua vida se faz, passo a passo, de acordo com um projeto vital livre em execução. O ser humano é *ser-que-(se)-projeta.* E sustentamos, como Sessarego, que o universo jurídico

> ... deve guardar permanente consonância e fidelidade com a vida humana social valiosamente apreendida, pois ele não é uma pura enteléquia conceitual, uma construção abstrata vinculada da existência humana.[2]

A natureza projetiva do ser humano deve, portanto, ser recolhida pelo Direito.[3] Nesse processo o projeto de vida é moldado como direito ao projeto de vida. É preciso, dessarte, enfrentar a tarefa de esboçar uma sistematização desse direito, lançando as sementes de uma Teoria do Direito ao Projeto de Vida.

3.1. Teoria do Direito ao Projeto de Vida: origens, fundamentos, contexto e finalidade

No curso dos trabalhos de escavação dos fundamentos antropológicos de um possível Direito ao Projeto de Vida descobrimos que o pensamento de Sessarego é legatário de importantes correntes, especialmente o Existencialismo e o Personalismo, que constituem as vigas mestras de sua construção jusfilosófica.

A conjugação daquelas duas linhas de pensamento levará à reunião da base conceitual existencialista com a índole ativa personalista, resultando num pensamento focado na conquista do ser humano enquanto pessoa estrutural e existencialmente livre.

---

1. Sessarego, C.F. 1996, "Precisiones preliminares sobre el daño a la persona", *THEMIS Revista de Derecho*, (34), p. 197. Disponível em https://revistas.pucp.edu.pe/index.php/themis/article/view/11843 (acesso em 11/03/2023).
2. Sessarego, C.F. 1996, "Precisiones preliminares sobre el daño a la persona", *THEMIS Revista de Derecho*, (34), p. 197. Disponível em https://revistas.pucp.edu.pe/index.php/themis/article/view/11843 (acesso em 11/03/2023).
3. *Ibid.*, p. 197. Disponível em https://revistas.pucp.edu.pe/index.php/themis/article/view/11843 (acesso em 11/03/2023).

Além disso, permitirá a articulação do conceito do *ser humano enquanto ser-que(se)-projeta* com o conceito de *pessoa* de Mounier, com o que Sessarego vai incutir na visão existencialista a compreensão engajada do homem-pessoa do Personalismo. Ao fazê-lo, transfigurará a reflexão pura sobre o direito ao projeto de vida em engajamento concreto na luta pela efetivação daquele direito – ou seja, a questão do direito ao projeto de vida vai se tornar, para Sessarego, um real projeto de vida.

Com efeito, para o indivíduo Carlos Fernández Sessarego a acolhida daquelas duas perspectivas filosóficas acabou fazendo emergir uma relação existencial e engajada com o próprio direito proposto enquanto formulação teórica: o direito ao projeto de vida, para Sessarego, transpôs as fronteiras da pura reflexão jusfilosófica para se constituir em teoria engajada, em perspectiva existencial de uma vida inteira. Tal fato torna a própria história de vida do jusfilósofo um rico campo de reflexão.

Nessa linha, o caráter híbrido (reflexão/ação) da Teoria do Direito ao Projeto de Vida de Sessarego permite e solicita uma busca em duas frentes: por um lado, a observação preliminar das próprias existências individuais de Mounier e Sessarego, cujas histórias de vida denotam o entrelaçamento engajado de teoria e práxis, preparando-nos para fazer justiça à profundidade da proposta jusfilosófica sob investigação. Em outro flanco, a explicitação das causas que incitaram Sessarego à proposta e elaboração da tese do direito ao projeto de vida nos colocará num patamar adequado para lançar uma investigação sobre seus elementos constitutivos.

Comecemos, portanto, com Mounier. Homem de pensamento e de ação, verbalizou o Personalismo na revista *Esprit*, que fundou em 1930, com apenas 27 anos. Em seu breve tempo de vida, mais do que formular a doutrina personalista, assumiu os respectivos preceitos em sua existência concreta: combatendo o nazismo, foi preso por sua participação na Resistência Francesa, e elaborou "uma antropologia, iniciada em 1930, escrita *in umbris*, nas prisões de Pétain em 1942, terminada em 1943 em Dieulefit, alto local da resistência na zona italiana, e publicado em 1946 sob o titulo *Tratado do Caráter (Obras II)*."[4] Morreu aos 44 anos,

4. Canto-Sperber, M. 2004, *Dictionnaire d'éthique et de philosophie morale*, 4. éd. rev. et augm. ed, Quadrige. Presses universitaires de France, Paris, p. 1300.

deixando como legado uma antropologia que, mais do que uma formulação teórica, é um combate real pelo ser humano e sua humanidade.

Carlos Fernández Sessarego, na descrição de García Belaunde, foi alguém que soube conciliar os papéis de advogado, político, professor e jurista: enquanto advogado, laborou em múltiplos casos, e exerceu a profissão de forma "diária e batalhadora", tornando-se causídico de êxito; político "de fundas convicções democráticas, que o levaram ao cárcere por alguns dias", desde muito jovem esteve vinculado à política, em especial ao Partido Democrata Cristão, havendo que se destacar sua atuação como Ministro da Justiça, quando, a partir de 1965, colocou em marcha a reforma do Código Civil de 1936; professor, jamais abandonou o magistério, que exerceu durante toda sua vida; e enquanto jurista, "a mais criativa e mais transcendente" de todas suas facetas, mostrou toda sua capacidade no campo da Filosofia do Direito e do Direito Civil a partir de uma "formação filosófica que permitiu a ele... avistar novos horizontes e fazer novas e originais abordagens" – dentre elas, os trabalhos dedicados ao projeto de vida.[5]

Esse engajamento integral se refletiu em sua produção intelectual a respeito do direito ao projeto de vida, tema de seus escritos por sete décadas (desde 1950 até pouco antes de seu falecimento, em 2019) - cronologia que atesta seu comprometimento com a elaboração, aperfeiçoamento e construção daquele direito, e que oferece valioso território de investigação sobre sua formulação teórica.

O problema de fundo, para Sessarego, é que

> O direito, submetido ideologicamente a um pensamento influenciado por uma concepção individualista e patrimonialista das atividades humanas, e sob o predomínio de uma visão materialista da vida, se achava impossibilitado de proteger integralmente a pessoa no que ela significava, é dizer, como um valor em si mesma, como um ser unitário de natureza psicossomática, espiritual, dotado de liberdade. Não se tutelava nem a esfera psicológica nem o âmbito existencial do sujeito.[6]

5. Belaunde, D.G. 2002, "Homenaje a Carlos Fernández Sessarego", *Foro Jurídico* 01, 11–12. Disponível em https://revistas.pucp.edu.pe/index.php/forojuridico/article/view/18262 (acesso em 11 março 2023).
6. Sessarego, C.F. 1996, "Precisiones preliminares sobre el daño a la persona", *THEMIS Revista de Derecho*, (34), p. 178. Disponível em https://revistas.pucp.edu.pe/index.php/themis/article/view/11843 (acesso em 11/03/2023).

A esse respeito, especialmente proveitosa é a narrativa que faz do processo de reforma do Código Civil peruano – jornada que deflagrou em 1965, quando Ministro da Justiça do Peru, passando a liderar o grupo de juristas responsáveis pela empreitada.

Naquela missão engajou-se por toda a vida: o novo código apenas foi promulgado vinte anos depois, em 1984, com os trabalhos de revisão ainda sob sua direção; e em 1994, trinta anos depois de instituir a primeira iniciativa de reforma, atuou como assessor principal da Comissão Oficial para atualização do referido texto legal. Ao fim da vida, já alijado dos núcleos políticos de poder aos quais caberia uma nova atualização da legislação civil de seu país, manteve-se engajado a partir academia para, na qualidade de Diretor do Centro de Investigação da Faculdade de Direito da Universidade de Lima, organizar o trabalho de professores de diferentes instituições para efetuar a revisão dos artigos do Código, entregues ao presidente da Comissão de Constituição do Congresso Constituinte Democrático, no ano de 1995.[7] Em suas próprias palavras,

> É oportuno recordar que o dano à pessoa encontra seu fundamento em uma concepção humanista do Direito. É dizer, em uma corrente personalista que proclama que o ser humano - a pessoa - é o centro e eixo do direito. Em duas palavras: sua razão de ser. O exposto constituía motivo mais que suficiente para que **nos dedicássemos ao tema com a paixão do convertido. A causa o justificava.**[8]

O relato "*El Código Civil Peruano de 1984: su elaboración, sus aportes, las enmiendas que reclama*" inicia com as críticas ao Código Civil Peruano de 1936 e, como veremos, as posições ali externadas transcendem os limites daquele diploma legal, constituindo-se em verdadeiro diagnóstico de uma crise no Direito, braço daquela mesma deriva objetificante do ser humano denunciada por Husserl, desta vez em sua feição jurídica.

7. Sessarego, C.F. 2014, "El Código Civil peruano de 1984: Su elaboración, sus aportes, las enmiendas que reclama." *THEMIS Revista De Derecho*, (66), p. 43. Disponível em https://revistas.pucp.edu.pe/index.php/themis/article/view/12687 (acesso em 26 julho 2021).
8. Sessarego, C.F. 1998, "Daño a la persona y daño moral en la doctrina y en la jurisprudencia latinoamericana actual.", *THEMIS Revista de Derecho* (38), p.180. Disponível em https://revistas.pucp.edu.pe/index.php/themis/article/view/10319 (acesso em 11 março 2023). Destacamos.

Naquele artigo, Sessarego relata como após quase uma década de magistério de Direito Comparado no curso de doutorado da Universidade Nacional Mayor de San Marcos, que o levou a revisar e estudar os mais importantes códigos civis (como os da França de 1804, Alemanha de 1900 e Itália de 1947), chegou à conclusão de que o Peru necessitava de um novo Código Civil adaptado às "ideologias, tendências e técnicas jurídicas do século XX e com projeção ao futuro".[9] No cerne de sua crítica, pontificou que

> O código de 1936 acolhia em seus artigos a ideologia individualista-patrimonialista que sustenta todos os códigos civis atualmente vigentes no mundo, mesmo que a jurisprudência, em certos países, atenue esta corrente de pensamento. O egoísmo é a atitude que substancialmente o nutre. O valor da solidariedade não aparecia em seu horizonte. A proteção da pessoa não era vigorosa, mas débil, praticamente quase não aparecia em seus artigos. Toda a preocupação do codificador, seguindo a tradição de seu tempo, estava concentrada na proteção da propriedade. Daí que, surpreendentemente, nos artigos do Código Civil de 1936 não aparece a proteção, por exemplo, da vida, nem da liberdade; nem da integridade psicossomática. Incrivelmente, essa proteção básica estava ausente de seu texto. Tampouco estavam protegidos outros direitos básicos da pessoa como sua intimidade ou sua honra. A pobreza do Livro Primeiro do Código de 1936 é desconcertante. ... Como anotávamos, se tutela o nome e o domicílio ao mesmo tempo em que, estranhamente, se silencia a proteção da vida e da liberdade que a sustenta.[10]

A mesma lacuna fora identificada por Sessarego na Constituição Peruana de 1933, que não continha nenhuma referência específica ou construção sistemática sobre a pessoa humana enquanto tal. É somente

> ... a partir da segunda metade da década de 40 que adquire consistência no Peru a preocupação em elaborar uma teoria da pessoa sob influxo do **existencialismo**, em suas várias expressões, do humanismo marxista que

9. Sessarego, C.F. 2014, "El Código Civil peruano de 1984: Su elaboración, sus aportes, las enmiendas que reclama.", *THEMIS Revista De Derecho*, (66), p. 41 Disponível em https://revistas.pucp.edu.pe/index.php/themis/article/view/12687 (acesso em 26 julho 2021).
10. *Ibid.*, p. 42-43. Disponível em https://revistas.pucp.edu.pe/index.php/themis/article/view/12687 (acesso em 26 julho 2021).

recém se insinuava, e dos nascentes personalismos, majoritariamente de inspiração cristã.[11]

Certo de que as lacunas do Código de 1936 demandavam, mais do que uma atualização, sua substituição por um novo texto legal, Sessarego assumiu a tarefa de promover estudos aprofundados, e se propôs a escrever um ensaio para cada Livro daquele Código, tendo publicado em 1964 o relativo ao livro do Direito das Pessoas, sob o título "Considerações Sistemáticas preliminares para a revisão do Livro Primeiro do Código Civil peruano". Entrementes, antes que houvesse tempo para elaborar o segundo ensaio, foi nomeado Ministro da Justiça. Esse evento se mostraria decisivo para a história do direito ao projeto de vida, pois agregou ao conhecimento teórico de Sessarego a capacidade política, que utilizou para deflagrar o movimento histórico de revisão legislativa que desembocaria no novo Código. Nesse processo, adotou expressamente como inspiração principal do Código Civil vindouro o Personalismo de Mounier:

> Coincidindo principalmente com o pensamento de Mounier, na Exposição de Motivos antes referida, se indica que o conjunto de direitos fundamentais da pessoa jurídica tende a afastar "o mais possível o homem das alienações que sem destruir a liberdade - fato que se dá apenas com o aniquilamento biológico do ser humano -, o degradam ou o reduzem a limites indignos da pessoa humana. ... Ao redigir-se o projeto do livro "Das Pessoas" se teve consciência de que a liberdade – que só se capta "a partir de dentro e pela raiz, surgindo com ela" – não se ganha "contra os determinismos naturais, se conquista sobre eles, mas com eles, pelo que o combate da liberdade é aventura incessante, permanente e contínua, que não conhece pausa nem repouso. Como sustenta o próprio Mounier, a batalha da liberdade não conhece fim.[12]
>
> A. O personalismo jurídico como inspirador do Código Civil peruano de 1984

11. Sessarego, C.F. 1982, "Las personas, el personalismo y la Constitución peruana de 1979", *Derecho PUCP* 36, p. 82. Disponível em https://doi.org/10.18800/derechopucp.198201.004 (acesso em 11 março 2023). Destacamos.
12. Sessarego, C.F. 1982, "Las personas, el personalismo y la Constitución peruana de 1979", *Derecho PUCP* 36, p. 85. Disponível em https://doi.org/10.18800/derechopucp.198201.004 (acesso em 11 março 2023).

> A importante e singular contribuição que distingue nosso Código Civil dos demais corpos de leis que se encontram vigentes na atualidade é ter outorgado preeminência a uma concepção humanista-personalista do Direito, em substituição àquela de corte individualista-patrimonialista que, inspirada no Código Civil francês de 1804, é recolhida pelos códigos civis que o tomaram como modelo e que se mantém até nossos dias. ... Já não é a propriedade o ente prioritário a proteger pelo Direito, mas é o ser humano, a pessoa humana. O Código Civil peruano de 1984, como sustentam seus analistas e comentaristas, principalmente estrangeiros, é o primeiro que **adere ao personalismo jurídico.**[13]

Acolhe-se, dessarte, o vetor axiológico lançado por Mounier, segundo o qual "o Estado é a objetivação forte e concentrada do direito que nasce espontaneamente da vida dos grupos organizados (G.Gurvitch). E o direito é o garante institucional da pessoa. O Estado existe para o homem, e não o homem para o Estado."[14]

A adoção do Personalismo como espinha dorsal da nova legislação provocaria um deslocamento do centro de gravidade da legislação civil peruana: já não seria mais a propriedade o "ente prioritário a proteger pelo direito, mas sim o ser humano, a pessoa humana."[15]E, a partir dos princípios do Existencialismo, redescobre-se "a estrutura existencial do ser humano como liberdade": o livre desenvolvimento da personalidade, assegurado juridicamente, requer proteger previamente a "liberdade, enquanto ser do homem".[16]O ser humano passa a ser visto como um fim em si mesmo, e a tutela jurídica de índole personalista implica na proteção do ser e das *maneiras de ser* da pessoa enquanto ontologicamente livre,

13. Sessarego, C.F. 2014, "El Código Civil peruano de 1984: Su elaboración, sus aportes, las enmiendas que reclama." *THEMIS Revista De Derecho*, (66), p. 45. Disponível em https://revistas.pucp.edu.pe/index.php/themis/article/view/12687 (acesso em 26 julho 2021). Destacamos.
14. Mounier, E. 1969, *Le personnalisme*, 11. ed, Presses Universitaires de France, Paris, p. 129.
15. Sessarego, C.F. 2014, "El Código Civil peruano de 1984: Su elaboración, sus aportes, las enmiendas que reclama." *THEMIS Revista De Derecho*, (66), p. 45. Disponível em https://revistas.pucp.edu.pe/index.php/themis/article/view/12687 (acesso em 26 julho 2021).
16. Sessarego, C.F. 2014, "El Código Civil peruano de 1984: Su elaboración, sus aportes, las enmiendas que reclama." *THEMIS Revista De Derecho*, (66), pp. 43 e 49. Disponível em https://revistas.pucp.edu.pe/index.php/themis/article/view/12687 (acesso em 26 julho 2021).

desenvolvendo-se no processo aberto do tempo e autoconstituindo-se na história.[17] Eclode, desse fértil terreno, a noção de *projeto de vida*:

> A finalidade do Direito é a de proteger a liberdade de cada pessoa, dentro do bem comum, para que, com a dignidade que lhe é inerente, possa, efetivamente, viver como um ser livre. É dizer, ter as oportunidades que lhe permitam **projetar sua vida**, traçar seu destino pessoal no mundo no qual lhe tocou viver.[18]

Nessa senda, o novo Código Civil de 1984 abraça a tarefa de fazer a transição de uma visão individualista-patrimonialista para uma concepção humanista-personalista, com o que também se torna parte de um projeto mais amplo:

> **Se aspira à humanização do Direito**; a sustentar que sua finalidade é a proteção prioritária do ser humano, da pessoa, sobre a propriedade ou de qualquer outro ente do mundo no qual vivemos", a partir de uma proteção preventiva, integral e unitária da pessoa humana.[19-20]

---

17. Sessarego, C.F. 1982, "Las personas, el personalismo y la Constitución peruana de 1979", *Derecho PUCP* 36, p. 84.
18. Sessarego, C.F. 2014, "El Código Civil peruano de 1984: Su elaboración, sus aportes, las enmiendas que reclama." *THEMIS Revista De Derecho*, (66), p. 45. Disponível em https://revistas.pucp.edu.pe/index.php/themis/article/view/12687 (acesso em 26 julho 2021).
19 *Ibid.*, p. 44. Disponível em https://revistas.pucp.edu.pe/index.php/themis/article/view/12687 (acesso em 26 julho 2021).Destacamos.
20. Uma das pedras angulares dessa estratégia de humanização consistiria na positivação da proteção integral da pessoa. Um importante relato de Sessarego retrata a dificuldade de incorporação, ao novo Código, da respectiva cláusula. Revelando o que chama de "história interna" do Código Civil de 1984, conta que os legisladores chegaram a refutar a inclusão da "novíssima voz" do "dano à pessoa" naquele diploma legal; "Ocorreu, entretanto, um fato imprevisto. Com efeito, se apresentou uma oportunidade inesperada e propícia para insistir discretamente no tema. Poucos dias antes da promulgação do Código, marcada para o dia 24 de julho de 1984, ocorreu no dia 3 do mesmo mês no escritório do ministro da Justiça... com a finalidade de dar os últimos retoques ao já aprovado Projeto do Código. A esta reunião fomos convidados pelo ministro junto com alguns outros poucos membros da Comissão Reformadora. Foi naquela reunião do 3 de julho de 1984 – é dizer, 21 dias antes da promulgação do Código – que se logrou introduzir no artigo 1985 o dano à pessoa ...". Sessarego, C.F. 1996, "Daño al proyecto de vida", *Derecho PUCP, (50),* p.64. Disponível em https://revistas.pucp.edu.pe/index.php/derechopucp/article/view/5925/5934 (acesso em 25/02/2023).

Assim, como já havíamos indicado na primeira parte do livro, a teoria de Sessarego se insere numa corrente mundial de reação à desumanização, que tem como marco a denúncia de Husserl em sua *Krisis.* E é o próprio Sessarego quem demarca essa filiação, afirmando que

> A tese racionalista, de ampla difusão e geralmente aceita pelos tratadistas, reduziu o objeto do Direito a um objeto ideal; a um objeto similar ao objeto das Matemáticas ou da Lógica, igual a um triângulo ou a um conceito. Dissolve-se o Direito numa sorte de Matemática jurídica. ... As fecundas descobertas de Husserl, que representam uma virada no pensamento filosófico, complementadas pelos aportes da filosofia dos valores de Scheler e Hartman, especialmente, exercem profunda influência e são aplicados ao campo da filosofia do Direito.[21]

Numa tal empreitada, emerge espontaneamente a necessidade de se assegurar o espaço de liberdade do ser humano – o que será feito a partir da afirmação e elaboração da existência de um Direito humano ao Projeto de Vida. Por isso é que um dos desdobramentos dessa transição em direção ao humanismo, afirma expressamente Sessarego, será a original contribuição da "Teoria do Dano ao Projeto de Vida": numa concepção humanista-personalista, em que a liberdade é elemento central, é preciso proteger aquele direito, tendo em vista que

> ... o projeto de vida recolhe, nada menos, que o sentido ou razão de ser que cada pessoa outorga a sua existência. O ser humano, enquanto livre, traça seu destino, é dizer, o que decidiu ser ou fazer em sua vida. Um dano ao sentido da vida, a sua razão de ser, é de suma transcendência e leva a pessoa a um vazio existencial.[22]

Nos encontramos, enfim, diante da chave hermenêutica para leitura da proposta teórica do direito ao projeto de vida de Sessarego: se o Direito constitui uma disciplina teleológica voltada para a proteção do ser

---

21. Sessarego, C.F. 1950, "Bosquejo para una determinación ontológica del derecho", Universidad Nacional Mayor de San Marcos, Lima, p. 82. Disponível em http://www.jus.unitn.it/cardozo/Review/2008/Sessarego1.pdf (acesso em 30/08/2022).
22. Sessarego, C.F. 2014, "El Código Civil peruano de 1984: Su elaboración, sus aportes, las enmiendas que reclama." *THEMIS Revista De Derecho*, (66), p. 46. Disponível em https://revistas.pucp.edu.pe/index.php/themis/article/view/12687 (acesso em 26 julho 2021).

humano enquanto liberdade, qualquer direito em espécie só faz sentido se construído em torno da própria liberdade.

A esse respeito entendemos ser possível afirmar - antecipando um dos aspectos do que constituiria um projeto de vida - que vemos a Teoria do Direito ao Projeto de Vida de Sessarego no bojo do que Lacroix denomina de ideia-matriz, ou ideia força, que agiria como uma espécie de fermento das grandes massas dinâmicas de evolução histórica. Essa ideia teria a ver com a estrutural inclinação do ser humano à "realização de si":

> Na Idade Média, a grande ideia-força era a da Salvação. Os homens e mulheres dessa época apaixonadamente religiosa se preparavam incansavelmente para esse momento terminal da História onde eles seriam enfim "salvos". No século XVIII, uma nova ideia-força assumiu: o Progresso. Ela permitiu o desenvolvimento da ciência e da técnica, a prosperidade econômica, a Revolução Francesa. No século XIX a ideia-força foi a de democracia política e social, que se traduziu no sufrágio universal, na educação primária para todos, o direito sindical, as primeiras leis sobre a proteção social. Na virada do século XX surgiu a ideia da revolução proletária, que provocou grandes mutações cujo teatro foi o século que acaba de se encerrar. E hoje? Uma das grandes ideias-forças de nosso tempo é a **realização de si**. ... Ela é o fruto comum de Hegel e de Sartre, de Goethe e de Gide, de Stendhal e de Abraham Maslow, de Kierkegaard e de Carl Rogers, dos anarquistas e dos marxistas, dos cenáculos românticos de 1820 e dos grupúsculos contestadores de Maio de 1968. A ideia de **realização de si** se inscreve na longa cadeia histórica das ideias-forças. Ela possui uma potência transformadora igual à que exerceram outrora a Salvação, o Progresso, a Revolução. Assim como a sociedade medieval foi modelada pela Salvação, que a sociedade do século XIX o foi pelo Progresso e a Democracia, e o XX pela Revolução, a sociedade de amanha será modelada pela ideia de realização de si.[23]

Entendemos que, muito mais do que uma formulação insulada, a Teoria do Direito ao Projeto de Vida constitui uma ponta de lança jurídica de uma ampla resposta cultural e histórica ao processo de desumanização, ao qual, já mostramos, não escapou o Direito, em relação ao qual sentimos inclusive a necessidade de propor o termo "inumanização". Somente diante desse pano de fundo histórico será possível

23. Lacroix, M. 2009, *Se Réaliser - Petite philosophie de l'épanouissement personnel*, Éditions Robert Laffont, Paris. Edição do Kindle.

alcançar o sentido e alcance dos contornos teóricos do direito ao projeto de vida em Sessarego, que cabe a partir de agora começar a abordar de forma mais direta.

3.2. O arco histórico de escritos de Sessarego como portal de acesso à sua proposta teórica

Sessarego deixou-nos um amplo espectro de escritos, dispostos num arco de sete décadas de estudos e reflexões; por isso, faz sentido aproveitar esse acervo para empreender uma espécie de arqueologia da construção teórica do direito ao projeto de vida, começando por suas fundações, lançadas já em 1950 (quando o jusfilósofo ainda era um estudante) numa tese intitulada "Esboço para uma determinação ontológica do Direito" (obra que seria publicada 37 anos depois sob o título "El Derecho como Libertad"[24]). Nessa arqueologia utilizaremos como lentes retrospectivas escritos posteriores do próprio Sessarego, notadamente o artigo denominado "Breves reflexões sobre o objeto de estudo e a finalidade do Direito" (2015), onde reafirmaria, sessenta e cinco anos depois, as bases filosóficas da tese que constituiu o trabalho de sua vida.

Conectando esses dois extremos temporais será possível identificar, pelo relato do próprio Sessarego, tanto as concepções fundamentais que lhe franquearam acesso à intuição sobre a existência de algo como um direito ao projeto de vida, quanto os filósofos e teorias sobre os quais se apoiou para construir o respectivo edifício teórico. A partir dessas fundações, será possível acompanhar a evolução daquela construção, a cada etapa, até que então logremos visualizar o conjunto inteiro.

3.2.1. O lançamento das bases da teoria sessareguiana do direito ao projeto de vida

A caminhada jusfilosófica de Sessarego começa na tese "Esboço para uma determinação ontológica do Direito" (1950), apresentada quando ainda era estudante, para obter o grau de bacharel em Direito. De acordo com Belaunde, tratou-se de uma investigação

24. Sessarego, C.F. 2016."El Derecho y la Libertad como proyecto". *Ius et Veritas*, 24 (52), p.118. Disponível em https://revistas.pucp.edu.pe/index.php/iusetveritas/article/view/16375 . Acesso em 11/03/2023.

> ... sobre a determinação ontológica do conceito do Direito, que foi um verdadeiro petardo nos claustros sanmarquinos, então adormecidos pela pregação jusnaturalista ou positivista, da qual a mais notória era então a de Kelsen. Nessa tese, que somente por insistência minha publicou quase quarenta anos mais tarde, afastando-se dos mestres de então que optavam por apenas um elemento na configuração do conceito de Direito, assinalou com uma espécie de triângulo a presença de três elementos, entrevendo dessa maneira o que logo seria conhecido, sobretudo graças aos extraordinários estudos de Reale, como a Teoria Tridimensional do Direito.[25]

Contemporâneo de Sessarego, Belaunde atribuiu especialmente à formação filosófica daquele professor a abertura de novos horizontes, que possibilitaram fazer novas e originais abordagens como a Teoria do Direito ao Projeto de Vida. A propósito, Sessarego apontou como fundamental o estudo das obras de "Kant, Fichte, Husserl, Dilthey, Kierkegaard, assim como as dos maiores expoentes da filosofia da existência da primeira metade do século XX, tais como Jaspers, Marcelo, Zubiri, Sartre, Heidegger."[26], que constituíram a principal bagagem com a qual, afirmou, "se atreveu" a enfrentar os desafios intelectuais abraçados:

> Recordamos de alguns dos livros dos autores da escola da filosofia da existência, antes mencionados, que começavam a ser traduzidos em castelhano. Os líamos com avidez. Nos deslumbrou uma escola filosófica que colocara o ser humano no centro de suas reflexões. Sentimos que um ar novo havia entrado nos prédios filosóficos. ... [a filosofia da existência] nos permitiu ter uma sólida base conceitual para o desenvolvimento desses estudos e, mais tarde, de nossas investigações. Não nos afastamos mais dessa linha de pensamento que faz da pessoa o centro da preocupação filosófica e jurídica. **É o caso de assinalar que consideramos que não teríamos alcançado as conclusões expostas sem contar com uma base filosófica.**[27]

25. Belaunde, D.G. 2002, "Homenaje a Carlos Fernández Sessarego", *Foro Jurídico* 01, 11–12. Disponível em https://revistas.pucp.edu.pe/index.php/forojuridico/article/view/18262 (acesso em 11 março 2023).
26. Sessarego, C.F. 2011, "Breves reflexiones sobre el objeto de estudio y la finalidad del derecho", *THEMIS Revista De Derecho*, (60), 285-293. Disponível em https://revistas.pucp.edu.pe/index.php/themis/article/view/9069. Acesso em 04/03/2023.
27. *Ibid.*, p. 288.

Firme na base adquirida em seus estudos filosóficos, Sessarego adotou o lema metodológico de Edmund Husserl, segundo o qual o método é que deve se adequar ao objeto, e não o contrário:

> Ao peculiar objeto da ciência jurídica, que é a conduta humana, corresponde um método de acesso também peculiar: a compreensão. ... A fenomenologia comporta uma preocupação com a descrição de essência e amplia o mundo do *a priori* ao estabelecer a existência de seres ideais com objetividade apesar de sua irrealidade. Essas contribuições são recolhidas pela filosofia do Direito através de numerosos discípulos de Husserl. ... A penúria da ciência jurídica foi não precisar qual era seu objeto de conhecimento ... e a solução desse problema é conquista dos últimos tempos devida, em grande parte, à proposta da filosofia da existência.[28]

O fundamento central recolhido da Filosofia da Existência para constituir a espinha dorsal de sua Teoria do Direito ao Projeto de Vida seria, como já foi possível assinalar, a concepção do ser humano como um *ser-liberdade*, "não mais só um ser racional mas um ser livre e estruturalmente coexistencial e temporal... unidade psicossomática constituída e sustentada em sua liberdade".[29] Como veremos, será a partir da liberdade que Sessarego erguerá seu edifício teórico. Afinal, como anotou retrospectivamente em um de seus últimos escritos,

> ... com efeito, já naquele longínquo ano de 1950 germinava o conceito de *projeto de vida* (dentro do conceito mais amplo de *dano à pessoa*) cujo tratamento, com ênfase em suas consequências, se desenvolveria anos mais tarde.[30]

28. Sessarego, C.F. 1950, *Bosquejo para una determinación ontológica del derecho*, Universidad Nacional Mayor de San Marcos, Lima, p.118. Disponível em http://www.jus.unitn.it/cardozo/Review/2008/Sessarego1.pdf (acesso em 30/08/3022).
29. Sessarego, C.F. 2011, "Breves reflexiones sobre el objeto de estudio y la finalidad del derecho", *THEMIS Revista De Derecho*, (60), 285-293. Disponível em https://revistas.pucp.edu.pe/index.php/themis/article/view/9069. Acesso em 04/03/2023.
30. Sessarego, C.F. 2016, "El Derecho y la Libertad como proyecto". *Ius et Veritas*, 24 (52), p.119. Disponível em https://revistas.pucp.edu.pe/index.php/iusetveritas/article/view/16375 (acesso em 11/03/2023).

3.3. Projeto de vida, direito ao projeto de vida e dano ao projeto de vida

O estudo do direito ao projeto de vida a partir das obras de Sessarego demanda um esclarecimento prévio: como será possível observar pelas fontes diretas e indiretas, uma grande parte de seus escritos, e a quase totalidade dos estudos feitos em torno de sua proposta, não focam diretamente sobre o *direito* ao projeto de vida, mas se debruçam prevalentemente sobre a questão do *dano* ao projeto de vida e sua reparação. Trata-se, sem dúvida, de um momento posterior (*dano ao direito*), que supõe a existência do primeiro (*o direito propriamente dito*) enquanto fundamento. Isso é problemático pois, sem uma forte base teórica, as propostas de índole humanista – e dentre elas certamente está a de um direito humano ao projeto de vida – não estarão aptas a sobreviver à hostil arena do debate público da pós-modernidade.

Em razão dessa carência de base teórica foi que resolvemos dar um passo atrás para estudar o direito propriamente dito, colocando o direito ao projeto de vida como tema central de nossa reflexão. Dessa forma, para fins epistemológicos, cumpre efetuar um recorte no objeto de estudo de Sessarego, para separar a questão do direito ao projeto de vida - fundamento - do problema do dano ao projeto de vida - logicamente posterior.

Para alcançar esse desiderato, é preciso retornar às origens e estabelecer, a partir dali, uma articulação ordenada: em primeiro lugar, explicitar o que vem a ser o *projeto de vida*; a seguir, analisar as possibilidades de sua configuração jurídica sob a forma de *direito ao projeto de vida*; e, por fim, não mais como centro de estudos mas como exaurimento, uma abordagem do árduo problema do *dano ao projeto de vida* e sua reparação – nesse aspecto, buscando mais agregar as perspectivas próprias de nossa investigação às reflexões já existentes do que enveredar por uma sistematização ampla.

3.3.1. O escrito de 1950: delimitação primeva dos marcos e fundamentos da teoria de Sessarego e a eclosão da noção de projeto de vida

A longa sequência cronológica de artigos legados por Sessarego nos permite investigar geneticamente o processo de elaboração conceitual do direito ao projeto de vida, e é interessante observar que já em seu primeiro trabalho publicado, de 1950, se encontram as premissas e fundamentos que balizarão sua teoria durante todo seu percurso jusfilosófico, como ele próprio constatou.

Já no texto "*Reflexiones sobre el objeto de estudio y la finalidad del derecho*",[31] Sessarego revela como desde o início de sua caminhada adotou a noção do ser humano enquanto *autokinesis*, "ser livre e criador, é imprevisível, dinâmico, lábil, irrepetível como experiência, movimento contínuo"[32], acolhendo assim a máxima de Píndaro - o mote "*torna-te quem tu és*", constante encontrada em todo nosso percurso histórico-antropológico:

> A existência humana é uma realidade que consiste em encontrar-se lançada entre as coisas e tendo que **fazer-se a si mesma**, posto que seu ser não é nada fixo como o das coisas, como o ser das pedras ou da mesa. O ser da existência do homem não é algo acabado. ... O ser do homem consiste em ter que realizar-se, em ter que elaborar seu próprio e intransferível ser pessoal.[33]

Adotando a concepção antropológica existencialista, Sessarego finca um outro marco central ao conceber o ser humano enquanto liberdade e, a partir das teses de Kierkegaard, Heidegger e Sartre, estabelece o acesso afetivo, pela via da angústia, à auto-experiência do ser humano enquanto tal:

> A liberdade não resulta ser uma "faculdade", uma propriedade, da qual o homem poder dispor ou não. O homem não tem ou deixa de ter liberdade, mas "o homem é" liberdade. ... O homem é liberdade. Liberdade para que? Liberdade para ser isto ou aquilo, simplesmente para **ser**. O homem faz sua vida livremente e é responsável por ela. O homem é o autor e o ator de seu próprio drama. E a sensibilidade... desta liberdade é a angústia. Na

31. Sessarego, C.F. 2011, "Reflexiones sobre el objeto de estudio y la finalidad del derecho", *THEMIS Revista De Derecho*, (60), 285-293. Disponível em https://revistas.pucp.edu.pe/index.php/themis/article/view/9069. (acesso em 04/03/2023).
32. Sessarego, C.F. 1982, "Las personas, el personalismo y la Constitución peruana de 1979", *Derecho PUCP* 36, p.87. Disponível em https://doi.org/10.18800/derechopucp.198201.004 (acesso em 11 março 2023).
33. Sessarego, C.F. 1950, "Bosquejo para una determinación ontológica del derecho", Universidad Nacional Mayor de San Marcos, Lima, p.74. Disponível em http://www.jus.unitn.it/cardozo/Review/2008/Sessarego1.pdf (acesso em 30/08/3022). Destacamos.

> angústia se nos mostra a liberdade, nosso próprio ser, no instante supremo da decisão, da responsabilidade.[34]

A partir desse ponto, assumindo mais uma reflexão central para a Fenomenologia Existencialista ao se apoiar na observação da relação do ser humano com o passado, presente e futuro, Sessarego recolhe a noção do ser do homem como temporalidade desdobrada em possibilidades singulares:

> No presente decidimos ser o que queremos ser no instante imediato, em um futuro possível. O que queremos ser com as coisas e com nossas possibilidades; mas, nesse momento presente e ao nos decidirmos a ser como **projetos**, contamos com o passado, que sobrevive "sob forma de estar possibilitando o presente". O que fomos ontem está possibilitando nossa decisão de ser. E assim como o passado está dado no presente, o futuro também está porque sendo o que ainda não é, suas possibilidades estão já dadas no presente; por isso o presente é também o que o homem pode ser. O passado tem como realidade sua atuação sobre o presente; o futuro é o que ainda não é, mas para cuja realidade já estão dadas no presente todas suas possibilidades. O tempo não resulta ser uma mera sucessão, mas um ingrediente da constituição mesma do espírito; sua condição ontológica.[35]

E é então que, articulando os elementos da liberdade, do fazer-se-a si mesmo e da temporalidade, Sessarego apresenta enfim a conceituação do *projeto*, pois o ser humano assim entendido,

> .. ao ter que realizar-se o faz de acordo com um projeto, recebendo das coisas e de todos os outros estímulos e possibilidades para viver. O fazer-se é a tarefa permanente e contínua da existência. **Viver é realizar um projeto de existência, fabricar seu próprio ser, ser fazendo-se.** A vida resulta assim de uma sucessão ininterrupta de afazeres segundo um projeto do qual pode ou não ter-se consciência. **A vida humana como projeto é o que se quer fazer.** O projeto tem como condição a temporalidade. ... A vida constitui, assim, uma sucessão de fazeres de acordo com um projeto. E nesse permanente "a fazer" da existência, nesse poder-ser, o homem vai decidindo o que vai ser no futuro. A vida é dinamismo constante, um ter

34. Sessarego, C.F. 1950, "Bosquejo para una determinación ontológica del derecho", Universidad Nacional Mayor de San Marcos, Lima, p.114. Disponível em http://www.jus.unitn.it/cardozo/Review/2008/Sessarego1.pdf (acesso em 30/08/3022).

35. *Ibid.*, p.76.

> que decidir o que se vai ser. ... O homem está forçado a eleger entre os possíveis projetos. Tem que se decidir. **O homem é liberdade que se projeta.** Liberdade irrenunciável, constitutiva.[36]

Por fim, a essas reflexões de base existencialista Sessarego agregará o princípio retor do Personalismo, para emprestar ao itinerário humano de autoprojeção uma espécie de sentido qualitativo ascendente, no qual o ser humano, na construção de seu projeto singular de vida, vai também adquirindo a qualidade de pessoa *humana*. Com isso, atrairá a questão do direito ao projeto de vida para a esfera gravitacional da *dignidade*.

Buscamos, dessa forma, desvendar a origem do itinerário escolhido por Sessarego para alcançar a fundamental noção do ser humano enquanto *ser-que(se)-projeta-livremente*, donde sacará a percepção do projeto de vida enquanto direito fundamental a ser reconhecido, recolhido e tutelado pela ordem jurídica. Cabe, doravante, prescrutar as camadas conceituais que, durante suas décadas de reflexão, foi adicionando àquela intuição inicial, até alcançar uma concepção teórica relativamente estável do direito ao projeto de vida.

Antes de encerrar o tópico cabe destacar que, a nível sistêmico, a premissa fundamental por trás de sua teoria é a de que a demonstrada essencialidade do projeto de vida determina e obriga sua acolhida formal pelo Direito – posto que este, em sua tridimensionalidade de fato-valor-norma, deve necessariamente recolher os elementos factuais.

Isso significa que o fato fundamental do projeto de vida enquanto ser do homem seria já, desde sempre, um direito – restando apenas que seja "consagrado a nível lógico-normativo a fim de poder ser juridicamente invocado pela pessoa. A chamada 'Luta pelo Direito' se reduz, enfim, a transformar em regras jurídicas os direitos fundamentais do homem" ... que, desta feita, "uma vez assumidos pelo ordenamento jurídico, pretendem outorgar ao homem o máximo de facilidades e de garantias para que possa – se assim o decide enquanto ser livre e dentro das possibilidades – realizar-se como pessoa, assegurando-se-lhe normativamente 'as liberdades, criando juridicamente as condições econômicas, sociais,

36. *Ibid.*, p.78.

biológicas, culturais e políticas, que lhe permitam desenvolver-se segundo sua **vocação íntima.**"[37]

Assentado por Sessarego que, por ser uma estrutura fundamental do ser humano, o projeto de vida constitui essencialmente um direito que deve ser insculpido numa regra jurídica, a próxima etapa de nosso trabalho deve consistir em delinear os fundamentos antropológicos e contornos específicos do que seja um projeto de vida.

3.3.2. Os fundamentos antropológicos do projeto de vida de acordo com Sessarego

Se no escrito de 1950 Sessarego já destacara quão fundamentais foram as descobertas da Filosofia da Existência para o estabelecimento dos marcos iniciais de sua tese, será em 1996 que condensará, num rico artigo denominado "Daño al proyecto de vida", as bases de seu pensamento, reafirmando já na maturidade suas intuições originárias ao declarar:

> Aderimos à filosofia da existência que considera que a liberdade constitui o ser mesmo do homem. ... Graças à liberdade somos seres temporais, históricos, estimativos, criativos, **projetivos**, dinâmicos.[38]

Naquele escrito, Sessarego afirma a Antropologia Filosófica como disciplina essencial para sua empreitada, e assenta como pedra fundamental de sua construção a concepção heideggeriana do ser humano como ser temporal e, portanto, histórico, aliada à visão de Sartre do ser humano enquanto liberdade que "se desdobra no tempo". Assim sendo,

> ...o ser humano é tempo. Constitui um processo temporal, aberto, onde o passado condiciona o presente e, a partir deste, se projeta ao futuro. O futuro está, assim, dado no presente em forma de projeto. Se o ser humano é temporal é, também e por consequência, um ser histórico. A liberdade no tempo, a vida temporal da liberdade, fazem possível que cada ser humano

37. Sessarego, C.F. 1982, "Las personas, el personalismo y la Constitución peruana de 1979", *Derecho PUCP* 36, p. 85. Disponível em https://doi.org/10.18800/derechopucp.198201.004 (acesso em 11 março 2023).

38. Sessarego, C.F. 1996, "Daño al proyecto de vida" *Derecho PUCP, (50),* p.81. Disponível em https://revistas.pucp.edu.pe/index.php/derechopucp/article/view/5925/5934 (acesso em 25/02/2023). Destacamos.

> se projete, se realize, desdobre sua personalidade, tenha uma biografia e uma identidade. [39]

Com base na definição do ser humano como "unidade psicossomática sustentada na liberdade",[40] afirma sua natureza enquanto *ser-que-(se) projeta*, posto que não poderia existir sem decidir ser o que pretende ser, é dizer, sem "projetar":

> **Todos os seres humanos, enquanto livres, geramos projetos de vida.** Nos propomos realizar-nos, viver de determinada maneira, fazendo aquilo que se nutre de nossa vocação pessoal.[41]
>
> O *projeto de vida* se fundamenta na própria qualidade ontológica do ser humano, em sua própria natureza de *ser liberdade*.[42]

A consequência dessa leitura da realidade estrutural do ser humano constitui, na lição de Sartre, o indivíduo como projeto de si-mesmo rumo a suas possibilidades, e o próprio mundo como

> ...correlativo das possibilidades que eu *sou*, [que] aparece, desde meu surgimento, como esboço enorme de todas minhas ações possíveis. A percepção se transcende naturalmente rumo à ação; melhor, ela só pode se desdobrar dentro e através de projetos de ação. O mundo se revela como um "oco sempre futuro", porque nós somos sempre futuros a nós-mesmos.[43]

3.3.3. *Sobre a escolha do projeto de vida*

Um aspecto bastante fecundo das reflexões sessareguianas acerca do projeto de vida é o esboço de algumas percepções sobre o processo

39. *Ibid.*, p. 50.
40. Sessarego, C.F., 1996. Hacia una nueva sistematización del daño a la persona. Revista de Direito Civil, Imobiliário, Agrário e Empresarial 10, p. 9.
41. Sessarego, C.F. 1996, "Daño al proyecto de vida", *Derecho PUCP, (50)*, p. 81. Disponível em https://revistas.pucp.edu.pe/index.php/derechopucp/article/view/5925/5934 (acesso em 25/02/2023). Destacamos.
42. Sessarego, C.F. 2016, "El Derecho y la Libertad como proyecto". *Ius et Veritas*, 24 (52), p. 119. Disponível em https://revistas.pucp.edu.pe/index.php/iusetveritas/article/view/16375 (acesso em 11/03/2023).
43. Sartre, J.-P., Elkaïm-Sartre, A. 2017, *L'être et le néant: essai d'ontologie phénoménologique*, Edition corrigée. ed, Collection TEL, Gallimard, Paris, p. 362.

psíquico[44] que vai desde a consideração preliminar das possibilidades até a escolha do projeto.

O instante germinal seria aquele descrito por Lapoujade, no qual o ser humano

> ... percebe, de dentro de sua existência dada, qualquer coisa de inacabada ou incompleta que exige um "princípio de crescimento", ou seja, o esboço de qualquer coisa maior, mas inteira, suscetível de aumentar a realidade dessa existência.[45]

Defrontado, sob o impulso dessa percepção, com uma nova dimensão possível de si mesmo - com diversas possibilidades existenciais -, eventualmente o indivíduo se deparará com o desafio de aderir ou não a uma daquelas possibilidades ou projetos possíveis. A esse respeito, Sessarego destaca que o projeto surge necessariamente de uma decisão livre que escolhe uma possibilidade para realização no futuro – o que constitui, por definição, uma projeção temporal.

Podemos afirmar daí que a escolha do projeto não escapa às descobertas sartrianas em torno da temporalidade: mesmo que condicionado pelo passado e apontando para o futuro, de forma a desdobrar se no tempo, o projeto de vida se decide no presente. E, para que haja tal decisão, o ser humano deve partir de uma vivência axiológica - ou seja, valorar, dentre as possibilidades de existência concreta diante de si, a que responde a sua recôndita vocação pessoal, apresentando-se-lhe como chamado e instância capaz de outorgar um sentido a seu existir. Por isso, "o projeto supõe traçar antecipadamente nosso destino, um modo certo de preencher nossa vida, de realizar-nos."[46]

Após a valoração das possibilidades e a escolha, dentre elas, daquela que constituirá o projeto de vida, "tratamos por todos os meios ou instrumentos a nosso alcance de cumpri-lo, concretizá-lo, de executá-lo

---

44. Na expressão de Souriau, fluxo mental; na formulação de Sartre, "fluxo de minhas consciências".
45. Lapoujade, David. 2017, *Les Existences moindres*, Minuit, Paris. Edição do Kindle. Destacamos.
46. Sessarego, C.F. 1996, "Daño al proyecto de vida", *Derecho PUCP, (50)*, p. 81. Disponível em https://revistas.pucp.edu.pe/index.php/derechopucp/article/view/5925/5934 (acesso em 25/02/2023).

durante o curso de nossa vida..."[47] – ou seja, convertê-lo em ações, a partir de um engajamento existencial. Dentre esses meios estarão nosso corpo, nossa psiqué, nosso espírito, os outros seres humanos, e as coisas do mundo.

Ainda sobre a questão, é bastante rica a reflexão de Lacroix sobre o momento inaugural do projeto de vida enquanto tal. Segundo ele, o ser humano, lançado diante de uma multiplicidade de possibilidades (o sucesso, o dinheiro, o poder, a arte, a forma física, etc), se encontra sempre sob o risco de ser engolfado por uma *hybris*, ou excesso de possibilidades de realização de si. Pode ocorrer, então, que o eu

> ... passe continuamente de um projeto ao outro. Eu me disperso, consumindo minha vida em experiências esparsas. Eu não me aprofundo em nada. Eu folheio todos os estilos de existência, sem adotar nenhum. Eu surfo sobre os possíveis...[48]

Numa tal situação, ao invés de se realizar a partir de um projeto de vida, o ser humano se "desrealizaria" num emaranhado de projetos possíveis. A autorrealização do ser humano demandaria, portanto, uma espécie de autorrestrição:

> Para isso, eu devo concluir um ato particular, ao mesmo tempo arriscado e saudável. Esse ato, é a escolha. Eu devo escolher. Escolher o que? Um negócio, um ideal, um companheiro, uma companheira, amigos, uma causa para defender... Escolher fundar uma família, ter filhos... Escolher um engajamento político, uma atividade beneficente, um plano de vida, um desafio a atravessar... Escolher me colocar a serviço de uma ideia, de uma instituição, de uma paixão, de uma crença, de uma doutrina... Concluindo o ato da escolha, eu fecharei o parêntese do diletantismo donjuanesco. Eu me liberarei da falsa liberdade na qual se perdem os paus-para-toda-obra e alcançarei uma autêntica liberdade, aquela do projeto.[49]

Finalmente, nunca será demais ressaltar a enormidade do momento da escolha do projeto de vida, que se poderá dimensionar a partir da

47. *Ibid.*, p.81.
48. Lacroix, M. 2009, *Se Réaliser - Petite philosophie de l'épanouissement personnel*, Éditions Robert Laffont, Paris. Edição do Kindle.
49. *Ibid.*

noção de "instante instaurativo" de Souriau, desenvolvida por Lapoujade nos seguintes termos:

> Certos instantes... constituem um evento no sentido em que eles decidem uma vocação, um destino. ... O instante é o tempo, ou melhor, o entre-tempo, dos eventos. Seria necessário conceber o curso do tempo com um corredor ao longo do qual os instantes seriam portas, as quais cada uma abre para um outro mundo ... É um cume existencial, um ponto lúcido que atravessa o existente, segundo os termos de Souriau. Ele restará isolado, puro átomo sem continuação, ou antes se encadeará com outros momentos da existência para, assim, lhe dar uma nova arquitetura? [50]

Na visão de Lapoujade, quando da escolha por um projeto existencial, ocorrerá ou uma convergência global, ou uma reversão de ponto de vista, que implicará numa total transformação sobre o próprio plano de existência: a pessoa não será mais a mesma. "De um ponto de vista arquitetônico, a aparição dessa nova perspectiva desloca seu centro de gravidade."[51]

O instante da definição do projeto de vida, dessarte, é momento fundamental e ato instaurador; por isso mesmo concordamos com a dignidade que lhe empresta Lacroix ao recolher, para designar esse instante, a fórmula empregada por Kierkegaard: "*batismo* da escolha". Com efeito, difícil encontrar expressão mais apropriada se consideramos que, depois desse momento, o indivíduo se lança num novo rumo e numa nova jornada existencial.

3.3.4. Projeto de vida em relação aos demais projetos: "o projeto dos projetos"

Uma primeira forma de delinear o que seja um projeto de vida é examiná-lo no contexto dos múltiplos projetos que emergem como possibilidades no horizonte de liberdade que constitui a vida do ser humano. Partindo de um contraste, Sessarego esboça uma primeira definição do projeto de vida nomeando-lhe de "O projeto dos projetos".

---

50. Lapoujade, David. 2017, *Les Existences moindres*, Minuit, Paris. Edição do Kindle.
51. Lacroix, M. 2009, *Se Réaliser - Petite philosophie de l'épanouissement personnel*, Éditions Robert Laffont, Paris. Edição do Kindle.

A cada despertar o indivíduo estabelece mentalmente uma sequência de atividades, algumas delas imediatíssimas, como o que preparará como café da manhã; outras imediatas, como por onde iniciará suas atividades físicas após se alimentar; e certamente umas não tão imediatas, mas relativamente próximas no horizonte temporal – seu cronograma diário de atividades, por exemplo. Algumas outras já se inserirão numa visada temporal mais protraída, como as metas laborais do mês, a viagem do final do ano ou o tratamento de saúde do ano vindouro. A maioria delas se dará de forma quase automática; contudo, se analisadas de perto, todas e cada uma se revelarão entremeadas de pequenas escolhas livres, constituindo-se em pegadas na caminhada humana do existir. Como lembrou Sessarego,

> É de advertir, ademais, que muitos projetos que têm a ver com a atividade cotidiana do sujeito são repetições de algum que em certo momento foi original. Respondem, por isso, à habitualidade, razão pela qual o sujeito, muitas vezes, não tem consciência de sua livre decisão.[52]

Cada uma daquelas decisões é, dessarte, um projeto. Contudo, se bem observarmos veremos que, em meio à copiosa multiplicidade de projetos que o ser humano esboça no percurso de sua existência individual, há ao menos um que "tem a característica de sua fundamentalidade para a existência, que é radical, que compromete todo seu ser, que é aquele no qual se joga seu destino e que outorga sentido a sua vida".[53]

O ser humano só consegue se orientar na existência organizando mentalmente suas perspectivas de forma que façam sentido para ele. Nessa organização mental, provavelmente um dos projetos constituirá o norte existencial definido por sua bússola axiológica interna, e a capacidade de se definir de acordo com sua agulha reside essencialmente na liberdade de escolha. Por isso é que, como veremos adiante, um dano a tal projeto constitui um dano à liberdade, e deixará o indivíduo completamente à deriva, numa situação de vazio existencial, numa vida sem

52. Sessarego, C.F. 1996, "Daño al proyecto de vida", *Derecho PUCP, (50)*, p.84. Disponível em https://revistas.pucp.edu.pe/index.php/derechopucp/article/view/5925/5934 (acesso em 25/02/2023).

53. Sessarego, C.F. 1996, "Daño al proyecto de vida", *Derecho PUCP, (50)*, p.83. Disponível em https://revistas.pucp.edu.pe/index.php/derechopucp/article/view/5925/5934 (acesso em 25/02/2023).

sentido - em ambas acepções centrais dessa palavra: "sentido" como significado e como propósito.

Há, portanto, que se distinguir a pluralidade de projetos do ser humano sobre seu existir cotidiano, que não dizem respeito ao destino e ao sentido de sua vida, do projeto de vida. Este é singular, define o núcleo existencial do sujeito e baliza seu périplo vital. Por isso mesmo, pode ser chamado de de *projeto dos projetos*.

3.3.5. Projeto de vida como projeto existencial

Como já relatamos, a obra de Sessarego se espraia ao longo de sete décadas, e se, por um lado, praticamente todos os escritos abordam o conceito de projeto de vida, a maioria deles foca sobre o aspecto do dano. Assim sendo, entendemos que o método mais promissor para delineamento conceitual do direito propriamente dito será destilar, das diversas reflexões acerca do aspecto do *dano* ao projeto de vida, diferentes tonalidades da concepção sessareguiana de *direito* ao projeto de vida.

Uma boa definição poderá ser encontrada num importante escrito de 1995: "Apuntes para una distinction entre el daño al 'proyecto de vida' y el daño 'psíquico'". Fixando como supostos existenciais do projeto de vida a *liberdade* e o *tempo*, Sessarego é categórico ao afirmar que todos os seres humanos, enquanto livres, possuem projetos de vida. Apresenta então, de forma direta, o que significa para ele um projeto de vida: o ser do ser humano é liberdade, o que significa que é de sua essência e capacidade

> ... escolher, entre as muitas possibilidades de vida, aquela que, precisamente, chamamos "projeto de vida" ou **"projeto existencial"**.[54]

Com efeito, em vários escritos Sessarego utiliza como sinônimos os termos projeto de vida e projeto existencial,[55]que conceitua como

54. Sessarego, C.F. 1995, "Apuntes para una distinción entre el daño al 'proyecto de vida' y el daño 'psiquico'". *THEMIS: Revista de Derecho*, (32), p. 161. Disponível em https://revistas.pucp.edu.pe/index.php/themis/article/view/11543 (acesso em 11 março 2023). Destacamos.

55. Sessarego, C.F. 1996, "Precisiones preliminares sobre el daño a la persona", *THEMIS Revista de Derecho*, (34), p. 202. Disponível em https://revistas.pucp.edu.pe/index.php/themis/article/view/11843 (acesso em 11/03/2023).

proposta de autorrealização, de viver de determinada maneira, fazendo aquilo de que se nutre nossa vocação pessoal. Nessa senda,

> Para decidir sobre um projeto de vida, que responda a nossa recôndita e radical vocação pessoal, devemos valorar, é dizer, precisar aquilo que vá **outorgar sentido a nossa existência**. O projeto supõe traçar antecipadamente nosso destino, de um certo modo a preencher nossa vida, realizar-nos. É, em síntese, o que outorga razão e, por isso, transcendência ao viver.[56]

A partir dessa formulação, é possível concluir: o que Sessarego busca ao qualificar o projeto de vida com o atributo de "existencial" é descrevê-lo como projeto vital que dá consistência, coesão e sentido à existência total do ser humano. Por ser livre e capaz de valoração, o ser humano escolhe um projeto de vida, que buscará concretizar por todos os meios a seu alcance – podendo até mesmo, em algum momento de seu existir, "mudar ou modificar em alguma medida o projeto existencial."[57]

A esse respeito, postulando ser o homem um ser que vive no tempo, Sessarego ressalta a distinção entre os múltiplos projetos que aquele se dá em sua existência temporal cotidiana e o projeto de vida propriamente dito: o que qualifica um projeto como tal é que ele

> ... se destaca por sua singularidade, por ser radical, decisivo. Este projeto compromete todo seu ser, nele se joga seu destino e o sentido de sua vida.[58]

Em suma, o que afirma é que todo ser humano existe enquanto projeto de si próprio e, na decisão que escolhe, dentre os projetos que se apresentam diante de seu horizonte mental, aquele que definirá toda sua existência, o que entra em jogo é a liberdade inteira do indivíduo: uma vez escolhido um projeto como projeto existencial, nele haverá o ser humano que depositar "empenho, perseverança, energia, constância, coragem... A realização do projeto é uma conquista. É o resultado de uma

---

56. Sessarego, C.F. 1995, "Apuntes para una distinción entre el daño al 'proyecto de vida' y el daño 'psiquico'". *THEMIS: Revista de Derecho*, (32), p. 162. Disponível em https://revistas.pucp.edu.pe/index.php/themis/article/view/11543 (acesso em 11 março 2023). Destacamos.
57. *Ibid.*, p. 162.
58. *Ibid.*, p. 162.

luta contra os condicionamentos que sobrecarregam a pessoa."[59] Poderíamos, portanto, afirmar que o projeto de vida é o *núcleo existencial* do sujeito, seu *projeto existencial*.[60] Sob essa ótica, o direito ao projeto de vida constituirá a tutela do projeto existencial do indivíduo.

3.3.6. Projeto de vida como identidade dinâmica

Sessarego define a identidade como

> Conjunto de dados biológicos e de atributos e características que, dentro da igualdade do gênero humano, permitem distinguir indubitavelmente uma pessoa de todas as demais.[61]

Ao afirmar o ser humano como temporal, Sessarego trouxe à tona sua historicidade. Sendo história pessoal, na caminhada existencial marcada pela escolha livre de cada um de seus passos em torno de um projeto vital emerge para o ser humano a possibilidade de se realizar, desenvolver sua personalidade, construir uma biografia e uma identidade.[62]Nessa construção, Sessarego destaca que para projetar se deve *decidir*, e

> Decidir supõe escolher um determinado projeto, descartando ao mesmo tempo outros projetos alternativos dentro do imenso leque de possibilidades que se apresentam ao ser humano em um momento dado de sua história pessoal. Decidir é, por isso, escolher ou eleger entre diversas possibilidades para formular "um projeto de vida": o que se decide ser no futuro. Só pode escolher quem é ontologicamente livre. [63]

59. *Ibid.*, p. 162.
60. Sessarego, C.F. 1996, "Daño al proyecto de vida", *Derecho PUCP, (50)*, p.85. Disponível em https://revistas.pucp.edu.pe/index.php/derechopucp/article/view/5925/5934 (acesso em 25/02/2023).
61. Sessarego, C.F. 1997, "Daño a la identidad personal" *THEMIS Revista de Derecho*, (36), p. 248. Disponível em https://revistas.pucp.edu.pe/index.php/themis/article/view/11743 (acesso em 11/03/2023).
62. Sessarego, C.F. 1996, "Daño al proyecto de vida", *Derecho PUCP, (50)*, p.50. Disponível em https://revistas.pucp.edu.pe/index.php/derechopucp/article/view/5925/5934 (acesso em 25/02/2023).
63. *Ibid.*, p.50.

Articulando vida, liberdade e identidade - para ele as três características mais importantes da existência humana -, afirma que viver é desdobrar a liberdade no tempo, para criar projetando e realizando as possibilidades; no desdobrar concreto da liberdade é que se vai constituindo e desenvolvendo a personalidade de cada um, em uma direção ou outra, segundo uma determinada escala de valores.[64]

A propósito, relembramos Sartre quando afirma que "eu realizo perpetuamente minha identidade comigo-mesmo através do fluxo temporal."[65]Essa realização faz de cada ser humano idêntico a si mesmo, construindo sua própria biografia, única, singular e intransferível – ou seja, sua identidade.

Sessarego recorda que só em tempos recentes se evidenciou que a identidade não se confunde com a mera identificação por via de dados invariáveis:

> A **biografia** de um ser humano não se restringe a colocar em evidência apenas seu nome ou data de nascimento mas, principalmente, a ressaltar suas obras, o produto de seus afazeres vitais no tempo, esboçar o perfil de sua personalidade. A pergunta "quem é?" não se reduz, por certo, a uma resposta que manifesta apenas elementos estáticos da identidade mas, sobretudo, aqueles de caráter dinâmico próprios de sua personalidade. ... além do dito componente biológico, a identidade se complementa, necessariamente, com um plexo de atributos, características e traços da personalidade. Estes dados, contrariamente aos biológicos, podem variar no tempo. Por isso, esse conjunto de atributos da personalidade constitui o **elemento dinâmico da identidade**.[66]

Surge então o conceito de identidade dinâmica e, ao falar sobre a questão do dano, Sessarego afirma que a vítima de uma lesão ao projeto de vida perde, "em grande medida, sua própria identidade. Deixou de ser

64. Sessarego, C.F. 1997, "Daño a la identidad personal" *THEMIS Revista de Derecho*, (36), p. 249. Disponível em https://revistas.pucp.edu.pe/index.php/themis/article/view/11743 (acesso em 11/03/2023).

65. Sartre, J.-P., Elkaïm-Sartre, A. 2017, *L' être et le néant: essai d'ontologie phénoménologique*, Edition corrigée. ed, Collection TEL, Gallimard, Paris, p. 68.

66. Sessarego, C.F. 1997, "Daño a la identidad personal" *THEMIS Revista de Derecho*, (36), p. 248. Disponível em https://revistas.pucp.edu.pe/index.php/themis/article/view/11743 (acesso em 11/03/2023). Destacamos.

o que livremente se propôs a ser. Deixou de realizar-se plenamente."[67] O projeto de vida, nessa acepção, é identidade livremente constituída ou, na definição de Sessarego, *identidade dinâmica* – pois, ao se desdobrar no tempo da história pessoal, se forja a partir do passado para projetar-se no futuro.[68]

O direito ao projeto de vida remeterá, dessarte, à possibilidade de desenvolvimento da própria personalidade e à construção da própria biografia e, num horizonte mais amplo, à edificação da identidade individual enquanto identidade dinâmica autoprojetada. No caminho para essa construção, uma etapa se coloca como essencial: a decisão; e, em sua base, a liberdade para decidir.

Fica claro, assim, que o direito ao projeto de vida se encontrará intimamente vinculado ao direito à liberdade: de escolha, de decisão, de autodeterminação. Somente a partir da escolha livre do "projeto dos projetos" enquanto rumo é que se começará a caminhada de construção da própria história, de desdobramento da personalidade e, com o tempo, da sedimentação de uma identidade. Fundado na essência do ser humano enquanto ser único e singular, o projeto de vida pode ser visto como a própria identidade dinâmica do indivíduo.

3.3.7. Projeto de vida como valor fundamental

Sartre ensina que o ser humano "não pode aparecer sem que seja assombrado pelo valor e projetado por suas possibilidades próprias."[69]O ser humano é peregrino que caminha livremente através de um emaranhado de possibilidades; algumas descartará, outras escolherá. Ao escolher, decide e, no "decidir", projeta. Para se projetar o ser humano deve decidir e, como aponta Sessarego, toda decisão livre significa uma valoração:

67. Sessarego, C.F. 1996, "Daño al proyecto de vida", *Derecho PUCP, (50),* p.93. Disponível em https://revistas.pucp.edu.pe/index.php/derechopucp/article/view/5925/5934 (acesso em 25/02/2023).

68. Sessarego, C.F. 1997, "Daño a la identidad personal" *THEMIS Revista de Derecho*, (36), p. 249. Disponível em https://revistas.pucp.edu.pe/index.php/themis/article/view/11743 (acesso em 11/03/2023).

69. Sartre, J.-P. 1965, *L'existentialisme est un humanisme*, Les Editions Nagel, Collection Pensées, Paris, p. 133.

"decidir é valorar para optar por esse ou outro projeto alternativo".[70]E esse projeto, para se constituir num projeto de vida, deve se constituir na escolha que elege, dentre as infinitas possibilidades, aquela que o indivíduo "decide ser no futuro" – futuro que já é presente, pois já determina sua existência no momento atual posto que, ao adquirir a preeminência sobre as demais possibilidades daquele indivíduo, "lhe outorga um sentido, lhe proporciona um rumo, assinala seu inteiro existir", no aqui e agora.[71]

Um projeto dentre tantos outros, submetido à lente da valoração, é escolhido como aquele que constituirá o alicerce e rumo de toda a caminhada existencial do indivíduo. Uma vez eleito pela livre escolha pessoal, mais do que roteiro e meta do percurso de vida, o projeto de vida se constitui em verdadeiro solo sobre o qual se desdobrará a personalidade do ser humano. Nessa acepção, o projeto de vida é o valor fundamental do indivíduo.

O aspecto valorativo do projeto, dessarte, é fundamental, pois

> A pessoa se projeta não só porque é livre, dentro dos condicionamentos próprios do humano existir, mas também porque é estimativa, enquanto capaz de vivenciar e realizar valores. Os valores, precisamente, outorgam à sua vida um sentido.[72]

Assim, pontifica Sartre, "o projeto original que se exprime em cada uma de nossas tendências empiricamente observáveis é então *projeto de ser* ... *Ser* para-si [ser homem] é se fazer anunciar o que somos por uma possibilidade sob o signo de um valor."[73] Direito ao Projeto de Vida, nesse aspecto, é direito a escolher o caminho que constituirá o valor

70. Sessarego, C.F. 1996, "Daño al proyecto de vida", *Derecho PUCP, (50),* p.52. Disponível em https://revistas.pucp.edu.pe/index.php/derechopucp/article/view/5925/5934 (acesso em 25/02/2023).

71. Sessarego, C.F. 1996, "Daño al proyecto de vida", *Derecho PUCP, (50),* p.53. Disponível em https://revistas.pucp.edu.pe/index.php/derechopucp/article/view/5925/5934 (acesso em 25/02/2023).

72. Sessarego, C.F. 1996, "Precisiones preliminares sobre el daño a la persona", *THEMIS Revista de Derecho*, (34), p. 201. Disponível em https://revistas.pucp.edu.pe/index.php/themis/article/view/11843 (acesso em 11/03/2023).

73. Sartre, J.-P., Elkaïm-Sartre, A. 2017, *L' être et le néant: essai d'ontologie phénoménologique*, Edition corrigée. ed, Collection TEL, Gallimard, Paris, p. 610.

fundamental que orientará sua história de vida, ou sua existência individual, e que, se seguida, constituirá sua identidade.

3.3.8. *Projeto de vida como "maneira de ser"*

Discorrendo a propósito do que denomina "sintomatologia do dano ao Projeto de Vida", Sessarego destaca que eventual lesão afeta a maneira pela qual o sujeito decidiu viver. Sob esse aspecto, o projeto de vida pode ser visto como "maneira de ser", qualificada por incorporar "seus próprios fins vitais, os que outorgam razão e sentido a sua vida", ou seja,

> ... que é o correlato desse chamado interior em que consiste a vocação pessoal. Cada ser humano vive "segundo" e "para" seu projeto existencial. Trata de realizá-lo, concretizá-lo, convertê-lo em uma "**maneira de viver**", em seu cardeal **modo de existir**.[74]

Sendo aquilo que permite ao ser humano viver a plenitude, preencher seus sonhos e aspirações, poderíamos especificá-lo, visto desse ângulo, como maneira própria e autodeterminada de ser no transcorrer vital de cada indivíduo enquanto ser no mundo.[75]Direito ao projeto de vida seria, sob essa ótica, direito a uma maneira livremente escolhida de viver, ou "maneira de ser"[76].

A questão da maneira de ser encontrará sofisticada e fecunda elaboração nas obras de Souriau e Lapoujade a propósito dos diferentes *modos de existência*, merecendo um tópico específico de reflexão mais adiante em nossa investigação.

74. Sessarego, C.F. 1996, "Daño al proyecto de vida", *Derecho PUCP, (50),* p.87. Disponível em https://revistas.pucp.edu.pe/index.php/derechopucp/article/view/5925/5934 (acesso em 25/02/2023). Destacamos.

75. *Ibid.*, p.87.

76. Sessarego, C.F. 1996, "Precisiones preliminares sobre el daño a la persona", *THEMIS Revista de Derecho*, (34), p. 202. Disponível em https://revistas.pucp.edu.pe/index.php/themis/article/view/11843 (acesso em 11/03/2023).

3.3.9. *Projeto de vida como razão de viver, sentido da vida e autorrealização*

Da concepção do ser humano enquanto ser que, fundamentalmente, vivencia sua liberdade e sabe de seus projetos, Sessarego desvela o projeto de vida como aquilo que, a partir de uma valoração vocacional, "escolhemos realizar na vida para outorgar-lhe sentido". Sob esse ângulo, um outro nome que atribui para o projeto de vida é "**razão de viver**".

Distingue, aliás, o "Projeto de Vida", no singular, dos "Projetos de Vida", no plural: dentre os múltiplos projetos que o ser humano, enquanto *ser-que-(se)projeta*, desenha em sua vida, um deles se destaca por ser singular, radical e decisivo: "este projeto compromete todo seu ser, nele se joga seu destino e o **sentido de sua vida**. Nos referimos, neste caso, ao 'projeto de vida'...".[77] Em torno dele o sujeito tece seu núcleo existencial; sua eventual perda implica na perda do próprio sentido da vida.

Avançando no escrito ora em análise, Sessarego deixa de falar do projeto de vida para refletir sobre o *dano* ao projeto de vida; contudo, dali ainda é possível extrair importantes nuances do *projeto* em si. Com efeito, pontifica que o dano ao projeto de vida incide "sobre a atuação da liberdade do sujeito, sobre a **possibilidade de realizar-se** segundo sua própria decisão livre ... O ser humano, para realizar-se no tempo enquanto ser livre, deve projetar sua vida".[78] Entra em jogo, mais uma vez, o conceito de *identidade dinâmica* e se insinua, a partir dessa definição, mais um ângulo possível do direito ao projeto de vida: **direito à livre autorrealização**.

Indo além, Sessarego ressalta o caráter continuado dos efeitos do dano ao projeto existencial, que costumam assombrar a existência individual em toda sua extensão temporal. Nessa ocasião, esboça uma outra face do direito ao projeto de vida, dessa vez enquanto direito a uma maneira de ser (o que nos remeterá, num aprofundamento necessário, às reflexões contemporâneas sobre a questão dos diversos modos

77. Sessarego, C.F. 1995, "Apuntes para una distinción entre el daño al 'proyecto de vida' y el daño 'psiquico'". *THEMIS: Revista de Derecho*, (32), 162. Disponível em https://revistas.pucp.edu.pe/index.php/themis/article/view/11543 (acesso em 11 março 2023).

78. Sessarego, C.F. 1996, "Daño al proyecto de vida", *Derecho PUCP, (50),* p.50-51. Disponível em https://revistas.pucp.edu.pe/index.php/derechopucp/article/view/5925/5934 (acesso em 25/02/2023).

de *existência*[79]) que, para Sessarego, consiste num "fazer-se a si mesmo dentro da temporalidade".[80]

A ideia de autorrealização, ou realização de si, é lapidarmente esmiuçada por Lacroix no livro "*Se Réaliser – Petite Philosophie de l'épanouissement personnel*". Ainda sem uma tradução em português, um dos núcleos da obra é a noção de *épanouissement* – comumente traduzida em português como "desenvolvimento". A partir de nosso ângulo de abordagem da questão - centrado na noção do ser humano enquanto *autokinesis* -, talvez mais adequado seja traduzir o termo como "florescimento" ou, melhor ainda, "floração", algo que eclode de si próprio para se tornar o que está essencialmente orientado a ser.

> A ideia de realização de si se inscreve na longa cadeia histórica das ideias--forças. Ela possui uma potência transformadora igual à que exerceram outrora a Salvação, o Progresso, a Revolução. Assim como a sociedade medieval foi modelada pela Salvação, que a sociedade do século XIX o foi pelo Progresso e a Democracia, e o XX pela Revolução, a sociedade de amanhã será modelada pela ideia de realização de si.[81]

Retorna-se, uma vez mais, ao Livro Primeiro da Ética a Nicômaco: a autorrealização é um bem que todos buscam.

Sob esses aspectos, poderíamos falar em direito ao projeto de vida como um direito a uma razão de viver, a ter um sentido na vida e a autorrealizar-se de acordo com o mesmo.

3.3.10. Projeto de vida como expressão fenomênica da liberdade

Sessarego designa o projeto de vida como uma "expressão fenomênica da liberdade" e, a partir dali, inicia uma trajetória de análise

79. Sessarego, C.F. 1995, "Apuntes para una distinción entre el daño al 'proyecto de vida' y el daño 'psiquico'". *THEMIS: Revista de Derecho*, (32), 162. Disponível em https://revistas.pucp.edu.pe/index.php/themis/article/view/11543 (acesso em 11 março 2023).
80. Sessarego, C.F. 1996, "Daño al proyecto de vida", *Derecho PUCP, (50)*, p.50. Disponível em https://revistas.pucp.edu.pe/index.php/derechopucp/article/view/5925/5934 (acesso em 25/02/2023).
81. Lacroix, M. 2009, *Se Réaliser - Petite philosophie de l'épanouissement personnel*, Éditions Robert Laffont, Paris. Edição do Kindle.

fenomenológica de vários ângulos do projeto de vida a partir de situações concretas do mundo da vida.

Nessa trilha, se move examinando circunstâncias individuais, esboçando possíveis interpretações e, por fim, destacando as dificuldades para aferição, pelo juiz, dos casos em que efetivamente lesado um projeto de vida. Além disso, refletindo sobre o que denomina de "novíssimo direito ao projeto de vida", discorre ainda sobre as ocasiões em que possível o dano, e tematiza aspectos temporais e factuais a propósito da existência de um projeto de vida.

Como já destacado, o centro de gravidade dessas reflexões é a questão do dano. Contudo, a partir de suas emanações é possível extrair importantes informações sobre o projeto de vida propriamente dito. Na abertura do item *e* do artigo "*Daño al proyecto de Vida*" (1996), denominado "Consequências do dano ao projeto de vida", Sessarego apresenta o leitor a mais um nome para o projeto de vida: "***expressão fenomênica da liberdade*** *feita ato*."[82]

Na mesma esteira, no artigo "Hacia una nueva sistematización del daño a la persona" associa o projeto de vida à "liberdade do sujeito a realizar-se segundo sua própria livre decisão."[83]

Sua explanação se dará a partir do caso hipotético de um pianista que, em razão de um acidente automobilístico, perde alguns dedos de ambas as mãos. Não se trata de um diletante, mas de um pianista "por vocação, profissional, entregue por inteiro a sua arte, cuja vida adquire sentido vivenciando intensamente valores estéticos, cuja concreção se aprecia através da execução musical."[84]

Esse dano, afirma, tem múltiplas consequências: danos emergentes em razão dos gastos hospitalares, custos médicos e com remédios; lucros cessantes pelos concertos já marcados que deixará de realizar; dano

82. Sessarego, C.F. 1996, "Daño al proyecto de vida", *Derecho PUCP, (50),* p.88. Disponível em https://revistas.pucp.edu.pe/index.php/derechopucp/article/view/5925/5934 (acesso em 25/02/2023).

83. Sessarego, C.F., 1996. "Hacia una nueva sistematización del daño a la persona". *Revista de Direito Civil, Imobiliário, Agrário e Empresarial* 10, p. 12.

84. Sessarego, C.F. 1996, "Daño al proyecto de vida", *Derecho PUCP, (50),* p.88. Disponível em https://revistas.pucp.edu.pe/index.php/derechopucp/article/view/5925/5934 (acesso em 25/02/2023).

biológico, consistente nas lesões causadas e, indo além, danos à saúde que comprometem seu bem estar integral. Contudo,

> ... além dos danos patrimoniais antes referidos, se infligiu à pessoa um dano radical, que incide no sentido mesmo da vida. Se frustrou seu projeto de vida, que consistia, única e exclusivamente, em "ser" pianista. O ser pianista outorgava razão a sua vida, sentido a sua existência, identificava-o na vida social a tal ponto que quando as pessoas o encontravam em um lugar público se assinalava que se tratava de "um pianista". ... A perda dos dedos da mão de um pianista ou de um cirurgião, a perda das pernas de um desportista ou um vendedor ambulante, ou a desfiguração do rosto de um artista ou de uma modelo, não acarreta tão-só um dano psicossomático. O dano reveste, nesses casos, uma significação mais profunda, uma transcendental importância.[85]

O que ocorreu com o pianista foi um dano ao projeto de vida, que fez ruir toda uma arquitetura de atos e rotinas que foram sendo construídos em torno da escolha fundamental do sujeito – atos que constituíam, na prática, na medida em que impelidos e orientados pela liberdade de escolha do projeto, *manifestações concretas* ou fenomênicas *daquela liberdade* interior. Daí porque Sessarego define o Projeto de Vida como expressão fenomênica da liberdade, ou

> ... máxima expressão da atuação fenomênica da liberdade. Se protege a liberdade, em si mesma, e sua atuação ou **expressão fenomênica**, cujo máximo expoente é o **projeto de vida.** [86]

3.3.10.1. Crítica à concepção do projeto de vida limitado a expressão fenomênica da liberdade

Ao definir o projeto de vida como *expressão fenomênica* ou *manifestação concreta* máxima da liberdade, a teoria de Sessarego apresenta notável consistência. De fato, a observação de uma sequência de fatos existenciais empiricamente verificáveis e que, em sua convergência, posicionam o indivíduo numa determinada situação de vida, constitui forte indicativo de que ali se edificou concretamente um projeto existencial.

85 *Ibid.*, p.89.

86. *Ibid.*, p.95. Destacamos "expressão fenomênica".

Com efeito, é possível compreender a concepção de Sessarego a partir dos exemplos que formula: quando fala de um pianista, um cirurgião, um desportista, um artista ou uma modelo, o que apresenta são indivíduos com os projetos de vida já consolidados, em estado de plenitude dinâmica. Suas existências concretas já estão totalmente orientadas por um projeto que, um dia, fora apenas uma escolha livre; são muito mais *ato* do que *potência*.

Sua definição não abarca, dessa forma, a situação daqueles indivíduos cujos projetos existenciais ainda não transbordaram para o mundo material, ou que apenas começaram a se materializar. Nesses casos, para Sessarego, não há que se falar em projeto de vida – ou, ao menos, em projeto de vida juridicamente tutelável:[87]

> Podemos assistir a outra situação na qual o sujeito tem um projeto de vida, livremente escolhido, mas que não foi capaz ou não pode realizar. O projeto existe, mas **não se cumpriu**. Ficou a nível de decisão. Nesta hipótese não poderíamos nos referir validamente à presença de um dano ao projeto de vida na medida em que ele não é visível, que não se converteu em atividades cotidianas do sujeito. Sem embargo, cabe argumentar que essa pessoa pode tentar, novamente, levar adiante seu projeto de vida, pelo que o dano produzido trunca qualquer expectativa de futura realização pessoal. É dizer, que mesmo que não exista um projeto em plena realização, nos achamos diante de uma decisão pessoal livre não cumprida, mas aberta ao futuro.[88]

Será em um artigo de 1996, "*Hacia una nueva sistematización del daño a la persona*", que Sessarego exporá diretamente o pano de fundo dessa reflexão, a partir da construção de uma noção própria de liberdade. Após qualificar o dano ao projeto de vida como um dano à liberdade, escreve:

87. Nesse aspecto, as formulações de Sessarego oscilam: ora afirmam que o projeto de vida se identifica plenamente com sua manifestação fenomênica (como na citação que fecha o tópico anterior); ora admitem a existência de um projeto de vida não fenomenizado, mas que ainda não seria juridicamente tutelável.

88. Sessarego, C.F. 1996, "Daño al proyecto de vida", *Derecho PUCP, (50),* p.91. Disponível em https://revistas.pucp.edu.pe/index.php/derechopucp/article/view/5925/5934 (acesso em 25/02/2023).

> Mesmo que a liberdade seja una, podemos distinguir nela duas instâncias. A primeira, que é de caráter subjetivo, supõe o instante da íntima decisão da pessoa em relação a um determinado projeto de vida; ao passo que a segunda é fenomênica, ou seja, se refere à efetiva realização do projeto.[89]

Já no escrito "*Precisiones preliminares sobre el daño a la persona*" Sessarego reflete sobre o momento interior da decisão livre, aprofundando a questão para afirmar, sobre a liberdade, que

> ... faz viável que o ser humano decida, num primeiro momento e através do íntimo e subjetivo vivenciamento de valores, seu projeto de vida. Em um segundo momento, valendo-se de sua envoltura psicossomática, converte em fatos, em realizações fenomênicas, essa decisão subjetiva. ... Esses dois momentos da liberdade, o subjetivo – em que consiste a decisão – e o objetivo, que se concretiza na realização do projeto de vida, é que fazem possível que o sujeito viva criativamente, segundo suas próprias preferências e opções valorativas.[90]

Em suma, ao formular o projeto de vida como manifestação fenomênica da liberdade, Sessarego acaba por limitar sua proteção jurídica ao que chama de "momento objetivo da liberdade": decisões fundamentais que foram convertidas em atividades cotidianas e concretas do indivíduo. Sendo assim, o projeto existencial enquanto bem juridicamente tutelável só existe em caso de sua efetivação concreta no mundo da vida.

Diante dessa situação, somos interpelados a indagar: o que teria essa concepção a dizer sobre os direitos daqueles indivíduos que ainda não se tornaram pianistas, cirurgiões ou artistas, mas já orientaram em alguma medida sua existência em torno de um daqueles propósitos?

Na prática, o recorte efetuado na concepção de Sessarego acaba por levar a uma situação problemática, que é dar um viés desproporcionalmente materialista ao direito ao projeto de vida, que se ajustaria exatamente à fase de execução concreta da escolha existencial, deixando a

89. Sessarego, C.F., 1996. "Hacia una nueva sistematización del daño a la persona". *Revista de Direito Civil, Imobiliário, Agrário e Empresarial* 10, p. 9, nota 15.

90. Sessarego, C.F. 1996, "Precisiones preliminares sobre el daño a la persona", *THEMIS Revista de Derecho*, (34), p. 201. Disponível em https://revistas.pucp.edu.pe/index.php/themis/article/view/11843 (acesso em 11/03/2023).

descoberto, paradoxalmente, o momento inaugural da *escolha* propriamente dita. Para Sessarego, a lesão, no caso do pianista que perde os dedos,

> ... compromete seu futuro, subtrae-lhe o sentido de sua existência, afeta-o em seu núcleo existencial. É dizer, encontrar-se no futuro impedido de ser o que era: "um pianista." ... O ser pianista outorgava razão a sua vida, sentido a sua existência...[91]

Sessarego fala do impedimento do pianista ser o que já era. Ora, não seria razoável supor que haveria já um projeto de vida, ou ao menos um *direito* ao projeto de vida antes mesmo do início da execução material do projeto existencial, desde o momento em que o pianista já escolhera aquele projeto como novo rumo e, em função dele, redirecionara o sentido de sua caminhada, reconfigurando seu modo de existência e passando a ser um "ser-para" um projeto? A diferença pode parecer trivial, mas é decisiva: para existir no modo "ser-para-pianista" o indivíduo não precisa já ser um pianista profissional, realizado, acabado; é preciso tão-somente que o projeto-pianista tenha se tornado a razão de seu existir.

Dessa forma, a identificação do projeto de vida exclusivamente como projeção fenomênica da liberdade, ou mesmo o postulado de que somente é tutelável o projeto de vida enquanto plenamente materializado na existência vivida, são posições que deixam juridicamente a descoberto todo o arco de consideração, escolha e, até mesmo, atos concretos que já se inserem na cadeia causal de integralização de um projeto vital e constituem, por isso, parte integrante do projeto de vida.

Por esse motivo, pensamos ser necessária um crítica à extensão dada ao projeto de vida por Sessarego. É o que passamos a fazer.

Em primeiro lugar, parece haver na construção sessareguiana uma imprecisão em relação ao termo *fenômeno*, claramente identificado e sobreposto com uma eventual exteriorização material-concreta. Entretanto, o que caracteriza o fenômeno para a escola husserliana e suas ramificações (dentre elas, admitidamente, a fenomenologia jurídica de

91. Sessarego, C.F. 1996, "Daño al proyecto de vida", *Derecho PUCP, (50)*, p.88-89. Disponível em https://revistas.pucp.edu.pe/index.php/derechopucp/article/view/5925/5934 (acesso em 25/02/2023).

Sessarego), é o fato de *dar-se por si mesmo* à percepção humana, à qual cabe captá-lo tal como ele se dá e se oferece.

O fenômeno, portanto, pode ser uma realidade mental, e a liberdade pode já aflorar enquanto fenômeno na esfera da "vida íntima do intelecto" – ou seja, no momento da escolha.

Em segundo lugar, apreendida como se dá, a liberdade interior enquanto fenômeno também se apresenta como início de uma cadeia causal que desaguará na execução do projeto. Por isso mesmo é objeto passível de proteção jurídica. Nessa linha militam as reflexões de Vilanova, para quem o pensar é também um agir:

> Contra tal interpretação já advertimos que pensar (em isto ou aquilo, pensar ou não fazê-lo, etc.) é também exercício da liberdade, é dizer, projeto, fazer. ... Digamos, pois, que **todo pensar** (no sentido mais amplo da palavra: todo imaginar, recordar, todo ato de consciência) **forma parte** não independente **de um projetar**. É – nesse sentido – um projetar, ainda que nem todo projetar contenha um pensar. Como não o contém – salvo a percepção - , por exemplo, se jogo uma bola numa partida de tênis. ... Digamos também que a liberdade ou projeto se desenvolve sempre – conforme nosso exemplo descritivo ou fio condutor – escolhendo ou optando simultaneamente em duas dimensões ou planos correlacionados entre si, mas distintos por princípio: o foro externo e o foro interno, a exterioridade e a interioridade, o físico e o psíquico. O importante é que em ambas dimensões se tomam em forma mais ou menos constante decisões com um ritmo do qual se haverá que dizer algo mais adiante. É dizer, que **tanto no foro interno quanto no externo transcorre o projeto**. ... Advertindo que a liberdade ou projeto se exerce em forma constante em ambas dimensões, a da exterioridade e a da interioridade, tudo isso sem prejuízo de que o projeto seja como totalidade um só e sem prejuízo das relações ou das tipicidades que possam dar-se em seu exercício simultâneo em ambos planos... [92]

Trata-se, assim, de identificar naquilo que Sartre chama de "momento instaurativo" uma parte integrante e, portanto, juridicamente tutelável do projeto de vida. A propósito da qualidade daquele estágio de instauração da escolha existencial, é possível ver no próprio Sartre elementos

92. Vilanova, J. 1974, *Proyecto existencial y programa de existencia: ideas para una fenomenologâia del obrar humano y de la razón práctica*. Editorial Astrea de R. Depalma, Buenos Aires, p.61-64.

aptos a justificar sua inclusão na cadeia causal do *projeto*; com efeito, ao tratar do afeto da angústia, elemento situado temporalmente no nascedouro da decisão livre, o filósofo pontifica:

> Ela não é uma cortina que nos separaria da ação, mas ela **faz parte da ação** mesma.[93]

Por um lado, Sartre admite que "o senso comum concordará conosco, em efeito, que o ser dito *livre* é aquele que pode *realizar* seus projetos." Contudo, efetuando uma separação entre o simples *desejo*, a *representação mental* e a *escolha,* afirma que é possível distinguir entre uma simples ficção e uma escolha real; e a escolha real já carrega em si um engajamento – e, por isso, já constitui uma ação. Portanto, já é projeto.

Assim sendo, a marcha da liberdade não se perfaz apenas no momento de sua concretização no mundo exterior: "Nós somos livres quando o termo último em função do qual nos fazemos anunciar para nós mesmos o que realmente somos é um *fim*"[94] – ou seja, desde o instante em que nos engajamos livremente no que antes era apenas uma possibilidade identificada, ou uma representação mental, já colocamos em marcha nossa liberdade ou, em outros termos, nosso projeto de vida. Dessa forma,

> É preciso contudo notar que a escolha sendo idêntica ao *fazer* supõe, para se distinguir do sonho e do desejo, um **começo de realização**. Assim, não diríamos que um cativo é sempre livre para sair da prisão, o que seria absurdo ... mas que ele é sempre livre para tentar fugir (ou a se fazer libertar) ou seja, que qualquer que seja sua condição, ele pode pro-jetar por um início de ação.[95]

A partir dessas reflexões, podemos afirmar que o momento da *escolha* já implica um engajamento e, dessarte, um início de ação dentro da cadeia causal do projeto de vida.

93. Sartre, J.-P., Elkaïm-Sartre, A. 2017, *L' être et le néant: essai d'ontologie phénoménologique*, Edition corrigée. ed, Collection TEL, Gallimard, Paris, p. 33.

94. *Ibid.*, p. 528.

95. *Ibid.*, p. 528-529. Destacamos.

Em suma, Sessarego divide a liberdade em *subjetiva* (na esfera da interioridade) e *objetiva* (como manifestação concreta ou fenomenização da liberdade), e propõe explicitamente ora a existência, ora a proteção do projeto de vida, apenas no segundo momento, enquanto liberdade *objetiva,* ou "escolha já em execução."

Diferentemente entendemos, pelos fundamentos alinhavados, que

1) em ambas as instâncias a liberdade já se dá como fenômeno; e

2) que o instante da liberdade em sua esfera *subjetiva,* que engloba o ato da decisão ou instaurador, já constitui parte inextirpável do projeto de vida em si enquanto primeiro passo da caminhada existencial, devendo estar, portanto, sob a tutela de eventual proteção jurídica sob a forma de um direito ao projeto de vida.

Dessarte, além do plano da manifestação fenomênica plena, o projeto de vida pode já estar manifesto em diversas situações: pode ocorrer de uma pessoa ter escolhido um projeto existencial e avançado em sua execução material até um quase exaurimento, e que tenha ali seu projeto interrompido por algum evento natural ou intencional; contudo, pode haver a frustração num momento inicial: poderá o dano incidir no momento da organização intelectual da realização do projeto de vida; no momento de elaboração mental preparatória da escolha livre; ou até anteriormente, atuando sobre a capacidade de escolha, impedindo a própria eleição de um projeto de vida, qualquer que seja.

O projeto de vida deve abarcar, portanto, um arco mais amplo do que o momento de concretização ou exaurimento fático do projeto existencial: em sua inteireza, deve incluir o momento inaugural da escolha – o "direito *de escolher* um projeto de vida" ou, em outras palavras, de se autodeterminar.

Há que se admitir a dificuldade em comprovar, sem uma análise material-existencial dos atos concretos da vida, que determinado projeto constitui *o* projeto de vida; contudo, isso não quer dizer que o direito ao projeto de vida não possa sofrer uma lesão anterior ao início de seus "atos executórios concretos".

Esse fato é mais fácil de visualizar se pensamos num óbice prévio a qualquer escolha livre, numa lesão que incida sobre a própria capacidade de escolha de um projeto existencial. Nesse caso, também teremos uma lesão ao direito ao projeto de vida em uma dimensão que, entendemos, constitui o direito humano à autodeterminação, que surge mesmo antes de qualquer ato executório concreto no mundo da vida exterior. A escolha livre é suposto do projeto de vida, e qualquer ato que obste essa escolha já afeta, se não um projeto de vida propriamente dito, o *direito a ter um projeto*, pois fulmina na origem a capacidade da pessoa escolher, articular e deflagrar o momento crucial que Souriau chama de *ato instaurador*.

A questão se torna mais clara quando verificamos que o indivíduo que escolhe e inicia uma caminhada de consolidação de um projeto de vida se encontra na posição que Souriau denomina de "agente instaurador". Cabe, portanto, apresentar sua reflexão a propósito do início da ação instauradora:

> O pintor tem na ponta do seu pincel um pouco de cor; ele é livre para colocá-la onde quiser na tela; é livre para escolher o azul ou o vermelho na paleta, e **é nessa completa liberdade de escolha que começa**, de uma maneira ou de outra, **a ação** desse agente instaurador, seja lá qual for a obra a instaurar.[96]

Por fim, há que se mencionar que uma leitura cuidadosa dos escritos de Sessarego revela que o mesmo já pressentia, e até admitia, essa possibilidade, que jamais deixou de se infiltrar em suas formulações: ao mesmo tempo em que define o Projeto de Vida como expressão fenomênica concreta, também conceitua o Dano ao Projeto de Vida como *Dano ao Sentido Mesmo da Vida*. Ora, para que alguma instância ou escolha se constitua enquanto *sentido da vida* de alguém não é necessário que tenha avançado a passos largos rumo a uma execução concreta e consumada. É claro que o grau de execução de um projeto é um aspecto relevante no momento da aferição, prova e fixação de eventual indenização; contudo, são instâncias diversas. O próprio Sessarego, num escrito de 1998, concluiu que o dano sobre a *liberdade* pode incidir

> ... seja **em sua** insequestrável instância subjetiva constituída pela **pura "decisão"**, ou em sua expressão objetiva ou fenomênica, é dizer, no exercício

96. Souriau, É., Romero, W., Júnior, M. 2020, *Os diferentes modos de existência,* n-1 Edições, São Paulo, p.166. Destacamos.

> da liberdade na vida social, no que se costuma designar como "o livre desenvolvimento da personalidade". A primeira situação pode qualificar-se de um "caso limite", pois o que se impede como consequência de um prévio dano psicossomático é que a pessoa, por uma perda de consciência de diversa duração, não possa "decidir" por si mesma. É dizer, e por conseguinte, ela está privada de transformar esta potência – que é a liberdade enquanto núcleo existencial – em ato, em exercício fenomênico da liberdade enquanto "decisão". Em outros termos, se impede que a pessoa converta sua decisão íntima em uma certa conduta ou comportamento. ... Esta impossibilidade de decidir por si mesmo pode derivar de um estado de coma, diagnosticado como irreversível, pelo que será improvável que a pessoa recupere sua capacidade de decisão. A incapacidade temporal de que o ser humano decida por si mesmo acarreta, como óbvia consequência, que fique privado de convertê-la em ato, de fenomenalizá-la.[97]

Como Sessarego escreve ainda no mesmo parágrafo, o projeto de vida é o rumo ou destino que a pessoa *quer dar* a sua vida, ou seja, o radical sentido existencial derivado de uma prévia valoração. Dessa mesma afirmação segue, em nossa visão, que o conceito de projeto de vida deve incluir seu momento inaugural – que muitas das vezes ainda não se traduz materialmente no mundo da vida.

Se o projeto é futuro que já é presente, a escolha livre do projeto já faz convergir, desde seu momento zero, todos os seus projetos e ações em torno daquela escolha fundamental. Se não fosse assim, não faria sentido a afirmação do próprio Sessarego no sentido de que o dano ao projeto de vida incide sobre a liberdade. Essa percepção teima em emergir aqui e acolá, em meio a seus próprios escritos, como quando afirma que o *projeto de vida*:

> É um conjunto de ideais, de aspirações, de expectativas próprias do ser existente que responde a uma funda e sentida vocação. Em suma, se trata nada menos que do destino pessoal, do rumo que cada pessoa quer dar à vida, as metas ou realizações que se propõe a realizar.[98]

---

97. Sessarego, C.F. 1998, "Daño a la persona y daño moral en la doctrina y en la jurisprudencia latinoamericana actual.", *THEMIS Revista de Derecho (38)*, p.183. Disponível em https://revistas.pucp.edu.pe/index.php/themis/article/view/10319 (acesso em 11 março 2023).
98. Sessarego, C.F. 2016, "El Derecho y la Libertad como proyecto", *Ius et Veritas*, 24 (52), p.120. Disponível em https://revistas.pucp.edu.pe/index.php/iusetveritas/article/view/16375 (acesso em 11/03/2023).

Há, portanto, que ajustar definitivamente a acepção sessareguiana de projeto de vida, para que abarque não apenas o momento da liberdade objetiva, mas também aquele que denomina momento da liberdade subjetiva. Essa tarefa pode ser cumprida a partir da elaboração das noções de projeto de vida enquanto autodeterminação e projeto de vida enquanto autorrealização.

3.3.10.2. Projeto de vida como autodeterminação e projeto de vida como autorrealização

O problema da extensão do que se deve entender por projeto de vida, bem como do alcance de sua proteção pelo Direito, pode ser resolvido a partir da concepção do "projeto dos projetos" enquanto realidade em dois momentos: autodeterminação e autorrealização.

Numa tal concepção o projeto de vida englobaria, primeiramente, o momento da autodeterminação. O projeto de vida enquanto autodeterminação tem lugar na chamada "vida interior da alma" e se refere ao processo mental da decisão vital reorientadora da visada existencial do indivíduo. Esse primeiro momento, que inicia pelo exame dos caminhos existenciais possíveis, tem seu ápice naquilo que Souriau e Lapoujade chamam de "instante instaurativo", uma espécie de cume existencial onde o indivíduo decide uma vocação ou um destino, e que Sartre aponta como sendo o momento inicial do movimento do circuito da ipseidade. Relaciona-se com o estágio denominado por Sessarego de liberdade *subjetiva.*

Num segundo momento, o projeto de vida se manifesta como projeto de vida enquanto autorrealização, e engloba o processo de incorporação concreta, à caminhada existencial, do sentido vital escolhido pelo indivíduo. Alinhando e direcionando a *práxis* ao projeto existencial, constitui o processo de realização da escolha fundamental. Relaciona-se com o estágio denominado por Sessarego de liberdade *objetiva* ou fenomênica.

O projeto de vida começa, portanto, antes de sua execução no mundo concreto; ele é fenômeno desde o momento da escolha livre, ato instaurador que já se insere no itinerário da ação - e que poderá ou não culminar em sua execução, mas que desde o primevo instante já orienta o horizonte e a existência do indivíduo.

Na oportunidade, há que se destacar que o trabalho de adequação conceitual ora desenvolvido não constitui simples esmero teorizante; pelo contrário, pretende responder a uma grave situação da atualidade: os desafios contemporâneos lançados pelos fenômenos pós-modernos que Han denomina de psicopolítica e infocracia.[99] A nosso ver, o acolhimento do momento inaugural da decisão como parte integrante do projeto de vida possibilitará proteger o ser humano de ameaças como os algoritmos e tecnologias comunicacionais, que hoje já rompem as barreiras da interioridade para modular comportamentos e atacar a liberdade projetiva do ser humano desde a raiz, em seu próprio território mental – em suma, em sua capacidade de autodeterminação.

Por fim, ao propor a proteção do projeto de vida em seu duplo aspecto de autodeterminação e autorrealização rumamos, com Sessarego, em direção à concretização da meta jasperiana:

> A pessoa, através de sua realização como tal, pode dizer que chegou a ser o que quis ser. Mas isso não basta. É necessário, ademais, com aponta Jaspers, que a pessoa *possa ser* o que se propôs a ser. Isso depende tanto de suas capacidades e energias, de suas potencialidades pessoais, como das opções ou oportunidades que lhe oferece o mundo exterior, com as quais deve contar.[100]

3.3.10.3. Um exemplo concreto de projeto de vida como autorrealização

A título de exemplo da tutela de um projeto de vida enquanto **autorrealização**, podemos trazer a exame o caso "Scaramacia, Mabel y otro

99. Se na fase histórica correspondente à biopolítica de Foucault, em que o regime disciplinar se impunha sobre os corpos, a simples proteção da liberdade enquanto projeção concreta externa (autorrealização) seria suficiente a resguardar o homem enquanto ser livre, na atual fase da psicopolítica os algoritmos invadem o espaço de interioridade do indivíduo e a dominação do homem incide sobre sua própria psiqué, ou liberdade em sua dimensão interna, sendo necessário ao Direito corresponder aos desafios da atualidade para proteger também as fronteiras do momento instaurador da escolha livre – ou autodeterminação.
100. Sessarego, C.F. 2016, "El Derecho y la Libertad como proyecto", *Ius et Veritas*, 24 (52), p.221. Disponível em https://revistas.pucp.edu.pe/index.php/iusetveritas/article/view/16375 (acesso em 11/03/2023).

contra la provincia de Buenos Aires y otros", apresentado por Sessarego no estudo "Daño a la persona y daño moral en la doctrina y en la jurisprudencia latinoamericana actual", de 1998.[101]

De acordo com Sessarego, na referida ação os cônjuges Mabel Alicia Scaramacia e Carlos Alberto Kuko representam seu filho menor Carlos Esteban Kuko num processo contra os proprietários da casa noturna denominada "Airport Discoteque". Relata-se que por volta das três horas da manhã do dia 23 de março de 1989 Pedro Cáseres, policial da Província de Buenos Aires protagonizou uma rinha com os seguranças da referida casa noturna; no calor da disputa, sacou uma pistola automática e disparou do térreo em direção ao segundo andar, onde se encontravam numerosas pessoas e, dentre aquelas, o menor Carlos Esteban Kuko, de 17 anos de idade.

O rapaz ficou com uma lesão permanente que, segundo o médico legista, reduziu em grau importante sua capacidade de desempenho de atividades esportivas, com diminuição de 55% da funcionalidade da perna esquerda.

Diante de tais consequências, já seria evidente a emergência de um dano biológico, em se tratando de qualquer pessoa. Entretanto, para o jovem Carlos Esteban as sequelas teriam uma singular repercussão, pois ele

> se dedicava à prática do futebol em um clube da primeira divisão e seu projeto de vida era de ser um jogador profissional. Pertencia aos jovens jogadores do Clube Atlético Platense e, segundo os diversos testemunhos do processo, era um magnífico jogador que chegou a participar da preparação de pré-temporada da equipe de primeira divisão. Uma das testemunhas, que desempenhava a função de Presidente da Comissão de Futebol do mencionado clube, declarou que Kuko era um volante pela esquerda, que era canhoto e que a partir de suas qualidades "lhe permitiriam assinar contrato como jogador profissional". As testemunhas integrantes do clube sob menção declararam que tinha "um grande futuro que se interrompeu pela lesão."[102]

101. Sessarego, C.F. 1998, "Daño a la persona y daño moral en la doctrina y en la jurisprudencia latinoamericana actual.", *THEMIS Revista de Derecho* (38), p. 201. Disponível em https://revistas.pucp.edu.pe/index.php/themis/article/view/10319 (acesso em 11 março 2023).

102. Sessarego, C.F. 1998, "Daño a la persona y daño moral en la doctrina y en la jurisprudencia latinoamericana actual.", *THEMIS Revista de Derecho* (38), p. 202. Disponível em https://revistas.pucp.edu.pe/index.php/themis/article/view/10319 (acesso em 11 março 2023).

A ação foi julgada procedente, determinando a reparação da incapacidade independente do desempenho ou não de uma atividade produtiva pois

> ... a integridade física tem **em si mesma** um valor indenizável e sua lesão afeta diversos aspectos de sua personalidade, referentes ao âmbito doméstico, social, cultural e desportivo com a consequente frustração do pleno desenvolvimento da vida. [103]

Esmiuçando os termos do julgado, Sessarego anota que a Corte afirmou expressamente que a reparação da frustração do projeto de vida se devia à perda de uma *chance* ocasionada pela lesão. Contudo, em sua essência o que se protegeu foi propriamente o projeto de vida, pois

> ...apesar de que na sentença se determina que a dita indenização se concede "pela perda de *chance* que ocasionou a lesão", é discutível se o que afetou a vítima foi, mais propriamente, a frustração de seu projeto de vida. Se nos atemos ao expressado no julgado da Corte, a perda de *chances* denota uma pura conotação econômica quando sustenta que existia "uma probabilidade suficiente" de perda de "benefício econômico".

No caso, Sessarego entendeu que dentro da lógica interna da sentença e de seus fundamentos explícitos, além das perdas de oportunidades de benefícios econômicos, frustrou-se um desenho de projeto de vida ou, como expressado na sentença, o "desenvolvimento pleno da vida" – dano que vai além do econômico para obter uma ampla conotação existencial. A propósito, destaca como aspecto essencial da decisão o fato de considerar que os referidos danos existenciais não são "nem eventuais nem hipotéticos, mas atuais, certos e ressarcíveis em sua projeção ao futuro."[104]

Até então estamos de pleno acordo com Sesasrego. Contudo, o processo serve para demarcar o distanciamento de nosso estudo com a proposta de Sessarego em relação à extensão do projeto de vida.

---

103. *Ibid.*, p.202.

104. Sessarego, C.F. 1998, "Daño a la persona y daño moral en la doctrina y en la jurisprudencia latinoamericana actual.", *THEMIS Revista de Derecho* (38), p.204. Disponível em https://revistas.pucp.edu.pe/index.php/themis/article/view/10319 (acesso em 11 março 2023).

Isso porque apesar de, numa análise dos elementos da decisão, ter verificado que ali o que se protegia sob a alcunha de "desenvolvimento pleno da vida" era, essencialmente, o projeto de vida, Sessarego diverge das conclusões concretas dos julgadores para afirmar que ali ainda não se encontrava presente um projeto existencial.

Com efeito, Sessarego considerou que no caso em tela não existia projeto de vida pois o jovem "não havia, no momento da produção do dano, começado a desenvolver seu projeto de vida como 'jogador profissional de futebol'. Apesar de estar muito perto de consegui-lo, em sentido estrito ainda não era um autêntico e certo projeto de vida."[105] Não existiria, portanto, um projeto de vida enquanto liberdade fenomênica acabada.

Data venia, a nosso ver o projeto de vida do jovem atleta, que era se tornar um jogador de futebol profissional, já estava em plena marcha, pois já havia se decidido pelo projeto, iniciado certamente desde muito novo as atividades para tanto, superado obstáculos e adaptado rotinas, já tendo inclusive treinado com os profissionais do clube de futebol. Entendemos, portanto, que já era um caso de liberdade em marcha no mundo da vida – e, portanto, que estamos diante de um dano ao projeto de vida enquanto autorrealização.

3.3.10.4. Um exemplo concreto de projeto de vida como autodeterminação

Ainda no artigo "Daño a la persona y daño moral en la doctrina y en la jurisprudencia latinoamericana actual", Sessarego apresenta caso judicial que, em nossa intepretação, constitui uma típica situação de Dano ao Projeto de Vida como **autodeterminação**: trata-se do caso "MM contra el Hospital Privado Rosalía de Lavalle de Morales Macedo (ex Clínica Hogar de la Madre)"[106].

Sessarego conta que os pais da menor MM acionaram o Hospital Privado Rosalía de Lavalle, onde nasceu sua filha, que na etapa pós-parto

105 *Ibid.*, p. 204.

106. Sessarego, C.F. 1998, "Daño a la persona y daño moral en la doctrina y en la jurisprudencia latinoamericana actual.", *THEMIS Revista de Derecho* (38), p. 207. Disponível em https://revistas.pucp.edu.pe/index.php/themis/article/view/10319 (acesso em 11 março 2023).

apresentou "um quadro febril, irritabilidade, hiporexia com tendência ao sono hipoativo, o que se agravava com convulsões com marcada focalização no membro esquerdo."[107] A criança foi removida para outra instituição onde, após investigações, concluiu-se que se tratava de uma meningite encefálica que

> ...foi adquirida pela menor no Hospital demandado 'por não estar devidamente desinfetado ou asséptico' o ambiente onde se produziu o parto e a reabilitação. [108]

Os pais alegaram, no pedido, que foi anulado um projeto de vida já que as deficiências psicomotoras da vítima não lhe permitirão optar no futuro pelas coisas que quiser ser. Assim, além das limitações normais e ordinárias, e talvez mesmo se frustre

> ...seu projeto de vida conducente a formar uma família. Daí que não poderá realizar-se como mulher e há de encontrar muitas travas para conseguir um espaço na sociedade. Se limitará em sua vida laboral, afetiva, social e familiar, o que provavelmente conduzirá a menor a sofrer, a deprimir-se, a retrair-se.[109]

A Corte acolheu o pedido, reconhecendo inclusive a existência de um dano ao direito de desenvolvimento da personalidade – que, a partir da leitura do julgado, poder-se-á identificar como um dano ao projeto de vida. Segundo a fundamentação da sentença, a meningite adquirida

> ... ataca o sistema nervoso central e origina rastros irreversíveis a nível psicomotor, assim como também ao nível da percepção e capacidade cerebral, originando uma série de limitações que perturbaram sua normal adaptação e sociabilidade assim como **desenvolvimento de sua personalidade** nos diversos planos da vida pessoal, afetiva e social...[110]

Analisando a decisão judicial, Sessarego destacou o valor de seus fundamentos, notadamente porque, ao reconhecer que se produziu um dano ao projeto de vida, a mesma sustenta implicitamente que o ser

107. *Ibid.*, p. 204.
108. *Ibid.*, p. 204.
109. *Ibid.*, p. 204.
110. *Ibid.*, p. 204. Destacamos.

humano é um ser livre e temporal, pois apenas um ser dotado de tal estrutura ontológica é capaz de projetar.

Por outro lado, discordou das conclusões dos julgadores quanto à existência de um projeto de vida. Para ele,

> No caso destacado não se originou um dano ao projeto de vida, pois por sua idade a menor não podia ainda ter e colocar em marcha um projeto; o que se originou foi, na verdade, uma perda de "chances", é dizer, de expectativas e oportunidades de vida futura. Se trata de **um dano atual, certo, que se projeta ao futuro, e é contínuo**. Consideramos que é este o dano que se deveria reconhecer e indenizar e não determinado dano ao projeto de vida.[111]

Mais uma vez o caso serve para demarcar uma divergência entre nossa visão e aquela adotada por Sessarego quanto à extensão do projeto de vida. A dissonância de Sessarego com a posição da Corte somente faz sentido se interpretada a partir de sua concepção de projeto de vida enquanto, e apenas enquanto, liberdade *fenomenológica* (ou objetiva, já em estado realização material). A capacidade de autodeterminação residiria na outra instância da liberdade, segundo sua classificação – qual seja, a da liberdade *subjetiva,* que tem morada no espaço da interioridade mental. E, para o jusfilósofo, antes do início dos "atos materiais executórios" do valor fundamental escolhido ainda não se pode falar em projeto de vida ou, se muito, pode-se falar de um projeto de vida ainda não juridicamente tutelável.

Permitimo-nos, pelas razões já expostas, discordar de Sessarego também a propósito desse caso judicial. Em primeiro lugar porque ele fundamentou a distinção entre o dano ao projeto de vida e a perda de "chances" no fato desta última implicar num dano "atual, certo, que se projeta ao futuro, e é contínuo".[112]Ocorre, entretanto, que o próprio Sessarego atribuiu ao dano ao projeto de vida as mesmas características:

> O dano ao projeto existencial pode chegar a retirar, pela raiz, a vida mesma do sujeito. É um dano que por sua importância marca a vida da pessoa.

111. Sessarego, C.F. 1998, "Daño a la persona y daño moral en la doctrina y en la jurisprudencia latinoamericana actual.", *THEMIS Revista de Derecho* (38), p. 209. Disponível em https://revistas.pucp.edu.pe/index.php/themis/article/view/10319 (acesso em 11 março 2023).

112. *Ibid.*, p. 209.

> É um dano **atual, certo, que se projeta ao futuro e que, por ser continuado, acompanha o sujeito durante seu périplo vital.**[113]

Há, portanto, que buscar outros traços distintivos dos institutos. E, como veremos adiante com mais profundidade, a diferença fundamental entre o dano ao projeto de vida e a perda de uma *chance* residirá no objeto jurídico lesado, qual seja: a liberdade do indivíduo. Para Sessarego, liberdade enquanto manifestação concreta, ou fenomenológica. Para nós, liberdade enquanto escolha, ou autodeterminação, e liberdade enquanto trajetória existencial, ou autorrealização.

Ademais, como reconheceu o próprio Sessarego sobre esse ponto quando da análise do caso em questão, o evento danoso impossibilitou à vítima "desenvolver plenamente sua personalidade".[114]Assim sendo, se acreditamos, como pontificado por Sessarego e reconhecido pelo professor Cançado Trindade no julgamento do caso de María Elena Loayza Tamayo, que a "tutela do projeto de vida implica ... a proteção da liberdade mesma do ser humano dirigida a desenhar seu destino, a determinar suas metas e aspirações existenciais"[115]; se o ser humano é liberdade; e se há que se proteger o ser humano em sua totalidade, então há que se proteger a liberdade integralmente.

Isso implica a proteção da liberdade desde o nascedouro, enquanto escolha ou autodeterminação, até sua execução, enquanto autorrealização a partir da construção real do projeto escolhido. Estaríamos, portanto, no caso sob análise, diante de um dano ao projeto de vida enquanto **autodeterminação**, pois foi retirada da menor a própria capacidade de valorar suas possibilidades e escolher, dentre elas, um projeto existencial.

113. Sessarego, C.F., 1996. "Hacia una nueva sistematización del daño a la persona". *Revista de Direito Civil, Imobiliário, Agrário e Empresarial* 10, p.11. Destacamos.

114. Sessarego, C.F. 1998, "Daño a la persona y daño moral en la doctrina y en la jurisprudencia latinoamericana actual.", *THEMIS Revista de Derecho* (38), p. 209. Disponível em https://revistas.pucp.edu.pe/index.php/themis/article/view/10319 (acesso em 11 março 2023).

115. Sessarego, C.F. 1999, "El daño al 'Proyecto de vida' en una reciente sentencia de la corte Interamericana de Derechos Humanos." *THEMIS Revista de Derecho*, (39) p. 456. Disponível em https://revistas.pucp.edu.pe/index.php/themis/article/view/10443 (acesso em 12 março 2023).

É possível dizer, a partir dessa noção, que um evento que subtraia ao indivíduo a própria possibilidade de conceber ou executar algum projeto já poderá atingir seu direito a um projeto de vida.

Por fim, destacamos que é compreensível que o projeto de vida enquanto autorrealização se apresente como uma noção mais nítida e de fácil comprovação do que seu par, o projeto de vida enquanto autodeterminação. Isso decorre naturalmente do fato de assentar sobre atos concretos empiricamente verificáveis.

Entretanto, a maior ou menor acessibilidade a evidências da existência do projeto não constitui uma boa razão para refutar a existência do projeto de vida em seus momentos instaurativos: os estudos filosóficos e psicológicos sobre a vida mental interior já possibilitam há tempos, como mostraremos adiante, a investigação sobre esse âmbito.

Com efeito, tal espécie de investigação não é nenhuma novidade no campo do Direito, constituindo a própria espinha dorsal do Direito Penal, que desenvolveu riquíssimas e sólidas construções voltadas à aferição do elemento volitivo (dolo ou culpa) e outros elementos anímicos (capacidade de se autodeterminar de acordo com o ato praticado, por exemplo), e até mesmo a cadeia causal (nos estudos sobre as fases de ideação e execução a propósito do *iter criminis*). Tudo isso será desenvolvido em momento apropriado.

Por ora, cumpre fechar o tópico destacando que na sociedade contemporânea já é uma realidade a invasão da interioridade mental pela tecnologia de informação, da comunicação e dos algoritmos. O dano, que outrora incidia prevalentemente sobre o corpo, passa a mirar na vida mental interior. Como alertamos na segunda parte do livro, identifica-se nesses mecanismos um potente indutor do espraiamento de uma situação de tecnobarbárie.

Dessa forma, a construção de uma Teoria do Direito ao Projeto de vida precisa atentar para as advertências de Han, que identifica na atualidade a ocorrência de uma transição da Biopolítica de controle sobre os corpos (Foucault) para a Psicopolítica de controle sobre a *psyché* humana. Essa transição precisa ser acompanhada pelo Direito, notadamente sob a forma de proteção do projeto de vida desde seus momentos instaurativos – isto é, enquanto *liberdade subjetiva* (para usar a terminologia de Sessarego) ou, em outros termos, enquanto **autodeterminação**. Se o

Direito não avançar nesse sentido, uma vez invadidas as cidadelas interiores da autodeterminação pela heterodeterminação algorítmica, talvez mais adiante não seja nem mais possível conceber a possibilidade fática de uma autêntica autorrealização – ou, na terminologia de Sessarego, de um projeto de vida enquanto liberdade fenomênica.

3.4. Fenomenologia do projeto de vida

Explicitadas as vigas mestras da construção jusfilosófica de Sessarego e lançadas nossas próprias impressões, é chegado o momento de esboçar uma Teoria do Direito ao Projeto de Vida.

O primeiro passo dessa empreitada deve ser observar que a novidade de uma noção, como a de projeto de vida enquanto bem juridicamente protegido, normalmente causa perplexidades e dúvidas, podendo gerar confusão entre noções adjacentes. É o que ocorre em relação aos direitos da pessoa, que têm todos o mesmo fundamento e centro de referência, já que "tutelam diversos aspectos de um mesmo ente, o ser humano":

> Essa relação essencial entre os diversos direitos que protegem o ser humano explica, em parte, a possibilidade de confusão que pode existir entre direitos que tutelam aspectos muito próximos ou afins da personalidade...[116]

É necessário, portanto, deflagrar o que Sessarego denomina de processo de decantação e especificação. Nessa senda, nossa proposta é fazê-lo à maneira de uma *Fenomenologia* do Projeto de Vida, observando e retratando o maior número possível de seus ângulos acessíveis. E, a propósito dessa tarefa, cabe registrar a observação do mestre peruano:

> As distinções que propusemos não têm um caráter puramente teórico nem se filiam ao afã dos juristas oitocentistas de fazer proliferar as classificações no mundo do direito. Elas têm uma **finalidade prática**, a de advertir aos operadores do direito que as técnicas de ressarcimento dos

116. Sessarego, C.F. 1997, "Daño a la identidad personal" *THEMIS Revista de Derecho*, (36), p. 251. Disponível em https://revistas.pucp.edu.pe/index.php/themis/article/view/11743 (acesso em 11/03/2023).

> danos são diferentes no caso do ente lesado ser o ser humano ou quando é uma coisa do mundo.[117]

Através desse caminho, será possível alcançar respostas coerentes a questões fundamentais: o que é o projeto de vida? No emaranhado de projetos que formam o horizonte existencial do sujeito, como distinguir aquele que é o projeto fundamental? A resposta àquelas indagações deve anteceder qualquer tentativa de normatização sob a forma de um direito ao projeto de vida, sob pena de recairmos novamente na vala comum dos excessos abstrativos matematizantes, cuja eficácia já refutamos consistentemente.

Com essa finalidade, iniciaremos com o exame em profundidade de três questões já abordadas neste trabalho. São elas: 1. a questão da liberdade; 2. a questão da autorrealização e 3. a questão dos modos de existência.

Para tematizar a primeira delas, nos debruçaremos mais uma vez sobre o pensamento de Sartre, donde puxaremos alguns fios para densificar a tessitura do que seja um "projeto dos projetos" emanando da liberdade. A seguir, nos apoiaremos nos pensamentos de Lacroix e Lima Vaz para aclarar a face do projeto de vida enquanto autorrealização; por fim, a partir da filosofia de Souriau e Lapoujade, refletiremos sobre o projeto de vida enquanto modo de existência.

Desfiadas essas perspectivas, aproximaremos a distância focal de nossa lente fenomenológica para descrever aspectos mais específicos do projeto de vida. Se formos bem sucedidos em alcançar uma explicitação racional, por meio da Fenomenologia, do que vem a ser efetivamente um projeto de vida, teremos como emanação autoevidente a sua conformação jurídica, qual seja, o direito ao projeto de vida.

3.4.1. *Projeto de vida como liberdade a partir de Sartre*

Se partimos da leitura do artigo "*El 'daño a la libertad fenomenica' o 'daño al proyecto de vida' en el escenario jurídico contemporáneo*"

---

117. Sessarego, C.F. 1997, "Daño a la identidad personal" *THEMIS Revista de Derecho*, (36), p. 255. Disponível em https://revistas.pucp.edu.pe/index.php/themis/article/view/11743 (acesso em 11/03/2023). Destacamos.

(2002)[118] é possível afirmar que, após cinco décadas de escritos sobre o tema, Sessarego havia consolidado a visão do dano ao projeto de vida como um dano à liberdade, chegando mesmo a tratar como sinônimos os termos *liberdade fenomênica* e *projeto de vida*. No ano de 2016, em um de seus últimos artigos, afirmou em retrospectiva:

> É, assim, como no livro que recolhe aquele trabalho estudantil de 1950 se lê o que pode ser síntese do que pensamos, comprovamos e vimos dizendo desde sempre: "O homem, enfim, é liberdade que se projeta."[119]

Com essa afirmação Sessarego estabelece como eixo principal de sua teoria jusfilosófica a concepção do ser humano enquanto liberdade, que recolhe diretamente do pensamento de Jean-Paul Sartre, segundo o qual:

> O que nós chamamos de liberdade é portanto impossível de distinguir do *ser* da realidade-humana. O homem não é *primeiro* para ser livre *a seguir*, mas não existe diferença entre ser do homem e seu "*ser-livre*". [120]

Com efeito, a fonte da equiparação que Sessarego faz dos termos "projeto" e "liberdade" pode ser identificada numa sintética formulação de Sartre, para quem

Não há qualquer diferença entre ser livremente, ser como projeto, como existência que escolhe sua essência, e ser absoluto. [121]

Nesse sentido, projeto e liberdade se equivalem, e emerge mais uma vez a noção do ser humano enquanto *autokinesis* encadeando o *conhece-te a ti mesmo*, de Sócrates, com o *torna-te quem tu és*, de Píndaro, recolhidos agora por Sartre na seguinte formulação:

---

118. Sessarego, C.F. 2009, "El 'dano a la libertad fenomênica' o 'daño al proyeto de vida' en el escenario jurídico contemporáneo", Revista de responsabilidad civil y seguros: publicación mensual de doctrina, jurisprudencia y legislación, Año 11, nº 9. Disponível em http://www.jus.unitn.it/cardozo/Review/2008/Sessarego2.pdf (acesso em 12 março 2023).

119. Sessarego, C.F. 2016, "El Derecho y la Libertad como proyecto", *Ius et Veritas*, 24 (52), p.118. Disponível em https://revistas.pucp.edu.pe/index.php/iusetveritas/article/view/16375 (acesso em 11/03/2023).

120. Sartre, J.-P. 1965, *L'existentialisme est un humanisme*, Les Editions Nagel, Collection Pensées, Paris, p. 60.

121. *Ibid.*, p. 72.

> Assim, o primeiro passo do existencialismo é **colocar todo homem em possessão daquilo que ele é** *[conhece-te a ti mesmo]* e **fazer repousar sobre ele a responsabilidade total de sua existência** *[torna-te quem tu és]*.[122]

Não existe, para Sartre, determinismo: o ser humano é livre - ou, mais ainda, o ser humano *é liberdade*. E, mais, é uma *liberdade-projeto* pois, uma vez lançado no mundo da vida, é responsável por si mesmo e condenado a ser livre: "sem nenhum apoio e sem nenhum socorro, é condenado a cada instante" a se inventar. O homem, portanto, é o "devir do homem"; projeto.[123]

Ora, se o ser humano é projeto, ele só existe à medida em que se realiza, se constitui pelo conjunto de seus atos, se engaja em sua vida, e desenha sua própria figura: ele não é "nada mais do que sua vida" enquanto série de empreitadas, "que é a soma, a organização e o conjunto das relações que constituem essas empreitadas; e a existência do outro faz com que o homem, a partir daquele olhar, se descubra ele também como uma liberdade. Não existe, portanto, nenhuma diferença entre ser livremente e ser como projeto."[124] Esse é o fundamento do humanismo sartriano, e significa, no fundo, que

> ... o homem está constantemente fora de si-mesmo, e é **se projetando** e se perdendo fora de si que ele faz existir o homem e, por outro lado, é perseguindo metas além de si que ele pode existir. ... sempre buscando fora de si um objetivo que é tal libertação, tal realização particular, que ele se realizará precisamente como humano.[125]

Assim é que, na concepção sartriana, o ser humano não tem uma essência dada; seu núcleo constitutivo é a pura liberdade de se autoconstituir: o ser humano será o que fizer de si próprio, a partir de como se concebe e do que deseja ser. Nessa aspiração por se autoconstituir a liberdade eclode como projeto, ou seja,

122. Sartre, J.-P. 1965, *L'existentialisme est un humanisme*, Les Editions Nagel, Collection Pensées, Paris, p. 24. Destacamos.

123. Sartre *Ibid.*, p. 37-38.

124. Sartre *Ibid.*, p. 55, 57, 58, 67 e 72.

125. *Ibid.*, p. 94. Destacamos.

> ... o homem é, em primeiro lugar, aquele que se lança rumo a um devir e aquele que é consciente de se projetar num devir. O homem é antes de tudo um **projeto** que se vive subjetivamente... e será, antes de tudo, aquilo que ele terá projetado ser.[126]

Liberdade e projeto se entrelaçam na raiz ontológica do ser do homem, de forma indistinguível. Afinal, para Sartre,

> Eu sou, com efeito, um existente que *aprende* sua liberdade por seus atos; mas eu sou também um existente cuja existência individual e única se temporaliza como liberdade. ... Assim minha liberdade está perpetuamente em questão em meu ser; ela não é apenas uma qualidade adicionada ou uma *propriedade* de minha natureza; ela é bem exatamente o tecido de meu ser...[127]

Dessa forma, sob uma ótica sartriana, mais do que caminharem juntos, liberdade e projeto de vida existem atados como pulsações alternadas constitutivas do ser humano em sua caminhada existencial. Em outros termos, dizer que o ser humano deve se tornar aquilo que ele é, ou dizer que o ser humano deve buscar se tornar aquilo que não é *ainda* – ou seja, que o ser humano é projeto da própria vida -, "é dizer uma só e mesma coisa, a saber, que o homem é livre."[128]

> Desse ponto de vista ... a realidade humana, de seu próprio surgimento e por meio dele, decide definir seu ser em função de seus fins. É, portanto, a posição de meus fins últimos que caracteriza meu ser e que se identifica ao transbordamento original da liberdade que é minha. ... Lembremos, em todo caso, que a vontade se determina dentro do quadro de motivações e fins já colocados pela consciência no bojo de um **projeto** transcendente dele-mesmo [o indivíduo] rumo a suas possibilidades.[129]

O projeto de vida, caminhando por sobre um emaranhado de escolhas de meios e fins rumo a um sentido existencial, constitui uma "projeção temporalizante de nossa liberdade". Esse transbordamento do ser

126. *Ibid.*, p. 23.
127. Sartre, J.-P., Elkaïm-Sartre, A. 2017, *L' être et le néant: essai d'ontologie phénoménologique*, Edition corrigée. ed, Collection TEL, Gallimard, Paris, p. 483.
128. *Ibid.*, p. 484.
129. *Ibid.*, p. 488. Destacamos.

humano em direção ao sentido de sua vida, que constitui seu projeto existencial, nada mais é do que a própria liberdade do ser humano que se desdobra numa existência vital, tendo por meta atingir os fins colocados por uma livre escolha original.[130]

Enfim, o ser humano, para Sartre, é essencialmente um ser que se define por seus fins livremente escolhidos – ou seja, que "é originariamente **pro-jeto** ... um existente que ... se faz anunciar... por um fim que ele ainda não é e que ele projeta do outro lado do mundo, eis aí o que denominamos um existente livre."[131] Condenado a ser livre, em sua caminhada existencial o ser humano deve escolher perpetuamente o que pretende ser no próximo passo; sendo livre, eu projeto minha possibilidade total e, realizando o projeto, concretizo minha liberdade. O projeto de vida, sob esse aspecto, se identifica com a própria liberdade enquanto ser do homem.

3.4.2. Projeto de vida como autorrealização a partir de Lacroix e Lima Vaz

A noção de projeto de vida enquanto autorrealização encontra importantes centelhas nas reflexões de Michel Lacroix, cujo pensamento pode ser abordado a partir de sua obra "Se Realizar - Pequena filosofia do florescimento pessoal",[132] ainda sem tradução em português. O cerne da questão é desvelado logo à abertura do livro:

> Me realizar. Aí está um projeto ambicioso... O verbo "realizar" não é tomado aqui em sentido ordinário. Não se trata de realizar um programa, um desejo, uma aspiração, nem mesmo um sonho. Não se trata tampouco de um "evento que se realiza". Não são somente tarefas que devo executar, trabalhos que me aguardam, um relatório a estudar, um encontro profisisonal, um curso a preparar para meus estudantes, uma conferência a preparar, um artigo a escrever, uma viagem a organizar, um livro a ler. Se trata do meu ser. Ao articular as cinco sílabas do verbo "se realizar" na forma reflexiva, eu exprimo a intenção de me fazer a mim mesmo. Meu próprio eu é minha tarefa. Eu quero me tomar como um material, como

130. *Ibid.*, Paris, p. 488.

131. *Ibid.*, p. 498. Destacamos.

132. Lacroix, M. 2009, *Se Réaliser - Petite philosophie de l'épanouissement personnel,* Éditions Robert Laffont, Paris. Edição do Kindle.

> uma matéria-prima, e fazer dessa matéria... uma obra. Quem sabe, uma obra de arte? Aí está, decididamente, um projeto audacioso.[133]

O *a priori* antropológico dessa formulação, como já mostramos, é a própria natureza humana, que impele o indivíduo em direção à realização de si, num ímpeto irrefreável, pois

> A realidade humana se apreende em seu vir a existir como ser incompleto. Ela se apreende como sendo aquilo que não é, em presença de uma totalidade singular que lhe falta... A realidade-humana é superação perpétua rumo a uma coincidência consigo que jamais lhe é dada. ... A realidade-humana é sofredora em seu ser, pois ela surge no ser como perpetuamente assombrada por uma totalidade que ela não pode ser... [134]

Incitado pelo aguilhão dessa incompletude estrutural tematizada por toda a história da Filosofia, o ser humano existe como busca de autorrealização - que, para Lacroix, consiste no empenho pela realização, pelo ser humano, de suas virtualidades, possibilidades, capacidades, faculdades, atitudes, talentos, dons e recursos. Em síntese: na realização de seu potencial. Sob essa ótica, o que é mais verdadeiro num indivíduo são suas possibilidades:

> Para me realizar, é preciso levar minhas potencialidades a seu completo desenvolvimento. Eu me desenvolverei à medida em que fizer frutificar esse capital interior, amadurecer essas possibilidades, explorar esses recursos. Eu devo fazer crescer o que é germe em mim, atualizar aquilo que é virtual. É o que indica muito bem a etimologia do verbo "desenvolver", donde vem o familiar termo "desenvolvimento pessoal", o qual, em definitivo, nada mais é do que uma outra forma de designar a realização de si.[135]

Assumindo essa tarefa, o ser humano abraça a responsabilidade pela criação de si mesmo; viver constitui, portanto, uma tarefa de autorrealização. E ao se realizar, o ser humano assume riscos - de se perder, de não alcançar seus objetivos, de se desviar pelo caminho ou mesmo de se

133. *Ibid.*

134. Sartre, J.-P., Elkaïm-Sartre, A. 2017, *L' être et le néant: essai d'ontologie phénoménologique*, Edition corrigée. ed, Collection TEL, Gallimard, Paris, p. 125-126.

135. Lacroix, M. 2009, *Se Réaliser - Petite philosophie de l'épanouissement personnel,* Éditions Robert Laffont, Paris. Edição do Kindle.

fechar em si mesmo. Trata-se, enfim, do risco da liberdade[136] - ou, em outros termos, o risco de assumir-se enquanto projeto.

Na marcha da realização de mim-mesmo, "eu **me projeto** adiante em direção a um dever-ser. Eu me percebo como tendo que desenvolver--meu-potencial, que colocar-em-obra-minhas-virtualidades": a tarefa, para Lacroix, consiste em cultivar as propriedades do ser íntimo de cada um; levando tais propriedades a seu grau máximo de desenvolvimento, estaria o ser humano atingindo a plenitude de sua humanidade.[137]E o caminho para atingir tal plenitude seria um só: através de um projeto de auto-desenvolvimento pleno - ou, em outras palavras, um projeto de vida. Autorrealização e projeto de vida, nesse sentido, constituem uma só realidade.[138]

Caminhando sobre a mesma senda, Henrique Cláudio de Lima Vaz aborda a questão da autorrealização em sua monumental "Antropologia Filosófica". Zarpando do território da pré-compreensão, auto-reflexão sobre a experiência comum que temos a partir de nós mesmos acerca de algo, seus estudos sobre a categoria humana da *realização* lançam importantes luzes sobre a noção de projeto enquanto autorrealização:

> Uma das experiências mais constantes e mais profundas do homem é a de que a *realização* da própria vida, sendo para ele um desafio permanente, é, ao mesmo tempo, uma tarefa nunca acabada: é o risco supremo de *ser* ou *não-ser*, não no domínio do existir simplesmente, mas no domínio do *sentido* da vida, no qual a sua existência está lançada como existência propriamente *humana* e que se desenrola sob o signo da *insecuritas*. Nenhuma frustração maior e mais penosa para o homem do que aquela que nasce da sensação de uma vida não realizada, da dispersão e da perda do tempo da vida que não foi recuperado pela linha harmoniosa de um crescimento sempre mais unificante. A experiência da vida que se vê diante do desafio da sua autorrealização desdobra-se, na verdade, na variedade de infinitas formas que, porém, se entrelaçam na única grande aventura de viver uma só vez a história de uma vida que declina no tempo, mas aspira crescer para a plenitude da unidade.[139]

136. Lacroix, M. 2009, *Se Réaliser - Petite philosophie de l'épanouissement personnel,* Éditions Robert Laffont, Paris. Edição do Kindle.

137. *Ibid.*

138. *Ibid.*

139. Vaz, H.C. de L. 2020, *Antropologia Filosófica*, Edições Loyola, São Paulo, p.357.

Impulsionado por essa força vital é que o ser humano se constitui, ele próprio, em "movimento da autorrealização como efetivação na *existência* da sua unidade essencial"[140], tornando-se progressivamente aquilo que escolheu ser, projeto de si mesmo que emerge como liberdade que, sob a forma de escolha, se desvencilha do turbilhão dos dilemas existenciais.

Assim é que, para Lima Vaz, falar da categoria de *realização* constitui uma tentativa de mostrar os caminhos através dos quais o ser humano pode "viver estando vivo" (*vivere viventibus est esse*), ou seja, "*viver* a unificação progressiva do seu ser no exercício dos atos que manifestam a 'vida segundo o espírito' [ou seja, por via da inteligência e vontade, razão e liberdade] como vida propriamente humana".[141] A propósito dessa unidade essencial buscada pelo ser humano, leciona:

> Trata-se, pois, existencialmente, de uma unidade *in fieri*, ou unidade que se constrói pelo exercício dos atos que vão traçando o itinerário da vida que deve ser sempre mais *una*. A consumação dessa unidade (ou o seu *in facto esse*) permanece um conceito-limite que à filosofia é dado apenas postular como o alvo enfim alcançado da identidade (mediatizada pela vida *vivida*) entre a estrutura e as relações ou entre a essência e a existência; ou ainda, como vitória definitiva da vida no embate abissalmente profundo com a morte, cuja vitória assinalaria, ao contrário, a dissolução final da unidade *realizada* do homem.[142]

Não obstantes as dificuldades conceituais que aponta, Vaz continua avançando na tarefa de desdobrar discursivamente o que seja essa autorrealização do ser humano e, nessa caminhada, é possível ver quão fundamental é a noção de projeto. Esse, como vimos, é materializado em múltiplos atos concretos que traçam o itinerário de uma vida, e essa noção encontra guarida no pensamento do filósofo, segundo o qual

> ...cada um desses atos será, portanto, a efetivação existencial da unidade do sujeito... que se exprime a si mesmo como plasmador da própria

140. *Ibid.*, p.358.
141. Vaz, H.C. de L. 2020, *Antropologia Filosófica*, Edições Loyola, São Paulo, p.356.
142. *Ibid.*, p.356-357. Destacamos.

> unidade. ... O "*torna-te o que és*" tem lugar plenamente nos atos pelos quais o sujeito *se realiza.* [143]

Cumpre destacar, antes de concluir, que na concepção vaziana o movimento de autorrealização - ou, para nosso ponto focal, projeto de vida - está voltado para a excelência e perfeição dos atos existenciais, considerados enquanto *bem*, que "Platão e Aristóteles designaram com o nome de *areté*, impropriamente traduzido por 'virtude'. É esse um fundamental ponto de junção entre a Antropologia e a Ética". Dessa forma, para Vaz o itinerário existencial de autorrealização tem necessariamente um coroamento ético:

> o homem é um ser constitutivamente *ético*, e essa eticidade é ou deve ser o primeiro predicado de sua unidade existencialmente em devir – ou do imperativo da sua autorrealização.[144]

Possível afirmar, enfim, que as propostas de Lacroix e Lima Vaz convergem quanto ao ponto fulcral de nossa reflexão: o ser humano se torna ele mesmo através da escolha e construção de seu projeto de vida, num processo em que *se conhece a si mesmo* e escolhe abraçar o que enxergou em si para *se tornar quem realmente é* - nesse sentido é que podemos entender o projeto de vida enquanto autorrealização.

3.4.3. Projeto de vida como maneira autêntica de ser a partir de Souriau e Lapoujade

Uma vez que um indivíduo abrace um projeto de vida como razão de viver, todas suas atitudes tendem a orbitar, em maior ou menor grau, em torno do projeto existencial. Assim sendo, é relativamente simples concluir que o projeto de vida constituirá, em sua face fenomênica, o modo de ser/existir da pessoa.

Vemos emergir, nesse ponto, a questão dos modos de existência – tema focal das reflexões de Souriau que, irrigadas pelas ponderações de Lapoujade, abrem inúmeras perspectivas no terreno do projeto de

143. *Ibid.*, p.357.
144. *Ibid.*, p.358-359.

vida.[145] Como veremos, um mergulho reflexivo em suas elaborações revelará o profundo entrelaçamento do projeto de vida com o próprio ser do ser humano considerado em sua singularidade.

Como já mostramos, o projeto de vida tem a ver com o próprio ser do homem enquanto liberdade de autodeterminação e de autorrealização. E na obra de Souriau e Lapoujade, mesmo que não seja o tema explícito, a liberdade está sempre subentendida como realidade radical do ser do homem.

Assumido o papel essencial da liberdade, sobrelevam em suas obras uma fecunda particularidade: o ser humano é "compreendido a partir de seus modos como diversas artes de existir", é dizer: cada ponto de vista individual exprime "à sua maneira uma estrutura ou uma arquitetura que constitui a lei de seu eventual desenvolvimento", e esse ponto de vista (ou arquitetura existencial) constitui a alma de cada modo de existência.[146]

Dessa concepção, que ressalta a importância de se considerar a maneira individual de existir de cada ser humano, emana o aspecto da singularidade de cada projeto de vida, e a partir dali Souriau indicará uma possibilidade fundamental:

> Existir plenamente, intensamente, absolutamente, que ideal! Sair dessa incerteza de si mesmo, na qual procuramos em vão por nós mesmos em uma bruma de irrealidade, às margens do nada! Tomar assento, com todo o aparato, no ato de ser! Que ideal; mas também, talvez, como todo ideal, que devaneio! Que absurdo, talvez! Será verdade que podemos existir apenas pela metade? Todas as coisas, tanto esta pedra quanto esta alma, uma vez que existem, não são iguais na existência? Há existências fortes e fracas? O existir é suscetível de mais ou de menos? [147]

---

145. A propósito das obras de Souriau e Lapoujade, ressaltamos acreditar que, no que tange à questão dos modos de existência, podem ser lidas em conjunto, na medida em que Lapoujade como que vai tecendo seus pensamentos em torno dos pensamentos de Souriau, de tal forma que, assim como não é possível dizer nos diálogos socráticos se a cada momento quem fala é Sócrates ou o próprio Platão, em certos pontos de sua obra "As Existências Mínimas" não é possível dizer quem está falando – se Souriau ou Lapoujade.

146. Lapoujade, David. 2017, *Les Existences moindres*, Minuit, Paris. Edição do Kindle.

147. Souriau, É., Romero, W., Júnior, M. 2020, *Os diferentes modos de existência*, n-1 Edições, São Paulo, p.21.

Emerge desse trecho a possibilidade de adicionar ao tema do projeto uma dimensão qualitativa, elevando assim de forma substancial a importância do projeto de vida para a existência humana. Estaríamos autorizados a supor que o engajamento num projeto existencial deslocaria o indivíduo para um patamar de existência mais elevado: ele não é mais o mesmo; passa a ser outro ser – outro "modo de existência". E, por ter aderido a um projeto de vida, um modo de existência superior. Como catalisador desse movimento, identifica-se um

> princípio de crescimento, a necessidade, a pretensão a uma existência mais real." ... uma distensão se produz – constitutiva da própria alma -, um desdobramento do psiquismo entre sua base e os cumes que ele entrevê, entre seus estados ordinários e aqueles momentos 'sublimes'....[148]

Esse momento sublime de adesão ao projeto de uma existência mais autêntica é explicitado por Souriau por meio de uma "teoria da instauração",[149]em que o *instaurar* constituiria o ato de se engajar decisivamente na execução de uma arquitetura existencial própria, escolhida em meio ao amplo espectro de possibilidades – ou potencialidades – existenciais do indivíduo.

O ato instaurativo constituiria, nessa linha, um início de execução da estrutura arquitetada – ou projetada – enquanto sentido global da existência humana. E, ao seguir na execução dessa arquitetura ou projeto de vida, estaria o ser humano adicionando mais e mais camadas de realidade, ou humanidade, à sua existência individual. Afinal,

> Existir, é sempre existir de alguma maneira. Ter descoberto uma maneira de existir, uma maneira especial, singular, nova e original de existir, é existir à sua maneira. ... Se esses gestos são importantes, não é somente pelo fato de instaurarem novos modos de existência, mas porque eles são criadores de direito. ... é na medida em que certas existências reivindicam o direito a uma outra maneira de ser que as torna mais reais ... É legitimar uma maneira de ocupar um espaço-tempo. Uma vez mais, a legitimidade não repousa mais sobre um fundamento exterior ou superior, é cada existência que a conquista por um crescimento de sua realidade. Ela se

148. Lapoujade, David. 2017, *Les Existences moindres*, Minuit, Paris. Edição do Kindle.

149. Souriau, É., Romero, W., Júnior, M. 2020, *Os diferentes modos de existência*, n-1 Edições, São Paulo, p.180.

> conquista à medida em que uma existência afirma e implanta sua arquitetura, se enriquece de determinações e ganha em "lucidez".[150]

Ao escolher um projeto de vida e se colocar existencialmente em função dele, o indivíduo se posiciona diante do mundo como um modo de existência que busca se tornar aquilo que essencialmente é, se autorrealizando. Daí ser possível traçar um paralelo entre ter um projeto de vida e a situação que Lapoujade descreve como "ter uma alma", que consiste em "se possuir ou aspirar à posse de si-mesmo, à posse das virtualidades que nos preenchem e nos tornam autônomos."[151]

Nesse caminho, se cada projeto de vida é único e singular, trata-se de um modo *próprio* de existência. Acollhida essa hipótese, seria razoável postular que a escolha de um projeto de vida constituiria, para o ser humano, uma instauração existencial "de si próprio",[152] e a existência segundo um projeto de vida poderia trazer consigo a "promessa de uma existência mais real", mais densa e, portanto, mais humana. Na lição de Sartre, o indivíduo,

> para se escolher *pessoa*, faz que exista uma organização externa que ele transpõe rumo a si-mesmo e essa organização técnica interna é nele o racional ou o humano. ... é em seu esforço para se escolher como si pessoal que a consciência sustenta na existência certas características sociais e abstratas que fazem dele *um homem*...[153]

Seguindo adiante na reflexão do projeto de vida à luz do pensamento de Souriau e Lapoujade, podemos afirmar que aqueles filósofos têm uma visão unitária de todo o arco ou trajetória do projeto vital, desde seu momento inaugural até sua consumação existencial. Sob essa ótica, o ser humano deveria ser visto mais como um *processo* do que como uma realidade fixa no tempo.

150. Lapoujade, David. 2017, *Les Existences moindres*, Minuit, Paris. Edição do Kindle.

151. Lapoujade, David. 2017, *Les Existences moindres*, Minuit, Paris. Edição do Kindle.

152. Souriau, É., Romero, W., Júnior, M. 2020, *Os diferentes modos de existência,* n-1 Edições, São Paulo, p.179.

153. Sartre, J.-P., Elkaïm-Sartre, A. 2017, *L'être et le néant: essai d'ontologie phénoménologique*, Edition corrigée. ed, Collection TEL, Gallimard, Paris, p. 564.

Com efeito, para Souriau, o grande fato a se considerar é a incompletude existencial de qualquer realidade, pois "nada, nem mesmo nós, nos é dado não ser em um tipo de meia-luz, uma penumbra na qual se esboça o inacabado, em que nada possui nem plenitude de presença, nem patuidade evidente, nem total completude, nem existência plena."[154]Se tudo se torna um esboço em marcha, não há que se falar em seres ou estágios completos ou estáticos; tudo - inclusive o ser humano - é um *processo*. O ser humano existe enquanto processo, enquanto modo dinâmico de existência – enquanto projeto de vida.

Souriau faz uma analogia entre o ser humano e sua vida e o artista e sua obra, e a partir dali é inevitável extrair a centralidade da noção do ser humano enquanto *in fieri*, "obra por fazer":

> Assim, por exemplo, sentimos que, entre essas diversas realizações artísticas que esbocei na imaginação, há provavelmente uma que seria mais verdadeira, pelo menos mais autêntica que outra, efetuando-se segundo uma via em que o objeto realmente segue, sem que o possa oferecer a si próprio, o fio direto de sua **destinação existencial.**

Assim como o verdadeiro escultor, que em seu trabalho sobre o bloco de mármore buscaria apenas revelar a obra já escondida em seu interior, também o ser humano seria um artífice de si mesmo, buscando esculpir sua vida a partir de uma arquitetura, ou projeto, já existente em sua essência, que estaria chamando o ser humano pelo nome a partir de seus próprios recônditos. A vida, sob essa perspectiva, seria uma jornada aproximativa, em que o ser humano buscaria reduzir a distância entre o que é e o que escolheu que, um dia, deverá ser. Esse processo pode ser identificado com o fenômeno que Souriau e Lapoujade denominam de *anáfora*:

> A anáfora é o processo de "determinação de um ser" por um "crescimento contínuo de realidade" até abolir totalmente – ou quase – a distância que os separa [o que sou hoje do que escolhi me tornar]. "Distância que diminui sem cessar: essa progressão da obra, é a reaproximação progressiva de dois aspectos existenciais da obra: o a fazer e o feito.[155]

---

154. Souriau, É., Romero, W., Júnior, M. 2020, *Os diferentes modos de existência,* n-1 Edições, São Paulo, p.179.
155. Lapoujade, David. 2017, *Les Existences moindres*, Minuit, Paris. Edição do Kindle.

Dessa forma, as perspectivas entrelaçadas de Souriau e Lapoujade ampliam o espectro do projeto de vida tanto em densidade quanto em extensão. Sob o primeiro aspecto, porque elevam a questão a um estatuto ontológico, pois a adesão a um modo de existência alteraria o próprio ser do indivíduo, que se tornaria mais autêntico e, porque não dizer, mais humano. Sob o aspecto da extensão, a ênfase na realidade humana enquanto *obra* e percurso leva o olhar reflexivo a percorrer todo o itinerário existencial do indivíduo.

Se entendemos, como Lapoujade, que partir da escolha de um projeto de vida o indivíduo já não é mais ele mesmo, pois desloca seu centro de gravidade e reconfigura toda sua arquitetura existencial, poderemos afirmar que o projeto essencial se entrelaça visceralmente com o próprio ser do indivíduo, podendo levar mesmo à sua elevação. O projeto de vida seria, a partir dessa perspectiva, o modo de existência singular livremente escolhido pelo indivíduo, e seria possível afirmar, usando uma bela expressão de Lapoujade, que ao aderir a um projeto enquanto projeto vital o sujeito atende a um chamado para se consagrar a uma nova arquitetura existencial.

Por fim, importante destacar que a adoção dessa premissa será crucial quando adentramos a reflexão acerca do dano ao projeto de vida: se o projeto essencial constitui o próprio ser do invidíduo, o que poderia constituir, para ele, a aniquilação daquele projeto? A questão abre algumas veredas que é preciso explorar, sendo uma das mais instigantes a questão da morte, que será abordada no bojo da reflexão sobre o dano ao projeto de vida.

3.4.4. Fenomenologia do Projeto de Vida

Seguindo o roteiro que iniciou por um exame em profundidade das relações do projeto de vida com a liberdade, autorrealização e maneira de existir, lançaremos o olhar sobre aspectos específicos do fenômeno do projeto de vida. O objetivo é trazer à luz finalmente, de forma clara e racional, o que constitui efetivamente o projeto existencial, preparando o terreno para sua acolhida pela ordem normativa sob a forma de direito ao projeto de vida.

3.4.4.1. O projeto de vida em relação aos demais projetos

Na concepção de Sartre, o ser humano pode ser visto como uma totalidade orgânica de projetos. Acolhendo-se essa hipótese, é preciso indagar: qual a posição do projeto de vida em relação aos demais projetos nos quais o indivíduo escolhe se engajar em sua jornada existencial?

A propósito dessa questão, Sessarego também entende, na linha de Sartre, que o horizonte existencial do ser humano se constitui de múltiplos e diversos projetos, desde o mais singelo ato cotidiano até as mais importantes e globais metas. Ocorre que o *projeto de vida*, no singular,

> diferentemente de todos os demais projetos aos quais se propõe o ser humano em seu discorrer existencial, é o único que tem a ver com o destino mesmo da pessoa.[156]

A questão remete à afirmação de Heidegger a propósito do indivíduo enquanto "unificação de si-mesmo" no emaranhado de vivências, experiências e projetos:

> Não se trata aqui de indagar: por quais meios o Dasein poderá alcançar a unidade do todo que lhe permite encadear, a título retrospectivo, as "vivências" em curso com aquelas que já aconteceram mas, ao contrário: qual é o modo de ser de seu si-mesmo onde *ele se perde de tal forma que precise, logo após se dispersar, se reagrupar e (se)inventar, para essa unidade, um* ***princípio global de unificação?***[157]

Na mesma senda, Sartre entende que a apreensão perceptiva de qualquer objeto da consciência - e podemos aí incluir a apreensão de um projeto - se faz sempre diante de um pano de fundo, e que quaisquer objetos mentalmente apreendidos "reenviam por implicações e significações diversas à totalidade do existente em si *a partir da qual* eles são apreendidos", somente podendo ser interpretados em relação a essa totalidade.

---

156. Sessarego, C.F. 2016, "El Derecho y la Libertad como proyecto", *Ius et Veritas*, 24 (52), p.124. Disponível em https://revistas.pucp.edu.pe/index.php/iusetveritas/article/view/16375 (acesso em 11/03/2023).

157. Heidegger, M., Boehm, R., De Waelhens, A., Vezin, F. 1986. *Être et temps*, Gallimard, Paris, p. 455. Destacamos.

Essa totalidade, ou princípio global de unificação, é o projeto de vida: enquanto ser humano, sou uma hierarquia de possibilidades que remete a uma possibilidade última e inicial, e apenas posso me projetar

> ... rumo a tal ou qual possibilidade sobre o fundo de minha possibilidade última e total. Assim, minha possibilidade última e total como integração original de todas minhas possibilidades singulares e o mundo como a totalidade que vem à existência em razão de meu surgimento ao ser são duas noções rigorosamente correlativas. ... Assim o ato fundamental de liberdade é encontrado; e é ele que dá seu sentido à ação particular que posso ser levado a considerar: esse ato constantemente renovado não se distingue de meu ser; ele é escolha de mim mesmo no mundo e ao mesmo tempo descoberta do mundo. ... e é no quadro desse projeto, ou seja, no quadro daquilo que sou, que se inserem certos projetos rumo às possibilidades mais restritas como expor tal ideia de tal ou qual maneira ou de parar de escrever por um instante ou folhear uma obra onde busco tal ou qual referência, etc. [158]

Assim sendo, existe uma relação dos projetos secundários do indivíduo com o projeto fundamental: a significação dos projetos secundários considerados reenvia sempre ao projeto total, ou projeto de vida. As livres escolhas na caminhada existencial se integram todas na unidade do projeto fundamental.[159] A esse respeito podemos recolher as reflexões de Sartre, que ensina que o ser humano

> ... se projeta rumo a uma de suas possibilidades, que é sempre sua *possibilidade última*: pois a possibilidade visada é possibilidade de *se ver*, ou seja, de ser como que um outro para si mesmo para se ver de fora. Num caso como noutro existe uma projecção de si rumo a um [projeto] "último" que, interiorizado, se torna o sentido temático e fora do alcance de possibilidades hierarquizadas.[160]

Dessarte, sob um primeiro aspecto o projeto de vida seria, em meio à profusão de projetos que constituem o solo das vivências do indivíduo, o princípio global de unificação de seu horizonte de sentido, a

158. Sartre, J.-P., Elkaïm-Sartre, A. 2017, *L' être et le néant: essai d'ontologie phénoménologique*, Edition corrigée. ed, Collection TEL, Gallimard, Paris, p. 506-507.

159. *Ibid.*, p. 514-515.

160. *Ibid.*, p. 575.

chave hermenêutica para interpretação e posicionamento diante de cada um dos projetos que se desdobram, mesmo cotidianamente, diante do sujeito.

Por outro lado, de um ponto de vista prático, essa posição eminente do projeto de vida levará a uma convergência existencial de todos os outros projetos rumo à sua consecução, pelo que se tornará uma verdadeira foz de todas as possibilidades concretizadas, mesmo as mais corriqueiras. Sessarego acolhe essa perspectiva afirmando que

> Todos os demais projetos que a pessoa adota, direta ou indiretamente, desde os mais significativos aos de menor transcendência, confluem no *projeto de vida*. ... Todos os infinitos projetos que se sucedem sem interrupção, uns após os outros, na vida, na cotidianidade do existir, concebidos pelo ser liberdade, estão ordenados e dirigidos, direta ou indiretamente, para realizar o singular e, ao mesmo tempo, complexo *projeto de vida*. Se utilizamos uma metáfora para descrever o expressado, poderíamos dizer que os projetos que se concebem no existir diário são como afluentes que, finalmente, vão desembocar no grande rio que é o "projeto de vida". Todos os atos ou condutas do ser humano estão destinados a cumprir com o projeto de vida, mesmo os mais irrelevantes, como, por exemplo, tirar férias. Quem sai da rotina da cotidianidade busca descanso, sossego, repouso, é para retornar com força para retomar seu projeto de vida. As férias contribuem, assim, indireta e, possivelmente de modo inconsciente, à realização do projeto de vida.[161]

> Sartre retrata de forma primorosa esse entrelaçamento hermenêutico-fático con-fluindo rumo a um projeto vital a partir de uma autorreflexão sobre a execução de seu projeto de escrever "Ser e Nada". Enquanto redige sua obra de referência, encadeia simples atos cotidianos e os concatena rumo a uma meta fundamental:

> É acendendo esse cigarro que eu percebo minha possibilidade concreta ou, se quisermos, meu desejo de fumar; é pelo ato mesmo de pegar esse papel e essa caneta que me dou como minha possibilidade mais imediata a ação de trabalhar nessa obra: e aí estou eu engajado e a descubro no próprio momento onde já me lanço a ela. Nesse momento, é claro, ela continua sendo minha possibilidade, pois eu posso a cada instante me afastar do meu trabalho, empurrar o caderno, fechar a tampa de minha caneta.

161. Sessarego, C.F. 2016, "El Derecho y la Libertad como proyecto", *Ius et Veritas*, 24 (52), p.120. Disponível em https://revistas.pucp.edu.pe/index.php/iusetveritas/article/view/16375 (acesso em 11/03/2023).

> ... No ato de traçar as letras que eu traço, a frase total, ainda inacabada, se revela como exigência passiva de ser traçada. ... Assim, na quase-generalidade dos atos cotidianos, eu me engajei, eu apostei e eu descubro minhas possibilidades enquanto as realizo... E, sem dúvida, em todo ato dessa espécie ... [se] reenvia a fins mais longínquos e mais essenciais como à suas significações últimas e a minhas possibilidades essenciais. Por exemplo, a frase que escrevo é o significado das letras que traço, mas a obra inteira que eu quero produzir é o significado da frase. ... Enquanto permaneço sobre o plano da ação, o livro a escrever nada mais é do que a significação longínqua e pressuposta do ato que me revela minhas possibilidades; ele nada mais é do que implicação ... do sentido permanente e longínquo a partir do qual eu posso compreender o que escrevo agora e, por isso, ele é concebido como *ser,* ou seja, é somente colocando-o como o *fundo existente* sobre o qual minha frase presente e existente emerge, que posso conferir a minha frase um sentido determinado.[162]
>
> Nós nos descobrimos, assim, no interior de um mundo povoado de exigências, no seio de projetos "em curso de realização": eu escrevo, eu vou fumar, eu tenho um encontro essa tarde com Pierre, não posso me esquecer de responder a Simon, não tenho o direito de esconder por mais tempo a verdade de Claude. Todas essas minúsculas expectativas passivas do real, todos esses valores banais e cotidianos retiram seu sentido, para dizer a verdade, de um **primeiro projeto de mim mesmo** que é como minha escolha de mim mesmo no mundo.[163]

Dessa forma, é possível afirmar que, em relação ao oceano de projetos sobre o qual o ser humano empreende sua navegação vital, o projeto de vida é o eixo ideal e estrutural. Enquanto princípio global de unificação, constitui a clave e o tom de composição da melodia existencial; enquanto projeto galvanizador, constitui pano de fundo e a foz para a qual vertem os demais projetos.

3.4.4.2. O projeto de vida em relação ao conteúdo

Uma das mais instigantes questões a respeito do projeto de vida é saber se sua qualificação enquanto projeto existencial depende de seu conteúdo.

---

162. Sartre, J.-P., Elkaïm-Sartre, A. 2017, *L' être et le néant: essai d'ontologie phénoménologique*, Edition corrigée. ed, Collection TEL, Gallimard, Paris, p. 71-72.
163. *Ibid.*, p. 74. Destacamos.

Um bom ponto de partida para elucidar a indagação é o fio puxado por Lapoujade em sua obra "As existências mínimas": o Caso Brancusi, ocorrido em Nova Iorque, em 1926.[164]

O filósofo conta que naquela ocasião vigorava, para as obras de arte, uma isenção fiscal: sobre elas não incidia a taxa aplicada aos objetos manufaturados. Entretanto, em outubro de 1926, quando o internacionalmente reconhecido escultor Brancusi levou para uma exposição na conceituada Brummer Gallery uma vintena de peças, o inspetor de aduanas, após examinar a escultura "O Pássaro no Espaço", entendeu que ali não havia qualquer expressão artística - que era meramente um objeto e, portanto, estava sujeito à taxa de aduana.

Como relatam Franca Filho e Maia, a escultura foi enquadrada na categoria "objetos hospitalares, utensílios de cozinha ou artigos indefinidos de metal", e sobre a mesma foi aplicada uma tarifa de importação de 40%; a classificação administrativa privou-a da isenção fiscal então vigente na legislação americana sobre a matéria, o *Tariff Act de 1922*.[165] Em razão da presunção de legitimidade dos atos administrativos, somente restou ao escultor o recurso à instância judicial, na qual acabou vencendo. De acordo com os juízes,

> Mostrou-se que o objeto ora sob consideração é destinado a propósitos puramente ornamentais, sendo o seu uso o mesmo de qualquer escultura dos velhos mestres. É bonito e simétrico nos contornos, e embora se encontre alguma dificuldade em associá-lo com um pássaro, é prazeroso ao olhar e altamente ornamental, e como entendemos, a partir das provas, que se trata de uma produção original de um escultor profissional e é de fato uma peça de escultura e, assim, uma obra de arte ... decidimos que tem direito à importação isenta nos termos do parágrafo 1704, supra.[166]

164. Lapoujade, David. 2017, *Les Existences moindres*, Minuit, Paris. Edição do Kindle.
165. Franca Filho, M.T., Maia, M.L. 2015, " 'Ceci n'est pas un oiseau' –O juiz como crítico e o conceito de obra de arte no direito tributário". *ANAMORPHOSIS-Revista Internacional de Direito e Literatura* 1, 387–411.
166. C. Brancusi v. United States, 54 Treas. Dec. 428; 1928 Cust. Ct. Lexis 3, *2.

"O Pássaro no espaço", de Brancusi[167]

O que entra em questão nesse episódio é a possibilidade, ou o *direito* de uma instância administrativa ou judicial dizer o que constitui ou não uma obra de arte. Partindo de nossa concepção do projeto de vida enquanto *obra que o ser humano faz de si mesmo*, podemos acolher a problemática em nosso objeto de estudo para indagar se alguma pessoa ou instituição externa ao indivíduo (desde um vizinho até um juiz examinando um pedido de indenização por dano ao projeto de vida) tem direito a dizer algo acerca do conteúdo do projeto em torno do qual a pessoa decide tecer sua jornada existencial.

A questão não é simples, e mesmo Souriau, após afirmar que o ser humano é um ser de carências destinado a preencher existencialmente um vazio interior, se depara com dificuldades para definir qual seria o conteúdo possível desse preenchimento – ou projeto:

> Devo confessar imediatamente, e isso completa meus pontos de partida, que provavelmente perderíamos nosso tempo tentando obter uma experiência direta ou representativa do conteúdo dessas carências, dessas lacunas a serem completadas, desse complemento de existência pelo qual clamam todas essas coisas que só existem parcialmente.[168]

167. Imagem. Disponível em https://www.artsy.net/artwork/constantin-brancusi-oiseau-dans-lespace (acesso em 03/01/2023).

168. Souriau, É., Romero, W., Júnior, M. 2020, *Os diferentes modos de existência*, n-1 Edições, São Paulo, p.163.

Uma das possibilidades de elucidação da questão é a compreensão do projeto de vida como sinônimo de realização pessoal, como propôs Lacroix. O filósofo aborda o problema a partir da descrição de uma atitude que denomina "tentação da grandeza". Ao assumir um atitude inspirada por uma "tentação de grandeza",

> Para me realizar, eu devo fazer grandes coisas... Para ter uma virtude esplendorosa, é preciso que minha ação seja espetacular, gloriosa, exuberante...[169]

Lacroix atribui essa "tentação de grandeza" à constituição original da filosofia da autorrealização na atmosfera intelectual e afetiva do Romantismo, que nos teria legado uma aspiração "ao grandioso e ao heróico, um gosto do sublime e do genial, uma atração para o excesso."[170] E se opõe a essa concepção, defendendo que a filosofia da realização de si se perde quando, cega pelos brilhos das perspectivas grandiosas, desdenha a cotidianidade, como se fosse algo medíocre. Pelo contrário,

> É totalmente possível se realizar assumindo as tarefas simples da vida. Nós podemos despertar potencialidades adormecidas em nós nos ocupando tanto das pequenas quanto das grandes coisas. Minha ação não tem necessidade de ser excepcional para conduzir ao desenvolvimento pesssoal... Ela não precisa ser extraordinária para ser enriquecedora... A colheita será da mesma forma abundante se eu semeio o campo da ação modesta... **Meu potencial será mobilizado, meus recursos serão utilizados, minhas capacidades serão empregadas** se eu cumpro meus simples "deveres de estado", ou seja, minhas obrigações de todos os dias, minhas responsabilidades familiares, domésticas, profissionais, associativas, benevolentes, cidadãs. Desde que eu me esforce de fazer bem o que devo fazer.[171]

Na raiz dessa noção, a clássica lição de Aristóteles em sua Ética a Nicômaco:

> Ainda assim, não devemos pensar que para ser feliz o homem precisará muitas ou grandiosas coisas, simplesmente pelo fato de que não poderia

169. Lacroix, M. 2009, *Se Réaliser - Petite philosophie de l'épanouissement personnel,* Éditions Robert Laffont, Paris. Edição do Kindle.

170. *Ibid.*

171. *Ibid.*

> ser supremamente feliz sem bens exteriores; pois a autossuficiência e a ação não requerem excesso, e **nós podemos realizar atos nobres sem comandar terras e mares**; pois mesmo com vantagens modestas alguém pode agir de forma virtuosa (isso é suficientemente manifesto; pois indivíduos em sua vida privada não são menos capazes de atos valorosos do que governantes – de fato, até mais); e é suficiente que isso nos baste; pois a vida do homem que age de acordo com a virtude será feliz.[172]

A partir dessas reflexões, é possível defender que para que um projeto se constitua como projeto existencial ele não precisa ser grandioso, heróico ou excepcional. Basta que se torne o valor fundamental livremente escolhido pela pessoa e que, enquanto tal, represente sua meta vital e horizonte de sentido na caminhada do existir.

Alinhamo-nos à perspectiva de Lacroix: não é o conteúdo que define o projeto enquanto projeto vital, mas o fato de que o indivíduo mobilize seu potencial, utilize seus recursos e empregue suas capacidades em função de um determinado projeto. De fato, atrelar a qualificação de um projeto como *projeto existencial* a seu conteúdo requereria uma instância de validação externa, e impossibilitaria identificar qualquer projeto de vida enquanto trajetória. E isso, já demonstramos, é essencial. Afinal,

> Como saber com efeito, se não estamos sendo atraídos por quimeras? Num instante, entrevemos virtualidades que aspiram a uma realidade maior, mas como ter certeza de que elas valem a pena? Quem jamais acreditou "ter uma ideia" que acabou por se provar desinteressante? Como saber se fizemos a escolha boa, se não consagramos horas, dias ou anos a um projeto que se mostrou vão no fim das contas? [173]

Lapoujade oferece a pista de um caminho para nos retirar da perplexidade lançada por essas perguntas ao indagar:

> Ao menos alguma vez somos fiéis o suficiente à alma dentro de nós ou à alma de uma obra? Aquele que nos oferece demais ou que dá demais para aquele que achamos tolo, ou para o algo irrelevante, ele viu alguma coisa que não pudemos ver? Ou ele viu algo mais, que o tolo estragou assim que o evocou? Ele é criticado por não perceber a realidade como deveria, por

172. Aristotle, Ross, W.D., Brown, L., 2009, *The Nicomachean ethics*, Oxford University Press, Oxford, New York, p.197-198.

173. Lapoujade, David. 2017, *Les Existences moindres*, Minuit, Paris. Edição do Kindle.

> colocar demais nela. Não é que ele não veja o que existe, é que ele vê algo mais que espera ou espera retornar: ele vê uma alma. Desse ponto de vista, qualquer **promoção da existência** aparece de fato como uma "vitória sobre as sombras" e sobre a dúvida.[174]

A qualificação de um projeto enquanto valor fundamental resulta, portanto, não de seu conteúdo, mas do simples fato de que, na ação da escolha e engajamento em torno do projeto, o indivíduo se consagra inteiramente a uma nova arquitetura, cuja planta doravante seguirá para a construção factual de sua existência individual e concreta – e, ao fazê-lo, conquista aquela "vitória sobre as sombras e sobre a dúvida" a que se refere Lapoujade, para se afirmar enquanto liberdade.

A propósito, o aspecto do projeto de vida enquanto *liberdade* é bastante elucidativo se buscamos evidenciar a relativa irrelevância do conteúdo para o fim de caracterizar um projeto como "projeto existencial". Ele nos é apresentado por Sartre na obra "O Existencialismo é um Humanismo" a partir de um acontecimento real, quando um um de seus alunos veio lhe procurar na seguinte situação:

> ... seu pai havia rompido com sua mãe, e além disso se inclinava a colaborar [com as forças de ocupação nazistas], seu irmão mais velho havia sido morto na ofensiva alemã de 1940, e esse jovem, com sentimentos um pouco primitivos, mas generosos, desejava vingá-lo. Sua mãe vivia sozinha com ele, muito aflita pela semi-traição de seu pai e pela morte de seu filho mais velho, e somente encontrava consolo nele. Esse jovem tinha a escolha, nesse momento, entre partir para a Inglaterra e se engajar nas Forças Francesas Livres – ou seja, abandonar sua mãe – ou ficar perto de sua mãe, e a ajudar a viver. ... E, ao mesmo tempo, ele oscilava entre dois tipos morais: de uma parte, uma moral da simpatia, da dedicação individual; e de outra parte, uma moral mais ampla, mas de uma eficácia mais contestável. Era preciso decidir entre as duas. ... A quem devemos amar como a nosso irmão, o combatente ou a mãe? [175]

Sartre deixa a narrativa em aberto, e segue o debate sem esclarecer se teria ou não orientado o aluno a escolher por uma ou outra das opções:

---

174. *Ibid.* Destacamos.
175. Sartre, J.-P., Elkaïm-Sartre, A. 2017, *L' être et le néant: essai d'ontologie phénoménologique*, Edition corrigée. ed, Collection TEL, Gallimard, Paris, p. 39-45.

lutar ou cuidar da mãe. Contudo, é questionado mais adiante por Naville, que o confronta afirmando que não poderia ter se furtado a uma resposta; que deveria ter se questionado sobre as capacidades, idade, possibilidades financeiras e relação do jovem com a mãe; que provavelmente ele, Naville, teria emitido uma opinião tendente a engajá-lo em alguma linha de ação. Ao questionamento, Sartre respondeu:

> Se ele vem lhe pedir conselho, é porque ele já escolheu a resposta. De um ponto de vista prático, eu poderia muito bem ter lhe dado um conselho; mas como **ele buscava a liberdade**, eu quis deixá-lo decidir. Ademais, eu sabia o que ele faria, e foi realmente o que ele fez.[176]

Ou seja: na ótica de Sartre, o conteúdo da escolha – no caso de seu aluno, cumprir suas obrigações com a mãe ou com a pátria –, apesar de relevante, não era o que havia de mais essencial. Ademais, entendemos que provavelmente não opinou porque considerava o projeto em concreto, seu conteúdo, não é da alçada do outro (ele, Sartre). O direito que se deve assegurar é à liberdade, à autodeterminação e autoconfiguração, ao *engajamento*. O conteúdo é da responsabilidade de cada ser humano, e só a ele diz respeito.

Em suma, o essencial, para o jovem aluno, era a possibilidade de efetuar a escolha em si, pois naquele momento se afirmaria enquanto liberdade – ou seja, estaria se definindo em torno de um projeto de vida, independente de qual das duas possibilidades concretas assumisse enquanto valor fundamental e caminho existencial.

Mas, afinal, se o conteúdo não é o parâmetro fundamental para aferir se um projeto é o projeto existencial de um indivíduo, existiria algum outro indicativo plausível?

A nosso ver, mais do que pelo conteúdo da escolha, faz sentido identificar um projeto de vida a partir da *relação* que o indivíduo estabelece com ele, enquanto fonte livre de um ato de escolha instaurador, independente do conteúdo.

Ao fim e ao cabo, a questão remete a Souriau, para quem uma das tarefas mais óbvias do ser humano "não comporta somente a invenção da sua realidade, a ser implicada em nossa vida própria, mas talvez a

176. *Ibid.*, p. 140-141. Destacamos.

descoberta para o ser humano concreto de novos modos de existir; modos necessários para a harmonia da realidade para a qual concorrem"[177]: definir um projeto como projeto de vida a partir da relação do indivíduo com esse projeto, e desse com os demais projetos, é manter aberta a possibilidade, ao alcance do ser humano, de fazer com que nasçam realidades novas; é preservar a possibilidade de "algumas das realizações mais ricas dessa arte múltipla de existir"[178].

Em conclusão, se considerarmos o projeto de vida como uma perspectiva existencial fundamental livremente escolhida, tanto a partir de Sartre, quanto adotando o ponto de vista de Souriau e Lapoujade, é possível afirmar que o mesmo não se define pelo seu conteúdo, mas antes pelo modo de apropriação por parte do sujeito, ou seja, pelo fato de que o indivíduo se assenhora daquela possibilidade como sua e, mais ainda, *existencialmente* sua.[179]

3.4.4.3. O projeto de vida em relação à sua factibilidade e exequibilidade.

No processo de avaliação sobre se determinada escolha existencial constitui ou não um projeto de vida, dificilmente deixará de emergir a questão sobre a factibilidade ou exequibilidade do projeto escolhido. A questão subjacente é: pode ser considerado como projeto de vida um caminho existencial de impossível ou improvável execução pelo indivíduo? Em que medida a factibilidade do projeto é verdadeiramente relevante para sua caracterização enquanto projeto *de vida*?

A resposta já se insinuou no tópico anterior, que trata da questão do conteúdo do projeto de vida: se o que define o projeto como projeto *existencial* não é seu objeto concreto, mas a relação estabelecida entre o sujeito e aquele valor fundamental enquanto centro unificador de suas possibilidades e atitudes, a questão da factibilidade também se tornará secundária – posto que intimamente ligada ao conteúdo. Entretanto, dentro de nosso propósito de aclarar o maior número possível de lados

177. Souriau, É., Romero, W., Júnior, M. 2020, *Os diferentes modos de existência,* n-1 Edições, São Paulo, p.153.

178. *Ibid.*, p.154.

179. Lapoujade, David. 2017, *Les Existences moindres*, Minuit, Paris. Edição do Kindle.

desse poliedro que é o projeto de vida, é preciso avançar um pouco mais sobre esse aspecto específico.

Um bom ponto de partida é a concepção de projeto de vida enquanto autodeterminação, a partir da qual já demarcamos uma dissidência do ponto de vista de Sessarego, que identifica o projeto de vida com sua realização efetiva (para nós, momento da autorrealização). Com efeito, uma vez admitida a possibilidade de um projeto de vida a partir do instante da escolha, independentemente do estágio de sua execução material, já se atenua a importância do aspecto da factibilidade da meta, posto que mais jungido ao momento da prática material.

Podemos partir de uma afirmação de Sessarego, para quem, sendo o projeto de vida um ideal, nem sempre poderá ser alcançado:

> ... há projetos que desbordam as possibilidades reais do ser humano como aqueles nascidos da fantasia, impossíveis de alcançar, ou os que dependem da vontade de outro ou outros membros de uma comunidade, de um país ou do mundo.[180]

Ressalva, entretanto, que mesmo em se tratando de uma meta *ideal*, existe um mandato, que emana da própria dignidade da pessoa, de fazer todo o indizível para se aproximar de sua "perfeição".

Entendemos que essa posição valida nossa conclusão anteriormente exposta: se um projeto independe de seu conteúdo para se constituir num projeto *de vida*, é razoável afirmar, como consectário, que um projeto não precisa ser viável, factível ou realístico para se tornar o projeto de vida individual de uma pessoa. Mais uma vez, o requisito para que se constitua num projeto de vida é apenas que se torne o núcleo existencial e centro totalizante do horizonte hermenêutico da pessoa em relação a si mesma e a seu lugar e direção no mundo.

A título de exemplo, suponhamos que um indivíduo de meia idade, profissional da área de humanas, residente num país sem grande tradição na tecnologia aeroespacial, conclua que todas suas escolhas de vida até então foram inautênticas: que não responderam a seu chamado interior

180. Sessarego, C.F. 2016, "El Derecho y la Libertad como proyecto", *Ius et Veritas*, 24 (52), p.122. Disponível em https://revistas.pucp.edu.pe/index.php/iusetveritas/article/view/16375 (acesso em 11/03/2023).

e, portanto, não o fizeram um indivíduo realizado – e que, para se tornar aquilo que sente que deve ser, precisa se tornar um astronauta da NASA.

O sujeito comunica os planos à sua família, que não o leva a sério; afinal, trata-se de um projeto impossível. Entretanto, decisão tomada, procura na internet e descobre no site da NASA os requisitos para se tornar astronauta:

1. Ser um cidadão norteamericano.
2. Possuir um mestrado no campo STEM (Ciência, Tecnologia, Engenharia e Matemática), incluindo engenharia, ciências biológicas, física, ciência da computação ou matemática, numa instituição aprovada.
3. Ter ao menos dois anos de experiência na área obtida após a conclusão do mestrado ou ao menos mil horas como piloto em comando em aeronaves a jato.
4. Estar apto no exame físico para astronauta em vôo de longa duração da NASA.[181]

Passada a excitação inicial, no dia seguinte já se dedica a reunir todos os documentos necessários para preencher os requisitos para se tornar astronauta. Ciente do rigor dos exames físicos, inicia já na primeira manhã uma rotina de treinamentos aeróbicos e anaeróbicos, dentre eles corrida e musculação, com os quais ocupa duas horas de sua manhã. Contrata uma consultoria, por alto preço, para analisar os caminhos para adquirir a cidadania norteamericana. Identificando as universidades de seu país credenciadas pela NASA, começa a estudar para a prova de seleção para um mestrado em física. Descobre, após muito investigar, que é possível chegar ao comando de uma aeronave a jato ingressando por vias civis, e se matricula num curso para piloto. Seus amigos e família o advertem de que tal projeto é um devaneio; entretanto, passa a dedicar todo seu tempo livre a ele. Todas as atividades, cotidianas e laborais, passam a convergir rumo àquela escolha. Dia após dia se aplicando, a rotina de exercícios já se torna um hábito, e desenvolve notável forma física...

181 NASA. 2020, *Astronaut Requirements*. Disponível em https://www.nasa.gov/audience/forstudents/postsecondary/features/F_Astronaut_Requirements.html (acesso em 12 março 2023).

Após dois anos de extrema dedicação, consegue ser aprovado para o mestrado numa universidade credenciada. Não teve ainda condições de iniciar as aulas de piloto, mas já dedica considerável parcela de seu tempo aos estudos teóricos, para adiantar sua formação após o início das aulas práticas. Em cinco anos, conclui o mestrado e vai residir nos Estados Unidos, deixando tudo para trás em seu país, para abrir caminho para a obtenção da cidadania exigida pela NASA. Num primeiro momento, seu círculo de amizades zomba dele, dando-lhe o apelido de "o astronauta"; contudo, com o passar do tempo, passa a despertar certa admiração por sua resiliência e os avanços feitos – ainda que os amigos continuem considerando seu projeto como um delírio. A principal crítica que lhe endereçam? Desde aquele instante em que decidira, anos atrás, que se tornaria um astronauta, cada momento e ação de sua vida foram dedicados exclusivamente para aquele projeto impossível. Passara, efetivamente, a viver em função daquela escolha.

De olhos naquela meta, adquire grande condicionamento físico, conclui um mestrado, se muda para os Estados Unidos e começa a ter aulas para pilotar. Contudo, passados dez anos, já se aproxima dos sessenta anos de idade, e precisamos ser realistas: seu sonho de ser astronauta jamais fora factível. Isso é claro. Contudo, coloquemos novamente a pergunta: a escolha de se tornar astronauta não teria, da mesma forma, se tornado o núcleo existencial, o valor fundamental, o *projeto dos projetos* - em suma, o projeto de vida daquele indivíduo? Seria lícito a alguém, ao arrepio de sua vontade, praticar algum ato que lhe retirasse a possibilidade de continuar arquitetando sua vida em função desse projeto? E se, mediante alguma ação, fosse arrancado abruptamente dessa rotina que lhe ocupava os dias há anos, seria razoável cogitar de uma possível indenização?

Como já mostramos, o projeto de vida nada mais é do que um outro nome ou face do ser humano enquanto liberdade desdobrada no caminhar existencial rumo a um sentido escolhido para a vida do indivíduo. E, a propósito dessa liberdade, ensinou Sartre:

> É preciso, por outro lado, precisar contra o senso comum que a fórmula "ser livre" não significa "obter aquilo que quisemos", mas "se determinar a querer (no sentido amplo de escolher) por si-mesmo". Em outras palavras, o sucesso nada importa para a liberdade. A discussão que opõe o senso comum aos filósofos vem aqui de um mal-entendido: o conceito empírico

> e popular de "liberdade" produto de circunstâncias históricas, políticas e morais equivale à "faculdade de obter os fins escolhidos". O conceito técnico e filosófico de liberdade, o único que consideraremos aqui, significa somente: **autonomia de escolha.** É preciso contudo notar que a escolha sendo idêntica ao *fazer* supõe, para se distinguir do sonho e do desejo, um começo de realização.[182]

Nesse aspecto, caminha no mesmo sentido de Kant, para quem

> Toda ação, portanto, possui seu fim; e uma vez que alguém não pode ter um fim sem esse próprio alguém transformar o objeto de sua escolha num fim, ter qualquer fim de ação, **seja qual for**, constitui um ato de *liberdade* da parte do sujeito agente...[183]

Em suma: se considerado o projeto de vida enquanto sinônimo de liberdade, incide a lição de Sartre: o que importa não é obtenção ou consecução – e, na mesma linha, a factibilidade ou exequibilidade – do projeto, mas o fato do sujeito se determinar e reorientar existencialmente enquanto individualidade a partir daquele valor fundamental.

3.4.4.4. O projeto de vida em relação ao estágio de execução ou concreção no mundo material

Ao refletir sobre a questão da instauração de um projeto existencial, consideramos que o critério definidor é o fato mesmo do ser humano se afirmando enquanto *liberdade*. Por esse motivo, nos posicionamos no sentido de que o conteúdo ou a factibilidade de um projeto não são aspectos determinantes para sua qualificação como projeto *de vida*. A nosso ver, esses mesmos motivos implicam que o estágio de execução ou concreção no mundo material do projeto escolhido não será decisivo.

Isso não quer dizer, entretanto, que seja um dado irrelevante; pelo contrário, o estágio de execução concreta de um projeto existencial impactará de forma significativa na atividade de sua aferição, mensuração

182. Sartre, J.-P., Elkaïm-Sartre, A. 2017, *L' être et le néant: essai d'ontologie phénoménologique*, Edition corrigée. ed, Collection TEL, Gallimard, Paris, p. 528-529. Destacamos.

183. Kant, I., Bini, E. 2010, *A Metafísica dos Costumes*, Coleção Folha: livros que mudaram o mundo. Folha de São Paulo, São Paulo, p.156.

e, num momento posterior, poderá impactar na prova, reparação e mesmo quantificação de eventual indenização por dano ao projeto de vida.

3.4.4.5. O projeto de vida em relação a sua motivação

A questão das motivações que um ser humano pode ter para aderir a uma dentre múltiplas opções existenciais é brevemente abordada por Sartre a partir da hipótese de um indivíduo que, engolfado pela situação dramática de escapar ou não da conscrição para lutar na segunda guerra mundial – certamente uma escolha existencial -, decide enfim se engajar e lutar:

> ... eu poderia sempre me evadir, pelo suicídio ou pela deserção: essas possibilidades últimas são as que devem sempre estar presentes a nós quando se trata de avaliar uma situação. Por não ter me evadido, eu a *escolhi*; pode ter sido por fraqueza, por covardia perante a opinião pública, ou mesmo porque eu prefiro certos valores àquele da recusa em si de guerrear (amor ao próximo, honra da família, etc.) **De toda forma, se trata de uma escolha.** Essa escolha será reiterada segundamente de uma forma contínua até o fim da guerra. [184]

O que qualifica um projeto enquanto projeto *de vida* é sua vinculação ontológica com a própria *liberdade* de escolha e engajamento enquanto *ser* do homem; assim sendo, as razões, motivos e motivações que possibilitaram e deflagraram sua opção não são determinantes para que adquira a condição de projeto fundamental. O essencial é que, a partir daquela escolha, cada indivíduo se realize nele enquanto uma escolha livre e absoluta de si mesmo.

3.4.4.6. O projeto de vida em relação aos projetos dos outros

O projeto de vida, destaca Sessarego, não está ligado somente às potencialidades gerais de todo ser humano mas também, em especial, à personalidade singular de cada indivíduo. Tanto é que "há projetos de vida que se percebem nitidamente, com facilidade, pois eles respondem

184. Sartre, J.-P., Elkaïm-Sartre, A. 2017, *L'être et le néant: essai d'ontologie phénoménologique*, Edition corrigée. ed, Collection TEL, Gallimard, Paris, p. 599. Destacamos.

a uma sentida e funda vocação da pessoa."[185] A propósito, Landman afirma que

> Assim como Kiekegaard, Heidegger acentua mais o fato de que nós nos abrimos num caminhar rumo a nossa *propriedade*. Diferentemente de Kierkegaard, ele sabe que **o conteúdo da propriedade é distinto para cada indivíduo.**[186]

A esse respeito, Lapoujade nos oferece uma riquíssima articulação com um relato de Souriau:

> Eu penso numa pequena criança que tinha disposto cuidadosamente, longamente, diversos objetos, grandes e pequenos, de uma forma que ele pensava bonita e ornamental, sobre a mesa de sua mãe, para agradá-la muito. A mãe vem. Tranquila, distraída, ela pega um desses objetos, do qual precisa, coloca um outro em seu lugar de costume, desfaz tudo. E quando as explicações desesperadas que se seguem aos soluços reprimidos da criança revelam a ela a extensão de seu desprezo, ela afirma desolada: ah, meu pobrezinho, eu não tinha visto que aquilo era alguma coisa! (AA,17) ... Eu não tinha visto... O que é então aquilo que ela não vê? O que é essa "alguma coisa" que a mãe não vê? Podemos dizer que é a disposição cuidadosa dos objetos que testemunha a presença de um ponto de vista preciso da criança. Podemos dizer que é a "alma" da criança – toda inteira expressa na disposição dos objetos. Nos dois casos, teremos razão; ela vê bem os objetos, tanto que os move; o que ela não vê é o modo de existência deles sob o ponto de vista da criança, a arquitetura esboçada sob seus olhos. *O que ela não vê, é o ponto de vista da criança;* ela não vê que existe ali um ponto de vista – que existe à sua maneira.[187]

É dizer: um projeto de vida, enquanto obra existencial que um ser humano faz de si mesmo é, para esse ser humano, como aquele conjunto de objetos dispostos pela criança: uma emanação autêntica de uma aspiração profunda e singular que, posta em execução, seguirá uma arquitetura dada livremente e exclusivamente pelo indivíduo que o elegeu como

---

185. Sessarego, C.F. 2016, "El Derecho y la Libertad como proyecto", *Ius et Veritas*, 24 (52), p.122. Disponível em https://revistas.pucp.edu.pe/index.php/iusetveritas/article/view/16375 (acesso em 11/03/2023).

186. Landmann, M., Cañadas, C.M. 1961, *Antropologia Filosofica*, Primera Edición en Español, Union Tipografica Editorial Hispano Americana, México, p. 257.

187. Lapoujade, David. 2017, *Les Existences moindres*, Minuit, Paris. Edição do Kindle.

escolha fundamental. E o que converte determinado fim num projeto fundamental é justamente o chamado "batismo da escolha". Afinal, como ensina Kant,

> Um fim é um objeto da escolha (de um ser racional)... Ora, posso efetivamente ser constrangido por outros a executar *ações* que são dirigidas como meios a um fim, porém não posso jamais ser constrangido por outros a *ter um fim*: somente eu próprio posso *fazer* de alguma coisa meu fim. ... a determinação para um *fim* é a única determinação de escolha cujo próprio conceito exclui a possibilidade de constrangimento *através de meios naturais* pela escolha de outrem. Um outro pode efetivamente *coagir-me* a *fazer* alguma coisa que não constitui meu fim (mas somente um meio para o fim de outrem), mas não *fazer disso o meu fim*...[188]

Sartre traz uma fecunda reflexão capaz de trazer luzes a essa questão a partir de uma interpretação do conto "Diante da Lei", de Franz Kafka. O conto apresenta um camponês que se posta diante de uma entrada: a Lei. Barrando o acesso ao portal se encontra um guardião, com o qual o homem tenta argumentar por toda sua vida, buscando entrar, sem sucesso. Já à beira da morte tem lugar o evento crucial para Sartre. O homem manifesta um último desejo ao porteiro:

> "- Se cada um aspira à lei, diz o homem, como é que durante todos esses anos ninguém além de mim pediu para entrar?" O porteiro, sentindo a chegada do fim do homem, urra em sua orelha para melhor atingir o tímpano quase inerte: "*Aqui, ninguém além de você poderia penetrar, pois essa entrada só foi feita para você.* Agora, parto e fecho a porta."[189]
>
> Na concepção de Sartre, isso quer dizer que "*cada um se faz sua própria porta*". Se é verdade que o "sentido profundo da escolha é universal" e, por ele, o indivíduo faz com que exista uma realidade-humana como espécie, "é ainda preciso *desatar* o sentido, que é implícito", revelando a escolha, que é personalíssima e sempre original, pois

O ser do para-si [homem] é uma aventura individual e a escolha deve ser escolha individual de ser concreto. Isso vale, como vimos, para

188. Kant, I., Bini, E. 2010, *A Metafísica dos Costumes*, Coleção Folha: livros que mudaram o mundo. Folha de São Paulo, São Paulo, p.154.

189. Derrida, Jacques. 1994, *Force de Loi*, Galilée, Paris, p.100-101.

a *situação* em geral. A escolha do para-si [homem] é sempre escolha da situação concreta em sua singularidade incomparável.[190]

Uma pessoa pode eleger como seu projeto de vida constituir uma família, formar um lar, criar e educar os filhos; já uma outra pessoa pode escolher não formar a família ou ter descendência, colocando como seu núcleo existencial o desenvolvimento pessoal focado em sua existência e autodesenvolvimento individual – traçando, assim, uma jornada existencial diametralmente oposta à da outra.[191] Isso não importa: escolha livre de uma possibilidade existencial a partir de um chamado íntimo e visceral, o projeto de vida é *personalíssimo*.

3.4.4.7. O projeto de vida em relação à teoria aristotélica das quatro causas

Vimos mostrando que o projeto de vida pode ser retratado de várias formas, como um poliedro que se gira nas mãos, revelando assim vários ângulos e pontos de vista de um mesmo multifacetado artefato. Seguindo nessa trilha, uma das perspectivas mais ricas para compreensão do que seja o projeto de vida pode ser acessada por meio da tradicional doutrina das quatro causas. A partir da singular leitura que Heidegger faz daquela doutrina, será possível tornar ainda mais claras a natureza e características do projeto de vida.

Segundo Heidegger,

> Há séculos a filosofia ensina que há quatro causas: 1. a *causa materialis*, o material, a matéria a partir da qual, por exemplo, uma taça de prata é feita; 2. A *causa formalis*, a forma, a figura, na qual se instala o material; 3. A *causa finalis*, o fim, por exemplo, o sacrifício para qual a taça requerida é determinada segundo matéria e forma; 4. A *causa efficiens*, o forjador da prata que efetua o efeito, a taça real acabada.[192]

190. Sartre, J.-P., Elkaïm-Sartre, A. 2017, *L' être et le néant: essai d'ontologie phénoménologique*, Edition corrigée. ed, Collection TEL, Gallimard, Paris, p. 644.

191. Sessarego, C.F. 2016, "El Derecho y la Libertad como proyecto", *Ius et Veritas*, 24 (52), p.124. Disponível em https://revistas.pucp.edu.pe/index.php/iusetveritas/article/view/16375 (acesso em 11/03/2023).

192. Heidegger, M. 2020, *A questão da técnica*, Paulus, São Paulo, p. 39.

Na concepção de Heidegger, uma "causa" não se define apenas enquanto aquilo que efetua ou "faz com que algo surja dessa ou daquela maneira no resultado". *Causa*, para ele, é aquilo que faz com que algo apareça: ou seja, aquilo que *ocasiona* algo, produzindo sua irrupção, seu florescer. E o exemplo da taça de prata serve como uma luva para elucidar a concepção do ser humano enquanto obra de si próprio, assim como a taça é obra do forjador. Pois o ser humano enquanto obra de si nada mais é do que o ser humano enquanto projeto de si mesmo: enquanto projeto de vida.

No exemplo de Heidegger, a prata *ocasiona* a taça (ou, em outros termos, possibilita sua irrupção) na medida em que é a matéria sobre a qual aquela é esculpida. Portanto, é causa *material* (υλη´). Mas essa prata sobre a qual se trabalha precisa ser formatada de acordo com algum *design*. Esse *design*, ou forma, *ocasiona* a taça na medida em que é ele que oferece a ela seu formato (ειδος) enquanto tal. Dessarte, é causa *formal*. Entretanto, nada dessa irrupção no ser da taça ocorreria sem o apelo, à distância, de uma finalidade (τελος): no exemplo utilizado pelo filósofo, o objetivo de realizar uma cerimônia religiosa. Nesse sentido, a finalidade *ocasiona* a taça enquanto chamado para um fim. Por isso, é causa *final*. Por fim, temos o forjador da prata: refletindo e juntando os outros três modos de ocasionamento da taça, emprega sua liberdade para confeccioná-la por sobre a prata, a partir de uma forma e buscando um fim. E, "com esse fim, a coisa não cessa, mas inicia a partir de si o que será após a fabricação."[193] Trazendo a luz dessa reflexão para nosso tema, revela-se o movimento global do projeto de vida dentro do mecanismo do chamado circuito da ipseidade ou, em outros termos, a circularidade vital do ser humano enquanto *ser-que-(se)-projeta*.

Usando a concepção heideggeriana da teoria das quatro causas como plataforma hermenêutica é possível recolher singulares reflexões de Souriau e de Sartre e, a partir dali, visualizar o projeto de vida como um arco causal que abarca desde as forças instauradoras da escolha livre do projeto (causa eficiente) até os apelos e nortes[194] (causa final) que impulsionarão e guiarão a caminhada existencial.

193. *Ibid.*, p. 40-43.

194. Souriau, É., Romero, W., Júnior, M. 2020, *Os diferentes modos de existência,* n-1 Edições, São Paulo, p. 182.

Nessa linha, uma primeira abordagem seria observar como o *projeto de vida*, em seus momentos instauradores, se aproxima do conceito de *motivação* de Sartre:

> Certo, o motivo é objetivo: é o estado de coisas contemporâneo, tal qual se desvela a uma consciência. A motivação ... é considerada ordinariamente como um fato subjetivo. É o conjunto de desejos, emoções e paixões que me impulsionam a concluir certo ato. ... conteúdo afetivo de um fato de consciência enquanto esse conteúdo determina uma decisão. ... Nós somos, ordinariamente, cercados dessas motivações ... de uma forma geral, a consciência, em qualquer momento em que se apreende enquanto tal, o faz como engajada e essa apreensão mesma implica um saber das motivações do engajamento ... A retomada das antigas motivações – ou sua rejeição ou sua reapreciação – não se distingue do **projeto** através do qual me atribuo novos fins e pelo qual, à luz desses fins, me apreendo como descobrindo um motivo de apoio no interior do mundo. Motivações passadas, motivos passados, motivos e motivações presentes, fins futuros se organizam numa indissolúvel unidade pelo surgimento mesmo de uma liberdade que está além dos motivos, das motivações e dos fins.[195]

Sob esse aspecto, o projeto de vida - escolhido pelo indivíduo em busca de instaurar-se reiteradamente a si mesmo - pode ser visto como *causa eficiente*, ou deflagradora, da caminhada existencial de autodeterminação e autorrealização.

Avançando um pouco mais no tópico, revela-se também o projeto de vida enquanto causa material da existência do invidíduo. Partamos, nesse aspecto, da lição de Sartre:

> Desse ponto de vista... a realidade humana, em e por seu surgimento mesmo, decide definir seu ser próprio por seus fins. É então a colocação de meus fins últimos que caracteriza meu ser e que se identifica ao derramamento original da liberdade que é minha. E esse derramamento é uma *existência*. Assim a liberdade, sendo assimilável à minha existência, é fundamento dos fins que tentarei atingir...[196]
>
> A existência humana 1º é a materialização presentemente revelada do fim que nós somos 2º aparece em meio ao mundo, por nós e pelos outros;

195. Sartre, J.-P., Elkaïm-Sartre, A., 2017. *L' être et le néant: essai d'ontologie phénoménologique*, Edition corrigée. ed, Collection TEL. Gallimard, Paris, p. 491-495. Destacamos.

196. *Ibid.*, p. 488.

> não é jamais sozinha, mas mergulha no passado universal e, por lá, se propõe à apreciação do outro. ... Ser livre, é ser-livre-para-mudar. A liberdade implica portanto a existência dos entornos a mudar: obstáculos a ultrapassar, coisas para utilizar. Ser livre, é *ser-livre-para-fazer* e é *ser-livre-no-mundo*.[197]

Como já vimos, um outro nome do projeto de vida é "liberdade". Se a liberdade é assimilável à existência (ou, por outro ângulo, se a existência é um transbordamento material da liberdade), assim como a prata é causa material da taça, o projeto de vida em marcha constitui também *causa material* da existência autêntica do indivíduo.

Voltemo-nos, então, para Souriau, que busca tematizar a questão da existência a partir do clássico exemplo do escultor e sua relação com a obra em execução:

> Eis o que quero dizer com isso. Enquanto a obra está em progresso... Precisemos. O bloco de argila já modelado, cinzelado, encontra-se sobre a mesinha do escultor e, entretanto, ainda não é mais que um esboço. É claro, desde sua origem até a conclusão da obra, esse bloco, em sua existência física, estará sempre tão presente, completo e dado quanto o pode exigir essa existência física. O escultor, entretanto, o encaminha progressivamente em direção à última cinzelada... Ao longo desse encaminhamento, ele avalia sem cessar em pensamento, evidentemente de maneira global e aproximativa, a distância que ainda separa o esboço da obra acabada. A progressão da obra é a aproximação gradual de seus dois aspectos existenciais: "obra a fazer" e "obra feita". Toda distância é abolida com o último golpe de cinzel. ... Espelho turvo, no qual a obra a fazer se olha, segundo as palavras de São Paulo, *ut in speculo per aenigmate*, pois há sempre uma dimensão de fracasso em toda realização, seja lá qual for. Seja na arte, seja, e ainda mais, nas grandes obras da instauração de si próprio ou de alguma grande obra moral ou social...[198]

Nesse trecho, Souriau reafirma a similitude da obra de um artista com a "grande obra de instauração de si próprio" - que equivale para nós à assunção, pelo indivíduo, de um projeto de vida. E, nesse esculpir de uma vida, a forma ideal que o indivíduo vai tentando dar à matéria-prima

---

197. *Ibid.*, p. 548 e 551. Destacamos.

198. Souriau, É., Romero, W., Júnior, M. 2020, *Os diferentes modos de existência,* n-1 Edições, São Paulo, p.178. Destacamos.

de sua existência é a de seu projeto de vida – que, sob esse ângulo, pode ser visto como *causa formal* do caminhar existencial do sujeito.

Seguindo adiante, Souriau destaca um especial chamado feito ao ser humano em sua vida concreta - o "apelo da obra":

> Pois é assim que somos concernidos e empregados pela obra e que atiramos em seu crisol tudo o que encontramos em nós que possa responder à sua demanda, ao seu apelo. ... E esse apelo da obra é um pouco como o chamado da criança que acorda sua mãe no meio do sono. ... Esse apelo da obra, todos o conhecem porque todos já tiveram que responder a ele. Ele nos desperta durante a noite para nos fazer sentir o tempo que corre, tempo estritamente medido para tudo o que nos falta fazer. Era esse apelo que fazia César chorar quando se lembrava de que, na sua idade, Alexandre já estava morto. É ele que faz o escultor descer à noite ao seu ateliê para dar ao bloco de argila ainda úmido os três toques de cinzel que faltavam. ... Digo que ela nos concerne: somos concernidos por ela. Nos sentimos concernidos. E essa é a própria experiência do apelo da obra. ... A proposta que o artista deverá fazer à obra, em resposta à pergunta por ela feita, evidentemente ele a extrai de si próprio."[199]

Uma vez racionalmente identificado, o projeto de vida de um ser humano o interpela a se engajar em sua construção. Sobressai, sob esse aspecto, a dimensão temporal do projeto de vida enquanto futuro projetado e visado – constituindo, portanto, meta existencial e, dessa forma, *causa final* da existência do indivíduo.

Por fim, entrelaçam-se todas as dimensões causais (que nada mais são, é preciso ressalvar, do que pontos de vista de uma mesma realidade) para mostrar que o projeto de vida constitui, para o ser humano, um evento "ocasionador" global, uma causa de irrupção e florescimento de seu ser mais autêntico. Descobrindo-se a si mesma (*"conhece-te a ti-mesmo"*) e determinada a se construir enquanto tal (*"torna-te quem tu és"*),

> ... essa alma humana ajuda, lúcida, passionalmente, esse ser separado de si mesmo a se reunir consigo. Mas não devemos esquecer que, nessa tarefa, ela também recebe uma ajuda. Não estamos a sós quando criamos. No diálogo em que a obra nos interroga, ela nos interpela [causa final], ela nos guia [causa formal] e nos conduz [causa eficiente], no sentido de que

199. *Ibid.*, p.176-177.

> exploramos com ela e para ela os caminhos que a levam a sua presença concreta final.[200]

Seja como aguilhão, seja como chamado, seja como ideia paulatinamente concretizada, o projeto de vida faz da vida do ser humano uma obra na qual opera para se tornar aquilo que é, instaurando a si próprio. Isso é um indicativo de sua qualidade de clave existencial de toda a melodia de cada existir humano. Por isso mesmo é razoável abrigá-lo sob o conceito mais amplo de *causa* de Heidegger, enquanto aquilo que ocasiona, faz irromper. Irromper o que? O ser que o indivíduo escolheu ser.

3.4.4.8. O projeto de vida em relação às categorias estruturais do ser humano

O tema das categorias estruturais do ser humano é tão complexo e inexaurível quanto o próprio ser humano em sua natureza de horizonte e fronteira. Dele recolheremos apenas uma infinitesimal partícula, somente no que essencial para lançar as bases para uma importante reflexão *a posteriori* sobre a questão do dano ao projeto de vida.

A tradição filosófica se lançou, desde seus primórdios, à reflexão sobre essas estruturas, sendo uma das mais cediças elaborações a perspectiva que destaca os aspectos do ser humano enquanto binômio corpo-alma. Dessa perspectiva se desdobrarão algumas nuances e tonalidades, a depender da ótica ou intuição intelectual de cada pensador ou escola.

Para nossos fins, basta tangenciar a brilhante sistematização proposta por Lima Vaz, que reflete a partir de níveis ontológicos constitutivos do ser do homem, identificando nele uma estrutura somática, uma estrutura psíquica e uma estrutura espiritual, expressadas, respectivamente, pelas categorias do corpo próprio, do psiquismo e do espírito.

O corpo é uma realidade evidente para qualquer pessoa. Entretanto, enquanto corpo, o ser humano é mais do que uma entidade biológica: se nele o ser humano se encontra sujeito aos processos físico-químicos e especificamente biológicos da vida, também pelo corpo ele se encontra disperso no espaço-tempo do mundo, assumindo-o enquanto presença e

200. Souriau, É., Romero, W., Júnior, M. 2020, *Os diferentes modos de existência,* n-1 Edições, São Paulo, p.181. Anotamos.

meio de exercício de sua intencionalidade. O ser humano, enquanto ser racional, se apropria dessa sua morada física – fazendo dela, na acepção de Vaz, um *corpo próprio*.[201] Sob esse aspecto, na lição de Sartre,

> Nascimento, passado, contingência, necessidade de um ponto de vista, condição de fato de toda ação possível sobre o mundo: tal é o *corpo*, tal é ele *para mim*. Ele não é, portanto, nunca uma adição contingente à minha alma, mas ao contrário uma estrutura permanente de possibilidade de minha consciência como consciência *do* mundo e como projeto transcendente rumo a meu futuro.[202]

Por isso, fica claro que o corpo participa do ser humano enquanto *ser-que-(se)-projeta*.

Entretanto, a questão não parece se exaurir nessa seara: apesar de ter um essencial papel, notadamente na fase do projeto de vida enquanto autorrealização (afinal, é pelo corpo que o ser humano materializa a liberdade), escapa a essa dimensão o aspecto do projeto de vida enquanto autodeterminação. É preciso avançar para a segunda estrutura: o psiquismo.

O psiquismo aparece, para Vaz, como uma dimensão mediadora entre o *corporal* e o *espiritual*: se pelo *corpo próprio* "o homem se exterioriza ou constitui sua expressão ou figura exterior",

> Pelo *psiquismo* o homem plasma sua expressão ou *figura interior*, de modo que se possa falar com propriedade do *Eu psíquico* ou *psicológico*. O domínio do psíquico é, pois, o domínio onde começa o homem *interior*, e onde começa a delinear-se o centro dessa interioridade, ou seja, a *consciência*. Desse modo, emerge aqui nitidamente o polo do Eu, uma vez que só se pode falar de *consciência* se se trata da *consciência* de um Eu, implicando a reflexividade que permite opor o Eu a seus objetos. ... No nível psíquico, o espaço-tempo é submetido a um movimento de interiorização ... no espaço-tempo que tem o Eu *psíquico* por origem assistimos a uma *temporalização* do espaço, manifestada, por exemplo, na sucessão dos estados da memória.[203]

201. Vaz, H.C. de L. 2020, *Antropologia Filosófica*, Edições Loyola, São Paulo, p. 152.
202. Sartre, J.-P., Elkaïm-Sartre, A. 2017, *L'être et le néant: essai d'ontologie phénoménologique*, Edition corrigée. ed, Collection TEL, Gallimard, Paris, p. 367.
203. Vaz, H.C. de L. 2020, *Antropologia Filosófica*, Edições Loyola, São Paulo, p. 163-164.

Abre-se, no psiquismo, a entrada para o território da interioridade – onde, como já mostramos, o ser humano passa a existir enquanto *consciência interna do tempo.* E é justamente por ser um ser temporal que o ser humano viverá se projetando, num *continuum* de instauração e reinstauração de si mesmo enquanto projeto existencial.

Patente, dessarte, o papel do *psiquismo* na existência do ser humano enquanto projeto de vida. Entretanto, como já definimos o projeto de vida como estrutura dúplice de autodeterminação e autorrealização, esse lugar de medlania ocupado pelo psiquismo faz com que a ele ainda escapem importantes aspectos. Suas características parecem nos interpelar a ir além e, a partir da teoria de Vaz, caminhar até o nível estrutural do *espírito.* Isso porque, segundo ele, é esse

> ... o nível no qual a tarefa da autorrealização unificante alcança as camadas mais profundas do nosso ser e se apresenta como tarefa na qual se decide a direção do *sentido* da própria existência...[204]

A razão disso é que, no núcleo conceitual da noção vaziana, a categoria do *espírito* tem uma dupla estrutura noético-pneumática – ou seja, ele se constitui como um entrelaçamento de conhecimento e vontade ou, em outros termos, *razão* e *liberdade.* É a partir dele que o ser humano se constitui enquanto ser inteligente e livre, capaz de conhecer a verdade e de aderir ao bem.

Nesse ponto, recordamos que nossa trajetória de investigação sempre se deparou com reverberações, em graus diversos, da máxima socrática do "*conhece-te a ti mesmo*", seguida do imperativo de Píndaro, o "*torna-te quem tu és*". Podemos identificar mais uma vez esse eco na concepção da categoria do *espírito*, sob a qual repousam as duas dimensões mais características do ser humano: a inteligência e a vontade – ou, sob outra formulação, a razão e a *liberdade.*

Em suma, é possível afirmar que o projeto de vida permeia todo o ser humano, em cada quadrante de cada uma de suas dimensões estruturais: corpo, psiquismo e espírito. Entretanto, se o concebemos como engajamento livre, sua morada mais elevada é o *espírito* humano enquanto dinamismo vivo de inteligência e vontade, razão e liberdade. Pela razão,

204. Vaz, H.C. de L. 2020, *Antropologia Filosófica*, Edições Loyola, São Paulo, p.260.

o ser humano escuta o chamado de seu projeto vital; pela liberdade, adere a esse projeto, engajando-se existencialmente nele e fazendo dele um projeto de vida. A partir do batismo da escolha, localizado no espírito, transbordará para as eclusas do psiquismo e do corpo próprio, para enfim emergir no mundo da vida enquanto existência.

3.4.4.9. O projeto de vida em relação à temporalidade

Toda reflexão filosófica acerca de um direito culminará, em certo ponto, num trabalho de aferição de sua existência no caso concreto (notadamente por ocasião de eventual dimensionamento de uma reparação de danos). E essa questão se torna particularmente instigante em se tratando de um direito tão visceralmente relacionado à dimensão temporal do futuro quanto o direito ao projeto de vida – principalmente em se considerando que tal relação poderia levar à falsa impressão de se tratar de um direito excessivamente abstrato ou etéreo.

Entretanto, como já esclarecemos anteriormente por ocasião de nossas reflexões acerca do projeto fundamental e sua relação com as dimensões temporais, o projeto de vida não é um *simples* futuro, mas um futuro que *já é*, no presente existencial do indivíduo.

Discorrendo sobre os atos do indivíduo enquanto consciência reflexiva, Sartre afirma que o ser humano *é* suas próprias possibilidades e que a esfera psíquica, apreendida através das três dimensões de um passado, de um presente e de um futuro, constitui um mecanismo de síntese temporal. Assim sendo,

> Um amor, uma empreitada, é a unidade organizada dessas três dimensões. Não basta dizer, em efeito, que um amor "tem" um devir, como se o futuro fosse exterior ao objeto que o caracteriza: mas o devir faz parte da forma organizada do fluxo "amor", pois é seu ser no futuro que dá ao amor seu sentido enquanto amor. O futuro já *é*: senão como meu amor seria amor? Ele apenas ainda não é *dado*: é um "agora" que ainda não se desdobrou. ... o futuro já existe como ponto culminante terminal e sentido *dado* de seu desenvolvimento...[205]

205. Sartre, J.-P., Elkaïm-Sartre, A. 2017, *L' être et le néant: essai d'ontologie phénoménologique*, Edition corrigée. ed, Collection TEL, Gallimard, Paris, p. 203.

Em suma, o que Sartre quer dizer é que a partir do momento em que o indivíduo se determina em função de uma possibilidade, essa já existe para ele como situação real e presente, de forma que a relação da pessoa com seu devir vem a seu presente para determiná-lo em seu próprio âmago.[206]

Essa "atualidade" do projeto futuro pode ser mostrada de diversas formas, sendo uma delas o exame concreto das relações possíveis do sujeito com seu projeto de vida. A propósito, são bastante fecundas as reflexões de Souriau a respeito do que chama de "três aspectos da experiência instauradora", que podemos transpor para a situação de engajamento existencial com um projeto de vida.

Os três aspectos da experiência instauradora constituem, em suma, situações concretas que geralmente emergem na jornada existencial de um indivíduo que abraça um projeto de vida. São elas:

1. a *situação questionadora* em que o diálogo entre o indivíduo e o projeto o colocam;[207]
2. a *exploração do ser humano pelo projeto*, ou seja, o fato de que é possível verificar que o projeto "futuro" efetivamente chama, apela, concerne o ser humano em sua existência presente, galvanizando em função de si (o projeto), em atos concretos, todas as potências do indivíduo;[208] e
3. a *referência existencial* do ser humano atual enquanto obra concreta ao ser humano a fazer, aferível de certa forma a partir da observação da progressão da obra, "essa referência recíproca entre a obra a fazer e a obra feita, a partir da estimativa da distância decrescente e finalmente quase abolida entre elas".[209]

Esses três aspectos mostram que o projeto, enquanto trajeto instaurador, é futuro, mas futuro *presente*, pois "... a obra ainda não feita se

206. *Ibid.*, p. 205 e 235.
207. Souriau, É., Romero, W., Júnior, M. 2020, *Os diferentes modos de existência*, n-1 Edições, São Paulo, p. 173.
208. Souriau, É., Romero, W., Júnior, M. 2020, *Os diferentes modos de existência*, n-1 Edições, São Paulo, p. 177.
209. *Ibid.*, p. 178-180.

impõe... como uma urgência existencial: ao mesmo tempo como carência e como presença de um ser a realizar".[210]

Em suma: o futuro, que "surge no horizonte para me anunciar o que sou a partir do que serei"[211], já faz parte de minha realidade presente: anunciar o que sou a partir do que serei significa que minha própria identificação atual enquanto ser humano é ancorada naquela possibilidade. É em função dela que determino presentemente minhas ações e escolhas. A possibilidade – minha própria possibilidade futura – já *é* como um indivíduo futuro presente-para-si. E esse meu "eu" futuro, ao dar sentido à minha existência atual, é realidade conformadora do meu presente concreto. Transbordando sob a forma de um engajamento, fluirá inicialmente nos pequenos atos do cotidiano, se alastrará para os projetos de curto e médio prazo e, enfim, constituirá um conjunto identificável de ações no tempo da vida, unidos por um fio existencial coerente que articula, numa unidade psicossomática, as dimensões do presente, passado e futuro: o projeto de vida.

3.4.4.10. O projeto de vida em relação à trajetória existencial do indivíduo

Um projeto vital, notadamente em sua dimensão de autorrealização concreta do indivíduo no mundo da vida, não precisa ser linear ou estanque. Com efeito, uma tal característica seria mesmo incompatível com a realidade da existência humana. Afinal, como ensina Sartre,

> Todo projeto livre prevê, em se pro-jetando, a margem de imprevisibilidade decorrente da independência das coisas, precisamente porque essa independência é aquilo a partir de que uma liberdade se constitui. ... em meu pro-jeto uma certa margem de indeterminação era feita "para o imprevisível" como os Romanos reservavam, em seu templo, um lugar para os deuses desconhecidos, e isso não por experiência dos "golpes duros" ou prudência empírica, mas pela natureza mesma de meu projeto. ... Essas observações nos permitem trazer à luz uma nova característica de uma escolha livre: todo projeto da liberdade é *projeto aberto*, e não projeto

210. *Ibid.*, p.162.

211. Sartre, J.-P., Elkaïm-Sartre, A. 2017, *L'être et le néant: essai d'ontologie phénoménologique*, Edition corrigée. ed, Collection TEL, Gallimard, Paris, p. 164.

> fechado. Ainda que inteiramente individualizado, ele contém em si a possibilidade de suas modificações ulteriores.[212]

Existe, portanto, no projeto de vida, uma certa margem de indeterminação: a trajetória de um projeto existencial é como uma navegação e, por vezes, será preciso manobrar o leme ou ajustar as velas. Por outras, acolher os elementos atmosféricos externos e, a partir deles, se adaptar e seguir adiante.

Isso poderá dar a impressão de uma alteração fundamental de trajetória mas, visto da distância adequada, será possível identificar na trajetória em zigue-zague da embarcação daquela existência concreta uma linearidade coerente rumo a um norte existencial, que é o projeto de vida.

3.4.5. Estrutura do Projeto de Vida

Diante de tantas facetas já mostradas do poliedro do projeto vital, seria possível identificar uma estrutura básica que, uma vez presente, indicaria estarmos diante de um projeto de vida?

Considerando o projeto de vida como uma intenção existencial fundamental, é possível extrair alguns de seus marcos estruturais a partir da reflexão que Sartre faz sobre as características da *intenção* – a nosso ver, válida também para o momento instaurativo, ou da escolha do projeto. O projeto de vida seria como que uma intenção fundamental, e

> A intenção, num mesmo surgir unitário, coloca o fim, se escolhe, e aprecia o dado a partir do fim.[213]

A partir desses marcos, é possível conceber que no cerne de um projeto de vida se encontram três pilares estruturais:

1. A escolha de um fim;
2. A escolha de si, contemporânea àquela escolha do fim;
3. A interpretação da realidade, doravante, a partir do entrelaçamento das dimensões anteriores.

---

212. Sartre, J.-P., Elkaïm-Sartre, A. 2017, *L' être et le néant: essai d'ontologie phénoménologique*, Edition corrigée. ed, Collection TEL, Gallimard, Paris, p. 552.
213. *Ibid.*, p. 523.

Àqueles três pilares deverá se juntar um quarto, relacionado ao momento de realização do projeto (ou, nos dizeres de Sessarego, da manifestação fenomenológica da liberdade):

4. A construção efetiva da própria realidade individual que, desde que resultante da articulação das três dimensões anteriores, fará emergir o projeto de vida enquanto autorrealização.

3.4.6. *Projetos autênticos e inautênticos*

Na obra "O Direito e a Liberdade como projeto", Sessarego propõe uma divisão dos projetos humanos entre autênticos e inautênticos.

Em suma, afirma que o fato de que um determinado projeto se tenha configurado como eixo existencial de um indivíduo durante toda uma vida não implica, necessariamente, que estejamos diante de um projeto de vida. Pelo contrário, pode ocorrer, e comumente ocorre, de que a pessoa seja obrigada por circunstâncias alheias à sua vontade a tecer toda sua existência em torno de um projeto que não corresponde a sua profunda vocação ou que não coincide com aquele projeto que escolheu ou que, se pudesse, teria escolhido. A tais projetos de toda uma vida, mas que não são propriamente projetos *de vida*, denomina *projetos alternativos*.

Os projetos de vida que designa como *alternativos* não respondem a uma livre decisão da pessoa, não surgem de uma definida vocação e carecem, por isso, do atributo que denomina de *autenticidade*. Eles vêm impostos aos seres humanos por diversas circunstâncias da vida, que retiraram do indivíduo as condições (endógenas ou exógenas) necessárias para sua realização, para o cumprimento do projeto de vida imaginado, concebido e desejado.

Na visão de Sessarego, um projeto *alternativo*, por não encartar o atributo da escolha livre, com sua conversão em núcleo existencial singular do sujeito, não chega a se constituir num projeto de vida *autêntico*, ou projeto de vida propriamente dito.

A reflexão é muito fecunda, principalmente na atualidade, em que multidões de pessoas são induzidas, seja pelas estruturas econômicas, seja pela manipulação mental da psicopolítica, a trilhar por toda sua vida um percurso existencial totalmente heterodeterminado e sobre o qual não tiveram qualquer possibilidade real de avaliação, escolha e engajamento.

Por outro lado, também nos estimula a conjecturar a hipótese em que uma pessoa abrace livremente, como seu, um projeto inicialmente imposto por catalisadores exógenos. Com efeito, nada impede que em determinado momento, por uma escolha livre, adira livremente àquele projeto. Esse momento instaurador, incidindo sobre um projeto inautêntico, a nosso ver teria a força de convertê-lo num autêntico projeto de vida, posto que a partir dali se tornaria uma referência existencial livremente acolhida pelo indivíduo. Tratar-se ia, na expressão de Kierkegaard, de uma conversão íntima processada a partir de um "batismo da escolha".

3.4.7. Projetos de vida coletivos

A existência de um projeto de vida coletivo pode parecer, à primeira vista, algo incompatível com o papel fundamental atribuído à individualidade e singularidade na construção de um projeto existencial. Entretanto, é uma possibilidade a ser considerada, posto que compatível com algumas acepções possíveis do projeto de vida.

Com efeito, quando consideramos o projeto de vida como identidade dinâmica e valor fundamental e, em relação aos demais projetos, como horizonte hermenêutico global, não se pode desconsiderar que determinadas coletividades sedimentam horizontes de sentido que guiam e balizam a existência social por séculos a fio. Esse dado é particularmente evidente em populações autóctones e povos tradicionais.

Assim, à luz de nosso esboço de proposta de uma estrutura fundamental do projeto de vida, também é possível a uma coletividade abraçar uma determinada meta, definir-se a partir dela, estruturar seu horizonte de sentido a partir da articulação daquelas duas perspectivas e, articulando aqueles três momentos, trabalhar concretamente na realização daquele modo de vida comunitário. É possível falar, nesse sentido, da existência de projetos de vida coletivos ou comunitários.

3.4.8. *Projeto de vida como força motriz do circuito da ipseidade*

Se já explicitamos, na parte antropológica de nossa investigação, que é da essência do ser humano ser *autocinético*, nessa etapa da investigação fenomenológica já é possível afirmar sua relação com o circuito da ipseidade que constitui o indivíduo.

Após descrever o ser humano como um ser que se projeta, e que existe enquanto liberdade que se escolhe e se realiza a partir de um horizonte de possibilidades, Sartre utiliza a expressão "circuito da ipseidade" para definir a relação da pessoa "com a possibilidade que ela é", e denomina "mundo" a totalidade de existência que é atravessada pelo circuito da ipseidade.[214]

O existir humano constitui um infindável ciclo de escolha de si mesmo e execução, no mundo material, dessa escolha. Por sobre o solo da própria existência e do mundo, o ser humano se recicla sem cessar, como uma *dynamis* circular a partir de si mesmo e rumo a sua possibilidade mais própria – o projeto de vida.

Em nosso trabalho de investigação, revelamos múltiplas faces do projeto de vida: projeto dos projetos; projeto existencial; identidade dinâmica; valor fundamental; maneira de ser; sentido da vida e razão de viver; expressão fenomênica da liberdade; autodeterminação e autorrealização; liberdade e maneira autêntica de ser. Integrando todas essas dimensões, é possível enfim identificar no projeto de vida a força motriz fundamental da dinâmica vital do ser humano livre denominada, por Sartre, de *circuito da ipseidade*: o automovimento circular pelo qual o ser humano conhece a si mesmo e torna-se quem é.

3.4.9. *Conclusão da Fenomenologia do Projeto de Vida*

Concluímos aqui um esboço de Fenomenologia do Projeto de Vida. Decerto quedamos muito aquém da multiplicidade de lados acessíveis daquele poliedro; contudo, pensamos ter avançado o suficiente para delinear a figura do ser humano enquanto *ser-que-(se)-projeta*, num arco existencial que vai desde o *conhece-te a ti mesmo* até o *torna-te quem tu*

214. Sartre, J.-P., Elkaïm-Sartre, A. 2017, *L'être et le néant: essai d'ontologie phénoménologique*, Edition corrigée. ed, Collection TEL, Gallimard, Paris, p. 139.

és. E é possível dizer, com Souriau, quanto a esse arco de escolha, auto-instauração, auto-determinação e autorrealização, ao qual chamamos “projeto de vida”, que

> ... não se trata de uma simples correspondência harmônica de cada ser consigo mesmo tal como ele está em presença ou carência... É preciso pensar que não há somente correspondências, ecos, mas também ações, eventos por meio dos quais essas correspondências se fazem ou se desfazem, se intensificam como na ressonância de um acorde complexo ou se desligam e se desfazem. Lá onde uma alma humana, com todas as suas forças, se encarregou da obra a fazer, lá, num espaço dramático, por meio dessa alma, dois seres que são apenas um, exilados um do outro através da pluralidade dos modos de existência, se entreolham nostalgicamente e dão um passo em direção um do outro. ... essa alma humana ajuda, lúcida, passionalmente, esse ser separado de si mesmo a se reunir consigo.[215]

Encerrada a jornada de investigação sobre o que seja o projeto de vida, encontramo-nos enfim na antessala do tópico nuclear da investigação: o *Direito* ao Projeto de Vida.

3.5. Conceito de Direito ao Projeto de Vida

Comprovamos racionalmente que o projeto de vida constitui uma estrutura fundamental do ser humano e explicitamos sua essência e configuração através de uma investigação fenomenológica. É hora de buscar um conceito, e começaremos por indagar, com Sessarego: o projeto de vida merece proteção jurídica? A resposta, para ele, é afirmativa:

> Após todo o exposto, de muito mais que poderia ser dito e do que se está por dizer sobre o projeto de vida – e sim, estamos convencidos e conscientes de sua existência – cabe perguntar se ele merece proteção jurídica, na medida em que trata de tutelar o ser do homem. Acredita-se que sim, pois, se esta realidade é ignorada ou resta desprotegida, estaríamos abandonando as pessoas a sua própria sorte no que se refere ao cumprimento (ou não) de seus destinos, ao exercício de suas liberdades no mundo em

215. Souriau, É., Romero, W., Júnior, M. 2020, *Os diferentes modos de existência,* n-1 Edições, São Paulo, p.181.

> que lhes cabe viver, ao sentido deram as suas vidas. Perder-se-ia, enfim, a razão de ser que informa cada existência.[216]

Como ponto culminante de uma peregrinação filosófica que buscou revelar os fundamentos antropológicos e descrever a essência do projeto de vida, o momento da conceituação do que seja um *direito* ao projeto de vida já se encontra impregnado de elementos e percepções que o tornam uma noção bastante clara. Em outros termos, falar do projeto de vida já implicou a construção do sentido do que virá a ser um direito ao projeto de vida. Paradoxalmente, esse fato torna ainda mais árdua a sempre desafiadora tarefa de enclausurar de alguma forma, numa elaboração discursiva suficientemente sintética, um fato do mundo da vida sob investigação.

De toda maneira, é preciso zarpar de algum porto. Tomaremos então, como cais de partida, uma postulação com a qual Lacroix reafirma uma noção jusfilosófica basilar: se alguma dimensão do indivíduo corresponde a uma característica universal de todo ser humano, a ela deve corresponder um direito. E isso vale, é claro, quando se fala em autodeterminação e autorrealização - em projeto de vida:

> Para entender como a realização de si desempenha esse duplo papel de força de contestação e de força de proposição, basta retornar a seu postulado de base: esse postulado afirma que "todo indivíduo tem um potencial". É um postulado universalista que convida a ver, em cada ser humano, tudo o que esse último é capaz de fazer, todas as possibilidades que possui, todas as promessas de seu devir. Esse postulado vem acompanhado por um corolário: "Cada indivíduo **deve poder** explorar suas possibilidades ... Cada indivíduo **tem o direito** de explorar suas possibilidades..." Falando desse postulado e de seu corolário, a realização de si conduz à eclosão de uma espécie de **direito oponível.**[217]

216. Sessarego, C.F. 2017, "É possível proteger, juridicamente, o projeto de vida?" *Canoas, Rev. Electronica Direito Sociedade* 5, 41. Disponível em https://revistas.unilasalle.edu.br/index.php/redes/article/view/3868#:~:text=Vive%2Dse%20projetando%2C%20se%20projeta,al%C3%A9m%20de%20livre%2C%20%C3%A9%20temporal. (acesso em 12 março 2023).
217. Lacroix, M. 2009, *Se Réaliser - Petite philosophie de l'épanouissement personnel,* Éditions Robert Laffont, Paris. Edição do Kindle.Destacamos.

Essa breve formulação nos permite fincar um primeiro e singelo grampo de ancoragem para nossa escalada conceitual: o direito ao projeto de vida pode ser definido como aquele direito cuja finalidade é assegurar ao indivíduo a exploração de suas possibilidades singulares e a livre escolha e realização de seu projeto vital, sendo, dessarte, direito fundamental oponível a qualquer pessoa ou instituição.

Trata-se ainda de uma formulação mais filosófica do que jurídica, pelo que devemos seguir adiante na empreitada. Antes de avançar, contudo, é preciso tecer algumas reflexões acerca da nomenclatura desse novo direito.

3.5.1. A questão da nomenclatura

A tarefa de definir o que seja o *direito* ao projeto de vida só se tornou exequível em função do trabalho de destilação e explicitação dos contornos e características do projeto de vida.

Contudo, se já foi possível alcançar uma apresentação discursiva coerente do projeto de vida, é preciso aceitar que a fixação de uma denominação unívoca para o direito que lhe corresponde só poderá advir com o decurso do tempo e em decorrência da construção gradual de consensos na comunidade jurídica. Não se trata de uma situação especialmente problemática, mas apenas do curso normal de sedimentação histórica das elaborações e designações conceituais que naturalmente pedem espaço a partir da emergência de novas realidades, muitas vezes inéditas para os olhos do Direito.

É o que ocorre, atualmente, com os direitos relativos à proteção da pessoa humana, como é o caso do direito ao projeto de vida. Como destacou Sessarego a propósito do direito italiano,

> A jurisprudência das duas últimas décadas, sob uma ótica personalista, começa a utilizar novas categorias e técnicas de tutela do ser humano e, correlativamente, a valer-se de novas expressões que aludem a aspectos da vida humana anteriormente não considerados pelo direito para os efeitos de sua tutela.[218]

218. Sessarego, C.F. 1996, "Precisiones preliminares sobre el daño a la persona", *THEMIS Revista de Derecho*, (34), p. 188. Disponível em https://revistas.pucp.edu.pe/index.php/themis/article/view/11843 (acesso em 11/03/2023).

Podendo ser elencado dentre aqueles direitos voltados à proteção de "aspectos da vida humana anteriormente não considerados pelo direito", o direito ao projeto de vida ainda se encontra em pleno fluxo de sedimentação conceitual, é dizer: não houve tempo suficiente para que se alcance uma nomenclatura única.

Em verdade, partindo dos vários ângulos de observação do projeto de vida já explicitados, poderíamos atribuir ao direito em questão variadas denominações, todas elas razoáveis: direito a um projeto existencial; direito a um valor fundamental; direito à identidade dinâmica; direito a um modo autêntico de ser; direito a um sentido de vida; direito à autodeterminação e autorrealização; e, até mesmo, direito à liberdade. Outros termos, já em voga na seara jusfilosófica, poderiam ser também acolhidos, como direito ao livre desenvolvimento e realização da personalidade (apontados por Sessarego como sinônimos possíveis do direito ao projeto de vida),[219]ou mesmo direito à felicidade (caso considerada a partir de sua origem na *eudaimonia* como autorrealização).

Dentre tantas possibilidades, Sessarego escolheu o termo "direito ao projeto de vida" e, no artigo "Deslinde conceptual entre 'daño a la persona, daño al proyecto de vida y daño moral'", apresenta uma razão singela para sua escolha: "É este projeto o que outorga 'sentido' à vida, o que a brinda com sua 'razão de ser'. É o projeto pelo qual vale a pena viver. Daí que se lhe designe como 'projeto de vida'"[220]. O direito que o protege, dessarte, somente poderia ser chamado de "direito ao projeto de vida".

De nossa parte, considerando que o fundamento antropológico do direito em questão é a estrutura ontológica do ser humano enquanto *ser-que-(se)-**projeta***, entendemos que a designação *direito ao **projeto** de vida* é a que retrata com mais fidelidade a realidade subjacente que se busca proteger.

De toda forma, parece que a expressão *projeto de vida* já sobressai enquanto conceito no cenário jurídico mundial, assumindo sobre as

219. Sessarego, C.F. 1996, "Precisiones preliminares sobre el daño a la persona", *THEMIS Revista de Derecho*, (34), p. 199. Disponível em https://revistas.pucp.edu.pe/index.php/themis/article/view/11843 (acesso em 11/03/2023).

220. Sessarego, C.F. 2003, "Deslinde Conceptual entre 'Daño a la Persona', 'Daño al Proyecto de Vida' y 'Daño Moral'", *Foro Jurídico* (02), p. 26. Disponível em https://revistas.pucp.edu.pe/index.php/forojuridico/article/view/18280 (acesso em 12 março 2023).

denominações alternativas uma primazia que se viu especialmente impulsionada por seu acolhimento pela Corte Interamericana de Direitos Humanos no Caso Loayza Tamayo:

> 147. ... o denominado "projeto de vida" atende à realização integral da pessoa afetada, considerando sua vocação, atitudes, circunstâncias, potencialidades e aspirações, que lhe permitem fixar-se razoavelmente determinadas expectativas e aceder a elas.
>
> 148. O "projeto de vida" se associa ao conceito de realização pessoal, que por sua vez se sustenta nas opções que o sujeito pode ter para conduzir sua vida e alcançar o destino que se propõe. A rigor, as opções são a expressão e garantia da liberdade. Dificilmente se poderia dizer que uma pessoa é verdadeiramente livre se carece de opções para encaminhar sua existência e levá-la a sua natural culminação. Essas opções possuem, em si mesmas, um alto valor existencial. Portanto, seu cancelamento ou menoscabo implicam a redução objetiva da liberdade e a perda de um valor que não pode ser alheio à observação desta Corte.[221]

3.5.2. Direito ao projeto de vida: conceituação

Sessarego fala da eclosão de três importantes conquistas da filosofia jurídica na segunda metade do século XX: uma ética, representada pelo abandono do "ilógico costume de medir com critério econômico o valor da vida humana"; uma interpretativa, consistente no relativo sucesso em "delinear os alcances conceituais da noção de dano à pessoa"; e uma metodológica, representada pelo trabalho interdisciplinar sobre a realidade humana. No bojo dessas conquistas, um redescobrimento do ser humano a partir dos achados da Filosofia da Existência, que permitiram compreender "a centralidade do homem na dimensão jurídica".[222]

A partir desses avanços, foi possível retomar sobre bases sólidas os supostos do Direito e iniciar uma revisão crítica que desembocou na "revalorização da vida humana, na centralidade da pessoa, na exigência

221. Sentencia de la Corte Interamericana de Derechos Humanos, de 27 de noviembre de 1998, Caso Loayza Tamayo, Reparaciones. Disponível em https://www.corteidh.or.cr/docs/casos/fundamentos/jseriec42.pdf. (acesso em 03/01/2023).

222 Sessarego, C.F. 1996, "Precisiones preliminares sobre el daño a la persona", *THEMIS Revista de Derecho*, (34), p. 209. Disponível em https://revistas.pucp.edu.pe/index.php/themis/article/view/11843 (acesso em 11/03/2023).

de sua proteção integral e, por conseguinte, na imperiosa necessidade de reparar os danos, de qualquer índole, que lhe possam afetar."[223] Dentro dessas realidades humanas redescobertas pelo olhar integral, encontramos o projeto de vida, ao qual corresponde, enquanto reconhecimento jurídico, o direito ao projeto de vida.

A empreitada de conceituação de um direito pode se dar através de múltiplas veredas. Nesse trabalho, buscaremos alcançar uma definição comum e, a seguir, uma concepção de compleição jurídica.

Massimo di Felice, em seu brilhante prólogo ao escrito "A questão da técnica", de Martin Heidegger, relata como o autor de "Ser e Tempo" realiza suas investigações filosóficas a partir de um método de raciocínio particular,

> ... baseado na análise etimológica dos termos e no contínuo recurso ao significado e à composição originária da palavra. A escolha de voltar à origem grega de um termo não significava, em Heidegger, a busca de uma raiz histórico-objetiva e de um significado "verdadeiro"; ao contrário, a volta à origem e, portanto, ao berço da civilização ocidental passava a assumir, paradoxalmente, o sentido da descoberta de um significado inédito e deslocador, tornado possível pelo caráter polissêmico do grego antigo.[224]

Acreditamos que o método heideggeriano poderá nos conduzir a uma definição sintética e, ao mesmo tempo, de alta densidade expressiva, do que seja o direito ao projeto de vida. E propomos fazê-lo a partir da decomposição arqueológica do termo "autobiografia", palavra relativamente recente que expressa, na atualidade, um gênero literário ou, numa segunda acepção, a atividade de escrever um relato da própria história de vida.

Como já vimos mostrando, a essência do projeto de vida consiste numa autoconfiguração do ser humano, que se afirma livremente enquanto obra de si mesmo, autorrealizando-se numa existência concreta. Por isso mesmo foi também denominado projeto existencial. Ora, decompondo a palavra "autobiografia" teremos diante de nós três termos de origem grega: autos-bios-grafia. Realizando, como Heidegger, uma

---

223. *Ibid.*, p. 209.

224. Heidegger, M. 2020, *A questão da técnica*, Paulus, São Paulo, p. 17.

arqueologia dos vocábulos em busca de sentidos inauditos ou adormecidos, descobriremos que αὐτός (*autós*) tem o significado de "por si mesmo"; βίος (*bíos*) contém, além da noção corriqueira de vida, a acepção de "existência"; e γράφω (*grápho*), que dá origem ao termo grafia, ou escrita, também pode significar inscrever, compor e, mais importante, "compor a si mesmo".[225]

Reagrupando novamente os três termos da palavra *autobiografia*, agora já permeados pelos sentidos recolhidos por nossa arqueologia etimológica, vemos que o vocábulo se torna capaz de abarcar a essência do que mostramos constituir o projeto de vida: a existência humana enquanto obra que o indivíduo faz de si mesmo. Tratando-se do direito que assegura ao indivíduo a possibilidade de compor, por si e em função de si mesmo, sua própria existência, podemos definir o direito ao projeto de vida como *direito à autobiografia*.

Avançando um pouco mais nessa linha, no curso da tarefa de revisitar no dicionário as acepções possíveis do termo *graphos* o olhar do pesquisador se deparará com uma palavra que, numa acepção hoje pouco usual, também tem importante densidade significativa: *gramma*. O termo γράμμα, -ατος, que o mundo atual recolheu prevalentemente na acepção de sinal gráfico ou letra (e do qual derivará o termo *gramático*), também pode significar *cultura, instrução*.[226]A partir dessa acepção, poderemos também sugerir a articulação daquele termo com dois dos outros já apresentados (*autos* e *bíos*), para formar um novo vocábulo que, nos parece, é capaz de significar o que consideramos a essência do projeto de vida: *autobiogramia* (autos + bíos + gramma), ou seja, o ato pelo qual o ser humano se cultiva a si mesmo a partir e por meio de sua singular existência.

Em síntese: enquanto projeto de vida, o ser humano é obra dinâmica de si mesmo; é como uma melodia existencial que ele próprio compõe. E se o projeto existencial implica numa composição de si mesmo, interpretada pelo próprio indivíduo, sobre a clave de sua existência individual,

225 Αὐτός, ή, ό ... 3. por si mesmo. Βίος, ου 1. gênero de vida; vida; existência. Γράφω ... 2. Inscrever, escrever; 3. Compor; 4.Compor a si mesmo. Malhadas, D., Dezotti, M.C.C., Neves, M.H. de M. (Eds.), 2006. Dicionário grego-português: DGP. Ateliê Editorial, Cotia, SP, Brasil.

226. Malhadas, D., Dezotti, M.C.C., Neves, M.H. de M. (Eds.), 2006. Dicionário grego-português: DGP. Ateliê Editorial, Cotia, SP, Brasil.

podemos definir o direito ao projeto de vida como um direito à *autobiografia*. Alternativamente, se o consideramos como o direito que tem o ser humano de se autocultivar, tornando-se numa progressão qualitativa aquilo que deve ser, podemos definir o direito ao projeto de vida como um direito à *autobiogramia*.

A construção desses dois conceitos, como veremos, não constitui empreitada vã; como se verá mais adiante, ao se retomar a questão da tecnobarbárie digital e da psicopolítica hoje vigente, são vocábulos que carregam noções de alto potencial emancipatório, posto que capazes de explicitar o carater disruptivo do direito ao projeto de vida enquanto salvaguarda do espaço de interioridade e da temporalidade em seu ritmo adequado à construção de um indivíduo efetivamente livre.

Passemos, então, à tentativa de elaborar uma formulação jurídica do direito ao projeto de vida.

Em nosso percurso descritivo do maior número possível de lados desse poliedro que é o projeto de vida, buscamos explicitar pontos e ângulos que, devidamente associados e conectados, permitam que se alcance uma noção satisfatória de seu núcleo essencial.

Seguindo método análogo, Sessarego enfim conceituou o direito ao projeto de vida como direito do ser humano ao desenvolvimento fenomênico de sua liberdade, que se traduz em poder ser e fazer, dentro do bem comum e com respeito ao interesse social, aquilo em que consiste o sentido de sua vida, sua razão de ser.

Trata-se, de fato, de uma boa formulação. Contudo, como já destacamos, discordamos de Sessarego quando emparelha integralmente o projeto de vida com sua realização concreta. Com efeito, não obstante bem sucedida em retratar um aspecto essencial do projeto de vida, peca por não abarcar todo o espectro do projeto existencial. Isso porque deixa de fora a existência do projeto de vida em seus momentos inaugurais, quando já emerge na seara interior da vida psíquica do sujeito – ou seja, o projeto de vida como *autodeterminação*.

Para suprir essa lacuna adicionamos à perspectiva de Sessarego as abordagens de Sartre, Souriau e Lima Vaz, para retratar o projeto de vida como um movimento de densificação existencial que já emerge, enquanto escolha livre, desde a esfera do espírito humano (enquanto razão e liberdade). É dizer: o momento instaurador do projeto não constitui simples gatilho, mas parte integrante da marcha existencial do ser humano enquanto projeto de si mesmo – enquanto *ser-que-(se)-projeta*. Já é, portanto, projeto de vida.

Ora, se o projeto de vida já existe desde aquele instante primordial, o *direito* ao projeto de vida incidirá já sobre a esfera da interioridade humana, atuando como protetor do momento instaurador da escolha racional livre. Por isso, o chamaremos nesse instante de *direito ao projeto de vida como* ***autodeterminação***. Uma vez avaliado e escolhido o projeto fundamental, esse transbordará para o mundo da vida enquanto real engajamento existencial, e se inicia então a etapa de concretização – ou, em termos sessareguianos, liberdade fenomênica ou fenomenizada. Nesse estágio, poderemos falar do *direito ao projeto de vida como* ***autorrealização***.[227-228]

227. Souriau, É., Romero, W., Júnior, M. 2020, *Os diferentes modos de existência,* n-1 Edições, São Paulo, p.182.

228. A bipartição conceitual do direito ao projeto de vida em seus momentos de autodeterminação e autorrealização evocará as fundamentais noções de liberdade negativa e positiva de Isaiah Berlin; isso é esperado pois, como já exposto em alguns tópicos da tese, a realidade subjacente - o ser humano – é única, e a partir dali as construções teóricas se darão como emanações distintas de um mesmo fundamento. Enfim, como afirmou Berlin em seu "Dois Conceitos de Liberdade", não é possível abarcar inteiramente nem a história nem as mais de duas centenas de sentidos desse termo multiforme. Poderíamos, entretanto, aclarar a posição relativa das respectivas noções conjecturando que, à luz da concepção de Berlin, o direito ao projeto de vida poderia constituir uma especificação necessária (dentre outras possíveis) das mais amplas noções de liberdade positiva e negativa. Necessária porque, como mostra a história, institutos mais genéricos acabam ficando fragilizados e até mesmo ineficazes sob o argumento de que meramente incompletos ou simplesmente programáticos. Sob um outro aspecto, embora o fundamento antropológico de qualquer noção de liberdade resida na liberdade do indivíduo, parece-nos que Berlin tece suas noções mais diretamente a partir de fundamentos políticos ou da noção de dignidade, ao passo que a elaboração do direito ao projeto de vida tem por fundamento direto a noção ontológica de natureza existencialista do homem como "ser-liberdade", além de se apoiar em sua estrutura enquanto ser temporal e histórico. De toda forma, tangências ocorrerão, em se tratando de lados, ângulos e perspectivas do mesmo fenômeno humano. Ao final, as noções de liberdade negativa e positiva de Berlin constituirão essenciais ferramentas para melhor elaboração conceitual, elucidação e efetivação do direito ao projeto de vida – cuja construção teórica e prática assenta fundamentalmente sobre a liberdade humana, como diz o título do livro.

Portanto, a tarefa de conceituação do direito ao projeto de vida deve passar pelo reconhecimento de seus dois aspectos: direito à autodeterminação (relacionado ao momento da vontade e escolha livre) e direito à autorrealização (correspondendo à visão sessareguiana do projeto de vida como liberdade fenomênica, é dizer, enquanto fenômeno externalizado e concretizado no mundo da vida). Assim sendo, podemos conceituar o direito ao projeto de vida como o *direito do ser humano de se autodeterminar existencialmente pela livre apreciação e escolha de um projeto vital que dará sentido à sua vida, e de atuar para se autorrealizar concretamente de acordo com aquele projeto.*

3.6. Dano ao Projeto de Vida

Tendo falado sobre o projeto de vida e, em seguida, sobre o direito ao projeto de vida, há que dar um último passo adiante para pensar o *dano* ao projeto de vida. Antes de fazê-lo, contudo, é imperativo verter alguns esclarecimentos e efetuar um recorte epistemológico.

Já ressalvamos que o objeto desta investigação não é o *dano* ao projeto de vida, mas seu momento anterior - ou melhor, seu fundamento: o direito ao projeto de vida. Também esclarecemos que esse foco decorreu da percepção de importante lacuna de reflexões mais amplas sobre o projeto de vida e o direito correspondente. Buscamos, com esse trabalho, suprir em alguma extensão essa lacuna, reforçando assim as fundações da doutrina do direito ao projeto de vida. Logicamente que, com isso, também se verão fortalecidas as bases doutrinárias do dano ao projeto de vida.

Entrementes, cabe aqui ressaltar que uma investigação a propósito do direito ao projeto de vida constitui tema da Filosofia do Direito, enquanto que o tópico do dano ao projeto de vida se situa, mais propriamente, na seara da Responsabilidade Civil. E, nesse passo, há que se destacar que a respeito do dano já foram publicados consistentes trabalhos, os quais não teríamos condições de alcançar em extensão ou profundidade dentro de nossos marcos epistemológicos.

Contudo, o desdobrar da pesquisa nos interpela a avançar um pouco sobre aquele território, pois nos parece que nossas investigações abriram espaço para a eclosão de perspectivas que poderão constituir novos subsídios às atuais reflexões sobre a questão do dano. Destacamos, dentre elas, as que concebem o projeto de vida como valor fundamental, horizonte hermenêutico e, enquanto "ocasionador global"[229], força motriz do circuito da ipseidade do indivíduo.

Não seria possível, contudo, apresentar tais aspectos sem antes esboçar, ainda que brevemente, um panorama do quadro doutrinário em torno do dano ao projeto de vida. Dessa forma, este tópico será divido em duas etapas: numa primeira, apresentar-se-á um exíguo panorama dos traços essenciais do dano ao projeto de vida a partir da doutrina de Sessarego; numa segunda etapa, apontaremos os desdobramentos, para a questão do dano, de nossa abordagem do projeto de vida como autodeterminação e, enquanto "projeto dos projetos", horizonte hermenêutico.

3.6.1. Contornos fundamentais do dano ao projeto de vida

O edifício teórico sessareguiano em torno do dano ao projeto de vida assenta sobre uma concepção humanista do sujeito de direitos. Isso implica considerar o ser humano enquanto unidade de múltiplas estruturas articuladas entre si e, portanto, interpelar o Direito a erguer sobre o indivíduo uma arcada de proteção integral. Partindo dessas bases é que Sessarego postula que

> ... devemos considerar o dano à pessoa, dentro de sua acepção mais ampla, como uma lesão em si mesmo considerada, seja à unidade psicossomática ou à liberdade que a sustenta...[230]

Nessa linha, deve-se "reconhecer a existência real de um dano que incide na fenomenalização ou exercício de liberdade".[231] Trata-se, em outras palavras, de reconhecer a existência de um dano ao projeto de vida.

Pode-se iniciar a investigação do evento "dano ao projeto de vida" a partir da análise sartriana acerca da influência de alterações situacionais sobre o ser humano enquanto liberdade que se projeta – ou seja, enquanto projeto de vida:

229. Ou seja, causa eficiente, material, formal e final da existência autêntica humana.

230. Sessarego, C.F. 1996, "Precisiones preliminares sobre el daño a la persona", *THEMIS Revista de Derecho*, (34), p. 198. Disponível em https://revistas.pucp.edu.pe/index.php/themis/article/view/11843 (acesso em 11/03/2023).

231 *Ibid.*, p. 197.

> Enfim, nós vimos que perturbações interiores da situação por mudanças autônomas dos entornos são sempre previsíveis. Essas mudanças não podem jamais *provocar* uma mudança de meu projeto, mas elas podem levar, sobre o fundamento de minha liberdade, a uma simplificação ou uma complicação da situação. Ali mesmo, meu projeto inicial se revelará a mim com mais ou menos simplicidade.[232]

O que Sartre levantou naquela ocasião foi o problema das alterações no horizonte fático e seu efeito transformador no solo da caminhada existencial do indivíduo. E, previsivelmente, pode advir uma alteração de tal intensidade que acabe por impactar substancialmente no projeto de vida, chegando a limitar de forma importante, ou mesmo a interromper, a possibilidade de seu seguimento. Provavelmente estaremos, num tal caso, diante de um *dano ao projeto de vida.*

Evento que repercute de modo radical no projeto de vida do indivíduo, o dano ao projeto de vida é aquele que "impede que o ser humano se realize existencialmente de conformidade com dito projeto livremente escolhido, atendendo a uma vocação pessoal."[233] Incidindo decisivamente sobre sua possibilidade de realizar uma decisão livre fundamental, o "dano ao projeto de vida compromete, séria e profundamente, a liberdade do sujeito de 'ser ele mesmo' e não 'outro', afetando-o naquilo que denominamos sua identidade dinâmica, é dizer, o desenvolvimento de sua personalidade."[234]

Trata-se, ensina Sessarego, de um dano de tal magnitude que afeta

> ... a maneira pela qual o sujeito decidiu viver, que trunca o destino da pessoa, que o faz perder o sentido mesmo de sua existência. É, por isso, um dano continuado, que geralmente acompanha o sujeito durante todo

232. Sartre, J.-P., Elkaïm-Sartre, A. 2017, *L' être et le néant: essai d'ontologie phénoménologique*, Edition corrigée. ed, Collection TEL, Gallimard, Paris, p. 597.

233. Sessarego, C.F. 1996, "Daño al proyecto de vida", *Derecho PUCP, (50),* p.56. Disponível em https://revistas.pucp.edu.pe/index.php/derechopucp/article/view/5925/5934 (acesso em 25/02/2023).

234. Sessarego, C.F. 1996, "Daño al proyecto de vida", *Derecho PUCP, (50),* p.85. Disponível em https://revistas.pucp.edu.pe/index.php/derechopucp/article/view/5925/5934 (acesso em 25/02/2023).

seu existir na medida em que compromete, de modo radical, sua peculiar e única "maneira de ser".[235]

Em seu artigo "Deslinde Conceptual entre 'Daño a la Persona', 'Daño al Proyecto de Vida' y 'Daño Moral'" (2003), Sessarego endossa a concepção elaborada pela Corte Interamericana de Direitos Humanos no célebre caso Loayza Tamayo:

> ... é razoável afirmar que os fatos violatórios de direitos impedem ou obstruem seriamente a obtenção do resultado previsto e esperado, e por isso alteram de forma substancial o desenvolvimento do indivíduo. Em outros termos, o "dano ao projeto de vida", entendido como uma expectativa razoável e acessível no caso concreto, implica a perda ou o grave menoscabo de oportunidades de desenvolvimento pessoal, de forma irreparável ou muito dificilmente reparável. Assim, a existência de uma pessoa se vê alterada por fatores alheios a ela... Esses fatos mudam drasticamente o curso da vida, impõem circunstâncias novas e adversas e modificam os planos e projetos que uma pessoa formula à luz das condições ordinárias em que se desenvolve sua existência e de suas próprias aptidões para levá-los a cabo com probabilidade de êxito.[236]

Por fim, numa formulação coerente com seu conceito estrito de projeto de vida, Sessarego pontifica que o dano ao projeto de vida "se produz a partir do fato de um evento danoso que incide na liberdade fenomênica da pessoa."[237] Dessa forma,

> ... o "dano ao projeto de vida" é um dano específico, que afeta a liberdade convertida em atos ou condutas que, na realidade, compõem a realização de dito projeto. Se trata, como se advertiu, da liberdade fenomênica,

235. Sessarego, C.F. 1996, "Daño al proyecto de vida", *Derecho PUCP, (50)*, p.85. Disponível em https://revistas.pucp.edu.pe/index.php/derechopucp/article/view/5925/5934 (acesso em 25/02/2023).

236. Sentencia de la Corte Interamericana de Derechos Humanos, de 27 de noviembre de 1998, Caso Loayza Tamayo, Reparaciones. Disponível em https://www.corteidh.or.cr/docs/casos/fundamentos/jseriec42.pdf. (acesso em 03/01/2023).

237. Sessarego, C.F. 2003, "Deslinde Conceptual entre 'Daño a la Persona', 'Daño al Proyecto de Vida' y 'Daño Moral' ", *Foro Jurídico* (02), p.35. Disponível em https://revistas.pucp.edu.pe/index.php/forojuridico/article/view/18280 (acesso em 12 março 2023).

> aquela que aparece no mundo como realização de uma decisão livre da pessoa enquanto ser-liberdade.[238]

Essa última definição, que tão bem retrata a essência do que Sessarego identifica como projeto de vida, também demarca um aspecto a respeito do qual, como já destacamos, nos afastamos de sua elaboração teórica: a identificação estrita do projeto de vida (e, portanto, do dano correspondente) com a fase de realização da possibilidade fundamental – ou, na denominação que elegemos, da autorrealização.

A esse respeito, e a partir da discrepância de nossa concepção de projeto de vida em face da visão de Sessarego, postularemos que o evento danoso pode também incidir sobre a esfera da liberdade interior, antes mesmo de sua externalização em atos concretos – ou, como já definimos, no momento da autodeterminação livre do sujeito.

3.6.2. Características do dano ao projeto de vida

Após oferecer um conceito do dano ao projeto de vida, Sessarego apresenta suas características fundamentais: trata-se de um dano *atual, certo, que se projeta ao futuro e que, por ser continuado, acompanha o sujeito durante seu périplo vital.*[239]

O jusfilósofo chega àquelas características a partir da análise do caso do pianista profissional que perde os dedos num acidente e, com isso, é privado dos meios para continuar desenvolvendo livremente sua personalidade, ou identidade dinâmica. Agregando àquela hipótese os exemplos de infortúnios análogos incidentes sobre um cirurgião, um pintor, um tenista ou um ceramista, Sessarego avança para caracterizar o dano ao projeto de vida como um dano que produz uma consequência "certa, futura e continuada", sendo, portanto, o mais grave dano que se pode causar ao ser humano;[240] e "sua consequência mais grave é a de gerar no

238. *Ibid.*, p. 39.

239. Sessarego, C.F., 1996. Hacia una nueva sistematización del daño a la persona. Revista de Direito Civil, Imobiliário, Agrário e Empresarial 10, p. 11.

240. Sessarego, C.F. 1996, "Precisiones preliminares sobre el daño a la persona", *THEMIS Revista de Derecho*, (34), p. 203. Disponível em https://revistas.pucp.edu.pe/index.php/themis/article/view/11843 (acesso em 11/03/2023).

sujeito afetado um vazio existencial pela perda de sentido que experimenta em sua vida."[241]

A partir de algumas reflexões de Sartre podemos agregar mais alguns traços distintivos do dano projeto de vida àqueles já demarcados por Sessarego, articulando-os ao final com uma explicitação correspondente à nossa definição de projeto de vida enquanto autodeterminação e autorrealização. Uma vez presentes tais traços, estar-se-á provavelmente diante de um dano ao "projeto dos projetos".

Em primeiro lugar, para se caracterizar como um dano ao projeto de vida o evento danoso precisa causar uma modificação fundamental *involuntária* da escolha existencial que a pessoa faz de si mesmo.[242]Além disso, deve provocar uma significativa perturbação ou mesmo ruptura da cadeia causal sobre a qual se externaliza a construção da existência individual como jornada rumo a um projeto fundamental. É indiferente que seja um evento instantâneo ou protraído no tempo, desde que resulte numa amputação da liberdade de escolha que implique na interrupção definitiva ou na modificação radical de um projeto fundamental. Implicará, portanto, na supressão do futuro constituidor do sentido global do indivíduo que leva a uma mudança radical da situação existencial, resultando no fracasso parcial ou total do projeto vital, podendo incidir tanto sobre a capacidade de autodeterminação e escolha livre quanto sobre próprio desdobrar factual da autorrealização do ser humano enquanto liberdade. [243]

3.6.3. O dano ao projeto de vida quanto ao local de incidência

Ao refletir sobre o projeto de vida em relação às categorias estruturais do ser humano concluímos que, inobstante o *locus* mais elevado do projeto de vida seja a categoria do espírito (enquanto razão e liberdade), o projeto fundamental permeia todo o ser humano, em cada quadrante

241. Sessarego, C.F. 1998, "Daño a la persona y daño moral en la doctrina y en la jurisprudencia latinoamericana actual.", *THEMIS Revista de Derecho (38),* p.184. Disponível em https://revistas.pucp.edu.pe/index.php/themis/article/view/10319 (acesso em 11 março 2023).

242. Sartre, J.-P., Elkaïm-Sartre, A. 2017, *L' être et le néant: essai d'ontologie phénoménologique,* Edition corrigée. ed, Collection TEL, Gallimard, Paris, p. 509.

243. Sartre, J.-P., Elkaïm-Sartre, A. 2017, *L' être et le néant: essai d'ontologie phénoménologique,* Edition corrigée. ed, Collection TEL, Gallimard, Paris, p. 509-511.

de cada uma de suas dimensões estruturais: corpo, psiquismo e espírito. Disso decorre, em relação ao dano ao projeto de vida, que

> ... pode recair diretamente no corpo ou soma do sujeito ou na psiqué. É em virtude da unitária estrutura psicossomática que um dano sobre o corpo tem, em alguma medida, reflexos psíquicos ou, em sentido oposto, um dano nesta última natureza reflita no corpo.[244]

De fato, enquanto evento, o dano pode incidir diretamente sobre qualquer das estruturas fundamentais do ser humano, e até mesmo sobre o mundo objetivo por sobre o qual, enfim, o indivíduo constrói seu caminho vital. O que o qualifica como dano ao projeto de vida é seu resultado - ou seja, que provoque alguma alteração do mundo da vida ou no horizonte de sentido que afete, reduza ou aniquile o direito de autodeterminação ou autorrealização do invidíduo.

Assim sendo, a lesão ao objeto jurídico "projeto de vida" pode decorrer: de um dano sobre a capacidade mental, comprometendo assim a capacidade de autodeterminação do invidíduo (a heteroconstituição oculta da identidade por algoritmos, por exemplo); de um dano sobre suas condições físicas de realização do projeto (como a perda dos dedos de um pianista); ou até mesmo de um evento que afete o entorno cultural, social ou ambiental no qual o indivíduo se apoia para se desenvolver plenamente (como no caso de um desastre socioambiental como a chamada "Tragédia de Mariana", no Brasil, no qual todo o território e estruturas humanas foram varridos pela lama, aniquilando o horizonte físico, de autossignificação e de orientação existencial de toda uma comunidade).

3.6.4. O dano ao projeto de vida em relação a outros danos contíguos

Já destacamos como a proteção jurídica ao ser humano tem sido ampliada como uma resposta a descobertas acerca de sua extensão categorial, com o surgimento de novos direitos. Dessa forma, emergem

---

244. Sessarego, C.F., 1996. "Hacia una nueva sistematización del daño a la persona". *Revista de Direito Civil, Imobiliário, Agrário e Empresarial* 10, p. 9.

tentativas de dar contornos jurídicos aos novos institutos, encontrando-se a jusfilosofia numa fase de evolução e decantação do arcabouço conceitual.

Em se tratando de danos à pessoa, a compartimentalização conceitual abstrativa, de vital importância para seu estudo, sistematização e concretização, jamais logrará delinear uma fórmula precisa, e muito menos estanque. É esperável que, uma vez construídas as definições jurídicas, ocorra uma tangência ou mesmo sobreposição parcial da base de incidência das formulações. Afinal, no cerne de todas elas está um objeto júrídico comum e unitário: o sujeito humano.

Entretanto, mesmo admitindo-se as limitações inerentes a tal empreitada, é preciso enveredar pela tarefa, pois um esboço do que seja o dano ao projeto de vida estaria incompleto sem o cotejo de suas características com as de alguns institutos limítrofes mais consolidados na linguagem jurídica. A partir desse contraste, as tonalidades distintivas do dano ao projeto de vida se tornarão mais evidentes.

3.6.4.1. O dano ao projeto de vida em contraste com o dano moral

Uma das modalidades de dano mais estudadas atualmente é o dano moral, havendo sobre o mesmo inúmeros trabalhos de envergadura. Dessarte, mesmo um simples cotejo das características distintivas do dano moral com as do dano ao projeto de vida poderá revelar contornos importantes do dano ao "projeto dos projetos".

Sessarego inicia sua reflexão acerca desse tópico a partir das recentes evidências antropológico-filosóficas a propósito da estrutura do ser humano, para enfim pontificar que não cabe designar como "dano moral" todo dano que não gere consequências patrimoniais ao indivíduo, não cabendo naquela expressão, forjada para expressar a lesão à esfera sentimental do sujeito (dor, sofrimento), danos a outros estados psíquicos ou à própria liberdade constitutiva do ser humano:

> A expressão [dano moral], além de inadequada e imprecisa, não é compreensiva de outros danos que transcendem a mera esfera sentimental ou afetiva do sujeito. Se faz, portanto, necessária uma decantação

> linguístico-conceitual a fim de evitar imprecisões que turvam a clara concepção do dano à pessoa.[245]

Destaca, assim, que o dano moral, ou *pretium doloris*, se refere à esfera do sentimental, do afetivo, aos estados de ânimo e sofrimento psíquicos infligidos à vítima, com frequência de modo transitório. Seria, em verdade, um "dano sentimental". Por isso,

> ... além de estar circunscrito a um específico setor da personalidade, não tem nada de "moral", mas é uma expressão do aparato psicológico do ser humano cuja lesão é tipificada pelo direito como dano à pessoa.[246]

Seriam patentes, dessa forma, as diferenças entre o dano moral e os demais danos à pessoa, sendo ainda mais marcadas em se tratando de contrastar o dano moral, de efeitos geralmente transitórios (para Sessarego, a dor, o sofrimento e o desespero que podem advir do dano moral eventualmente se mitigarão ou se transformarão em outros sentimentos), ainda que eloquentes, e dano ao projeto de vida, cujos efeitos se protraem no tempo, alterando de forma perene a própria caminhada existencial do indivíduo.

Por fim, a diferença mais evidente entre as duas modalidades emerge do objeto jurídico protegido (ou, em outras palavras, da fração protegida do objeto jurídico integral, que é o *sujeito-humano*). No caso do dano moral, protege-se o ser humano enquanto ser de afetos e sentimentos. No dano ao projeto de vida, o que se busca resguardar é o ser humano enquanto *ser-que-(se)projeta*.

3.6.4.2. O dano ao projeto de vida em contraste com a perda de uma chance

Uma outra espécie de dano que apresenta, à primeira vista, uma importante tangência com o dano ao projeto de vida é a denominada "perda de uma chance."

245. Sessarego, C.F. 1996, "Precisiones preliminares sobre el daño a la persona", *THEMIS Revista de Derecho*, (34), p. 204. Disponível em https://revistas.pucp.edu.pe/index.php/themis/article/view/11843 (acesso em 11/03/2023).

246. *Ibid.*, p. 204.

Contudo, um exame mais detalhado permitirá concluir que essa aparente sobreposição se deve mais à importância, para ambas as noções, da dimensão prospectiva. Entretanto, no que lhes é essencial, as coincidências se encerram por aí.

Com efeito, a "chance" referida no instituto se refere mais especificamente a uma oportunidade, geralmente de contornos definidos e associada a expectativas plausíveis ou prováveis, de obtenção de algo benéfico para a vida da pessoa lesada.[247]

De fato, o horizonte existencial humano é um grande palco onde desfila uma sucessão interminável de projetos possíveis. Todos esses projetos constituem itinerários de realização de objetivos abertos à escolha do indivíduo – ou, em outros termos, constituem oportunidades ou chances. Assim sendo, por vezes o dano afetará apenas uma dentre as muitas chances, oportunidades ou alternativas possíveis de atuação do indivíduo. Será possível falar, em ocasiões tais, em perda de uma chance.

Poderá ocorrer, entretanto, que uma dessas alternativas constitua o valor escolhido pelo indivíduo como fundamental, como núcleo axiológico de sua existência. Nesse caso, o dano atingirá a própria liberdade do indivíduo. Mais do que a perda de uma chance, estaremos diante de uma lesão ao projeto de vida – já que o objeto jurídico protegido, mais do que uma expectativa factível, é o próprio ser humano enquanto *ser-que-(se) projeta.*

3.6.4.3. *O dano ao projeto de vida em contraste com o dano existencial*

No atual estágio de evolução e decantação do novo conceito de dano ao projeto de vida, talvez o campo em que os limites conceituais entre dois institutos estejam mais borrados seja o atinente às denominações "dano ao projeto de vida" e "dano existencial".

Diante de tal situação, focaremos inicialmente a análise sobre a doutrina já consolidada a propósito do dano existencial, derivada de uma construção iniciada no Direito Italiano. Como relata Soares, o marco

247. Sessarego, C.F. 1998, "Daño a la persona y daño moral en la doctrina y en la jurisprudencia latinoamericana actual.", *THEMIS Revista de Derecho (38)*, p. 204. Disponível em https://revistas.pucp.edu.pe/index.php/themis/article/view/10319 (acesso em 11 março 2023)

histórico foi a sentença proferida pela Corte de Cassação italiana em 11/11/1986, nº 6.607, que reconheceu a existência de uma lesão que denominou "danos à vida de relação", mas na qual já era possível visualizar a proteção das "alterações na rotina da pessoa como dano juridicamente relevante e passível de indenização, apesar de ainda não ser conhecida a expressão 'dano existencial.'"[248] Nessa acepção, consistiria o dano existencial em qualquer alteração prejudicial externa, concreta e relevante na vida do invidívuo, resultando num comprometimento prejudicial em seu cotidiano.[249]

Nessa linha de pensamento, concebe-se o dano existencial como um dano que afeta a qualidade de vida:

> Esse bem-estar é o objeto do dano existencial, como visto, figura cunhada pelo direito italiano, que se aproxima do denominado *préjudice d'agrément* no direito francês e da *loss of amenities of life* (*loss of enjoyment of life* ou *hedonic damages*), no direito inglês e no direito estadunidense – ambos sinteticamente concebidos como a perda dos prazeres da vida, ou danos à vida de relação. ... O dano existencial é, portanto, uma afetação negativa e juridicamente relevante no cotidiano da pessoa, a qual tinha determinada rotina, e, em razão de uma conduta lesiva, sofreu alteração prejudicial, total ou parcial, permanente ou temporária, seja em uma atividade, seja em um conjunto de atividades que a vítima do dano, normalmente, tinha como incorporado ao seu cotidiano e que, em razão do evento lesivo, precisou suprimir, modificar, delegar a sua realização ou, mesmo, consegue realizá-la em condições adversas. O dano existencial representa uma renúncia involuntária à situação de normalidade tida em momento anterior ao dano, significando um comprometimento de uma atividade ou um conjunto de atividades, econômicas ou não, incorporadas ao cotidiano da pessoa. [250]

O chamado dano existencial seria, portanto, um dano à situação existencial concreta e atual do indivíduo, à sua existência cotidiana. De

248. Soares, F.Rampazzo. 2012, "Do caminho percorrido pelo dano existencial para ser reconhecido como espécie autônoma do gênero 'danos imateriais'", *Revista da AJURIS* v. 39, n.127, p. 202.

249. *Ibid.*, p. 203.

250. Soares, F.Rampazzo. 2012, "Do caminho percorrido pelo dano existencial para ser reconhecido como espécie autônoma do gênero 'danos imateriais'", *Revista da AJURIS* v. 39, n.127, p. 204.

certa forma, incidiria diretamente sobre a esfera objetiva (o mundo da vida conforme sedimentado pelo sujeito sob a forma de rotina), ao passo que o dano ao projeto de vida diz respeito à esfera subjetiva da pessoa lesada, pois seria um dano à liberdade enquanto autodeterminação e enquanto autorrealização, retirando do sujeito não apenas uma realidade situacional concreta – ou seja, algo objetivo -, mas afetando sua própria subjetividade enquanto possibilidade livre de dar à própria vida um sentido e de atuar em busca dessa meta.

De fato, em ambos os casos pode haver uma alteração no modo de ser concreto da pessoa. Entretanto, percebe-se que se trata de uma mera tangência ou, no máximo, uma pequena superposição de objetos jurídicos totalmente distintos: do lado do dano existencial, um certo direito à existência cotidiana concreta; por outro lado, o direito a um projeto de vida ou, em outros termos, um direito humano à autodeterminação e autorrealização.

Porém, como destacado na abertura, para além da doutrina já tradicional a propósito do dano existencial, emerge em alguns pontos da doutrina da atualidade uma equiparação dos termos dano existencial e dano ao projeto de vida. Na base dessa superposição deveria estar, supõe-se, uma equiparação do objeto jurídico protegido: o direito ao projeto de vida e o direito à existência.

Como já registramos, trata-se de uma indefinição natural, decorrente do fato de ser o próprio direito subjacente um instituto recente. Não existe, a nosso ver, nada de especialmente negativo nessa situação embrionária. De toda forma, a partir do itinerário construído, que parte da realidade antropológica do ser humano como *ser-que-(se)projeta*, define o projeto de vida como direito à autodeterminação e à autorrealização e, enfim, como horizonte global de sentido, entendemos que a designação "dano ao projeto de vida" é capaz de suportar, de forma adequada, toda a carga semântica que se lhe busca atribuir.

3.6.5. Das consequências do dano ao projeto de vida

Se o projeto de vida constitui a própria essência do ser humano enquanto liberdade que-se-projeta, não é difícil conjecturar sobre as repercussões de um dano ao projeto de vida sobre o indivíduo lesado:

> As consequências do dano ao projeto de vida são, como é de supor, imprevisíveis quanto a sua magnitude. Elas se projetam ao futuro, comprometendo o destino mesmo da vítima. As consequências desse dano, por sua radicalidade, perturbam ou frustram, de acordo com cada caso, o projeto existencial da pessoa.[251]

Tratando-se de projeto que constitui o próprio sentido da vida da pessoa, sua lesão pode mesmo produzir um vazio existencial, pois

> A pessoa lesionada em sua liberdade cai em um explicável estado de desorientação, de perda de segurança e de confiança em si mesmo, de perda de metas, de desconcerto.[252]

A partir de um dano ao projeto de vida pode se configurar uma "situação de desorientação, de perda de metas, de tais proporções, que a pessoa busque preencher dito vazio recorrendo ao álcool ou às drogas ou a qualquer outro vício e, em casos limite, ao suicídio".[253]

Nesse ponto, Sessarego levanta um problema fundamental e ainda pouco tematizado: a relação do dano ao projeto de vida com a questão da morte. A esse respeito, é possível que nossa concepção de projeto de vida enquanto horizonte de sentido e valor fundamental constitutivos do indivíduo enquanto um circuito de ipseidade possa trazer contribuições relevantes. Por isso mesmo, a questão será retomada em tópico específico mais adiante.

3.6.6. Novos aspectos do dano ao projeto de vida

Delineados brevemente os contornos gerais da emergente doutrina do dano ao projeto de vida podemos enfim nos voltar, como anunciado na abertura do tópico, para a segunda parte da tarefa. Nessa parte,

251. Sessarego, C.F. 1996, "Precisiones preliminares sobre el daño a la persona", *THEMIS Revista de Derecho*, (34), p. 201. Disponível em https://revistas.pucp.edu.pe/index.php/themis/article/view/11843 (acesso em 11/03/2023).
252. Sessarego, C.F. 1998, "Daño a la persona y daño moral en la doctrina y en la jurisprudencia latinoamericana actual.", *THEMIS Revista de Derecho (38)*, p.184. Disponível em https://revistas.pucp.edu.pe/index.php/themis/article/view/10319 (acesso em 11 março 2023).
253. Sessarego, C.F. 1996, "Precisiones preliminares sobre el daño a la persona", *THEMIS Revista de Derecho*, (34), p. 202. Disponível em https://revistas.pucp.edu.pe/index.php/themis/article/view/11843 (acesso em 11/03/2023).

buscaremos aportar alguns desdobramentos de nossa abordagem do projeto de vida considerado como 1. autorrealização; 2. autodeterminação; e, enquanto "projeto dos projetos", 3. horizonte hermenêutico, ponto de convergência existencial e causa ocasionadora global.

3.6.6.1. Dano ao "projeto de vida como autorrealização"

Já no estudo "Precisiones preliminares sobre el daño a la persona", de 1996, Sessarego define o dano ao projeto de vida como um "dano ao *exercício* da liberdade."[254] Trata-se de conclusão que sancionará por todo seu percurso jusfilosófico, sedimentando enfim sua visão do dano ao projeto de vida como uma lesão ao exercício concreto da liberdade, ou à liberdade *fenomênica* (ou fenomenizada).

A propósito desse aspecto do projeto de vida, entendemos que a tematização feita por Sessarego conseguiu abarcar com justeza todo o espectro constitutivo do projeto existencial e, dessarte, do dano ao projeto de vida.

Contudo, devemos nos apartar de Sessarego a partir desse ponto: como identificamos a existência de um projeto de vida em dois momentos (autodeterminação e autorrealização), é preciso fazer ecoar a referida distinção sobre o aspecto do dano àquele direito, dividindo-o assim em dano ao *projeto de vida enquanto autodeterminação* e dano ao *projeto de vida enquanto autorrealização*.

A partir dessa leitura, o dano ao *projeto de vida enquanto autorrealização* corresponde a qualquer dano ao projeto de vida em sua face concreta, identificando-se, assim, com a noção sessareguiana de dano ao projeto de vida enquanto liberdade fenomenizada, ou *fenomênica*. Nesse aspecto, nada há de essencial a acrescentar além do ajuste conceitual que o posiciona enquanto uma de duas faces de um instituto bifronte: o dano ao *projeto de vida em sentido amplo*.

254. Sessarego, C.F. 1996, "Precisiones preliminares sobre el daño a la persona", *THEMIS Revista de Derecho*, (34), p. 201. Disponível em https://revistas.pucp.edu.pe/index.php/themis/article/view/11843 (acesso em 11/03/2023).

3.6.6.2. Dano ao "projeto de vida como autodeterminação"

É no tópico do dano ao que chamamos "*projeto de vida enquanto autodeterminação*" que tomaremos a maior distância da teoria de Sessarego, pois colocaremos sob a abóbada protetiva do direito ao projeto de vida um momento que aquele não considerou integrante do projeto fundamental: o do ato instaurador, desde seu surgimento na chamada vida mental interior - ou, em termos estruturais, na categoria do *espírito* enquanto razão e liberdade.

Essa conclusão deriva de aspectos já explicitados por ocasião de nossa investigação acerca do projeto de vida em si, quando mostramos que o momento instaurador do projeto não constitui simples gatilho externo, mas parte integrante da marcha existencial do ser humano enquanto projeto de si mesmo – enquanto *ser-que-(se)projeta*. Já é, dessa forma, projeto de vida.

Ora, se o projeto de vida já existe desde aquele instante primordial, o direito ao projeto de vida se elevará desde então sobre a esfera da interioridade humana, operando como guardião do momento instaurador da escolha racional livre - projeto de vida enquanto autodeterminação. Haverá que se falar, portanto, em um dano ao *projeto de vida enquanto autodeterminação,* incidente sobre a capacidade humana de pensar e escolher. Nessa dimensão, a teoria do dano protegerá o nascituro projeto vital antes de sua vinda à luz do mundo da vida concreto (quando se iniciará sua etapa de concretização ou, em termos sessareguianos, liberdade fenomênica, e cuja lesão constituirá um dano ao *projeto de vida enquanto autorrealização*).

Daí se segue que enquanto o dano ao *projeto de vida enquanto autorrealização,* ou dano à liberdade fenomênica, incide diretamente sobre o mundo da vida ou a realidade objetiva do sujeito, truncando um projeto fundamental em plena trajetória de execução, o dano ao *projeto de vida enquanto autodeterminação* terá como solo próprio de incidência a esfera subjetiva do indivíduo, em seu mais puro e originário ser enquanto liberdade – ou seja, a esfera categorial do *espírito*, considerado enquanto binômio inteligência-vontade.

Em suma, se entendemos que desde o início do processo mental de aferição intelectiva e escolha o projeto de vida já está em curso, qualquer dano que incida sobre a capacidade do indivíduo de avaliar ou escolher um projeto de vida já constituirá um dano ao projeto de vida, em sua face de dano ao *projeto de vida enquanto autodeterminação.*

Para concluir, é preciso ressalvar que a bipartição conceitual em tela não constitui simples exercício mental estéril; pelo contrário, além de decorrer necessariamente dos resultados de nossa investigação, permite a invocação do direito ao projeto de vida para proteger os próprios neurodireitos do ser humano desde a ativação das potências de 1. aferição da realidade e avaliação dos projetos à disposição (inteligência/razão) e 2. escolha livre, dentre os projetos, daquele que constituirá o projeto de vida (vontade/liberdade). Por consequência, confere ao direito ao projeto de vida capacidade para resguardar o indivíduo de algumas das maiores ameaças à humanidade nos dias atuais: a psicopolítica, a infocracia e a coisificação das pessoas por meio dos algoritmos, que conduzem o ser humano à situação de tecnobarbárie que denunciamos na primeira parte do livro. Considerado nessa justa amplitude, poderá o direito ao projeto de vida enquanto autodeterminação constituir uma importante linha de defesa dos neurodireitos e, em última instância, do ser humano propriamente dito.

3.6.6.3. Dano ao projeto de vida enquanto horizonte hermenêutico, ponto de convergência existencial e causa existencial global

Em nossa reflexão sobre o projeto de vida em relação aos demais projetos que formam o tecido existencial do invidíduo, concluímos que a vida humana se desdobra diante de um pano de fundo ao qual as ações concretas reenviam por implicações e significações diversas. Assim, é a partir dessa totalidade que o próprio existir cotidiano é apreendido, somente podendo ser interpretado em relação a ela.

Enquanto ser humano, sou uma hierarquia de possibilidades que remete a uma possibilidade última e inicial, e somente posso me projetar sobre o fundo de minha possibilidade última e total – ou seja, de meu projeto de vida. E o dano ao projeto de vida, que tanto pode incidir diretamente sobre a esfera subjetiva quanto sobre a situação objetiva do indivíduo (mundo da vida), causa profunda disrupção no próprio horizonte de (auto)significação do sujeito. Considerado o projeto de vida sob esse aspecto, o dano ao projeto de vida consistirá numa lesão ao próprio horizonte hermenêutico pessoal do indivíduo lesado.

Ainda naquela meada de investigação, concluiu-se que a posição eminente do projeto de vida levará a uma convergência existencial de todos os outros projetos rumo a sua consecução, pelo que se tornará uma verdadeira foz de todas as possibilidades concretizadas, mesmo as mais corriqueiras. Considerado o projeto de vida sob esse aspecto de galvanizador de todos os atos da existência vivida, o dano ao projeto de vida consistirá numa lesão à existência individual enquanto totalidade fática.

Por fim, a partir de um exame do projeto de vida à luz da interpretação de Heidegger sobre a teoria das quatro causas, descobrimos que atua como causa eficiente, material, formal e final da existência do ser humano – constituindo, para ele, um evento "ocasionador" global, ou uma causa de irrupção e florescimento de seu ser mais autêntico. Considerado o projeto de vida sob esse aspecto de causa existencial global, que permeia ativamente o ser humano em sua essência de *autokinesis*, o dano ao projeto de vida consistirá numa lesão ao próprio circuito da ipseidade.

Dessa forma, podemos afirmar que a lesão ao "projeto dos projetos" constitui um dano ao *projeto de vida enquanto horizonte hermenêutico, ponto de convergência existencial e circuito da ipseidade.*

3.6.6.4. A eclosão do problema da morte enquanto aspecto fundamental da reflexão sobre o dano ao projeto de vida

Demonstrado que um dano ao projeto de vida gera a disrupção do horizonte hermenêutico, desestabiliza o ponto de convergência dos atos de existência e, por fim, quebra o circuito da ipseidade do indivíduo, somos interpelados a indagar: qual seria o significado profundo, para o sujeito lesado, de um evento de tal magnitude? Se o projeto de vida é núcleo existencial, sentido da vida e razão de viver, cabe perguntar: na hipótese de sua aniquilação, o que restaria do ser humano enquanto ser-que-*(se)*-projeta? Impulsionada por essas indagações, a articulação dos efeitos do dano ao projeto de vida sobre a existência humana faz rebentar, na superfície da investigação, o problema da morte.

No presente tópico, a reflexão será balizada pelas conclusões que apontaram que o projeto de vida se entrelaça ontologicamente com a própria vida humana, e que o dano ao projeto de vida pode levar a uma perda total de sentido da vida e, não raro, a doenças psíquicas e ao suicídio. O caminho de investigação nos impele a atender à convocação imemorial associada a São Jerônimo: *Cogita mori!*

Iniciamos retomando nossa postulação da ocorrência um soterramento histórico do direito ao projeto de vida em razão da prevalência de um Direito monofocal e monocromático, que se relaciona de forma mecânica com o ser humano. Olhando para a questão da morte, o mesmo pode-se dizer da relação do Direito com o evento-final de todo indivíduo: nas ordens jurídicas contemporâneas, também a apreensão do evento morte se associa, prevalentemente, a uma ruptura da continuidade biológica - ou seja, tem uma concepção biologista e, portanto, redutora e desumanizante. Assim é que os códigos penais, ao criminalizar o homicídio, geralmente descrevem a conduta "matar alguém" já embutindo como evento central a aniquilação do corpo físico, e os diplomas civilistas claramente associam o evento morte à extinção natural do indivíduo. Assim como fez com a vida, o Direito de índole cientificista também desidratou a morte. A tarefa inicial se vê estendida: para refletir sobre o projeto de vida, assim como foi preciso humanizar a vida, será preciso também humanizar a morte.

Não se cuida, há que destacar, de questão meramente teórica. Da investigação a propósito da morte devem aflorar importantes perspectivas acerca do projeto de *vida*; afinal, como ensina Jankelevitch, quem pensa a morte, pensa a vida[255] e, na visão de Luper, "para entender a morte, temos de entender a vida em algum detalhes, pois a morte chega quando a vida acaba."[256]

Por outro lado, uma leitura adequada das tangências do dano ao projeto de vida com o evento morte descortinará um novo flanco para apreensão de sua efetiva gravidade e, consequentemente, para o melhor dimensionamento das medidas necessárias à justa proteção e reparação do dano.

Como destacado, falar da morte pressupõe falar da vida. E se há algum consenso a respeito do que seja a morte, é que consiste numa *interrupção* da vida. As dúvidas começam a surgir quando focamos o outro

---

255. Jankélévitch,V.1994, *La mort*, Flammarion, Paris, p.42.
256. Luper, S. 2010, *A Filosofia da Morte*, Madras, São Paulo, SP, p.21.

extremo da questão: em que exatamente consistiria a "vida", a condição de "estar vivo"?

Uma boa abordagem inicial da questão parte das relações entre humanidade (vida enquanto vida *humana*), pessoalidade e identidade. A esse propósito, Luper apresenta duas linhas teóricas principais: na chamada *concepção biológica* de pessoalidade um ente é uma pessoa se, e apenas se, for um organismo humano vivo; na *concepção psicológica* de pessoalidade, pessoa é um ente dotado de certos tipos de atributos psicológicos, dentre os quais o mais importante é a capacidade de autoconsciência.[257]E como o ser humano é um ser temporal e histórico, o entrelaçamento das duas concepções levanta uma indagação:

> ... se existirmos em algum outro momento que não o presente, seremos pessoas naquele momento? Seria particularmente útil saber o que determina que eu, que existo agora, sou o mesmo que algo existente em algum outro momento. ... A resposta a essa questão estabeleceria minhas *condições de persistência.*[258]

As condições de persistência seriam, em suma, aquelas condições a partir das quais se poderia considerar que alguém ostenta a qualidade de "estar *humanamente* vivo" e, a propósito dessas condições, Luper analisará três visões axiais: a pessoa persistiria (se encontraria *pessoalmente* viva) em virtude de 1. permanecer sendo o mesmo corpo; 2. permanecer a mesma mente; ou, 3. em virtude de sua continuidade psicológica.

Sem adentrar complexas questões como a da morte encefálica ou de doenças neurodegenerativas, as teses da persistência em virtude da continuidade biológica ou mesmo da mente podem ser associadas, com modulações, com a existência material ou orgânica. Nessa linha, a primeira concepção acerca das condições de persistência de uma pessoa enquanto ser vivo se associa mais fortemente com a visão de Hobbes, que escreveu na introdução ao Leviatã:

> Pois vendo que a vida nada mais é do que um movimento de Membros, cujo início ocorre em alguma parte interna principal, porque não poderíamos dizer que todos autômatos (máquinas que movem a si próprias por

257. *Ibid.*, p.37.
258. *Ibid.*, p.37-38.

> molas e engrenagens, assim como um relógio) têm uma vida artificial? Afinal, o que é o Coração, senão uma Mola; e os Nervos, senão muitas Molas; e as Juntas, senão muitas Engrenagens, dando movimento a todo o Corpo, como quis o Artífice?[259]

Segundo essa visão, é a existência biológica o que atesta e permite afirmar de um ente que constitui um "ser vivo"; consequentemente, a morte se resumiria à simples aniquilação corporal, constituindo um evento em exata sobreposição com a interrupção da existência física do indivíduo.

Já em relação às teorias mentalistas, podemos encontrar tangências com os pensamentos de Santo Agostinho e Kant (já com algumas nuances de temporalidade, é fato). A propósito, Santo Agostinho afirmava:

> Não estamos aqui olhando para as extensões do céu ou calculando as distâncias entre estrelas ou o peso da terra: a pessoa que se lembra sou eu mesmo; **eu sou minha mente.**[260]

Na mesma senda, Kant pontificava que:

> A faculdade de um ser atuar em conformidade com suas representações é denominada ***vida***.[261]

De acordo com Luper, a tese da persistência em torno da mente também foca na característica humana da autoconsciência e, se assim considerada, pode também encontrar esteio na concepção hegeliana de vida:

> Se o embrião é de fato homem em si, contudo não é para si. Somente como razão cultivada e desenvolvida - que se fez a si mesma o que é em si - é homem para si; só essa é sua efetividade.[262]

259. Hobbes, Thomas. 2021, *Leviathan*, True Sign Publishing House, India. Edição do Kindle.
260. Augustin, Boulding, M., Rotelle, J.E., 1997. The confessions, The works of Saint Augustine. New City press, Hyde Park (N.Y.), p. 253.
261. Kant, I., Bini, E., 2010. A Metafísica dos Costumes, 1st ed, Coleção Folha: livros que mudaram o mundo. Folha de São Paulo, São Paulo, p. 43.
262. Hegel, G.W.F., Meneses, P., Hegel, G.W.F., 2008. Fenomenologia do espírito, 5. ed. ed, Coleção Pensamento Humano. Vozes, Petrópolis, p. 35-36.

Se olharmos atentamente, veremos que na concepção de Hegel já começa a se delinear uma espécie de fissura no núcleo daquilo que comumente se entende por morte, vista apenas como evento biológico: o embrião é biologicamente vivo; contudo, constitui ainda um ser em si, mas não *para* si. Ora, e se considerarmos que um dano ao projeto de vida impede que o ser humano seja um *para si*? Começaria a emergir, nessa hipótese, uma espécie de dissociação entre morte biológica e morte psíquica? Esse movimento ficará mais claro ao se tratar da questão da vida a partir da tese da persistência psicológica.

De acordo com a tese psicológica, o que determina a persistência da vida é a continuidade psicológica, determinada por experiências, atos de formação de intenção, traços de caráter e decisões.[263] Vista dessa maneira, a persistência remete à questão da temporalidade da vida mental interior do ser humano considerado na perspectiva de nossa investigação, qual seja, o ser humano enquanto temporalidade ou ser-que-(*se*)projeta.

Começa a ganhar força a dissociação entre a morte biológica e a morte psíquica, e a reflexão passa a indicar para a concepção de Sartre, para quem a essência da morte não reside na aniquilação orgânica, mas no fato de ser o "limite permanente de meus projetos" - limite esse que já pode estar presente, independente do evento físico, como o reverso do ser humano enquanto conjunto de possibilidades: ela assombra o ser humano no coração de cada um de seus projetos, como seu avesso, como a "possibilidade de que não haja mais, para mim, possibilidades."[264]

O cenário de uma morte d'um organismo que permanece biologicamente vivo, a princípio absurdo, é seriamente levantado por Luper a partir da coleta de reflexões estabelecidos em torno da Filosofia da Morte:

> A morte de um ser é a destruição dos processos vitais pelos quais ele se mantém. É possível comparar a morte com a aniquilação? A morte e o fim da existência são a mesma coisa?
>
> Vamos começar com um lado da equação e perguntar: "É possível morrer e ainda assim continuar a existir?" A ideia de que morrer é deixar de existir foi chamada de *tese do desfecho*. ... E o segundo lado da equação?

263. Luper, S. 2010, *A Filosofia da Morte*, Madras, São Paulo, SP, p.38.

264. Sartre, J.-P., Elkaïm-Sartre, A. 2017, *L' être et le néant: essai d'ontologie phénoménologique*, Edition corrigée. ed, Collection TEL, Gallimard, Paris, p. 592.

> É possível deixar de existir sem morrer? Certamente. Qualquer coisa cuja existência seja contingente e que não esteja vivo pode deixar de existir sem morrer... É possível que os organismos deixem de existir sem morrer? Sim, caso o fim de sua existência não seja acompanhado pelo fim de seus processos vitais, o que parece pontualmente possível. ... Parece acontecer sempre que uma ameba se divide: não há interrupção dos processos vitais, mas uma ameba é substituída por duas, nenhuma das quais é a original. ... É provável que a divisão também dê fim à existência de um indivíduo, apesar da continuação dos processos vitais do cérebro. E, se as pessoas deixam de existir quando perdem a identidade (...), também elas podem partir sem morrer.
>
> No entanto, não vejo mal em expandir um pouco o conceito de morte a fim de incluir a **cisão**, a Divisão e a **perda da identidade** nessa categoria. ... Como se considerar que ela só ocorre quando uma pessoa deixa de existir, a morte é única, e precisa de um nome especial, pois pode ou não ser acompanhada da cessação dos processos vitais daquele corpo específico. Chamarei isso de *morte pessoal*.[265]

Também Edgar Morin identificou, em sua sociologia da morte, o entrelaçamento do momento fatal com a perda da identidade individual – para ele fundamento e causa do sofrimento em virtude da morte:

> Esse horror engloba realidades aparentemente heterogêneas: a dor dos funerais, ... Mas a dor, terror, obsessão têm um denominador comum: a *perda da individualidade*. ... É evidente que a obsessão da sobrevida, não raro em detrimento da própria vida, revela no homem o desejo lancinante de salvar sua individualidade além da morte. O horror da morte é, portanto, a emoção, o sentimento ou a consciência da perda de sua individualidade. Emoção-choque, de dor, de terror ou de horror. Sentimento de uma ruptura, um mal, um desastre, ou seja, sentimento traumático. Consciência enfim de um vazio, de um nada que se abre onde existia uma plenitude individual, ou seja, consciência traumática.[266]

A questão da morte enquanto *morte pessoal*, ou seja, perda de identidade, e sua tangência com o tema do projeto de vida, fica mais patente quando considerada a hipótese de dano ao projeto de vida coletivo. Com efeito, os projetos de vida coletivos de comunidades indígenas

265. Luper, S. 2010, *A Filosofia da Morte*, Madras, São Paulo, SP, p. 63.

266. Morin, E. 1976, *L' homme et la mort*, Collection Points Sciences humaines, Éd. du Seuil, Paris, p. 44. Destacamos.

– ameaçados pela mineração – e das nações insulares – ameaçadas pela elevação do nível dos oceanos -, por exemplo, são construções por vezes milenares de raízes profundas e ramificações invisíveis, mas vitais. Uma vez interrompidos pela derrocada de seus ambientes naturais, como será possível reconstruir o horizonte existencial daquelas comunidades? Supérstites de um ponto de vista físico individual, carregariam ainda algum resquício de sua vida coletiva? Como se apresentaria essa "nova vida" *para eles*?

De fato, Jankélévitch relembra que a morte se apresenta *para nós* sob diversos aspectos: num primeiro, é um puro fenômeno biológico, como o nascimento, a puberdade e o envelhecimento; pode também ser apreendida enquanto um fenômeno social, assim como a natalidade, as núpcias ou a criminalidade; para o médico, constitui fenômeno letal determinado e previsível. Do ponto de vista jurídico e legal, nos órgãos públicos o cartório que registra as mortes é o mesmo dos nascimentos e casamentos; em suma, "um fenômeno empírico normal, ao qual a impessoalidade das estatísticas e dos meios retira todo caráter de tragédia" enquanto essa similitude não é tão evidente.[267] Contudo, quando vista enquanto fenômeno *pessoal*, provoca a exclamação do filósofo: "Única em seu gênero é a originalidade mesmo da vida mais banal!"[268]

Em "O Ser e o Nada", ontologia existencial tecida em torno do ser do homem enquanto liberdade – e, portanto, enquanto projeto de vida -, Sartre dedica um tópico inteiro à questão da morte, que qualifica como uma "porta aberta sobre o nada da realidade-humana, quer esse nada seja ou a cessação absoluta do ser ou a existência sob uma forma não-humana"[269] ou, em outros termos, a "nadificação" sempre possível de minhas possibilidades. Se considerado, assim, que o ser humano é ontologicamente ser-que-*(se)*-projeta, a aniquilação de um projeto de vida cabe sob medida na definição de morte enquanto "limite permanente de meus projetos... que me assombra no coração mesmo de cada um de meus projetos como seu inelutável destino ... como a possibilidade que

267. Jankelevic, V., 1994. La mort. Flammarion, Paris, p. 5.

268. Jankélévitch,V.1994, *La mort*, Flammarion, Paris, p.13.

269. Sartre, J.-P., Elkaïm-Sartre, A. 2017, *L' être et le néant: essai d'ontologie phénoménologique*, Edition corrigée. ed, Collection TEL, Gallimard, Paris, p. 576. Destacamos.

não haja mais para mim possibilidades."[270] E, sob esse aspecto, a morte consistiria essencialmente numa "interrupção radical da temporalidade pela passeificação de todo sistema"[271] - o que é o mesmo que anular a dimensão prospectiva ou, no espectro sob o qual investigamos, o ser humano enquanto *ser-que-(se)-projeta*: eu apreendo simplesmente, diz Sartre, a "morte de minha possibilidade. Morte sutil."[272]

Com efeito, uma das consequências do dano ao projeto de vida é fechar as portas do indivíduo à dimensão de seu futuro e, nesse caso, há uma interrupção no horizonte temporal interior do ser humano, resultando para ele que

> Esse puro em-si que só existe a título de *ultrapassado*, a partir de e através dessa ultrapassagem, ele cai à categoria de *cadáver* se ele cessa de ser revelado e encoberto ao mesmo tempo pela transcendência-transcendida. A título de *cadáver*, ou seja de *puro passado de uma vida, de simples vestígios*, ele ainda não é verdadeiramente compreensível, a não ser a partir da ultrapassagem que não o ultrapassa mais: ele é *aquilo que foi ultrapassado* rumo a situações perpetuamente renovadas.[273]

Nesse ponto, há que se relembrar que o soterramento do direito ao projeto de vida, que apontamos com base em importantes estudos, ocorre no bojo de um movimento mais amplo de encobrimento do próprio ser humano enquanto tal, num fluxo que vem desembocando num estado geral de alienação e objetificação. Sob essa luz, um ser humano sem projeto não passaria de um morto, já que, com a interrupção de seu circuito da ipseidade, não mais poderia tornar-se quem é, sujeito para si e para os outros. Afinal,

> ...somente os mortos para ser perpetuamente objetos sem jamais se tornarem sujeitos, pois morrer não é perder sua objetividade em meio ao mundo – todos os mortos estão lá, no mundo ao redor de nós – mas é perder toda possibilidade de se revelar como sujeito a um outro.[274]

270. *Ibid.*, p. 592.
271. *Ibid.*, p. 182.
272. *Ibid.*, p. 303.
273. *Ibid.*, p. 388.
274. Sartre, J.-P., Elkaïm-Sartre, A. 2017, *L'être et le néant: essai d'ontologie phénoménologique*, Edition corrigée. ed, Collection TEL, Gallimard, Paris, p. 336.

Tudo converge, como destacado por Luper, para a busca por uma resposta a uma pergunta imemorial: o que seria a morte para nós? De acordo com ele, o fato de não sabermos exatamente o que somos dificulta, e muito, essa resposta. Daí a existência de múltiplas construções, como o animalismo (para o qual a morte seria a interrupção irreversível dos processos vitais), o essencialismo mental (a morte dá fim à nossa existência como mentes) e o essencialismo pessoal, para o qual a morte dá fim às nossas existências enquanto seres capazes de autoconsciência.[275]

De toda maneira, a reflexão sobre a questão da morte e sua relação com o projeto de vida acaba nos conduzindo à articulação das descobertas das três partes do trabalho em torno do problema da coisificação do ser humano, lançado em uma situação de tecnobarbárie. Emerge, diante desse quadro, a reflexão de Han:

> A mera vida sadia, que hoje adota a forma do sobreviver histérico, converte-se no morto; sim, num morto-vivo. Nós nos transformamos em zumbis saudáveis e fitness, zumbis do desempenho e do botox. Assim hoje, estamos por demais mortos para viver, e por demais vivos para morrer.[276]

Por fim, cabe indagar: é razoável considerar a questão do projeto de vida tão fundamental a ponto de fissurar o próprio núcleo da aparentemente estável e resolvida questão da morte em sua acepção jurídica? No dimensionamento das reparações por um dano ao projeto de vida, é possível afirmar que aquele corresponde a uma espécie de morte do indivíduo?

Como afirmou Luper, se nos conhecêssemos mais, seria possível responder com segurança. Por ora, só podemos afirmar que os efeitos do dano ao projeto de vida são tão graves que foi possível, sem muita dificuldade, ver claras tangências com acepções da morte segundo tradicionais correntes de pensamento.

Enfim, no que tange à relação da morte com o dano ao projeto de vida, Sessarego foi contundente: não cumprir com o projeto de vida

275. Luper, S. 2010, *A Filosofia da Morte*, Madras, São Paulo, SP, p. 64.
276. Han, B.-C., Giachini, E.P., 2019. *Sociedade do cansaço*, 2. ed. ampl. ed. Vozes, Petrópolis, p. 119.

equivale a uma espécie de morte do indivíduo.[277] Deixamos a questão em aberto, para encerrar o breve tópico com a reflexão de Julián Marías:

> E quando o homem decide *absolutamente* ser alguma coisa, quando se vincula a uma forma de vida e a *faz sua*, para ele, "viver" significa só isso, e o que é necessário para esse **projeto** ou pretensão, lhe é necessário sem mais, porque não admite nenhum outro sentido do viver e, portanto, **não viver *assim* para ele significa morrer.** Isto acontece quando o homem quer absolutamente e sem restrições ser leal, ser cristão, ser valente, ser rico, ser poderoso, ser veraz, ser o amante de determinada mulher. Se num certo sentido o homem é *o que pode ser*, em outro e também dentro de certos limites, é o *que quer ser*.[278]

3.6.7. O problema da aferição do dano ao projeto de vida

Qualquer trajetória de elaboração do arcabouço teórico em torno de um novo direito nos levará eventualmente a aventar a possibilidade de seu descumprimento e, consequentemente, ao momento da busca por reparação na esfera judicial. No instante da apreciação do caso pelo juiz, essa problemática emergirá como pergunta: como identificar, no curso do exame de um pedido em juízo, se o evento danoso lesou um projeto de vida? É preciso, dessarte, oferecer ao juiz alternativas metodológicas para verificar a existência de um projeto de vida lesado, sem o que restará ineficaz a proteção jurídica àquele direito. E esse caminho passará, logicamente, pela tarefa de identificar se o projeto atingido constituía ou não o projeto *de vida* de uma pessoa.

Primeiramente é preciso admitir que, em se tratando de um direito visceralmente entrelaçado com a dimensão anímico-intelectual do indivíduo, dificilmente o julgador escapará de caminhar sobre o movediço terreno da interioridade do sujeito lesado. A aferição acerca do dano ao projeto de vida implica, assim, a investigação da chamada vida mental interior do jurisdicionado que clama por reparação. Entrementes, isso não constitui novidade para o Direito: em sua esfera penal, mesmo tendo consagrado o brocardo de que *Deus est solus scrutator cordium*, a ciência

277. Sessarego, C.F., 2016. El Derecho y la Libertad como proyecto. *Ius et Veritas*, p. 121.

278. Marías, J., Piza, D.R. de T., 1985. *Introdução à Filosofia*. Livraria Duas Cidades, São Paulo, SP, p. 228. Destacamos.

jurídica nunca recuou diante da necessária tarefa de sindicar o foro íntimo do agente em busca de seus elementos anímicos, tentando averiguar, por exemplo, a existência do dolo na prática de um crime.

Afortunadamente, a interioridade não é a única via de acesso à investigação: como a liberdade exercida na interioridade da vida psíquica (projeto de vida enquanto autodeterminação) frequentemente transbordará para o campo da existência material (projeto de vida enquanto autorrealização), será possível também averiguar a natureza de um projeto a partir do exame da chamada liberdade fenomenizada – ou seja, da existência concreta e aparente do indivíduo.

Enfim, além do oferecimento de diretrizes de investigação das realidades interior e exterior do ser humano, é possível também sugerir ao juiz formas de disposição mental que, por colocá-lo na perspectiva do sujeito lesado, poderão facilitar o trabalho de prospecção necessário ao julgamento de uma ação versando sobre um dano ao projeto de vida.

Vemo-nos então lançados numa singular empreitada, consistente na busca pela resposta à singela indagação de Lapoujade a propósito do sentido da vida: *Como ver?*[279] Como trazer à luz um projeto existencial? Abraçando a tarefa, buscaremos apresentar quatro ferramentas intelectuais que, a nosso ver, são capazes de auxiliar o juiz na desafiadora incumbência de averiguar se o projeto extirpado constituía, efetivamente, o projeto de vida de uma pessoa:

1. a *psicanálise existencial* de Sartre;
2. a *redução existencial* de Souriau e Lapoujade;
3. a *justiça em primeira pessoa* a partir de Jankelevitch;
4. o *julgamento justo possível* de Jacques Derrida.

3.6.7.1. A psicanálise existencial de Sartre

No curso da investigação mostramos como a Teoria do Direito ao Projeto de Vida encontra fundamento antropológico na ontologia construída por Sartre em "Ser e Nada". Naquela mesma obra, encontraremos

279. Lapoujade, David. 2017, *Les Existences moindres*, Minuit, Paris. Edição do Kindle.

também um fecundo instrumento para a verificação, pelo juiz, acerca da ocorrência de um dano ao projeto de vida.

A esse respeito, no desfecho de suas investigações a propósito do ser humano enquanto liberdade que se projeta existencialmente Sartre se depara com o imperativo de trazer à luz o próprio núcleo existencial concreto daquela liberdade. Passa então a se dedicar à busca e construção de um método para tanto, ao qual enfim atribuirá a designação de "psicanálise existencial":

> O projeto livre é fundamental, pois ele é meu ser. Nem a ambição, nem a paixão de ser amado, nem o complexo de inferioridade podem ser considerados como projetos fundamentais. É preciso, ao contrário, que eles sejam compreendidos a partir de um projeto primeiro, o qual se reconhece que não pode mais se interpretar a partir de nenhum outro e que é total. Um método fenomenológico especial será necessário para explicar esse projeto inicial. É ele que denominaremos **psicanálise existencial**.[280]

A fundamental premissa do método, para nós, é a de que o projeto de vida do indivíduo é acessível ao julgador, humano que é:

> O caráter do outro, em efeito, é imediatamente dado à intuição como conjunto sintético. Isso não significa que possamos agora mesmo *descrevê-lo*. Será preciso tempo para fazer aparecer estruturas diferenciadas, para explicitar certos dados que apreendemos afetivamente logo de cara... Poderemos até nos enganar, será permitido também recorrer a conhecimentos gerais e discursivos (leis empiricamente ou estatisticamente estabelecidas a propósito de outros sujeitos) para *interpretar* o que vemos. Mas, de toda forma, se trata de explicitar e de organizar, tendo em vista a previsão e a ação, o conteúdo de nossa intuição primeira. Isso é, sem dúvida, o que querem dizer as pessoas que repetem que "a primeira impressão não engana." ... Dessa forma, o caráter se dá como a faticidade do outro na medida em que é acessível à minha intuição ...[281]

---

280. Sartre, J.-P., Elkaïm-Sartre, A. 2017, *L' être et le néant: essai d'ontologie phénoménologique*, Edition corrigée. ed, Collection TEL, Gallimard, Paris, p. 524.

281. Sartre, J.-P., Elkaïm-Sartre, A. 2017, *L' être et le néant: essai d'ontologie phénoménologique*, Edition corrigée. ed, Collection TEL, Gallimard, Paris, p. 390. Intuição, ressalte-se, tomada em acepção técnica enquanto presença imediata do objeto conhecido ao sujeito cognoscente.

Em suma, de acordo com Sartre, o projeto fundamental de um indivíduo é um dado acessível a todo outro sujeito; pela psicanálise existencial, o juiz terá condições de explicitar e organizar discursivamente aquele projeto.

O pensador francês é minucioso na construção de sua psicanálise, descrevendo *princípio, objetivo, ponto de partida, ponto de apoio, trabalho essencial* e *método*: o *princípio* dessa psicanálise é a assunção de que o ser humano é uma totalidade, e não uma coleção de características isoladas, e que, em consequência, ele se exprime todo inteiro mesmo na mais insignificante e mais superficial de suas condutas – dito de outra forma, não há um só gosto, um tique, um ato humano que não seja revelador de um projeto fundamental.[282] O *objetivo* da psicanálise existencial é decifrar os comportamentos empíricos do ser humano, é dizer, colocar em plena luz as revelações que cada um deles contém e fixá-los conceitualmente, de forma que revelem o "projeto dos projetos" que se encontra em sua base. Seu *ponto de partida* é a experiência; seu *ponto de apoio* é a compreensão pré-ontológica e fundamental que o ser humano tem da pessoa humana; seu *trabalho essencial* é uma hermenêutica, é dizer, uma decodificação, uma fixação e uma conceituação. Enfim, seu *método* é comparativo pois, em efeito, cada conduta humana simboliza a sua maneira a escolha fundamental que é preciso revelar.[283]

Trata-se, para o juiz em curso de investigação acerca de um dano ao projeto de vida, de examinar a história de vida e a existência concreta do jurisdicionado, verificando a articulação global de cada projeto e atitude individual, pois cada projeto singular constitui, em última instância, a especificação do projeto global que é o projeto de vida. O caminho consiste, portanto, em

> ... desatar as significações implicadas por um ato – por *todo* ato – e de passar dali a significações mais ricas e mais profundas até que encontremos a significação que não implica nenhuma outra significação e que só reenvie a si mesma. Essa dialética regressiva é praticada espontaneamente pela maioria das pessoas... uma compreensão espontânea é dada da hierarquia das interpretações. ... Assim devemos nos dedicar a nos inspirar no *método* psicanalítico, ou seja, devemos tentar desprender as significações de

282. *Ibid.*, p. 614.
283. *Ibid.*, p. 614 e segs.

> um ato partindo do princípio de que toda ação, por mais insignificante que seja, não é o simples efeito do estado psíquico anterior e não decorre de um determinismo linear, mas que ela se integra, pelo contrário, como uma estrutura secundária de estruturas globais e, finalmente, **na totalidade que eu sou**.[284]

Nesse trabalho investigativo, o juiz realizará o mesmo trajeto que faz em todo processo de julgamento: transitando sobre o território da faticidade, observará e interpretará as condutas e a trilha existencial deixada pelo indivíduo, recorrendo a todos os elementos disponíveis, com especial foco na percepção do próprio jurisdicionado:

> É um método destinado a trazer à luz, sob uma forma rigorosamente objetiva, a escolha subjetiva pela qual cada pessoa se faz pessoa, ou seja, se faz anunciar a ela mesma o que ela é... Ela utilizará a compreensão do ser que caracteriza o investigador enquanto que ele é, ele mesmo, realidade humana... sobre as bases de um estudo comparativo das condutas. ... A esse critério se adicionará, em todos os casos onde isso seja possível, o **testemunho decisório do sujeito**.[285]

Agindo dessa forma, será o julgador capaz de identificar se aquele projeto que o indivíduo busca proteger por meio de uma ação judicial constituía apenas um projeto a mais dentre tantos outros passos existenciais, ou se efetivamente constituía o projeto existencial fundamental. Nessa hipótese, estará diante de um dano ao projeto de vida.

3.6.7.2. A redução existencial de Souriau e Lapoujade

Uma segunda ferramenta capaz de auxiliar o juiz na tarefa de julgar um processo baseado numa alegação de dano ao projeto de vida é a "redução existencial", concebida por Souriau e desenvolvida por Lapoujade.

Lapoujade inicia a explicitação da redução existencial a partir da demarcação de uma diferença fundamental em relação à redução fenomenológica de Husserl: enquanto esta constituiria numa busca do ponto de vista do indivíduo a partir da consciência do investigador, na redução

284. Sartre, J.-P., Elkaïm-Sartre, A. 2017, *L' être et le néant: essai d'ontologie phénoménologique*, Edition corrigée. ed, Collection TEL, Gallimard, Paris p. 502-503. Destacamos.

285. *Ibid.*, p. 620.

existencial a caminhada em busca do modo de existência fundamental - ou projeto de vida - se dará por sobre o terreno do ponto de vista do próprio indivíduo. Isso porque, para Souriau, cada modo de existência possui uma única, singular e personalíssima perspectiva. Trata-se, assim, de apreender o projeto fundamental da pessoa a partir de seu interior.

> Mas o que quer dizer: apreender as coisas por dentro? Como compreender que o fenômeno exprime um ponto de vista? Que ele seja animado de uma perspectiva própria? É que perceber, para Souriau, não é observar de fora um mundo que se estende diante de si, é ao contrário entrar num ponto de vista, como se simpatiza. A percepção é participação. Um fenômeno ocorre, impacta por sua beleza, e lá estamos nós no interior de uma espécie de monumento perceptivo cuja composição momentânea exploramos. Nossa perspectiva se insere numa outra perspectiva, nosso ponto de vista num outro ponto de vista, como se ali houvesse uma intencionalidade ou, melhor, um princípio de ordem, visível na arquitetura do fenômeno.
>
> Cada modo de existência possui um "plano de existência" singular a partir do qual se lança. Mas a operação é menos "existencial" do que perspectivista, pois descrever esses modos de existência consiste em remontar cada vez ao interior do ponto de vista que eles exprimem. Todo modo de existência envelopa um ponto de vista; é mesmo nisso que ele se distingue da pura e simples existência. Souriau o repete com frequência: é preciso encontrar o ponto de vista da coisa, pois cada modo de existência possui seu ponto de vista.[286]

Essa tarefa de buscar o ponto de vista do indivíduo - no caso, do indivíduo-jurisdicionado - envolve duas posturas ativas. Em primeiro lugar, uma depuração do horizonte fático, afastando os projetos secundários, de forma revelar se o projeto lesado é efetivamente o projeto de vida do postulante. Em segundo lugar, acaba por demandar uma conversão na própria forma do juiz visualizar a realidade fática. Dessa maneira,

> Fazemos da redução um método, mas sabemos bem que esse método tem por função antes de tudo agir sobre a percepção, operar uma conversão do olhar. Trata-se de fazer ver, de tornar perceptíveis novas classes de seres, de outra forma invisíveis. Donde um primeiro momento que consiste em expulsar do plano todos os pressupostos, os preconceitos, as ilusões que encobrem essa renovação da percepção. A redução é antes de tudo uma

286. Lapoujade, David. 2017, *Les Existences moindres*, Minuit, Paris. Edição do Kindle.

> operação de limpeza. É preciso purificar o campo da experiência de tudo aquilo que impede de ver.[287]

Numa aferição judicial por meio do método da redução existencial, o juiz deverá buscar a apreensão do ponto de vista do jurisdicionado e, a partir desse pano de fundo, fará desfilar diante desse novo olhar seu histórico e realidade existencial, afastando os passos, elementos e projetos secundários, até que seja capaz de identificar, já num horizonte desobstruído, o projeto de vida.

3.6.7.3. A perspectiva de justiça em primeira pessoa a partir de Jankélévitch

As reflexões de Souriau e Lapoujade abrem caminho às possibilidades que podem surgir uma vez que, em sua busca por aperfeiçoamento enquanto julgador, o juiz se deixe afetar em sua própria configuração psíquica e existencial, buscando se posicionar num patamar de onde possa melhor visualizar a perspectiva do jurisdicionado. A questão remete ao clássico trecho de "*O Sol é Para Todos*", de Harper Lee:

> - Você nunca entende realmente uma pessoa até que considere as coisas sob os pontos de vista dela...
>
> - Senhor?
>
> - Até que você entre em sua pele e dê umas voltas dentro dela.

O tema é abordado sob uma luz análoga por Jankélévitch ao discorrer sobre o tema "A morte em terceira, em segunda, em primeira pessoa." A reflexão se abre com o clássico conto de Tolstoi, "A Morte de Ivan Iliitch", que relata os eventos que culminarão com o óbito do juiz Ivan Iliitch Golivine.

A morte de Ivan será abordada a partir de duas perspectivas opostas: de uma ótica impessoal, ou "em terceira pessoa", trata-se apenas de um fato natural documentável em algum arquivo burocrático, um "evento administrativo banal e abstrato" que gerará algumas consequências

---

287. *Ibid.*

funcionais, como transferências e promoções em cascata. Assim fora até então, para Ivan, a morte "dos outros".

Contudo, em se tratando de sua própria morte, "morte em primeira pessoa", trata-se de um drama pessoal de grande densidade existencial:

> A morte de Ivan é um drama privado e um infortúnio familiar; mas o óbito do juiz é, antes de tudo, um movimento judiciário. A morte de Ivan é a culminação de um indizível calvário; mas o óbito de Golivine, tal qual anunciado nos editais, coloca um ponto final no currículo do funcionário...[288]

Deslocando-se de uma perspectiva impessoal, em "terceira pessoa", para um ponto de vista pessoal, "em primeira pessoa", o indivíduo reduz sua distância em relação ao problema, e se coloca assim em melhores condições de compreendê-lo.

Como já anotamos, o projeto de vida constitui, para o sujeito, projeto fundamental, eixo existencial e sentido da vida. Num processo judicial em que alguém pede uma indenização por dano ao projeto de vida o que se perscruta é a relação interior afetivo-intelectual-existencial do jurisdicionado com determinado projeto, submetido a uma lesão injusta – ou seja, a uma injustiça. Dessa forma, assim como Jankélévitch propõe, para melhor compreensão da morte, uma operação mental em que se observa o momento final da morte em "primeira pessoa", o julgador que, ao examinar uma alegação de injustiça, visualizar uma "injustiça em primeira pessoa", encurtará significativamente a distância que o separa dos fatos, e possivelmente terá melhores condições de aferir se o projeto lesado constituía efetivamente um projeto fundamental, ou projeto de vida.

3.6.7.4. A abordagem do julgamento justo em Jacques Derrida

Em nossa obra "Justiça Possível? Derrida e a possibilidade do julgamento justo"[289], afirmamos identificar no pensamento de Jacques Derrida uma obstinada luta contra a "inumanização" da Justiça. Na raiz

288. Jankélévitch, V., 1994. La mort. Flammarion, Paris, p. 5-6.
289. Santos Oliveira, Bruno Augusto. 2022, *Justiça Possível? Derrida e a possibilidade do julgamento justo*. Edição do Kindle.

daquela "inumanização", já apontávamos os excessos matematizantes ora estudados:

> Eclode, por fim, uma indagação crucial: esse mundo marcado pelo ideal da geometrização ao absurdo não teria gerado um Direito que, assentado sobre a metafísica da presença, se lança numa jornada quimérica em busca de uma justiça perfeita e automática para o caso concreto, excluindo o elemento humano do julgador, apenas para se esgarçar num turbilhão de decisões global e individualmente ineficazes? Descerram-se, diante dessa questão, duas vertentes importantes de investigação: as **causas da desumanização da justiça, notadamente o excesso tecnocientífico e a mecanização das relações sociais - o que implica uma rememoração histórica** das construções filosóficas sobre o mundo da vida; e o problema de como dotar o indivíduo-juiz das condições objetivas e subjetivas necessárias a fazer frente a essa desumanização num mundo cada vez mais complexo e dinâmico.[290]

Fiéis àquelas indagações, efetuamos neste trabalho a rememoração histórica então demandada, para enfim mostrar que um dos principais obstáculos à concretização e efetivação de qualquer direito é a matematização do olhar da Justiça sobre o contexto fático. Sendo assim, na análise de um processo judicial em busca da identificação de eventual dano ao projeto de vida, entendemos que a proposta de Derrida para o julgamento justo pode ser de grande valia, na medida em que constitui uma reação forte à perspectiva matematizante.

Em apertada síntese, o caminho oferecido por Derrida para um julgamento justo inicia no cumprimento de quatro condições de possibilidade:

> 1) *epoché* da norma; 2) experiência aporética; 3) singularidade e 4) responsabilidade.
>
> A ***epoché***, ou suspensão do juízo, é a dúvida metódica que, incidente sobre todos os aspectos da norma, abrirá caminho para sua revitalização e recontextualização; a **experiência** do momento do julgamento do caso concreto como situação **aporética**, instante final em que a decisão entre o justo e o injusto não é jamais assegurada perfeitamente pela regra geral, é indispensável para que o julgador se abra à realidade e à história,

290. *Ibid.* Destacamos

> experimente em toda sua densidade a gravidade do ato de julgar, e assimile a necessidade de respeito à terceira condição, que é a **singularidade**: todo o arcabouço normativo abstrato se dirige a problemas concretos de pessoas que se encontram diante da lei, e ao julgador caberá direcionar a lei geral para aquela singularidade, sob pena de objetificar aqueles indivíduos; e a **responsabilidade** é condição que surge necessariamente para o julgador que, por assumir a tarefa de interpretar a lei geral face à situação de um indivíduo, torna-se responsável perante a ordem jurídica que emitiu aquela norma e perante o titular daquele pleito único.[291]

Assim sendo, na linha de Derrida, estará em melhores condições para aferir a existência da obrigação de reparação de um direito tão complexo e visceral quanto o direito ao projeto de vida o magistrado que se colocar em condições de abrir

> ...picadas através da impessoalidade para alcançar a existência e abraçar a singularidade... Julgar dessa maneira implica, para o juiz, em carregar a existência para dentro de seu processo mental de construção decisória - e, para tanto, é indispensável que ao indivíduo que tem por profissão o julgamento não baste apenas o conhecimento teórico jurídico, mas que se faça também munir de lucidez quanto ao contexto social em que vive.[292]

3.6.7.5. Um caso real de dano ao projeto de vida individual: J.M. versus Instituto Chico Mendes e União Federal

Em dez de junho de 2016, no exercício das atribuições de Juiz Federal, prolatei uma sentença concedendo indenização por dano ao projeto de vida inflingido pelo estado brasileiro ao jurisdicionado J.M. e sua esposa, V.F. (processo nº 2006.38.04.001178-1, Justiça Federal de Minas Gerais).

J.M. havia ajuizado uma ação em 2006 contra o Instituto Chico Mendes de Conservação da Biodiversidade – ICMBio (entidade responsável pela gestão das unidades de conservação no Brasil) e União Federal. Na ocasião, narrou ser natural da região da Serra da Canastra, localizada no

291. Santos Oliveira, Bruno Augusto. 2022, *Justiça Possível? Derrida e a possibilidade do julgamento justo*. Edição do Kindle.

292. *Ibid.*.

sudoeste do estado de Minas Gerais, e que em suas andanças descobriu a fazenda Sierra Madre, que julgou estar indevidamente inexplorada.

Relatou que em 2001, encantado com as possibilidades de plantar na área, adquiriu a terra de área real total de 4.512 hectares, localizada no município de São Roque de Minas - MG. Pesquisou o mercado local e identificou a carência de sementes; investiu em técnicos e estudos preliminares. Procurou o escritório do ICMBio para saber das exigências para plantio, e não houve qualquer oposição à atividade. Realizou mapeamento e buscou orientação técnica junto ao Instituto Estadual de Florestas. Implementou reserva legal na área, até então sem atenção e sujeita a freqüentes incêndios. O IBAMA fiscalizou sua propriedade e afirmou em Relatório de Fiscalização que não constatou "nenhuma irregularidade, não sendo área de preservação permanente". Arou, edificou, corrigiu o terreno, investiu. Preocupou-se em cumprir as determinações legais.

De repente, afirma, os agentes locais do IBAMA, que vinham acompanhando os trabalhos diariamente, "constrangidos, visivelmente abalados procuraram os autores para informar" que as atividades seriam proibidas. Isso ocorreu em 29 de agosto de 2002, com intimação de seu preposto, o gerente da fazenda Sr. Luiz Francisco de Oliveira. Inconformou-se, mas foi orientado pelos agentes a buscar a Justiça. Entrou com vários pedidos administrativos de cessação do embargo, sem sucesso: sua terra estaria inserida no Parque Nacional da Serra da Canastra.

Afirmou que o Parque Nacional, criado em 1972, não possui a área vindicada pela Administração ambiental, e que "não se pode admitir que em trinta e tantos anos de omissão possa o governo, sem qualquer indenização, alegar estes fatos, sobre área que não desapropriou e não indenizou. De há muito o judiciário exige para as desapropriações que sejam acompanhadas do justo preço, fato definitivo e pacificado pela nossa doutrina e jurisprudência." O ato seria, portanto, ilegal. Em suma: se pretendia instalar ali uma Unidade de Conservação, o Governo brasileiro deveria pagar pela terra. Caso contrário, estar-se-ia diante de um confisco.

Ressaltou que em 17 de julho de 2002 a então Chefe do Parque Nacional afirmou a inexistência de irregularidade em suas atividades agrícolas, alegando não se tratar de área de preservação permanente; contudo, em 29 de agosto de 2002 um servidor do Instituto Brasileiro do Meio

Ambiente e dos Recursos Naturais - IBAMA lavrou um auto de infração embargando o empreendimento por se tratar de área de expansão do Parque Nacional da Serra da Canastra.

Alegou que, dessa forma, perdeu a capacidade de usufruir da terra sem receber a devida indenização, o que o deixou sem condições de adquirir outra ou pagar suas dívidas.

Em sua defesa, o ICMBio e a União Federal defenderam a legalidade dos autos de infração, e afirmaram que o imóvel está dentro do Parque Nacional da Serra da Canastra. Negaram a possibilidade de indenização, já que os atos impugnados seriam lícitos, posto que fundados em falta de licenciamento prévio. Além disso, teria havido investimentos pós-embargo. Afirmaram que o Sistema de Unidades de Conservação proíbe o pagamento de lucros cessantes e que, mesmo se cabíveis, não teriam sido provados. Não caberiam, também, danos morais, pois a exigência de licenciamento é anterior aos fatos (Lei 6.938/81). Com base nessas alegações, pediram a total improcedência dos pedidos de J.M. e V.F.

À medida que avançamos no exame do quadro fático, o que se revelou foi que a partir da proibição de utilização da terra, J.M. e V.F. experimentaram um declínio vertigionoso em suas vidas: os recursos econômicos foram minguando e, na mesma medida, a vida social, pois de cidadãos respeitados e empreendedores passaram a ser vistos como pessoas desmoralizadas e indignas de confiança.

O exame das provas iniciou com a análise de matéria jornalística, na qual o principal jornal da região dedicava duas páginas a J.M. numa matéria intitulada: "Produtor vai plantar 3 mil hectares: São Roque de Minas vai ter a primeira grande plantação de soja a partir de outubro". Noticiava-se ali, no ano de 2002, a abertura de uma nova fronteira agrícola na região da Serra da Canastra. Encabeçando a matéria, uma foto de J.M. ainda jovem, com um olhar confiante e resoluto.

O contexto probatório evidenciou que a própria comunidade se engajou no projeto, que além dos empregos trouxe novo ânimo à região. Para o então prefeito, a preocupação seria a questão do escoamento da produção que, segundo ele, "graças a Deus, deverá ser muito grande." Seria necessário buscar apoio junto ao Governo Federal, ao Ministério da Agricultura e Ministério dos Transportes, buscando a implantação de pelo menos dois quilômetros da estrada federal BR-146, ou ao menos a manutenção das estradas vicinais junto ao Departamento de Estradas e de Rodagem. "A implantação de uma dessas alternativas deverá ocorrer no máximo até o dia 20 de setembro, pois não temos muito tempo do plantio até a época da colheita", afirmou o Prefeito, relatando por fim: "Estivemos na propriedade por três vezes e a conclusão a que chegamos é que ele é um empreendedor audacioso e dinâmico. E que já tem a parceria incondicional da Prefeitura de São Roque".

O "empreendedor audacioso e dinâmico", J.M., comprovou ter investido volumosos recursos e patrimônio para adquirir a preparar a propriedade rural para o plantio; despendeu energia, tempo, expectativas e sonhos. Era visto pela sociedade, e também se enxergava, como um desbravador. Quanto à regularidade de seu empreendimento, J.M. comprovou que possuía autorizações por parte da Chefe do Parque Nacional da Serra da Canastra e até mesmo da Polícia Militar ambiental.

Entretanto, às 16 horas do dia 29 de agosto de 2002, recebeu a inesperada comunicação da interdição de suas atividades. Nos termos do auto de infração, ficou embargada a atividade de aração na Fazenda ou de quaisquer atividades geradoras de degradação ambiental, até a decisão dos órgãos ambientais competentes.

A partir desse instante, o que se delineia no quadro probatório é um processo gradual de derrocada de seu projeto e, com ele, de sua própria existência e identidade: embargos e notificações se sucederam, parceiros se retiraram do negócio. O Prefeito recorreu aos órgãos ambientais, solicitando a liberação do empreendimento. O próprio Ministério Público Federal se manifestou, registrando a completa ausência de má-fé de J.M. e afirmando que ele, "ao invés de infrator de normas ambientais, na verdade foi vítima da completa desorganização do IBAMA".

J.M. tentou se defender, e as cópias das cartas que juntou ao processo retratam com impactante fidelidade o agravamento de sua situação e a erosão de seu estado psicológico. Se nas primeiras missivas ao governo apresentou argumentos técnicos e pedidos formais de liberação de sua terra, na terceira carta já podemos perceber que se encontrava em autêntica situação kafkiana:

> Prezado senhor, ...
>
> Me desculpe pela insistência, mas estou numa situação muito angustiante e desesperadora com o caso fazenda Sierra Madre, me vi obrigado a lhe aborrecer mais uma vez, pedindo prioridade neste processo.

> Já se passaram dois anos, e não consigo lhe transmitir o tamanho do sofrimento que é contornar compromissos, sem poder produzir na propriedade e sem receber nada para adquirir outra e continuar o projeto.
>
> A atenção de Vossa Senhoria sempre foi a das mais valiosas possíveis para conosco, e espero contar mais uma vez pois me encontro estado de desespero. ... Atenciosamente. J.M.[293]

A quarta solicitação veio três anos depois do embargo, e apela simplesmente por justiça. E veio ainda uma quinta carta, relatando angústia e desespero. Na data da sentença judicial, a situação já se arrastava por quase quatorze anos, sem definição.

Durante as audiências, escutamos J.M., sem a presença de V.F. O motivo da ausência, alegou o jurisdicionado, é que sua vida fora destruída numa espécie de reação em cadeia deflagrada pelo ato do Estado brasileiro, e o fim do casamento havia sido apenas uma dentre muitas consequências da desestabilização pessoal e familiar. Em determinado momento, em atitude desesperada desabotoou a camisa em plena audiência judicial para mostrar a cicatriz que cobria toda a extensão de seu peito: segundo ele, uma cirurgia cardíaca decorrente de danos à saúde provocados pela aniquilação de seu projeto. Afirmou que, depois do ocorrido, não conseguiu mais se reerguer ou exercer qualquer atividade, pois nem seus amigos e conhecidos acreditavam que não tinha recursos para pagar suas dívidas: afinal, não era verossímil que o Estado realizasse um "confisco velado" de sua terra, sem realizar o pagamento. Perdeu a credibilidade e o respeito: o empreendedor audacioso passou a ser identificado como uma pessoa desonesta. Nos relatou que, nas filas do comércio e dos bancos, não tinha mais coragem de olhar para a frente, mantendo sempre a fronte baixa.

Após cuidadoso exame, ficou claro que se estava diante de um dano ao projeto de vida. Em primeiro lugar, ficou comprovado que o Estado brasileiro havia proibido a utilização da terra, inutilizando-a por completo para J.M., sem a devida indenização. Essa situação inusitada,

293. Brasil. Justiça Federal. Tribunal Regional Federal (1ª Região). Autos nº 2006.38.04.001178-1 (Sentença). Juiz Federal: Bruno Augusto Santos Oliveira. Passos/MG, 10 jun.2016, Página 1086 do processo; folha 63 da sentença. Disponível em https://processual.trf1.jus.br/consultaProcessual/processo.php?proc=200638040011781&secao=PSS&pg=1&enviar=Pesquisar>. Acesso em 22 fevereiro 2023.

desafortunadamente, é tão comum no Brasil que já recebeu um nome próprio em suas Cortes: "desapropriação indireta". Na prática, uma invasão de propriedade privada por parte do Estado.

Em segundo lugar, comprovado o dano, os testemunhos, documentos e reportagens permitiram um minucioso exame de toda a trajetória existencial de J.M., donde foi possível concluir que, desde o momento em que adquirira a propriedade rural, o projeto de realizar a partir dali uma expansão da fronteira agrícola se tornou, para ele, o "projeto dos projetos". Como registramos na sentença,

> No caso, cumpre ressaltar que não se trata de um evento trágico singular, que já se esgotou no tempo; a restrição já se impõe há cerca de quatorze anos, que para o Autor não são uma mera abstração, mas uma injustiça com a qual vai dormir todos os dias só para ter consciência renovada de sua permanência a cada amanhecer. A questão que surge, então, é a seguinte: ficou bastante claro que J.M. vinha construindo um projeto de longo prazo de abrir uma nova fronteira agrícola na região, tornando-se um empreendedor do agronegócio. A seu projeto aderiu também a comunidade do entorno, com expectativas sobre os efeitos econômicos benéficos do empreendimento para todos. Ao se apropriar da terra sem pagamento, o Poder Público fechou-lhe uma porta sem abrir outra, pois como teria condições de redirecionar seu projeto de vida? E nessa situação se encontra há quase quinze anos. Quando iniciou seu projeto de expansão de uma fronteira agrícola; quando foi informado pelos agentes do Poder Federal de que não havia restrições à exploração econômica de seus quatro mil hectares e investiu grande parte de seu patrimônio, para logo a seguir, a partir de uma mudança abrupta das políticas ambientais para a área, ter todo o empreendimento bloqueado, tinha quarenta anos. Hoje, já com quase cinquenta e cinco anos de idade e sem qualquer resposta do Estado, terá condições de recomeçar? Poderá ter o prazer de levar seus filhos, família, para acompanhá-lo no desenvolvimento da plantação, ou já terão os mesmos tomado outro rumo em suas vidas? O que se vê é que o **tempo** de restrição sem pagamento não apenas implicou numa restrição ao projeto de vida de J.M. até então; pela sua idade, dificilmente poderá recuperar o tempo perdido.[294]

294. Brasil. Justiça Federal. Tribunal Regional Federal (1ª Região). Autos nº 2006.38.04.001178-1 (Sentença). Juiz Federal: Bruno Augusto Santos Oliveira. Passos/MG, 10 jun.2016, Página 1086 do processo; folha 63 da sentença. Disponível em https://processual.trf1.jus.br/consultaProcessual/processo.php?proc=200638040011781&secao=PSS&pg=1&enviar=Pesquisar>. Acesso em 22 fevereiro 2023.

Em suma, ficou provado que desde o instante em que, durante uma simples caminhada, decidiu plantar naquela terra, todos seus esforços, tempo, dedicação, passaram a orbitar em torno dessa escolha. Sua própria identidade se forjou a partir desse projeto: em virtude dele, passaria a ser o J.M. empreendedor e dinâmico, desbravador respeitado e reconhecido por toda a comunidade. Constituiu-se, portanto, em seu projeto existencial e no sentido de sua vida. Com sua aniquilação, o Estado brasileiro lesou o próprio projeto de vida daquele indivíduo e, por esse motivo, foi condenado judicialmente a reparar J.M. por dano ao projeto de vida.

A sentença que proferimos baseou-se, no que tange ao projeto existencial, nos marcos teóricos de Sessarego e constitui, provavelmente, uma das primeiras – senão a primeira – a reconhecer expressamente o direito ao projeto de vida e determinar sua reparação em território brasileiro. Em 2021, jugando recurso de apelação (processo nº 0002008-28.2014.4.01.3804), o Tribunal Regional da Primeira Região confirmou a condenação por dano ao projeto de vida, nos termos do voto da Desembargadora Federal Maria do Carmo Cardoso.

3.6.7.5. Um caso real de dano ao projeto de vida coletivo: os ribeirinhos amazônicos contra a Fundação Nacional do Índio – FUNAI e União Federal

Mais de uma década antes da sentença referida no tópico anterior, quando participei de um juizado itinerante na região do Alto Solimões, nos confins da Amazônia brasileira, deparei-me com uma situação que, à época, interpretei como um caso de danos morais gravíssimos, mas que hoje vejo que se tratou de um evidente caso de dano ao projeto de vida coletivo: o dos ribeirinhos e descendentes dos soldados da borracha, outrora residentes na região que atualmente constitui a Terra Indígena do Vale do Javari.

No ano de 2002, mais de mil pessoas entraram com ações judiciais individuais na Justiça Federal do Estado do Amazonas, pedindo danos morais e materiais contra a Fundação Nacional do Índio – FUNAI e a União Federal. Alegavam ter sido injustamente expulsos do Vale do Rio Javari pela FUNAI, tendo sofrido ameaças e humilhações. Como os fatos ocorreram em local remoto, onde não existia instalação física da Justiça

Federal, o Tribunal Regional Federal da 1ª Região decidiu instalar ali um juizado federal itinerante, uma espécie de corte temporária que funciona por meio do deslocamento de juízes e auxiliares para a localidade onde se desdobra o conflito.

Embarcamos em aeronave cinco juízes federais e suas equipes de apoio, em vôo dirigido a Tabatinga (tríplice fronteira Brasil-Colômbia-Peru), com escala no aeroporto de Tefé. Ao chegar a Tabatinga, juntou-se a nosso grupo a equipe de escolta da Polícia Federal, que rumou conosco Rio Solimões acima, margeando o território peruano, até aportar em Benjamin Constant, cidade localizada na fronteira com o Peru, onde foi instalado o Juizado Federal Itinerante do Alto Solimões. Durante quinze dias realizamos mil e quarenta e nove audiências de instrução e julgamento.

Como o quadro fático subjacente acabou mostrando que o conflito emanou de evento unitário, que impactou em bloco todo aquele imenso conjunto de pessoas, a história de cada um retrata em boa medida a situação de todos. Dessarte, apresentaremos o caso a partir de uma daquelas centenas de demandas: a Ação Ordinária nº 2003.32.00.7002150, João Chupiunga da Silva *versus* Fundação Nacional do Índio – FUNAI e União Federal. A história de João Chupiunga, que registrei na sentença, é também a história de toda sua comunidade:

> Já na chegada pudemos perceber a existência de forte tensão latente entre índios e não-índios, resultante da instituição da Terra Indígena do Vale do Javari. Para que se possa dimensionar a situação psicológica da sociedade local, existe Decreto Municipal instituindo feriado em protesto contra a criação da Terra Indígena.
>
> Na defensiva - talvez por imaginarem que a realização do Juizado Itinerante constituiria uma espécie de "reação dos brancos" à demarcação -, alguns vereadores de origem étnica Tikuna deixaram de comparecer à sessão solene de abertura dos trabalhos da Justiça Itinerante.
>
> Foi-nos relatado pela Polícia Federal episódio recente em que uma índia da etnia Korubo, que apresentou complicações no parto, teve de ser cercada de proteção policial para ser atendida no Município vizinho de Atalaia do Norte, tamanho o ambiente de hostilidade e revolta por parte dos não-índios. A exata medida do barril de pólvora em que foi transformada a região pode ser extraída da seguinte narrativa, à fl. 64 do laudo antropológico:

> "Em 29.08.95, os Korubo mataram a golpes de borduna o morador da comunidade Monte Alegre, Guilherme Barbosa. Esta localidade está situada na margem esquerda do rio Itaquaí, a menos de duas horas em barco com motor de popa (de 25 hp) de Atalaia do Norte. Informações obtidas pelos 13 funcionários da FUNAI indicavam ter havido uma expedição punitiva em seguida: 'Consta que, o Sr. Prefeito Marcos Monteiro da Silva, ao tomar conhecimento do aparecimento dos índios, na referida localidade, forneceu 08 caixas de cartuchos calibre 16, os quais foram recebidos pela Sra. Maria Lopes de Andrade, esposa do madeireiro 'Andrade', residente no Ladário, que, juntamente com os comunitários, Raimundo Andrade Filho, Manoel Batista, conhecido por 'Pinga', Alcenir (filho do Pinga), Pedro Ferro e Nau, filho do ribeirinho conhecido por Pierri, promoveram 'caça' aos indígenas, e ao conseguirem seu intento, chacinaram-nos ' ".
>
> Constatamos um sentimento de revolta generalizado e um grande temor do Poder Público por parte dos litigantes, tendo alguns declarado que não queriam entrar na sala de audiências por terem medo dos magistrados. Pelo estudo do laudo antropológico juntado pela FUNAI, irrigado pela observação do comportamento e manifestações da sociedade local, pudemos identificar três fatores de geração de tensão social entre índios e não-índios: 1) grande parte da economia de Benjamin Constant girava em torno da exploração dos recursos naturais da região, hoje reservada apenas aos autóctones; 2) numerosas famílias habitavam a terra indígena, ali tendo construído suas vidas, e tiveram que se retirar para os núcleos urbanos após a demarcação (muitas delas passando a morar em pequenas balsas à beira das cidades); 3) a presença, apontada por diversos ribeirinhos, de estrangeiros na terra indígena, notadamente na cabeceira do rio Ituí , motivo de revolta em razão de um sentimento de discriminação face aos alienígenas. Dignas de nota, outrossim, as características pessoais daqueles que buscaram a Justiça Federal através do Juizado Especial Federal: quase todos iletrados, a maioria tinha passado a maior parte da vida alheia aos costumes da urbes, desenvolvendo *modus vivendi* característico voltado para o aproveitamento direto da natureza; pouquíssimos chegaram a freqüentar escolas ou receberam qualquer preparação para atividades típicas dos centros urbanos; muitos declararam que viviam em paz com os índios (situação verossímil para aqueles que não praticavam a extração de madeira, atividade incompatível, por sua própria natureza predatória e expansionista, com a convivência pacífica).[295]

295. Brasil. Justiça Federal. Tribunal Regional Federal (1ª Região). Autos nº 2003.32.00.700215-0 (Sentença). Juiz Federal: Bruno Augusto Santos Oliveira. Brasília/DF, 10 jun.2004.

A partir do exame das provas documentais e testemunhais, acabamos por concluir que no processo de implantação da Terra Indígena do Vale do Javari o Estado brasileiro simplesmente ignorou que naquela localidade moravam comunidades inteiras de ribeirinhos, algumas há quase um século, e muitas delas por força de atuação do próprio Estado: os descendentes dos soldados da borracha, protagonistas de uma "página infeliz de nossa história", para usar uma expressão da música "Vai Passar", do compositor brasileiro Chico Buarque.

Os soldados da borracha formaram um contingente de dezenas de milhares de nordestinos de baixa renda recrutados à força durante a Segunda Grande Guerra para servir naquelas fronteiras coletando látex que seria utilizado como matéria prima dos aliados no esforço de guerra. Terminado o conflito, ninguém se lembrou de levá-los de volta a sua terra natal: ali ficaram, criaram raízes e deixaram descendentes, que cinquenta anos depois o Estado brasileiro retornou para retirar à força daquele local.

Lançados subitamente numa sociedade urbana, se viram totalmente privados de seu horizonte existencial e hermenêutico, como que transportados a um outro planeta; antes respeitados por sua sabedoria das coisas da natureza, como as artes das ervas medicinais ou da pesca, muitos chegaram à cidade sem compreender sequer a noção de dinheiro. Num levantamento estatístico que fiz a partir de algumas audiências que presidi, aferi que de cento e doze ribeirinhos entrevistados cento e oito eram totalmente analfabetos, e os quatro semi-analfabetos haviam aprendido algo depois de expulsos da terra.

Contudo, esse era apenas o resultado final: o processo de expulsão da terra, que durou anos, levou a um êxodo de dramaticidade bíblica. A situação vivida por Evaristo da Costa de Castro, que entrevistei ao fim de um dia de audiências, merece transcrição integral:

> Meu nome "se chama" Evaristo da Costa de Castro, homem sofredor, morador há muitos anos "dentro" do rio Quixito. "Tô" aqui hoje esperando "ter" as autoridades para contar minha verdade. Morei 35 anos "dentro" do rio Quixito; saí sem direito a nada. Porque na primeira vez em que a "Funaia" "chegô" lá, as pessoas da "Funaia" "chegô" lá dizendo que nós "ia" sair daquele lugar porque as áreas "ia ser" indígena. "Entonce" eu falei pra eles: - Só se trouxer os índios pras "terra"! – porque não apareciam índios lá. Não, porque eles tinham uma ideia e... aquela conversa deles.

> Bem, aí eu disse: Bem, se é que "oceis" estão falando que nós "vai" sair daqui, "ocês"... como é ... [tenta encontrar a palavra correta] ... "indeniza" o pouco que temos, dá uma casa com a chave na porta que a gente sai. Eles disseram que a "Funaia" não indenizava ninguém. ... -Então ninguém vai sair! Isso aí não foi um ano, nem dois. Até que foi, foi, foi... "chegô" a hora de "nóis sair". Agora, eu quero que todo mundo veja o sofrimento que eu vinha com minha família dentro dessa balsa aqui [mostra a foto da balsa]. Aqui está a balsa, eu "passano, levano" chuva e sol com minha família aí dentro. No dia em que saí desse lugar, do lugar da minha casa, "deu" uma chuva, molho tudo que eu trazia dentro da minha balsa. Vinha uma neta minha que tinha tido neném tinha só quatro dias, e o rio lá é estreito – essa balsa foi feita com 25 galhos de paxiúba, amarrada com cipó, todo mundo está vendo aí. Isso aí, eu não saí porque quis não! Eu saí porque a "Funaia" "precisô" das terra e saímos. Nessa luta, com minha família no meio do rio. "Entonce"... o que aconteceu na hora da minha saída? Eu saí de lá seis horas da manhã, no mês de junho, até dei as costas pro lado de onde estava amarrado o cipó da balsa e mandei... (esse menino aí era meu filho, esse que está aí... ele que cuidava da minha "responsabilidade"). "Entonce" aí, eu dei as "costa" no rumo pro qual a água corria e mandei meu filho cortar o cipó da balsa, que eu não queria "oiá" a saída do meu lugar. [296]

O que ocorreu com Evaristo da Costa e João Chupiunga faz parte de uma tragédia que se abateu sobre toda uma comunidade. Como resumimos em nossa sentença, o Estado fomentou a ocupação de uma área remota com fins estratégicos (por vezes até sob a forma do recrutamento compulsório); décadas depois, interditou a região e enviou seus agentes para advertir os moradores de que teriam de sair da região; a advertência, potencializada pelo temor reverencial ao agente público por parte de uma coletividade indefesa e historicamente excluída, gerou um êxodo de proporções bíblicas em direção às áreas urbanas, ficando para trás casas e bens, sem falar no passado e referências ancestrais; somente quinze anos após a interdição oficial o Poder Público enviou funcionários para cadastrar os moradores (obviamente encontrando um número bem menor de pessoas na Terra Indígena); por fim, o Estado brasileiro

296. Santos Oliveira, Bruno Augusto. 2018, "Violencia de Estado: estudio del caso de la creación de una tierra indígena en la amazonia brasileña", Dias, A.L.F., Mayos S., Gonçal. (Eds.) *Violaciones de derechos humanos, poder y Estado*. Paco Editorial, Jundiaí, São Paulo, p. 135-156.

> ... deixa aquelas pessoas à deriva, em ambiente completamente estranho, totalmente despreparados para viver numa sociedade assentada em bases para as quais todo seu arcabouço cultural e sua força de trabalho nada significam. Ou seja, o Estado lhes tirou tudo.
>
> Por raras vezes em sua história o Estado Brasileiro envergou de forma tão opressora as vestes do Leviatã: a criatura mitológica mostrou todas as suas presas para os ribeirinhos que ocupavam a Terra Indígena do Vale do Javari, submetendo essas pessoas a drama pessoal e familiar incomensuráveis, que deverão dar a medida da indenização por danos morais.[297]

Como destacado, na ocasião, ainda não familiarizado com a noção de direito ao projeto de vida, proferi uma sentença condenatória de reparação por danos morais. Revisitando a questão, é possível afirmar que o evento descrito, que retirou de toda uma comunidade o "chão existencial" e o horizonte hermenêutico constituiu, de fato, um dano ao projeto de vida coletivo.

3.6.8. O problema da reparação do dano ao projeto de vida

Constatada a existência efetiva de um dano a um projeto de vida, emerge diante do julgador a problemática questão da reparação. Nesse aspecto, diz Sessarego, o primeiro desafio consiste em alcançar uma reparação centrada mais na pessoa do que em seu patrimônio:

> Devemos partir do princípio geral, atualmente de aceitação geral por sua base humanista, de que nenhum dano deve ficar sem reparação, não obstantes os casos limites de ausência de culpa do agente do dano. Em todo caso, a imaginação dos juristas está alerta para buscar e projetar mecanismos alternativos de reparação... Mas se, em princípio, nenhum dano deve carecer de indenização, não há dúvida alguma de que deve privilegiar-se a reparação do dano que incide sobre a pessoa mesma ao invés daquela que se centra em seu patrimônio.[298]

297. Brasil. Justiça Federal. Tribunal Regional Federal (1ª Região). Autos nº 2003.32.00.700215-0 (Sentença). Juiz Federal: Bruno Augusto Santos Oliveira. Brasília/DF, 10 jun.2004.
298. Sessarego, C.F. 1997, "Daño a la identidad personal" *THEMIS Revista de Derecho*, (36), p. 265. Disponível em https://revistas.pucp.edu.pe/index.php/themis/article/view/11743 (acesso em 11/03/2023).

No cerne da questão, uma dificuldade prática decorrente da natureza essencial do direito ao projeto de vida: a questão da reparação-indenização do jurisdicionado enquanto totalidade humana histórica e singular, que demanda a construção de mecanismos e técnicas apropriados à justa reparação por danos à pessoa não traduzíveis automaticamente em dinheiro.

Com efeito, parece claro que, no caso de um dano ao projeto de vida, o ideal seria a restituição integral do indivíduo à situação existencial original. Entretanto, somente em raríssimos casos alguma providência judicial poderá reconstruir o acesso a uma trilha existencial aniquilada, ou sequer apresentar ao indivíduo a possibilidade de um novo projeto de vida – o que requereria a personalíssima situação de "conversão" íntima, formada, segundo Sartre, daqueles "instantes extraordinários e maravilhosos, onde o projeto anterior desmorona no passado à luz de um novo projeto que surge sobre suas ruínas..."[299]

Assim como fez ao denunciar uma espécie de sub-proteção do ser humano integral nos ordenamentos jurídicos, Sessarego radicou na mentalidade individualista-patrimonialista do Direito uma das causas para a pouca evolução da doutrina no tema da reparação. Segundo ele, o vetor de tradução em dinheiro da reparação induziu, por muito tempo, negativas de reparar graves danos que afetavam as pessoas.

Não obstante, entende que o Direito tem se redimido em relação à proteção do ser humano em sua integralidade estrutural e, na atualidade, o problema se reduziria praticamente a

> encontrar os mecanismos adequados, de aceitação geral, para viabilizar uma justa indenização frente aos danos de ordem não patrimonial causados à pessoa ... as dúvidas se centram, principalmente, no que se refere à valorização e liquidação do dano à pessoa que não gera consequências patrimoniais.[300]

299. Sartre, J.-P., Elkaïm-Sartre, A. 2017, *L' être et le néant: essai d'ontologie phénoménologique*, Edition corrigée. ed, Collection TEL, Gallimard, Paris, p. 521.

300. Sessarego, C.F. 1996, "Precisiones preliminares sobre el daño a la persona", *THEMIS Revista de Derecho*, (34), p. 202. Disponível em https://revistas.pucp.edu.pe/index.php/themis/article/view/11843 (acesso em 11/03/2023).

Uma de suas propostas é partir de uma reorganização conceitual, reservando o verbo "ressarcir" para identificar o processo indenizatório de danos com consequências patrimoniais, e utilizar o verbo "reparar" para designar a indenização dos danos à pessoa não mensuráveis em dinheiro. Mesmo que se atribua, em caso de dano, um valor em dinheiro à pessoa lesada, não se trataria de um ressarcimento, mas de uma reparação.

O fio condutor de toda reparação, para Sessarego, parte de que

> Constituindo o ser humano um ente complexo e polifacético, as técnicas reparatórias deverão atender, em cada caso, a determinar, dentro do contexto unitário que lhe é conatural, o meio idôneo para obter a mais justa reparação do aspecto da personalidade que foi objeto de agravo. ... Deve, em cada caso, determinar-se pelo juiz qual é o meio adequado para outorgar à vítima uma devida satisfação.[301]

É claro, destaca Sessarego, que no que concerne universalmente a todo e qualquer ser humano, como o dano em seu aspecto estritamente biológico, é possível alcançar uma parametrização universal de critérios indenizatórios. Contudo, um mesmo evento danoso pode repercutir de maneira diversa para cada indivíduo: a perda de um dedo pode não ter um efeito devastador e decisivo para o projeto existencial de uma pessoa; por outro lado, pode ocorrer que, em outra pessoa, esse mesmo dano "possa adquirir singular transcendência e... desencadeie um efeito devastador na saúde ou bem estar de uma pessoa, em seu projeto de vida. É o caso, entre outros, de um pianista, de um tenista, de um cirurgião ou de um artista plástico."[302]

Adota, nesse aspecto, a posição da Corte Constitucional Italiana que, na sentença 184 de 14 de julho de 1986, estabeleceu a obrigação de reparação de danos que obstaculizam a atividade de realização da pessoa humana. O mecanismo atua em duas frentes: de um lado, a partir de uma uniformidade pecuniária de base, já que um mesmo tipo de lesão não se poderia valorar de maneira diversa entre sujeitos; por outro lado, a reparação deve ser elástica e flexível a fim de adequar a liquidação do dano aos reais efeitos sobre o indivíduo e sobre o desenvolvimento de

301. *Ibid.*, p. 206.
302. *Ibid.*, p. 208.

sua personalidade, por meio de um critério equitativo que parta da avaliação de todas as circunstâncias específicas.[303]

Abordando o problema por outro ângulo, Sessarego afirma que o juiz deve classificar os diversos danos à pessoa no momento de valorá-los e liquidá-los, o que significa

> ... discriminar os diversos danos à pessoa para proceder a uma indenização independente de cada um dos prejuízos causados. É dizer, a tratar autonomamente cada uma das vozes nas que se operou o dano à pessoa - como são os diversos aspectos do dano psicossomático e o dano ao projeto de vida - distinguindo-as, para efeitos indenizatórios, daquelas outras vozes referidas ao dano objetivo, como é o caso do dano emergente e do lucro cessante.[304]

Assim, partindo do exemplo do pianista que perde os dedos num acidente, Sessarego propõe que o juiz primeiramente valorize e liquide, a partir de critérios pré parametrizados, o dano biológico - é dizer, a lesão em si mesma; ao lado do dano biológico o juiz aferirá a repercussão da lesão sobre o bem estar integral da vítima; a seguir, já num critério equitativo, determinará a reparação do dano à saúde, tomando em conta as consequências do dano psíquico no desenvolvimento da vida cotidiana do pianista; finalmente, "o juiz deverá valorizar, como voz independente, o **dano ao projeto de vida**, que é mais do que eloquente no caso do pianista do exemplo."[305]

Nessa senda, um bom vetor de parametrização d'uma indenização por dano ao projeto de vida pode ser extraído de uma de suas consequências típicas:

> A limitação, transtorno ou frustração do projeto de vida que impede, consequentemente, que o sujeito desenvolva livremente sua personalidade, de conformidade com sua vocação pessoal, compromete em diversos graus

303. Sessarego, C.F. 1996, "Precisiones preliminares sobre el daño a la persona", *THEMIS Revista de Derecho*, (34), p. 208. Disponível em https://revistas.pucp.edu.pe/index.php/themis/article/view/11843 (acesso em 11/03/2023).

304. Sessarego, C.F. 1998, "Daño a la persona y daño moral en la doctrina y en la jurisprudencia latinoamericana actual.", *THEMIS Revista de Derecho (38)*, p.180. Disponível em https://revistas.pucp.edu.pe/index.php/themis/article/view/10319 (acesso em 11 março 2023).

305 *Ibid.*, p.185.

o futuro do ser humano. "Deixar o que projetou ser" supõe, em alguns casos, esvair-se num vazio existencial, obrigando a pessoa a uma reformulação radical de sua vida, o que nem sempre é possível realizar.[306]

Ora, se uma das consequências mais típicas do dano ao projeto de vida é deixar a pessoa lesada num estado de vazio existencial, incompatível com a natureza humana, obrigando-a a um redirecionamento total de sua vida, uma boa medida de reparação seria a obrigação de condutas que lhe permitam ou dêem condições, materiais, somáticas ou psíquicas, de escolher e executar um novo projeto existencial. Não uma indenização olhando para trás, mas uma reparação "olhando para a frente".

Enfim, no momento da análise da reparação será importante que o juiz observe se está diante de um projeto de vida autêntico ou inautêntico. O primeiro, como referimos anteriormente, ostenta todas as características de um projeto livremente escolhido como eixo existencial, enquanto o segundo, apesar de constituir o eixo da vida concreta do sujeito, não decorre de uma adesão livre e autodeterminada rumo à autorrealização. Enquadra-se na categoria dos projetos de vida inautênticos ou *alternativos.* O dano contra esses últimos não gera normalmente "consequências negativas no *projeto de vida,* mas, mais provavelmente, em outros aspectos da existência da pessoa, como em seu bem-estar pessoal ou em uma perda de caráter material, ou ambos."Daria causa, portanto, à indenização por danos emergentes, lucros cessantes ou até perda de uma chance. Por isso, se faz necessária para o julgador uma boa compreensão do que seja um autêntico projeto de vida e que, ao fixar uma reparação por danos,

> ...tome em atenta consideração a trajetória de vida da vítima, calibre a intensidade com a que sente e vive seu projeto de vida pessoal, assim como tome conhecimento de suas características psicológicas, da personalidade e da idade do lesado, entre outros fatores necessários para perfilar a qualidade do projeto de vida a reparar.[307]

306. Sessarego, C.F. 1996, "Precisiones preliminares sobre el daño a la persona", *THEMIS Revista de Derecho*, (34), p. 202. Disponível em https://revistas.pucp.edu.pe/index.php/themis/article/view/11843 (acesso em 11/03/2023).

307. Sessarego, C.F. 2016, "El Derecho y la Libertad como proyecto", *Ius et Veritas*, 24 (52), p. 124. Disponível em https://revistas.pucp.edu.pe/index.php/iusetveritas/article/view/16375 (acesso em 11/03/2023).

Apresentada a questão da reparação do dano ao projeto de vida a partir de Sessarego, são também fecundas as reflexões de Burgos. Partindo do primado da reparação integral, apresenta uma concepção que espelha e, numa certa medida, corrobora nossa divergência com Sessarego quando concebemos o direito ao projeto de vida como um direito bifronte, constituído como direito ao projeto de vida enquanto autodeterminação e como direito ao projeto de vida enquanto autorrealização. Nesse aspecto, pontifica que

> ... o direito ao projeto de vida aparece como uma noção que opera necessariamente nas duas instâncias da reparação:
>
> a) Na face <u>preventiva</u>, porque garantir a probabilidade certa – não a mera possibilidade formal – de construção de um projeto vital para cada pessoa é a razão mesma de ser do viver juntos. Se um ordenamento jurídico não garante a dignidade, não merece reconhecimento.
>
> b) Na face <u>ressarcitória</u>, porque essa mesma garantia de dignidade – desde que o ordenamento jurídico aspira a sustentar sua natural pretensão de reconhecimento – supõe que diante de um dano ao projeto de vida, seja qual for seu grau de especificidade, resulte exigível a probabilidade certa de retomá-lo ou substituí-lo, a partir das circunstâncias subsequentes.[308]

Estamos, portando, diante de atividade extremamente complexa, talvez uma daquelas que imporão limites às pretensões de plena absorção da função jurisdicional pela inteligência artificial. Afinal,

> Se trata, sem dúvida, de uma tarefa delicada, difícil, que requer uma fina sensibilidade, uma especial vocação por parte do juiz em relação à proteção integral da pessoa humana. Mas todas estas dificuldades não são impossíveis de superar, desde que se empregue para isso dedicação e compreensão e, como está dito, fina sensibilidade para perceber a existência de um definido projeto de vida e considerar sua devida reparação em caso de haver-se frustrado, menoscabado ou retardado sua execução.[309]

---

308. Burgos, O.R. 2022, "El Derecho al proyecto de vida y la exigencia de dignidad de la persona humana: preservación y reparación de su daño, en tiempos de capitalismo de vigilancia", *Revista IBERC* 5, 1, p.135. Disponível em https://revistaiberc.responsabilidadecivil.org/iberc/article/download/176/165/ (acesso em 12 março 2023). Destacamos.

309. Sessarego, C.F. 2016, "El Derecho y la Libertad como proyecto", *Ius et Veritas*, 24 (52), p.126. Disponível em https://revistas.pucp.edu.pe/index.php/iusetveritas/article/view/16375 (acesso em 11/03/2023).

De toda forma, resguardada a possibilidade de utilização de todas as alternativas disponíveis, entendemos que os métodos da psicanálise existencial, da redução existencial, da justiça em primeira pessoa e do caminho do julgamento justo derridiano constituem ferramentas aptas tanto a uma eficaz aferição da existência de um autêntico projeto de vida, quanto para o bom dimensionamento de possíveis e adequadas reparações.

Diante desse complexo quadro, entendemos que o desafio da reparação ao dano ao projeto de vida pode se servir das ferramentas de um instituto que vem ganhando corpo nas últimas décadas: a Justiça Restaurativa, uma abordagem voltada a "promover tolerância e inclusão, revelar a verdade, encorajar a expressão e resolução pacífica de conflitos, construir respeito pela diversidade e promover práticas comunitárias responsáveis".[310]

Mesmo que ainda sem um conceito canônico, já existe algum consenso a propósito de algumas características axiais daquela abordagem judicial, conforme apresentado pelo material de trabalho das Nações Unidas: o foco no dano causado pelo comportamento lesivo; participação voluntária daqueles mais afetados pelo dano, inclusive a vítima, o perpetrador e, em alguns processos e práticas, seus apoiadores, familiares, membros da comunidade interessada e profissionais apropriados; preparação das partes e facilitação do processo por especialistas em reparação; diálogo entre as partes para chegar num mútuo entendimento do que aconteceu, suas consequências e num acordo sobre o que deveria ser feito. Quanto aos resultados de um processo restaurativo, são variados e podem incluir uma expressão de remorso e uma admissão de responsabilidade pelo perpetrador e um compromisso de realizar alguma ação de reparação para a vítima, ou mesmo a oferta de suporte para a vítima para ajudá-la a se recuperar, e mesmo uma atuação direcionada ao perpetrador para incentivar sua reintegração e desistência em relação a futuros atos danosos.[311]

---

310. United Nations. 2020, Handbook on Restorative Justice Programmes, United Nations, Viena, p. 4. Disponível em https://www.unodc.org/documents/justice-and-prison-reform/20-01146_Handbook_on_Restorative_Justice_Programmes.pdf. (acesso em 06/02/2023).

311. United Nations. 2020, Handbook on Restorative Justice Programmes, United Nations, Viena, p. 4. Disponível em https://www.unodc.org/documents/justice-and-prison-

A nosso ver, a adoção de medidas desse jaez parece oferecer um bom caminho para a reparação de um dano ao projeto de vida, deslocando-se sua órbita de um epicentro patrimonial para um núcleo constituído pelo ser humano considerado em sua integralidade.

Dessarte, a questão da reparação por dano ao projeto de vida constitui um desafio em curso para a ciência jurídica e, notadamente, para os aplicadores do Direito. Com efeito, a própria Corte Interamericana de Direitos Humanos, no paradigmático julgado do caso Loayza Tamayo, testemunhou o grau de dificuldade da tarefa. Naquela ocasião, principiou estabelecendo os marcos de uma reparação ideal:

> 151. Por tudo isso, é perfeitamente admissível a pretensão de que se repare, na medida do possível e com os meios adequados para tanto, a perda de opções por parte da vítima, causada pelo ato ilícito. Dessa maneira a reparação se aproxima mais ainda da situação desejável, que satisfaz as exigências da justiça: plena atenção aos prejuízos causados ilicitamente, ou melhor, posto em outros termos, se aproxima ao ideal da *restitutio in integrum*. ...[312]

Entretanto, mais adiante, admitiu as limitações do Direito atual para alcançar o referido parâmetro. Rendendo-se à falta de meios eficazes, se absteve de quantificar o dano, apenas anotando resignadamente que talvez as indenizações atribuídas a título de danos materiais e morais contribuíssem, de alguma forma, para compensar a vítima:

> 153. A Corte reconhece a existência de um grave dano ao "projeto de vida" de María Elena Loayza Tamayo, derivado da violação de seus direitos humanos. <u>Contudo, a evolução da jurisprudência e a doutrina até o momento não permitem traduzir esse reconhecimento em termos econômicos</u>, e por isso o Tribunal se abstém de quantificá-lo. Adverte, não obstante, que o acesso mesmo da vitima à jurisdição internacional e a emissão da sentença correspondente implicam um princípio de satisfação nessa ordem de considerações.

-reform/20-01146_Handbook_on_Restorative_Justice_Programmes.pdf. (acesso em 06/02/2023).

312. Sentencia de la Corte Interamericana de Derechos Humanos, de 27 de noviembre de 1998, Caso Loayza Tamayo, Reparaciones. Disponível em https://www.corteidh.or.cr/docs/casos/fundamentos/jseriec42.pdf. Acesso em 06/02/2023.

> 154. A condenação que se faz em outros pontos da presente sentença acerca dos danos materiais e morais contribui a compensar a vítima, em certa medida, pelos impactos sofridos em razão dos atos violatórios, ainda que dificilmente poderia devolver-lhe ou proporcionar-lhe as opções de realização pessoal das quais se viu injustamente privada.[313]

No caso Loayza, além de pedir a reintegração ao cargo de professora, que havia perdido injustamente, a autora também solicitou que o Estado fosse condenado a pedir desculpas públicas a ela e seus familiares, admitindo ser responsável pelos danos causados. Contudo, a Corte Interamericana negou o pedido, ao fundamento de que a própria sentença de fundo já teria cumprido essa função.

A CIDH só viria a fixar reparações por dano ao projeto de vida num caso subsequente, Cantonal Benavides *versus* Peru:

> Luis Alberto, aos 20 anos de idade e sendo estudante de biologia da Universidad Mayor de San Marcos, com absoluta frustração e angústia, viu truncado seu projeto de vida pela ruína de oportunidades pessoais e profissionais. Por isso, é admissível a pretensão de que se repare a perda de opções causadas pelo fato ilícito. A reconstrução do projeto de vida da vítima se encontra intimamente relacionada com sua educação profissional, e deve ser garantida pelo estado sem exigir para isso o retorno de Luis Alberto ao Peru, pois não está em condições psicológicas para fazê-lo.
>
> 80. Estima a Corte que a via mais idônea para restabelecer o projeto de vida de Luis Alberto Cantoral Benavides consiste em que o Estado lhe proporcine uma bolsa de estudos superiores ou universitários, com o fim de cobrir os custos da carreira profissional que a vítima eleja – assim como os gastos de manutenção deSta última durante o período de tais estudos – em um centro de reconhecida qualidade acadêmica escolhido de comum acordo entre a vítima e o Estado.
>
> 81. Por último, a Corte ordena que o Estado peruano realize um desagravo público em reconhecimento de sua responsabilidade neste caso a fim de evitar que atos como os deste caso se repitam.[314]

313. Sentencia de la Corte Interamericana de Derechos Humanos, de 27 de noviembre de 1998, Caso Loayza Tamayo, Reparaciones. Disponível em https://www.corteidh.or.cr/docs/casos/fundamentos/jseriec42.pdf. (acesso em 06/02/2023).

314. Corte Interamericana de Derechos Humanos. Caso Cantoral Benavides Vs. Perú Sentencia de 3 de diciembre de 2001 (Reparaciones y Costas), p.30. Disponível em https://www.corteidh.or.cr/docs/casos/articulos/seriec_88_esp.pdf . (acesso em 06/02/2023).

As medidas adotadas pela CIDH abrem caminho para todo um novo âmbito de possibilidades reparatórias, e se coaduna bastante com as soluções alcançadas pela Justiça Restaurativa.

A propósito, nas duas sentenças que proferi em casos de dano ao projeto de vida (itens 3.6.7.5 e 3.6.7.6), sem ter tomado por referência a jurisprudência da Corte Interamericana (com a qual ainda não havia tido contato, mas já em clara sintonia com suas diretrizes) tomei providências nesse sentido. Na ação nº 2006.38.04.001178-1, Justiça Federal de Minas Gerais, J.M. contra ICMBIo e União Federal, as medidas foram articuladas da seguinte forma:

> Configurado, portanto, o *dano ao projeto de vida* de J.M..
>
> Passamos a fixar a reparação devida.
>
> Sendo impossível a restituição da situação do Autor à situação exata em que se encontrava há quatorze anos – a partir de um certo ponto não há mais volta -, é razoável adotar uma solução mista, expressa em obrigações *in natura* e reparação pecuniária.
>
> Como a trajetória de J.M. foi toda acompanhada pela população da região através de jornal de grande circulação, a Folha da Manhã, deverão os réus providenciar a **publicação** de síntese da condenação por dano ao projeto de vida naquele mesmo veículo, pelo prazo de uma semana, todos os dias, ocupando uma página inteira, com fotografia do Autor, se assim desejar, devendo se manifestar em 05 dias a partir da intimação para tanto. À síntese da condenação deverão os réus adicionar um pedido formal de desculpas pela injustiça causada.[315]

Além disso, fixei reparações pecuniárias, utilizando como parâmetros as balizas fincadas na jurisprudência para indenização em dinheiro em razão de danos morais: natureza, gravidade e repercussão da ofensa; grau de culpa e intensidade de dolo do ofensor; inexistência de culpa concorrente da vítima; capacidade econômica do ofensor; condições sociais, econômicas e políticas do ofendido; função de punição e desestímulo; bom senso, moderação e proporcionalidade. O patamar inicial

315. Brasil. Justiça Federal. Tribunal Regional Federal (1ª Região). Autos nº 2006.38.04.001178-1 (Sentença). Juiz Federal: Bruno Augusto Santos Oliveira. Passos/MG, 10 jun.2016. Disponível em https://processual.trf1.jus.br/consultaProcessual/processo.php?proc=200638040011781&secao=PSS&pg=1&enviar=Pesquisar>. (acesso em 22 fevereiro 2023).

foi fixado acima do comumente estabelecido para o dano moral, pelos fundamentos a seguir:

> Como não é possível a *restitutio in integrum*, passo a fixar indenização em moeda, que integrará a reparação. Por se tratar de dano mais grave do que o emocional (ou moral), como já relatado acima, será fixado nas balizas fincadas pela jurisprudência, a partir do valor âncora de R$ 80.000,00 (oitenta mil reais).[316]

No mesmo sentido, já no desfecho da ação Ação Ordinária nº 2003.32.00.7002150, João Chupiunga da Silva *versus* Fundação Nacional do Índio – FUNAI e União Federal, julgada dez anos antes, havia deflagrado providências análogas.

Preliminarmente, como destaquei por ocasião de seu exame no item 3.6.7.6, à época ainda não tinha tido contato com a teoria do direito ao projeto de vida, pelo que a solução técnica encontrada foi uma condenação por danos morais qualificados como gravíssimos. Contudo, um exame das razões do *decisum* mostra que já existia a percepção de se estar diante de algo de maior gravidade: um verdadeiro dano ao projeto de vida. Talvez por isso mesmo as providências determinadas tenham caminhado no mesmo sentido daquelas que seriam tomadas dez anos depois, apesar de revestirem forma diversa:

> No que tange aos danos morais, os autos encartam situação de gravidade sem precedentes, em que toda uma comunidade foi submetida a sofrimento que beira o inconcebível; a dimensão da lesão moral causada à parte é evidenciada a todo momento da narrativa, e não poderia ser reparada nem por todo o dinheiro do mundo (o que a parte busca não é dinheiro, mas sua vida de volta). Entretanto, e considerando os limites do Juizado Especial Federal, fixo a indenização por danos morais em R$ 6.905,78 (seis, novecentos e cinco reais e setenta e oito centavos).

316. Brasil. Justiça Federal. Tribunal Regional Federal (1ª Região). Autos nº 2006.38.04.001178-1 (Sentença). Juiz Federal: Bruno Augusto Santos Oliveira. Passos/MG, 10 jun.2016. Disponível em https://processual.trf1.jus.br/consultaProcessual/processo.php?proc=200638040011781&secao=PSS&pg=1&enviar=Pesquisar>. (acesso em 22 fevereiro 2023).

> Chega-se a um valor de R$ 11.893,00 (onze mil, oitocentos e noventa e três reais), que considero justo por consentâneo com o ordenamento jurídico pátrio, na medida em que constitui reparação suficiente a minimizar os efeitos das distorções decorrentes da demarcação e retirada, bem como para estimular atuação mais cuidadosa da Administração quando da realização de outras demarcações de Terra Indígena; por outro lado, não configura nenhum enriquecimento desproporcional da parte autora, mas quantia adequada a recomeçar sua vida e aplacar seu sofrimento. ...
>
> Sendo o fim último do Direito a paz social; tendo em vista o estado cultural da parte autora; e buscando a didática, a compreensão e a publicidade real do resultado da contenda, deverá ser lido para o Autor o seguinte enunciado:
>
> **"A Justiça Federal reconhece que o Sr. JOÃO CHUPIUNGA DA SILVA sofreu injustiça ao ser retirado da terra onde morava e honestamente vivia com sua família e sua comunidade. Por isso, tem direito à indenização pedida."**
>
> Remetam-se os autos ao Juizado Especial Federal do Amazonas.
>
> Brasília, 10 de junho de 2.004.
>
> BRUNO AUGUSTO SANTOS OLIVEIRA
>
> Juiz Federal Substituto[317]

Por fim, se já constitui um desafio construir as soluções reparatórias em resposta a um dano ao projeto de vida, não menos complexa é a tarefa de mensuração posterior da eficácia daquelas soluções para a vida das pessoas indenizadas. Contudo, não será difícil conceber ferramentas para tanto, preferencialmente centradas na percepção de justiça do próprio cidadão.

Nos processos que ora relatamos não chegamos a realizar tal aferição, pelo que podemos trazer apenas as manifestações dos afetados endereçadas diretamente a nós: no caso dos ribeirinhos, recebemos o contato da defensora pública que havia ajuizado as ações, relatando que as decisões tiveram um impacto claramente positivo na vida dos jurisdicionados, que expressaram ter experimentado algum sentimento de justiça; no caso de J.M., tivemos um contato com o autor por ocasião

317. Brasil. Justiça Federal. Tribunal Regional Federal (1ª Região). Autos nº 2003.32.00.700215-0 (Sentença). Juiz Federal: Bruno Augusto Santos Oliveira. Brasília/DF, 10 jun.2004.

de uma audiência pública realizada posteriormente. Na oportunidade, indagado cordialmente por um dos presentes sobre o destino que daria à indenização pecuniária pela desapropriação indireta, apenas sacou da bolsa uma cópia da sentença e declarou que o mais importante era que a trazia sempre consigo, para poder mostrar a todos nas filas de bancos e no comércio, onde finalmente pôde, declarou, voltar a andar de cabeça erguida.

Concluindo o tópico, é possível afirmar que se são muitas as vias possíveis para a busca da reparação do dano ao projeto de vida, todas elas passam em certa medida pela preparação do indivíduo-juiz – único que, pela densidade de seu contato com o quadro factual singular, tem condições de analisar, caso a caso, as consequências produzidas na pessoa lesada,

> ...tomando em consideração um conjunto de fatores como idade, sexo, personalidade, a posição cultural ou econômico-social, a específica função que a pessoa cumpre na sociedade.... É por isso que o juiz, baseado em um critério de equidade, deverá apreciar em cada caso e entre outras variáveis, a magnitude, alcances, intensidade, duração e projeção no futuro das consequências produzidas pela lesão no que concerne à saúde e ao projeto de vida.[318]

3.7. O lugar do direito ao projeto de vida nas ordens jurídicas contemporâneas

No estudo "*Precisiones preliminares sobre el daño a la persona*", onde faz um estudo comparado e apresenta a evolução da doutrina e jurisprudência relativas ao dano à pessoa, Sessarego observa que sao escassos os códigos civis contemporâneos que regulam aquela espécie de dano; quando o fazem, trazem severas restrições, como exigir que o dano derive de um delito, gere uma lesão grave ou que esteja previsto em lei. Logicamente, o direito ao projeto de vida tem seu espaço restrito por essas mesmas limitações.

318. Sessarego, C.F. 1996, "Precisiones preliminares sobre el daño a la persona", *THEMIS Revista de Derecho*, (34), p. 206. Disponível em https://revistas.pucp.edu.pe/index.php/themis/article/view/11843 (acesso em 11/03/2023).

Uma exceção estaria no Código Civil peruano de 1984, onde estão dados "os fundamentos jurídicos para a proteção da pessoa, no caso de sofrer um dano que afete sua integridade psicossomática ou seu projeto de vida".[319]E a origem dessa exceção já foi mostrada nesse trabalho: trata-se de dispositivo concebido legislativamente sob a batuta de Sessarego como reação ao que denominou de patrimonialismo individualista napoleônico, adotando como essência as diretrizes do Personalismo e do Existencialismo.

Entrementes, Sessarego identificava já em 1992 um crescimento no número de ordenamentos jurídicos que passaram a adotar dispositivos de índole humanista na seara dos danos à pessoa, inclusive quanto à existência de um direito humano ao projeto de vida. Como anotou, a Corte de Cassação Italiana inseriu no bem primário da saúde o direito do homem ao "desenvolvimento da própria personalidade moral, intelectual, cultural, no grau de intensidade, ainda que mínimo, alcançado por qualquer sujeito", [320] e as cortes francesas redimensionaram o art. 1382 de seu código civil para incluir qualquer dano psicossomático.

A esse respeito, Sessarego reflete sobre a evolução da jurisprudência italiana que, buscando escapar a uma concepção puramente econômica para abarcar "todo e qualquer dano que afete algum aspecto da complexa e rica unidade psicossomática sustentada na liberdade em que consiste o ser humano"[321], veio construindo uma concepção de proteção preventiva e integral, o que conseguiu fazer a partir das "cláusulas gerais abertas ou em branco que permitem tutelar não só os direitos subjetivos, recolhidos pela normatividade vigente, mas qualquer interesse existencial que se derive da dignidade do ser humano",[322] como ocorre no artigo 2 da Constituição Italiana, no artigo 3 da Constituição peruana de 1993 e na conjugação do artigo 944 do Código Civil Brasileiro, que instituiu o princípio da reparação integral, com o artigo 5º da Constituição Federal

319. *Ibid.*, p. 196.

320. *Ibid.*, p. 196.

321. Sessarego, C.F. 1996, "Precisiones preliminares sobre el daño a la persona", *THEMIS Revista de Derecho*, (34), p. 188. Disponível em https://revistas.pucp.edu.pe/index.php/themis/article/view/11843 (acesso em 11/03/2023).

322 *Ibid.*, p. 188.

do Brasil, que adota a dignidade da pessoa humana como fundamento da república brasileira.

Outrossim, é possível observar que a expressão "projeto de vida" já começa a ser adotada na legislação de alguns países, como a Argentina e a França, de forma a resguardar o direito ao projeto de vida, sob variados matizes:

> Artigo 1738 do Código Civil e Comercial Nacional da Argentina
>
> A indenização compreende a perda ou diminuição do patrimônio da vítima, o lucro cessante no benefício econômico esperado de acordo com a probabilidade objetiva de sua obtenção e a perda de chances. Inclui especialmente as consequências da violação dos direitos personalíssimos da vítima, de sua integridade pessoal, sua saúde psicofísica, suas afecções espirituais legítimas e as que resultam da interferência em seu **projeto de vida.**[323]
>
> Artigo L.114-1 do Código de Ação Social e das Famílias da França
>
> Artigo L.114-1 – A pessoa com deficiência tem direito a ser indenizada pelas consequências de sua deficiência, independente da origem e natureza da mesma, de sua idade ou seu modo de vida.
>
> As necessidades de compensação devem constar de um plano elaborado tendo em conta as necessidades e aspirações da pessoa com deficiência tais quais expressos em seu **projeto de vida**, formulado pela própria pessoa ou, em caso de impossibilidade, com ou para ela por seu representante legal, quando não possa expressar sua opinião.[324]

De toda forma, Sessarego entende que, independentemente do grau de positivação explícita, em qualquer sistema normativo que proteja a dignidade da pessoa humana terá guarida o direito ao projeto de vida. O fundamento é que o princípio da dignidade representa uma espécie cláusula geral de proteção ao ser humano em sua integralidade.

323. Argentina 2014, *Código Civil y Comercial. Ley 26.994, 8 de Octubre de 2014, Artigo 1738.* Disponível em https://leyes-ar.com/codigo_civil_y_comercial/1738.htm. (acesso em 22 fevereiro 2023). Destacamos.

324. França 2005, *Loi n° 2005-102 du 11 février 2005 pour l'égalité des droits et des chances, la participation et la citoyenneté des personnes handicapées*. Disponível em https://www.legifrance.gouv.fr/jorf/id/JORFTEXT000000809647/. (acesso em 22 fevereiro 2023).

Com efeito, a concepção de Sessarego encontra sólidos fundamentos na Antropologia Filosófica pois, como já mostramos, o projeto de vida constitui estrutura essencial de todo ser humano.

A esse respeito, oportuno buscar as raízes do princípio da dignidade numa das clássicas formulações do imperativo categórico kantiano, que assim pontifica:

> Age de tal maneira que tomes a humanidade, tanto em tua pessoa, quanto na pessoa de qualquer outro, sempre ao mesmo tempo como fim, nunca meramente como meio.[325]

Em outros termos: a *dignidade* é o nome dado por Kant a essa tomada do ser humano enquanto fim em si mesmo.[326] Ora, qualquer ordem jurídica que acolha o princípio da dignidade da pessoa humana como seu fundamento faz convergir toda a arquitetura normativa para a consideração da pessoa como fim. E dessa regra não escapará a doutrina da responsabilidade civil: uma vez que uma ordem jurídica imponha que seja o ser humano tomado como fim, toda pessoa tem direito à proteção jurídica de sua totalidade estrutural, ou seja, todo e qualquer dano ao ser humano enquanto tal deve ser reparado.

Dessa maneira, uma vez positivada, a dignidade da pessoa humana torna imperativa a proteção do ser humano em sua integralidade e, como mostrado a partir da Antropologia Filosófica, essa integralidade inclui o ser humano enquanto ser-que-*(se)*-projeta e que tem direito, dessarte, a um projeto de vida.

A partir dessa visão, é razoável afirmar, com Sessarego, que

> ... não existe nenhum impedimento para que os juízes a tutelem fundando-se, para isso, nas cláusulas gerais e abertas que aparecem em suas Constituições ou em seus códigos civis e, em última instância, reconhecendo a exigência jurídica de tutelar qualquer interesse existencial que derive da dignidade da pessoa humana. Essa é uma experiência que se percebe em

325. Kant, Immanuel. *Fundamentação da Metafísica dos Costumes*, Ak.IV, 429.

326. Canto-Sperber, M. 2004, *Dictionnaire d'éthique et de philosophie morale*, 4. éd. rev. et augm. ed, Quadrige, Presses universitaires de France, Paris, p. 525.

alguns países, como é o caso da Itália e, recentemente, o da República Argentina.[327]

Nessa empreitada, pontifica Sessarego:

> Cabe à doutrina continuar esclarecendo seus fundamentos e mostrando os critérios, técnicas e mecanismos para sua aplicação. Os juízes, por conseguinte, têm aberto o caminho para tutelar a pessoa na forma mais ampla e oportuna. Esperemos que, como ocorre em outras latitudes, a jurisprudência nacional assuma nesse caso sua função de tutelar a pessoa humana.[328]

Nesse aspecto, a proteção ao direito ao projeto de vida recebeu notável impulso a partir de seu reconhecimento no caso Loayza Tamayo pela Corte Interamericana de Direitos Humanos, que tem sua competência reconhecida por Argentina, Barbados, Bolívia, Brasil, Chile, Colômbia, Costa Rica, Equador, El Salvador, Guatemala, Haiti, Honduras, México, Nicarágua, Panamá, Paraguai, Peru, República Dominicana, Suriname, Uruguai e Venezuela – nesses países, tem seu lugar assegurado.

Em relação à jurisprudência brasileira, são escassos os julgados em que se confere explicitamente tutela ao projeto de vida. Casos extremos em que evidenciada a fissura do projeto existencial têm sido classificados como de "danos morais gravíssimos", sendo geralmente abordados pela elevação do montante da indenização pecuniária. Nesse aspecto, os tribunais brasileiros parecem estar na situação diagnosticada por Sessarego, segundo o qual em muitos ordenamentos se preferiu

> ...ante a presença de um conjunto numeroso e inédito de novos danos à pessoa não considerados anteriormente pela doutrina, incluí-los, sem mais e assistematicamente a nosso ver, dentro da restrita noção de dano "moral". Para obter esse resultado tiveram que deixar para trás e superar a tradicional noção de dano "moral", referida à dor ou sofrimento (*pretium doloris*) para, ampliando desnecessariamente suas fronteiras conceituais,

327. Sessarego, C.F. 1997, "Daño a la identidad personal" *THEMIS Revista de Derecho*, (36), p. 254. Disponível em https://revistas.pucp.edu.pe/index.php/themis/article/view/11743 (acesso em 11/03/2023).

328. Sessarego, C.F. 1996, "Precisiones preliminares sobre el daño a la persona", *THEMIS Revista de Derecho*, (34), p. 197. Disponível em https://revistas.pucp.edu.pe/index.php/themis/article/view/11843 (acesso em 11/03/2023).

> incluir nesta noção não só o específico dano emocional, mas todos os danos imagináveis à pessoa. É dizer, utilizam um conceito juridicamente preciso, como o de "dano moral", para ampliar artificialmente seus lindeiros para que se possa acolher os até pouco tempo impensados "danos à pessoa"... Se se substituiu, com razão, a expressão "pessoa moral" por "pessoa jurídica" não compreendemos que sólida razão se possa opor à tendência de substituir o termo "dano moral" pelo de "dano à pessoa".[329]

Seus argumentos a propósito são contundentes. Para Sessarego,

> Em vez de utilizar velhos moldes, antigas formas conceituais, construídos para conter outras distintas realidades devemos, frente a novos objetos e circunstâncias da vida, criar novos conceitos e novas formas para pensá-los, descrevê-los e distingui-los. ... Ante inéditas realidades, portanto, devemos empregar novos conceitos, sempre descritivos de seu objeto. ... Não se trata nesses casos de um capricho lingüístico, ou de um superficial afã de inovar por inovar ou de atribuir diversas "etiquetas" a um mesmo objeto, mas de uma atitude que responde primariamente a uma compreensão do que estruturalmente é o ser humano.[330]

Num mapeamento detalhado, Paiva e Heeman apresentaram o seguinte diagnóstico acerca da situação do direito ao projeto de vida nas cortes brasileiras:

> A questão relativa ao *projeto de vida* já apareceu algumas vezes na jurisprudência dos tribunais superiores. No STF, o direito ao *projeto de vida* foi um dos argumentos invocados para se admitir e conferir proteção jurídica às uniões homoafetivas, constando expressamente nos votos dos Ministros Luiz Fux e Marco Aurélio, tendo o segundo citado o *Caso Loayza Tamayo* (ADPF 132 e ADI 4.277, rel. Min. Ayres Britto, Plenário, j. 05/05/2011). No STJ, o direito ao *projeto de vida*, além de constar em ementa de julgado que concluiu pela proteção jurídica das uniões homoafetivas (Resp 1.032.467, rel. Luis Felipe Salomão, 4ª Turma, J. 03/03/2015) e pela possibilidade do casamento civil entre pessoas do mesmo sexo (Resp 1.183, rel. Min. Luis Felipe Salomão, 4ª Turma, j. 25/10/2011), também foi invocado em precedente no qual se decidiu que "*O cônjuge que deliberadamente*

329. Sessarego, C.F. 1998, "Daño a la persona y daño moral en la doctrina y en la jurisprudencia latinoamericana actual.", *THEMIS Revista de Derecho (38)*, p. 189. Disponível em https://revistas.pucp.edu.pe/index.php/themis/article/view/10319 (acesso em 11 março 2023).

330 *Ibid.*, p. 192.

omite a verdadeira paternidade biológica do filho gerado na constância do casamento viola o dever de boa-fé, ferindo a dignidade do companheiro (honra subjetiva), induzindo-o a erro acerca de relevantíssimo aspecto da vida que é o exercício da paternidade, verdadeiro projeto de vida" (Resp 922.642, rel. Min. Ricardo Villas Bôas Cueva, 3ª Turma, j. 04/04/2013). Em nenhum desses casos, porém, houve a *quantificação* do *dano ao projeto de vida* como uma medida de reparação autônona. [331]

Em pesquisa recentíssima, Miranda confirmou a informação obtida por Paiva e Heeman, chegando aos seguintes resultados:

> No âmbito do **STJ**, ao inserir a expressão "*dano existencial*", foi obtido apenas um acórdão e 47 (quarenta e sete) decisões monocráticas. Ao inserir a expressão "*danos existenciais*", foram obtidas 19 (dezenove) decisões monocráticas e nenhum acórdão. Tais decisões referem-se a diferentes contextos, como: acidente de trânsito; procedimentos de saúde; prisão, dentre outros. Não foram encontradas referências de aplicabilidade do dano existencial em casos concretos envolvendo conflitos decorrentes da atividade minerária.
>
> Pela expressão "*projeto de vida*", foram obtidos 8 (oito) acórdãos e 541 (quinhentas e quarenta e uma) decisões monocráticas. Ao ser utilizada a expressão "*dano ao projeto de vida*", não foi obtido nenhum acordão, resultando apenas em 4 (quatro) decisões monocráticas. Sobre o número relativamente expressivo de decisões monocráticas obtidas, observa-se a utilização das expressões pesquisadas em diferentes contextos, como de Direito Penal, Direito do Consumidor, Direito de Família, dentre outros, que não se relacionam diretamente com o tema da pesquisa e, portanto, foram excluídas da análise.
>
> O número reduzido de acórdãos demonstra a pouca aplicabilidade desses danos pelo STJ, não havendo referência dos temas à conflitos decorrentes da atividade na Constituição de 1988. No **STF**, os resultados foram ainda mais restritos, sendo obtidas apenas 4 (quatro) decisões monocráticas com a inserção das expressões "*dano existencial*" e "*danos existenciais*", havendo coincidência entre os resultados. Não foi obtido nenhum acórdão com os referidos comandos de busca. Das 4 (quatro) decisões monocráticas obtidas, 3 (três) abordavam o dano existencial vinculado ao Direito do Trabalho e uma versava sobre indenização por danos morais, materiais,

331. Paiva, C., Aragon Heeman. 2017, *Jurisprudência internacional de direitos humanos.*, 2a edição. ed. Editora CEI, Belo Horizonte, MG, p. 86-87.

estéticos e existenciais sofridos por agente público vítima de disparo de arma de fogo quando estava em serviço.[332]

Naquele trabalho científico, o único caso identificado de decisão que acolhe expressamente um pedido de indenização por dano ao projeto de vida foi justamente nossa sentença no caso de J.M., o que reforça nossa percepção de que se trata de uma das poucas, senão a única, que defere uma condenação por dano ao projeto de vida tal qual concebido nesta investigação:

> ... o juiz federal Bruno Augusto Santos Oliveira, da Subseção Judiciária de Passos/MG, proferiu sentença nos autos da Ação Ordinária nº 2006.38.04.001178-1, mencionando o **dano ao projeto de vida** e demonstrando sua aplicabilidade em casos concretos. Na sentença, o juiz considerou que, pelas provas constantes dos autos, a reparação moral não seria suficiente, motivo pelo qual reconheceu o **dano ao projeto de vida, de maneira autônoma**, fixando obrigações de fazer e indenização correspondente (BRASIL, 2016).[333-334]

Em 2021, julgando recurso de apelação (processo nº 0002008-28.2014.4.01.3804), o Tribunal Regional da Primeira Região confirmou a condenação por dano ao projeto de vida, nos termos do voto da Desembargadora Federal Maria do Carmo Cardoso.

Dessarte, pode-se concluir que, assim como no âmbito legislativo, também na esfera judicial a aplicação do direito ao projeto de vida se encontra em fase embrionária. Contudo, anuímos com Sessarego quando afirma que a proteção jurídica do direito ao projeto de vida se sustenta na própria natureza do ser humano, e se encontra aninhada tanto no princípio da dignidade, que impõe a proteção integral da pessoa, quanto naquelas cláusulas abertas e gerais dos sistemas normativos mediante as quais é possível proteger "qualquer interesse existencial nos casos em

332. Miranda, Neilor Generoso. 2022, *Dano existencial e dano ao projeto de vida no distrito de Macacos, município de Nova Lima/MG: uma análise da Ação Civil Pública nº 5000901-97.2019.8.13.0188*. Dissertação de mestrado. Universidade Federal de Minas Gerais, p. 190-194.

333. *Ibid.*, p. 30.

334. Em 2021, jugando recurso de apelação (processo nº 0002008-28.2014.4.01.3804), o Tribunal Regional da Primeira Região confirmou a condenação por dano ao projeto de vida, nos termos do voto da Desembargadora Federal Maria do Carmo Cardoso.

que não exista norma alguma que a ele se refira."[335] Portanto, é razoável afirmar que sua tematização tende a crescer à medida que evoluem as normas jurídicas para transitar de uma visão patrimonialista para uma concepção humanista do jurisdicionado. De toda forma, o reconhecimento pela Corte Interamericana de Direitos Humanos marca seu lugar nos países que aceitam sua jurisdição.

3.8. O direito ao projeto de vida como reação à tecnobarbárie pós-moderna

Na primeira parte da investigação a análise macrofilosófica desvelou a periclitante situação da humanidade, ora mergulhada num estado que denominamos de *tecnobarbárie*, induzido pela descomunal efetividade das novas tecnologias digitais e pelo alcance planetário das ferramentas tecnológicas.

A biopolítica foucaultiana, com sua prática sistêmica de administração dos corpos e gestão calculadora da vida, se vê superada por uma tecnologia de controle muito mais efetiva e insidiosa: a psicopolítica. Essa nova forma de poder, cujo nome foi cunhado por Han, resulta de uma transição da exploração dos corpos para a exploração da psique e, por isso, "esta nova era é acompanhada de doenças mentais, como a depressão ou o *burnout*", e não opera mais a partir de uma apropriação do indivíduo de forma direta; ao contrário, garante que o indivíduo, "por si só, aja sobre si mesmo de forma que reproduza o contexto de dominação dentro de si e o interprete como liberdade."[336]

A psicopolítica digital da pós-modernidade, definida por Han como a "técnica de dominação que estabiliza e mantém o sistema dominante através da programação e do controle psicológicos" utilizando-se do mecanismo dos algoritmos, da *big data* e outras tecnologias congêneres, notadamente pela via das redes sociais, molda a esfera emocional de indivíduos e coletividades:

335. Sessarego, C.F. 1997, "Daño a la identidad personal" *THEMIS Revista de Derecho*, (36), p. 265. Disponível em https://revistas.pucp.edu.pe/index.php/themis/article/view/11743 (acesso em 11/03/2023).

336. Han, B.-C. 2018, *Psicopolítica o neoliberalismo e as novas técnicas de poder*, Editora Âyiné, Belo Horizonte, p. 44-46.

> As emoções são controladas pelo sistema límbico, no qual também se assentam os impulsos. Eles formam o nível pré-reflexivo, semiconsciente e corporalmente impulsivo da ação, do qual frequentemente não se tem consciência de forma expressa. A psicopolítica neoliberal se ocupa da emoção para *influenciar ações sobre esse nível pré-reflexivo*. Através da emoção, as pessoas são profundamente atingidas. Assim, ela representa um meio muito eficiente de controle psicopolítico do indivíduo.[337]

Dessa forma,

> O *Big Data* e a inteligência artificial levam o regime da informação a um lugar em que é capaz de influenciar nosso comportamento num nível que fica embaixo do limiar da consciência. O regime da informação se apodera das camadas pré-reflexivas, pulsionais, emotivas, do comportamento antepostas às ações conscientes. Sua psicopolítica dado-pulsional intervém em nosso comportamento, sem que fiquemos conscientes dessa intervenção.[338]
>
> A psicopolítica digital ... é capaz de intervir de forma prospectiva nos processos psíquicos. Talvez ela seja até *mais rápida* do que o livre-arbítrio, podendo ultrapassá-lo. Isso significaria o fim da liberdade. ...[339]

Denunciando a existência de uma "caixa-preta algorítmica", Han explicita como a dominação se funde completamente ao cotidiano, com o *smartphone* operando como um informante eficiente, submetendo o indivíduo a uma vigilância constante e atuando como cabeça de ponte de técnicas de poder que atuam através de estímulos positivos incutidos pelas redes sociais e *influencers* no Youtube e no Instagram.[340]

O quadro é tão grave que mesmo as instituições juridicizantes, historicamente mais lentas do que os fatos, já se movem em reação a esse fenômeno, cujos contornos e gravidade podem ser extraídos, *verbi gratia*,

337. Han, B.-C. 2018, *Psicopolítica o neoliberalismo e as novas técnicas de poder*, Editora Âyiné, Belo Horizonte, p. 68.
338. Han, B.-C. 2022, *Infocracia. Digitalização e crise da democracia*, Editora Vozes, Petrópolis, p. 23.
339. Han, B.-C. 2018, *Psicopolítica o neoliberalismo e as novas técnicas de poder*, Editora Âyiné, Belo Horizonte, p. 87.
340. Han, B.-C. 2022, *Infocracia. Digitalização e crise da democracia*, Editora Vozes, Petrópolis, p. 16-17.

dos termos do Projeto de Lei nº 1.229/2021 em curso no legislativo brasileiro, baseado nos estudos de Dalese[341]:

> ... os dados neurais tornaram-se a última fronteira da privacidade humana, o que tem feito diversos cientistas enfatizarem a necessidade de se desenvolver uma nova estrutura regulatória que, no mínimo, venha a assegurar: a) o direito à privacidade mental; b) o direito à identidade e autonomia pessoal; c) o direito ao livre arbítrio e **autodeterminação**; d) o direito ao acesso equitativo ao aumento cognitivo; e e) o direito à proteção contra a discriminação algorítmica ou as decisões tomadas.

Naquele projeto, a redação dos dispositivos legais já acata como realidades fáticas a interface cérebro-computador, a manipulação de dados neurais, a possibilidade de dano à identidade individual ou continuidade psicológica e mesmo a comercialização dos dados dali extraíveis:

> Do Tratamento de Dados Neurais
>
> Art. 13-A. O tratamento de dados neurais somente ocorrerá quando o titular ou o responsável legal consentir, de forma específica e destacada, para finalidades específicas, mesmo em circunstâncias clínicas ou nos casos em que a interface **cérebro-computador tenha a capacidade de tratar dados com o titular inconsciente**.
>
> Art. 13-B. É vedado o uso de qualquer interface cérebro-computador ou método que possa causar danos à identidade individual do titular dos dados, prejudicar sua autonomia ou sua **continuidade psicológica**.
>
> Art. 13-C. É vedada a comunicação ou o uso compartilhado entre controladores de dados neurais com objetivo de obter vantagem econômica.[342]

Indomável, a psicopolítica não se detém apenas nas fronteiras do indivíduo. Com o alcance global e a velocidade das redes de informação, compromete coletividades inteiras e pode alcançar até a humanidade como um todo:

341. Dalese, Pedro. 2021, "Proteção jurídica de informações neurais: a última fronteira da privacidade." Disponível em https://www.jota.info/opiniao-e-analise/artigos/protecao-juridica-de-informacoes-neurais-a-ultima-fronteira-da-privacidade-13032021j (acesso em 10/03/2023). Destacamos.

342. Brasil 2021, *Projeto de Lei 1229*. Disponível em https://www.camara.leg.br/proposicoesWeb/fichadetramitacao?idProposicao=2276604 (acesso em 10 março 2023). Destacamos.

> Os *big data* talvez tornem legíveis aqueles nossos desejos dos quais nós mesmos não estamos propriamente conscientes. ... Como uma lupa digital, o *data-mining* ampliaria as ações humanas e revelaria, por trás do espaço de ação estruturado pela consciência, um campo de ação estruturado de maneira inconsciente. ... Os *big data* também poderiam promover padrões coletivos de comportamento dos quais não seríamos conscientes como indivíduos. [343]

Para além do campo existencial individual e coletivo, Han denuncia que a digitalização do mundo da vida também leva a fraturas e disrupções no processo democrático, e a democracia degenera no que chama de *infocracia*, ou crise da democracia no regime de informação. Seu mecanismo se baseia no fato de que

> A racionalidade também requer tempo. Decisões racionais são construídas a longo prazo. ... Na sociedade da informação, simplesmente não temos tempo para ação racional. ... A racionalidade discursiva é ameaçada, hoje, também pela comunicação afetiva. A gente se deixa *afetar* demais por informações que se seguem apressadas umas às outras. Afetos são mais rápidos que a racionalidade. Em uma comunicação afetiva, não permanecem os melhores argumentos, mas as informações com maior potencial de estimular. Desse modo, *fake news*, notícias falsas, geram mais atenção do que fatos. Um único *tuíte* que contenha *fake news* ou fragmentos de informação descontextualizadas é possivelmente mais efetivo do que um argumento fundamentado. ... Ao se orientarem pelo ambiente das redes, os políticos acabam influenciados diretamente por *bots* sociais em suas decisões políticas. Na campanha eleitoral como guerra de informação, não são os melhores argumentos que prevalecem, mas algoritmos inteligentes. [344]

Na outra extremidade, para além do universo da tecnologia da informação, a tecnologia convencional já atingiu, desde a conclusão do Projeto Manhattan, capacidade de destruir o planeta. A exploração desenfreada da natureza, o aquecimento global, a criação de produtos como o CFC, que levou a humanidade ao limiar de um processo de extinção, ou a adição de chumbo tetraetila na gasolina, que contaminou

343. Han, B.-C. 2018, *Psicopolítica o neoliberalismo e as novas técnicas de poder*, Editora Âyiné, Belo Horizonte, p. 88-89.

344. Han, B.-C. 2022, *Infocracia. Digitalização e crise da democracia*, Editora Vozes, Petrópolis, p. 37 e 43.

toda a matéria na terra, são alguns exemplos de como as tragédias socioambientais podem aniquilar as estruturas existenciais de comunidades, populações e até da humanidade inteira. Como constatou Herrero,

> ... a ciência e a técnica estão dando, pela primeira vez na história, à atividade humana um raio de ação e um alcance de dimensões planetárias. A técnica permite a comunicação simultânea de todos os acontecimentos do planeta. Pela primeira vez na história do gênero humano, os homens se encontram diante do *desafio* de enfrentar o dever de assumir, em escala mundial, a *responsabilidade* pelos efeitos de suas ações: escassez dos recursos da natureza, devastação do meio ambiente, manipulação genética, etc.[345]

Nesse cenário, indivíduos são submetidos a situações distópicas, como a sobreposição de sua liberdade interior por *scripts* incutidos por redes sociais, e comunidades inteiras vêem todo seu horizonte existencial e de sentido ferido de morte em breve espaço de tempo, como tem acontecido, recentemente, com comunidades destruídas por rompimentos de barragens e populações indígenas cujos espaços vitais são destruídos por garimpos, e deverá ocorrer em breve com os ilhéus daquelas nações insulares que provavelmente serão inundadas como consequência do degelo das calotas polares.

Esse quadro impõe à Filosofia do Direito um grande desafio, que Sessarego propõe enfrentar pela via da proteção preventiva, unitária e integral, a partir da compreensão da intrínseca dignidade do ser humano enquanto ser livre.[346]A propósito,

> Nos tempos que correm, na presente era tecnológica, aumentaram em grau notável as ocasiões nas quais o ser humano está exposto a sofrer um dano, seja de caráter patrimoninal ou extrapatrimonial. Esta realidade obrigou os juristas mais lúcidos e sensíveis a imaginar novas e eficazes categorias e técnicas de proteção integral da pessoa humana...[347]

345. Herrero, F.J. 2006, *Estudos de ética e filosofia da religião*, Leituras filosóficas, Ed. Loyola, São Paulo, SP, p. 17.
346. Sessarego, C.F. 1996, "Precisiones preliminares sobre el daño a la persona", *THEMIS Revista de Derecho*, (34), p. 183. Disponível em https://revistas.pucp.edu.pe/index.php/themis/article/view/11843 (acesso em 11/03/2023).
347. *Ibid.*, p. 186.

Na visão de Sartre,

> É o que vemos no caso onde a coletividade corre rumo à servidão e exige ser tratada como objeto. Se trata, lá ainda, dos múltiplos projetos individuais dos homens na multidão: a multidão foi constituída como multidão pelo olhar do chefe ou do orador; sua unidade é uma unidade-objeto que cada um de seus membros lê no olhar do terceiro que a domina, e cada um faz então o projeto de se perder nessa objetividade, de renunciar inteiramente à sua ipseidade a fim de não ser mais do que um instrumento nas mãos do chefe.[348]

O movimento descrito vai formando uma figura que evoca Sartre, para quem o homem se faz homem para ser Deus, *Ens causa sui*.[349] Nessa busca, abandona o paradigma de simples imagem de Deus (*imago Dei*) para ceder à tentação que, no livro do Gênesis, teria levado à "queda": *Eritis sicut Deus*, "Sereis como Deus". Contudo, se era essa sua intenção, algo deu errado: ao fim e ao cabo, como constataram Horkheimer e Adorno,

> O indivíduo considerou em outro tempo a razão exclusivamente como um instrumento do eu. Agora experimenta o reverso de sua autodeificação. A máquina prescindiu do piloto; caminha cegamente pelo espaço a toda velocidade.[350]

As consequências para o ser humano são suficientemente trágicas, mesmo antes do advento da IA. Como advertiu Gonçal Mayos,

> No caos cambiante da velocidade e da aceleração, os hipermodernos acabam renunciando a sua condição humana como fez Peer. Tampouco se dão conta de que os paradoxos da aceleração temporal e a multiplicação infinita das opções os fazem **bárbaros**, superficiais e inviáveis.[351]

348. Sartre, J.-P., Elkaïm-Sartre, A. 2017, *L' être et le néant: essai d'ontologie phénoménologique*, Edition corrigée. ed, Collection TEL, Gallimard, Paris, p. 462.
349. *Ibid.*, p. 674.
350. Horkheimer, Max. 2010, *Critica de la razon instrumental. Presentación de Juan José Sánchez. Traducción de Jacobo Muñoz*, Ed. Trotta, Madrid, p. 143. Tradução nossa.
351. Mayos S., Gonçal. 2016, *Homo obsoletus: precariedad y desempoderamiento en la turboglobalización*, Linkgua Pensamiento. Red ediciones, Barcelona, p. 68. Destacamos.

Para Marcuse, "essa é a mais pura forma de servidão: existir como um instrumento, como uma coisa."[352]

Caminhando para o encerramento, e observando a situação do ser humano, vemo-nos tomados pela reflexão de Santo Agostinho:

> E tu estavas dentro de mim, mais profundo do que o que mim existe de mais íntimo, e mais elevado do que o que em mim existe de mais alto. (*Tu autem eras interior intimo meo et superior summo meo)*[353]

O sujeito tecnocientífico, que não se contentou com a estatura de *imago Dei*, empreendeu uma caminhada racional sem ancoragem ética pela qual não só não se tornou como Deus, como acabou se tornando uma triste figura em seus dois "polos agostinianos": o interior profundo e o exterior planetário.

Criações como os algoritmos e a *big data* degradam seu *summo intimo*, pois atacam o horizonte de sentido na própria vida íntima da alma, eliminando a instância da autodeterminação, ou da liberdade em seu núcleo primordial. No outro extremo, com as tragédias socioambientais, o ser humano acabou por colocar em risco seu *summo superior* concreto, o próprio ambiente social e natural: reflexo da expansão desenfreada da tecnociência, pende por um fio não só a existência biológica, mas também seu próprio horizonte hermenêutico-existencial.

Somos então interpelados a retomar a análise crítica inicial somente para ver confirmada a hipótese de que, como um Ícaro tecnológico, o ser humano tentou voar mais alto do que podia, e acabou caindo numa espiral descendente, que cada vez mais o aprofunda numa situação de *unfreedom* e tecnobarbárie. Ameaçado em sua liberdade interior e exterior, haveria algum caminho para reverter a espiral bestificante?

A nosso ver, a reversão dessa espiral ainda é possível e deve passar, inicialmente, pelo questionamento radical da própria ciência moderna, como pontificou Herrero:

> Estamos vendo crescer o *desequilíbrio* entre o poder de dominação técnica sobre a natureza e sobre o próprio homem e os critérios morais capazes

352. Marcuse, H., Kellner, D. 2007, *One-dimensional man: studies in the ideology of advanced industrial society*, Routledge, London, p.35-36.

353. Augustin, Boulding, M., Rotelle, J.E., 1997. *The confessions, The works of Saint Augustine*. New City Press, New York, p.83.

> de dirigir esse mesmo progresso. Como a atividade científica é uma atividade eminentemente humana e como ela conseguiu um reconhecimento universal de fato na nossa civilização técnico-científica, de que maneira é possível submetê-la às exigências da *norma moral* para que ela possa receber uma significação autenticamente humana? Estabelecer a relação entre ética e ciência e elaborar uma ética da ciência será, sem dúvida, um dos grandes desafios do início do terceiro milênio.[354]

Na raiz prática desse questionamento, há que se buscar um resgate da liberdade interior e exterior do ser humano, e a via proposta por Marcuse é uma boa alternativa:

> Assim, a apreensão de potencialidades de liberdade e felicidade possibilitaria a negação das condições que inibiam o pleno desenvolvimento e realização dos indivíduos. Em outras palavras, **perceber a possibilidade de autodeterminação** e **construir suas próprias necessidades e valores** poderia possibilitar aos indivíduos romper com o mundo de pensamento e comportamento existente. A filosofia deveria, assim, fornecer as normas para a crítica social e o ideal de libertação que guiaria a mudança social e a autotransformação individual.[355]
>
> A ideia de "liberdade interior" tem aqui sua realidade: designa o espaço privado no qual o homem pode **se tornar e permanecer "ele-mesmo"**. Hoje esse espaço privado foi invadido e reduzido pela realidade tecnológica.. Nesse processo, a dimensão "interior" da mente na qual a oposição ao *status quo* pode se enraizar é comprimida.[356]

Enfim, se na concepção de Sartre ser uma pessoa equivale a escolher seus próprios fins,[357]o mundo tecnocientífico, ao carcomer o direito ao projeto de vida tanto no âmbito individual (dano à autodeterminação individual) quanto coletivo (dano à autodeterminação coletiva), afeta tanto o território da ética quanto o da política.

---

354. Herrero, F.J. 2006, *Estudos de ética e filosofia da religião*, Leituras filosóficas, Ed. Loyola, São Paulo, SP, p. 16.
355. Marcuse, H., Kellner, D. 2007, *One-dimensional man: studies in the ideology of advanced industrial society*, Routledge, London, p. XV.
356. Marcuse, H., Kellner, D. 2007, *One-dimensional man: studies in the ideology of advanced industrial society*, Routledge, London, p. 12. Destacamos.
357. Sartre, J.-P., Elkaïm-Sartre, A. 2017, *L'être et le néant: essai d'ontologie phénoménologique*, Edition corrigée. ed, Collection TEL, Gallimard, Paris, p. 568.

Dessarte, a tarefa da reconquista dos espaços de liberdade deve partir da edificação de um porto donde o ser humano possa zarpar numa espécie de "quarta navegação" para retomar o território da liberdade e resguardar as fronteiras da interioridade, morada da autodeterminação, e da exterioridade, palco da autorrealização existencial.

Para essa odisseia de reconquista do espaço interior de autodeterminação e do espaço exterior de autorrealização do sujeito, talvez haja mais de um rumo a se tomar. A vereda encontrada neste trabalho passa por afirmar, estabelecer e garantir o direito a um projeto de vida. Isso porque assegurar um ***direito ao projeto de vida* como autodeterminação** é garantir ao ser humano espaço íntimo no qual "pode *se tornar* e permanecer *'ele-mesmo'*"[358], dando-lhe condições de escapar ao controle da psicopolítica, romper o círculo mimético e se afastar do estado de tecnobarbárie. Garantido esse espaço, há que se assegurar que o ser humano possa se projetar livremente em sua caminhada existencial, construindo pelas trilhas do mundo aquilo que escolheu ser, individual e coletivamente. E esse objetivo pode ser assegurando garantindo-se-lhe o ***direito ao projeto de vida* como autorrealização**.

Enfim, o direito ao projeto de vida, desdobrado em direito ao projeto de vida como autodeterminaçao e direito ao projeto de vida como autorrealização, é capaz de proteger a liberdade global do indivíduo – desde o momento da escolha livre, fortaleza hoje invadida pela psicopolítica, até o momento da realização concreta daquela escolha, território ameaçado pelos eventos trágicos de escala macro.

Claro que não será o único instrumento; como vimos, um mesmo evento lesivo pode demandar várias camadas de proteção jurídica. Entretanto, por destinar-se a proteger o ser humano num arco que vai desde seu núcleo enquanto ser-liberdade até a projeção fenomênica de suas escolhas livres, o direito ao projeto de vida poderá constituir a plataforma na qual se resguardará o espaço de interioridade e de realização, a partir dos quais poderá emergir uma reação global ao movimento de desumanização e assujeitamento do indivíduo.

---

358. Marcuse, H., Kellner, D. 2007, *One-dimensional man: studies in the ideology of advanced industrial society*, Routledge, London, p.12.

CONCLUSÃO

O ser humano livre, abalroado de todos os lados pelas investidas do pensamento cientificista e suas emanações na sociedade pós-moderna, se vê cada vez mais soterrado pelos rebotalhos de suas próprias construções culturais e tecnológicas, submergindo, como que mesmerizado, numa situação de neobarbárie. E essa onda já assume dimensões de tsunami, com a emergência da Inteligência Artificial e a turboaceleração que imprime nesse movimento.

Nesse processo de desmantelamento do humano, muitos atributos essenciais do indivíduo vão sendo deliberadamente enterrados, por vezes sob camadas tão profundas que, para acessá-los, é necessário um laborioso trabalho de escavação. É o que ocorre com o direito ao projeto de vida, noção correspondente a uma característica essencial do ser humano enquanto ser livre - sobre o qual pairava, até recentemente, um intrigante silêncio. Por esse motivo, refletir sobre o direito ao projeto de vida é como caminhar arrancando, passo a passo, um fio encoberto por muitas camadas de terra.

Em razão desse encobrimento, antes de iniciar a observação direta do projeto de vida foi necessário retirar os escombros sob os quais se encontrava. Essa foi a tarefa da primeira parte do trabalho, que iniciou pela investigação dos motivos silenciosos da oclusão histórica do direito ao projeto de vida; à medida que avançamos, compreendemos que se originou duma índole patrimonialista do Direito ocasionada por fatores epistemológicos, ideológicos e econômicos: a invasão da ciência jurídica pela racionalidade geométrica conduziu a uma "inumanização" do próprio Direito; o mecanismo histórico de utilização do Direito como instância de controle social e individual serviu-se do ideal matematizante para construir sua arquitetura de controle; e a economia moderna logo descobriu na formatação do Direito uma importante ferramenta na estratégia de substituir a autodeterminação livre pela imposição exógena de carências e necessidades de consumo, fazendo do sujeito um objeto.

Ora, é óbvio que um sujeito capaz de se autodeterminar e autorrealizar livremente em seu caminho existencial – ou seja, capaz de um projeto de vida – constitui um estorvo para um sistema construído sobre tão degradantes bases. Por isso mesmo, falar de um direito ao projeto de vida significa colocar em questão o próprio paradigma tecnocientífico vigente e sua pretensão de certeza e ascendência sobre as humanidades.

O primeiro desafio da reflexão, nessa senda, consistiu em explicitar as insuficiências da tecnociência enquanto proposta totalizante de sentido da existência humana. Como num itinerário socrático irônico-refutatório, fomos desmascarando o paradigma tecnocientífico em seus próprios fundamentos e denunciando seus efeitos desumanizantes sobre sociedade e sobre o Direito. Caídas as cortinas, vimos também como os exageros matematizantes na leitura da realidade da vida conduziram o ser humano a uma situação indigna, à qual denominamos de tecnobarbárie. Devidamente refutada a tirania da tecnociência em seu propósito de se colocar como horizonte último de sentido, abriu-se espaço para a busca de um horizonte mais humano.

A revelação da situação de indigência existencial do ser humano, reduzido a mera engrenagem útil de um mecanismo tecnológico, impeliu a investigação para seu próximo estágio: re-suscitar o ser humano para elucidar sua real natureza de sujeito, e não de objeto. Por esse motivo, a investigação se serviu nessa parte do ramo do conhecimento vocacionado a tal empreitada: a Antropologia Filosófica.

Dessa forma, na segunda parte do trabalho sobrevoamos brevemente a história do pensamento ocidental para, com as lentes da Antropologia Filosófica, perscrutar as sucessivas concepções acerca do ser humano e extrair, a partir de uma rememoração, algumas invariantes conceituais que, por sua universalidade e perenidade, retratassem efetivamente estruturas fundamentais do ser humano. Nesse itinerário, observamos como a natureza projetiva do ser humano foi identificada pelas mais diversas escolas filosóficas: no período grego arcaico, helenístico, patrística e medievo, na filosofia moderna, no pensamento racionalista, na Ilustração, em Kant e na filosofia contemporânea, com especial destaque para o ser humano enquanto projeto de si no Existencialismo de Kierkegaard, Nietzsche, Heidegger e Sartre, finalizando com os aportes do Personalismo de Mounier. Ao final, demonstramos que o ser humano é, essencialmente, um ser-que-(*se*)projeta.

Foi um trabalho minucioso, e que muito exigiu do leitor. Contudo, somente assim estaria à altura da hercúlea tarefa de fornecer bases racionais para fundamentar a postulação de um direito humano universal a um projeto de vida.

Comprovado racionalmente que o ser humano é essencialmente um ser-que-(*se*)projeta, que tem um projeto de vida, na terceira parte da investigação falamos sobre o que constitui um projeto de vida; a seguir, sobre o *direito* a um projeto de vida; e, como exaurimento, sobre o *dano* ao projeto de vida.

Após breves apontamentos sobre as origens, fundamentos e finalidade da teoria do direito ao projeto de vida, notadamente sua ancoragem histórica na jusfilosofia de Sessarego, refletimos sobre algumas das acepções dadas por ele ao projeto fundamental. Como na descrição dos muitos lados de um único poliedro, discorremos minuciosamente sobre o projeto de vida como "projeto dos projetos"; projeto existencial; identidade dinâmica; valor fundamental; maneira de ser; sentido da vida, razão de viver e autorrealização; e expressão fenomênica da liberdade.

Abrindo uma dissidência da concepção sessareguiana acerca do projeto de vida enquanto expressão fenomênica da liberdade, propusemos uma concepção bifronte do projeto de vida: projeto de vida como autodeterminação e projeto de vida como autorrealização.

A partir daquelas novas bases, propusemos uma espécie de Fenomenologia do projeto de vida. A tarefa iniciou pela reflexão do projeto de vida como liberdade em Sartre; como autorrealização em Lacroix e Lima Vaz; e como maneira autêntica de ser em Souriau e Lapoujade. A seguir, apresentamos as características do projeto de vida em relação aos demais projetos; em relação ao conteúdo; em relação à sua factibilidade e exequibilidade; em relação ao estágio de execução ou concreção no mundo material; em relação a sua motivação; em relação aos projetos dos outros; em relação à teoria das quatro causas; em relação às categorias estruturais do ser humano; em relação à temporalidade e em relação à trajetória existencial do indivíduo.

Passamos então a examinar a estrutura do projeto de vida, a questão dos projetos autênticos e inautênticos, a existência de projetos de vida coletivos e o projeto de vida como força motriz do circuito da ipseidade.

Após aquela minuciosa descrição do projeto de vida em si considerado, nos vimos em condições de elaborar os contornos do respectivo direito: o *direito* ao projeto de vida. Depois de algumas breves reflexões sobre a questão da nomenclatura, apresentamos enfim uma definição jurídica possível do que seja um direito ao projeto de vida.

Reconhecendo o fato de que na realidade da vida falar de um direito é também falar na provável situação de lesão àquele mesmo direito, passamos a refletir sobre o *dano* ao projeto de vida. Nessa senda, esboçamos alguns contornos fundamentais e características essenciais do dano ao projeto de vida: dano ao projeto de vida quanto ao *locus* de incidência, dano ao projeto de vida em relação a outros danos contíguos (dano moral, perda de uma chance e dano existencial) e consequências típicas do dano ao projeto de vida.

Anotando que o tema do dano já fora objeto de reflexões mais aprofundadas por parte da doutrina, focamos nossas reflexões sobre os aportes específicos trazidos por nossa investigação. Dessarte, no tópico denominado "novos aspectos do dano ao projeto de vida" falamos do dano ao projeto de vida como autorrealização e do dano ao projeto de vida como autodeterminação e discorremos sobre o dano ao projeto de vida como horizonte hermenêutico, ponto de convergência existencial e causa existencial global. Como exaurimento e exigência lógica da articulação até então apresentada, tecemos algumas reflexões sobre a relação entre o dano ao projeto de vida e o fenômeno da morte.

Por fim, cientes das dificuldades práticas na aplicação da teoria do dano ao projeto de vida, nos dispusemos a enfrentar o problema da aferição judicial do dano ao projeto de vida, propondo quatro alternativas metodológicas factíveis: a psicanálise existencial de Sartre; a redução existencial de Souriau e Lapoujade; a perspectiva da justiça em primeira pessoa a partir de Jankélévitch e a abordagem do julgamento justo em Jacques Derrida. A seguir, apresentamos dois casos reais de dano ao projeto de vida individual e coletivo, que enfrentamos concretamente em casos judiciais que precisamos julgar na qualidade de magistrado federal. Trouxemos, nessa etapa, uma reflexão acerca do problema prático da reparação por dano ao projeto de vida, cotejando as soluções teoricamente formuladas com aquelas adotadas em julgamentos concretos, inclusive as que adotamos nos dois julgamentos relatados no capítulo.

Finalizando o tópico, falamos sobre o lugar e os fundamentos do direito ao projeto de vida nos ordenamentos jurídicos contemporâneos, tendo como especial base de amostragem a ordem jurídica brasileira, e se fez enfim possível amarrar todas as etapas do trabalho em torno do princípio da dignidade da pessoa humana: se o ser humano é essencialmente um ser-que-(*se*)projeta, e se o princípio da dignidade impõe a proteção do indivíduo em sua totalidade estrutural, em qualquer ordenamento jurídico em que se encontre consagrado aquele princípio o indivíduo que sofra um dano poderá invocar a proteção do Direito.

Como exaurimento, retomamos a denúncia inicial acerca da situação de indigência existencial do ser humano e, conectando fim e início da reflexão, propusemos o direito ao projeto de vida como base possível para reação à situação de tecnobarbárie induzida pela psicopolítica e pelas grandes catástrofes socioambientais.

Concluimos então nossa caminhada que, vemos hoje, não iniciou por esse escrito; antes, começou já por ocasião de nosso mestrado em Filosofia na Faculdade Jesuíta de Filosofia e Teologia:

> Encerrada a caminhada, é possível olhar para trás e ver delinear-se, como pano de fundo de suas reflexões [de Jacques Derrida], uma obstinada luta contra a desumanização da justiça. ... Eclode, por fim, uma indagação crucial: esse mundo marcado pelo ideal da geometrização ao absurdo não teria gerado um Direito que, assentado sobre a metafísica da presença, se lança numa jornada quimérica em busca de uma justiça perfeita e automática para o caso concreto, excluindo o elemento humano do julgador, apenas para se esgarçar num turbilhão de decisões global e individualmente ineficazes? Descerram-se, diante dessa questão, duas vertentes de investigação: as causas da desumanização da justiça, notadamente o excesso tecnocientífico, e a mecanização das relações sociais – o que implica uma rememoração histórica das construções filosóficas sobre o mundo da vida. ...[1]

1. Santos Oliveira, Bruno Augusto. 2022, *Justiça Possível? Derrida e a possibilidade do julgamento justo*. Edição do Kindle.

Com efeito, soterrar o direito ao projeto de vida sob o peso do ideal tecnocientífico é uma forma de desumanizar a Justiça, e vemos assim que aquele aguilhão que nos lançou à pesquisa foi sendo estimulado pelo contato com situações que remetiam a algo que já intuíamos, nos casos concretos que tivemos sob julgamento, como um dano ao projeto de vida. Assim como Sessarego, fomos tomados de perplexidade ao perceber que aquele direito era tão sub-tematizado quanto autoevidente.

Após anos de estudo sobre o tema, convergimos com Sessarego no que há de mais fundamental, para encampar a perspectiva de Mounier: não é possível falar do projeto de vida sem um olhar singular íntimo e sem o engajamento concreto na sua edificação no mundo da vida. Afinal, falar de um direito ao projeto de vida é falar do ser humano como liberdade, e levantar a questão da responsabilidade de cada ser humano na tarefa de construção da liberdade afeta a todos, pois todo projeto individual constitui, em essência, uma célula do tecido do grande projeto existencial de toda humanidade.

Assim é que precisamos nos juntar a Sartre quando afirma que o homem se escolhe "escolhendo todos os homens": minha caminhada "engaja a humanidade inteira", e "nossa reponsabilidade é bem maior do que poderíamos supor, pois ela engaja a humanidade inteira". Responsável por mim mesmo e por todos, eu crio "uma certa imagem do homem que eu escolho; ao me escolher, eu escolho o homem."[2] No epicentro de tudo, a liberdade:

> Mesmo que as considerações a seguir interessem mais ao moralista, julgamos que não será inútil, após essas descrições e essas argumentações, retornar à liberdade do para-si [o homem] e tentar compreender o que representa para o destino humano o fato dessa liberdade. A consequência essencial de nossas observações anteriores, é que o homem, sendo condenado a ser livre, carrega o peso do mundo inteiro sobre seus ombros: ele é responsável pelo mundo e por ele mesmo enquanto maneira de ser.[3]

2. Sartre, J.-P. 1965, *L'existentialisme est un humanisme*, Les Editions Nagel, Collection Pensées, Paris, p. 26-27 e 69-71.
3. Sartre, J.-P., Elkaïm-Sartre, A. 2017, *L' être et le néant: essai d'ontologie phénoménologique*, Edition corrigée. ed, Collection TEL, Gallimard, Paris, p. 598.

Jean-Paul Sartre afirmou uma vez que o Existencialismo "dá ao homem uma possibilidade de escolha".[4]Entendemos que o direito ao projeto de vida é capaz de assegurar ao ser humano um espaço vital mínimo de liberdade, notadamente diante das investidas da tecnologia atual que, avessa a qualquer espécie de questionamento, expulsa toda forma de autodeterminação. O direito ao projeto de vida, devidamente assegurado, permite ao homem abrir uma fissura naquele bloco objetificante, pois permite a eclosão de uma situação questionadora ao instaurar um diálogo entre o ser humano e seu projeto de obra de si mesmo, sempre por fazer:

> ... uma das presenças mais marcantes da obra a fazer é o fato de que ela coloca e sustenta uma *situação questionadora*. ... a obra, de uma maneira quase divina, nos intima a escolher, a responder: "o que você vai fazer?". ... Escutemos o monólogo interior do pintor; monólogo que é, em realidade, um diálogo: "este cantinho na minha pintura ainda está um pouco sem graça, é preciso aqui um toque vivo, um brilho de cor. Um azul vivo? Um toque de laranja?"... Do mesmo modo o escritor: "aqui me é necessário um epíteto estranho, raro ou inesperado... Ali um substantivo que ressoe com ecos profundos e íntimos..."[5]

Assim como a obra do pintor e do escritor, o projeto de vida indivíduo é sua obra essencial. Enquanto obra, insere o ser humano numa *situação questionadora* que o interpela a questionar sua própria caminhada existencial e, n'outro extremo, o estado de coisas em geral.

Podemos encerrar afirmando, com Souriau:

> ... essa alma humana ajuda, lúcida, passionalmente, esse ser separado de si mesmo a se reunir consigo. Mas não devemos esquecer que, nessa tarefa, ela também recebe uma ajuda. Não estamos a sós quando criamos. No diálogo em que a obra nos interroga, ela nos interpela, ela nos guia e nos conduz, no sentido de que exploramos com ela e para ela os caminhos que a levam a sua presença concreta final. Sim, cara a cara com a obra não estamos sozinhos. Mas também o poema não está só se encontra seu poeta. O

4. Sartre, J.-P. 1965, *L'existentialisme est un humanisme*, Les Editions Nagel, Collection Pensées, Paris, p. 15.

5. Souriau, É., Romero, W., Júnior, M. 2020, *Os diferentes modos de existência*, n-1 Edições, São Paul, p.174. Destacamos.

grande, o imenso poema que saciaria o ser humano atual, que despertaria o ser humano por vir, esse poema está aí, espera apenas o seu poeta. Quem dentre nós o escreverá?[6]

---

6. Souriau, É., Romero, W., Júnior, M. 2020, *Os diferentes modos de existência*, n-1 Edições, São Paulo, p. 181.

BIBLIOGRAFIA

Arantes, P.E., Torres Filho, R.R., 2000. *Hegel: a ordem do tempo*. Editora Hucitec/Polis, São Paulo.

Argentina 2014, *Código Civil y Comercial. Ley 26.994, 8 de Octubre de 2014*. Disponível em https://leyes-ar.com/codigo_civil_y_comercial/1738.htm. Acesso em 22 fevereiro 2023.

Aristóteles, Reale, G., 2001. *Metafísica*. Loyola, São Paulo.

Aristotle, Ross, W.D., Brown, L., 2009, *The Nicomachean ethics*, Oxford University Press, Oxford, New York

Augustin, Boulding, M., Rotelle, J.E., 1997. *The confessions, The works of Saint Augustine*. New City Press, New York.

BBC News. 2019, *Instagram bans 'cosmetic surgery' filters*. Disponível em https://www.bbc.com/news/business-50152053 (acesso em 11 março 2023).

Beccaria, C., de Plancy, C. 2002, *Des délits et des peines*, C. Éditions du Boucher, Paris.

Belaunde, D.G. 2002, "Homenaje a Carlos Fernández Sessarego", *Foro Jurídico* 01, 11–12. Disponível em https://revistas.pucp.edu.pe/index.php/forojuridico/article/view/18262 (acesso em 11 março 2023).

Bertotti, João Natal. "Tabela do DPVAT coloca preço em partes do corpo". Gazeta do Povo, 14/05/2009. Disponível em https://www.gazetadopovo.com.br/curitiba/tabela-do-dpvat-coloca-preco-em-partes-do-corpo-bkr9qftdhzr9li5wun6993dce/ Acesso em 25/02/2023.

Bonaventure, Saint. 1956, *Itinéraire de l'âme en elle-même. Introd. et traduction du P. Jean de Dieu de Champsecret; commentaire du P. Louis de Mercin,* Librairie Mariale et Franciscaine, Blois.

Boole, George. 1854, *An investigation of the laws of thought: on which are founded the mathematical theories of logic and probabilities,* Walton and Maberly, London.

Brasil. Justiça Federal. Tribunal Regional Federal (1ª Região). Autos nº 2006.38.04.001178-1 (Sentença). Juiz Federal: Bruno Augusto Santos Oliveira. Passos/MG, 10 jun.2016. Disponível em https://processual.trf1.jus.br/consultaProcessual/processo.php?proc=20063804001178 1&secao=PSS&pg=1&enviar=Pesquisar>. Acesso em 22 fevereiro 2023.

Brasil. Justiça Federal. Tribunal Regional Federal (1ª Região). Autos nº 2003.32.00.700215-0 (Sentença). Juiz Federal: Bruno Augusto Santos Oliveira. Brasília/DF, 10 jun.2004.

Brasil 2021, *Projeto de Lei 1229.* Disponível em https://www.camara.leg.br/proposicoesWeb/fichadetramitacao?idProposicao=2276604 (acesso em 10 março 2023).

Brochado, M. 2022. Prolegômenos a uma filosofia algorítmica futura que possa apresentar-se como fundamento para um cyberdireito. *Direito Público, 18*(100).

Brochado, M. 2023. Inteligência Artificial e Ética: um diálogo com Lima Vaz. *Kriterion: Revista de Filosofia, 64,* 75-98.

Burgos, O.R. 2022, "El Derecho al proyecto de vida y la exigencia de dignidad de la persona humana: preservación y reparación de su daño, en tiempos de capitalismo de vigilancia", *Revista IBERC* 5, 1, 132-154. Disponível em https://revistaiberc.responsabilidadecivil.org/iberc/article/download/176/165/ (acesso em 12 março 2023).

Canto-Sperber, M. 2004, *Dictionnaire d'éthique et de philosophie morale,* 4e éd. rev. et augm. ed, Quadrige, Presses universitaires de France, Paris.

Casanova, M.A. 2009, *Compreender Heidegger,* Série Compreender, Vozes, Petrópolis.

Cassirer, E., Imaz, E. 1993, *Filosofía de la ilustración*, 3. ed. Fondo de Cultura Económica, Madrid.

Chile, 1980. Constitución Política de la República de Chile. Disponível em https://www.camara.cl/camara/doc/leyes_normas/constitucion_politica.pdf. Acesso em 22 fevereiro 2023.

Cofré, J.O. 2011, "Kelsen, el formalismo y el 'Circulo de Viena.'" *Revista da Faculdade de Direito da UFG* 35, 36–47.

Conselho Nacional de Justiça. NatJus. https://www.cnj.jus.br/programas-e-acoes/forum-da-saude-3/e-natjus/, acesso em 20/03/2024.

Conselho Nacional de Justiça. "Uso da inteligência artificial agiliza tomada de decisões judiciais em processos de saúde." https://www.cnj.jus.br/uso-da-inteligencia-artificial-agiliza-tomada-de-decisoes-judiciais-em-processos-de-saude/ acesso em 20/03/2024

Corte Interamericana de Derechos Humanos. Caso Cantoral Benavides Vs. Perú Sentencia de 3 de diciembre de 2001 (Reparaciones y Costas), p.30. Disponível em https://www.corteidh.or.cr/docs/casos/articulos/seriec_88_esp.pdf. Acesso em 06/02/2023.

Dalese, Pedro. 2021, "Proteção jurídica de informações neurais: a última fronteira da privacidade." Disponível em https://www.jota.info/opiniao-e-analise/artigos/protecao-juridica-de-informacoes-neurais-a-ultima-fronteira-da-privacidade-13032021j (acesso em 10/03/2023).

Danaher, J. 2016, "The Threat of Algocracy: Reality, Resistance and Accommodation." *Philosophy & Technology* 29, 245–268. Disponível em https://doi.org/10.1007/s13347-015-0211-1 (acesso em 11 março 2023).

Derrida, Jacques. 1994, *Force de Loi*, Galilée, Paris.

Desaunay, D., 2022. "La justicia algorítmica se impone en Francia." Disponível em https://www.rfi.fr/es/francia/20220106-la-justicia-algor%C3%ADtmica-se-impone-en-francia?fbclid=IwAR3L_6ahxXOR7UMACDpfLktfZF1Qs84Ri3udnDubbpFzr3y2dM8v8dyEdss (acesso em 07/05/2022).

Descartes, R. 1900, *Discours de la méthode: suivi des Méditations métaphysiques,* Flammarion, Paris

Descartes, René. 2017, *Régles pous la direction de l'esprit.* E-book Kindle. Traduzimos.

Dicionário grego-português: DGP. 2007, Ateliê Editorial, Cotia, SP, Brasil.

Drawin, Carlos Roberto. A morte e a modernidade: meditações nos tempos da pandemia. A: Oliveira Moreira, J. de. *Luto e morte em tempos de pandemia.* Belo Horizonte: Editora UEMG, 2021, 25-46.

European Commission for the Efficiency of Justice (CEPEJ). European Ethical Charter on the Use of Artificial Intelligence in Judicial systems and their environment. Strasbourg, Council of Europe 2019.

Foucault, M. 2008, *Surveiller et punir: naissance de la prison,* Collection TEL, Gallimard, Paris.

França 2005, *Loi n° 2005-102 du 11 février 2005 pour l'égalité des droits et des chances, la participation et la citoyenneté des personnes handicapées.* Disponível em https://www.legifrance.gouv.fr/jorf/id/JORFTEXT000000809647/. Acesso em 22 fevereiro 2023.

Franca Filho, M.T., Maia, M.L. 2015, " 'Ceci n'est pas un oiseau' –O juiz como crítico e o conceito de obra de arte no direito tributário". *ANAMORPHOSIS-Revista Internacional de Direito e Literatura* 1, 387–411.

Fricano, Alessandro. ""Algocracy": The decline of representative democracy." *CEUR Workshop Proc.* 2020. Disponível em https://ceur-ws.org/Vol-2781/poster1.pdf. Acesso em 10/03/2023.

Gagnebin, Jeanne-Marie. 1993, "Do conceito de mímesis no pensamento de Adorno e Benjamin." *Perspectivas: Revista de Ciências Sociais,* v. 16, p.72. Disponível em https://periodicos.fclar.unesp.br/perspectivas/article/view/771/632 (acesso em 10/03/2023).

Galilei, Galileu. 2019, *O Ensaiador* (Portuguese Edition), Bonanova.org. E-book Kindle.

Guzmán H., Lorena. 2022, "Chile, pionero en la protección de los 'neuroderechos"'. *Correo de la Unesco*. Disponível em https://es.unesco.org/courier/2022-1/chile-pionero-proteccion-neuroderechos (acesso em 22 fevereiro 2023).

Habermas, J. 2014, *Técnica e ciência como "ideologia."* Editora Unesp, São Paulo.

Han, B.-C. 2018, *Psicopolítica o neoliberalismo e as novas técnicas de poder*, Editora Âyiné, Belo Horizonte.

Han, B.-C., 2021. *O desaparecimento dos rituais: Uma topologia do presente*. ed. Vozes, Petrópolis.

Han, B.-C. 2022, *Infocracia. Digitalização e crise da democracia*, Editora Vozes, Petrópolis.

Han, B.-C., Giachini, E.P., 2019. *Sociedade do cansaço*, 2. ed. ampl. ed. Vozes, Petrópolis

Hegel, G.W.F., Meneses, P., Hegel, G.W.F. 2008, *Fenomenologia do espírito*, 5. ed., Coleção Pensamento Humano. Vozes, Petrópolis.

Heidegger, M. 1978, *Introdução à metafisica - Introdução, tradução e notas de Emmanuel Carneiro Leão*, Biblioteca Tempo Universitário – 1, Editora Universidade de Brasília - Tempo Brasileiro, Rio de Janeiro.

Heidegger, M. 2020, *A questão da técnica*, Paulus, São Paulo.

Heidegger, M., Boehm, R., De Waelhens, A., Vezin, F. 1986. *Être et temps*, Gallimard, Paris.

Heidegger, M., Cortés, H., Leyte, A. 2001, *Carta sobre el humanismo*, Alianza Editorial, Madrid.

Hermoso, Borja. Pierre Lévy: "Muitos não acreditam, mas já éramos muito maus antes da internet". El País, Madri, 01/07/2021. Disponível em https://brasil.elpais.com/eps/2021-07-01/pierre-levy-muitos-nao-acreditam-mas-ja-eramos-muito-maus-antes-da-internet.html?ssm=whatsapp . Acesso em 25/02/2023.

Herrero, F.J. 2006, *Estudos de ética e filosofia da religião*, Leituras filosóficas, Ed. Loyola, São Paulo, SP.

Hobbes, Th. 2005, *Elementos de Filosofia – Primeira Seção – Sobre o Corpo. Parte I – Computação ou Lógica. Tradução e apresentação de José Oscar de A. Marques*. Campinas: IFCH/Unicamp, (Clássicos da Filosofia. Cadernos de Tradução 12). Disponível em https://www.unicamp.br/~jmarques/trad/HOBBES-Sobre_o_Corpo-Parte_I-Logica.pdf (acesso em 25/02/2023).

Horkheimer, M., Adorno, T.W. 1994, *Dialéctica de la Ilustración: fragmentos filosóficos, Colección Estructuras y procesos*, Serie filosofía. Ed. Trotta, Madrid.

Horkheimer, Max. 2010, *Critica de la razon instrumental. Presentación de Juan José Sánchez. Traducción de Jacobo Muñoz*, Ed. Trotta, Madrid.

Husserl , E. 2021, "A filosofia como ciência de rigor." *Revista de Estudos Universitários - REU*, v. 1, n. 1, Sorocaba, SP, pp.39-76. Disponível em: http://periodicos.uniso.br/ojs/index.php/reu/article/view/4585 (acesso em 11 março 2023).

Husserl, Edmundo. 2008, *La crisis de las ciencias europeas y la fenomenología trascendental. Traducción y estudio preliminar de Julia V. Iribarne,* 1ª ed, Prometeo Libros, Buenos Aires.

Ildefonse, F. 1997, *Platon, Protagoras,* GF Flammarion. Flammarion, Paris.

Jankélévitch, V. 1994, *La mort,* Flammarion, Paris.

Jolivet, R. 1950, *Introduction to Kierkegaard. Trans. W.H.Barber Frederick,* Muller, London, p.111.Traduzimos e destacamos.

Jolivet, R. 1948, *Les doctrines existentialistes de Kierkegaard à J.P. Sartre,* Éditions de Fontenelle, Abbaye Saint-Wandrille.

Kahn, H., Wiener, Anthony J. 1969, *O Ano 2000 - Uma estrutura para especulação sobre os próximos trinta e três anos,* 3a. ed., Melhoramentos, São Paulo.

Kant, E., Foucault, M. 1970, *Anthropologie du point de vue pragmatique,* Librairie Philosophique J. Vrin, Paris.

Kant, I., Bini, E. 2010, *A Metafísica dos Costumes*, Coleção Folha: livros que mudaram o mundo. Folha de São Paulo, São Paulo.

Kant, I., Mattos, F.C., Kant, I. 2013, *Crítica da razão pura*, 3. ed., Ed. Vozes, Petrópolis.

Kant, I., Menezes, E., Kant, I., 2010. Começo conjectural da história humana. Ed. UNESP, São Paulo.

Kant, I., Morão, A. 1988, *Prolegómenos a toda a metafísica futura*, Textos Filosóficos, Edições 70, Lisboa.

Kant, Immanuel. Fundamentação da Metafísica dos Costumes, Ak.IV, 429.

Kelsen, H. 2008, *Autobiografía. Hans Kelsen* (Spanish Edition). Universidad Externado. Edição do Kindle.

Kelsen, H., Robles Morchón, G. 2011, *Teoría pura del derecho*, Trotta, Madrid.

Kierkegaard, S. 2013, *O conceito de angústia: uma simples reflexão psicológico-demonstrativa direcionada ao problema dogmático do pecado hereditário de Vigilius Haufniensis*, Vozes Editora Universitária São Francisco, Petrópolis, RJ; Bragança Paulista, SP.

Kraft, Victor. 2015, *The Vienna Circle: The Origins of Neo-Positivism*, Philosophical Library. Edição do Kindle.Traduzimos.

Lacroix, M. 2009, *Se Réaliser - Petite philosophie de l'épanouissement personnel,* Éditions Robert Laffont, Paris. Edição do Kindle.

Landmann, M., Cañadas, C.M. 1961, *Antropologia Filosofica*, Primera Edición en Español, Union Tipografica Editorial Hispano Americana, México.

Lapoujade, David. 2017, *Les Existences moindres*, Minuit, Paris. Edição do Kindle.

Larenz, K. 1997, *Metodologia da Ciência do Direito*, 3. ed., Fundação Calouste Gulbenkian, Lisboa.

Leibniz, G.W., Ferro, N. 2016, *Novo sistema da natureza. Princípios da Natureza e da Graça*, p. 121. Disponível em https://doi.org/10.5281/zenodo.3567823 (acesso em 25/02/2023).

Lukas, E. 2021, "The most popular inspiration for plastic surgery is yourself: Millennials and Gen Z are bringing in edited photos from Instagram to their surgery consultations.", *InStyle*, Disponível em https://www.instyle.com/beauty/skin/social-media-cosmetic-procedures--influence (acesso em 11 março 2023).

Malhadas, D., Dezotti, M.C.C., Neves, M.H. de M. (Eds.), 2006. Dicionário grego-português: DGP. Ateliê Editorial, Cotia, SP.

Marcuse, H., Kellner, D. 2007, *One-dimensional man: studies in the ideology of advanced industrial society*, Routledge, London.

Marías, J., Piza, D.R. de T., 1985. Introdução à Filosofia. Livraria Duas Cidades, São Paulo.

Mayos S., Gonçal. 2004, *Ilustración y romanticismo: introducción a la polémica entre Kant y Herder*, Herder, Barcelona.

Mayos S., Gonçal. 2012, *Macrofilosofía de la modernidad*, DLibro, Madrid.

Mayos S., Gonçal. 2016. *Homo obsoletus: precariedad y desempoderamiento en la turboglobalización*, Linkgua Pensamiento. Red ediciones, Barcelona.

Mayos S., Gonçal., Brey, A. (Eds.), 2011, *La sociedad de la ignorancia*, 1. ed., Atalaya. Ediciones Península, Barcelona.

Microsoft. Aplicativo NatJus GPT. https://appsource.microsoft.com/pt-BR/product/web-apps/top3651592492552154.natjusgpt_saas?ocid=GTMRewards_WhatsNewBlog_natjusgpt_saas_11302023 acesso em 20/03/2023

Miranda, Neilor Generoso, 2022. Dano existencial e dano ao projeto de vida no distrito de Macacos, município de Nova Lima/MG: uma análise da Ação Civil Pública nº 5000901-97.2019.8.13.0188. Dissertação de mestrado. Universidade Federal de Minas Gerais. Belo Horizonte.

Mirandola, G.P., Minghetti, A.A. 2015, *Discurso pela Dignidade do Homem*, Fi, Porto Alegre, p.62. Destacamos.

Mounier, E. 1949, *Traité du Caractère*, Collections "Esprit" - La condition humaine, Éditions du Seuil, Paris.

Mounier, E. 1969, *Le personnalisme*, 11. ed, Presses Universitaires de France, Paris.

Neves, I. B. S., Vianna, F. R. P. M., & Sutil, B.N. Algocracia: Uma análise crítica sobre a gestão mediada por algoritmos. *Contextus – Revista Contemporânea de Economia e Gestão*, 19(16) (2021), 246-256. Disponivel em http://periodicos.ufc.br/contextus/article/view/67949 (acesso em 11/03/2023).

Nietzsche, F.W., Souza, P.C. de. 2007, *Humano, demasiado humano: um livro para espíritos livres.* Companhia de Bolso, São Paulo.

Nietzsche, F.W., Souza, P.C. de. 2011, *Assim Falou Zaratustra*, Companhia das Letras, São Paulo, p. 37.

Oeberst, A., Wachendörfer, M.M., Imhoff, R., Blank, H. 2021, "Rich false memories of autobiographical events can be reversed.", *Proceedings of the National Academy of Sciences of the United States of America 118*. Disponível em https://doi.org/10.1073/pnas.2026447118 (acesso em 11 de março de 2023).

Paiva, C., Aragon Heeman. 2017, *Jurisprudência internacional de direitos humanos.*, 2a edição. ed. Editora CEI, Belo Horizonte, MG

Pariser, E. 2012, *O filtro invisível: O que a internet está escondendo de você*, Zahar, Rio de Janeiro.

People of the State of California v. Meta Platforms, Inc., 4:23-cv-05448, (N.D. Cal. Oct 24, 2023) ECF No. 1

Processo nº 2006.38.04.001178-1, Justiça Federal de Minas Gerais, Página 1086 do processo; folha 63 da sentença.

Reale, G., Antiseri, D., Storniolo, I. 2007, *Historia da filosofia,* Paulus, São Paulo.

Reale, G., Perine, M., 2019. *Para uma nova interpretação de Platão: releitura da metafísica dos grandes diálogos à luz das "Doutrinas não-escritas."* Edições Loyola, São Paulo, SP.

Reale, M., 2007. *Filosofia do Direito*. Saraiva, São Paulo.

Reale, M., 2014. *Fundamentos do Direito*. Migalhas, São Paulo.

Ribeiro, E.V. 2012, *Reconhecimento ético e virtudes*, Coleção Estudos vazianos, Edições Loyola, São Paulo.

Romero, Isidro Gomez. 1995, *Husserl y la Crisis de La Razon. Prologo de Antonio Millan Puelles*, 1ª ed. Ediciones Pedagógicas, Madrid.

Rousseau, J.-J., Berchtold, J. 2012, *Discours sur les sciences et les arts*, Le Livre de poche, Paris. Kindle edition.

Sabedoria, 11;20.

Santos Oliveira, Bruno Augusto. 2004. Juizado Virtual: o deslocamento do centro de gravidade ontológico do processo-papel para a problemática da eficiência da justiça. *Revista do Tribunal Regional Federal 1. Região*, v. 11, 10-24, 2004.

Santos Oliveira, Bruno Augusto. A erosão do juiz como símbolo nas sociedades contemporâneas e a necessidade de formação ética e crítica do indivíduo-magistrado. *Revista JusNavigandi*. Teresina, ano 17, n. 3402, 24 out. 2012. Disponível em: https://jus.com.br/artigos/22876 Acesso em: 20 mar. 2024.

Santos Oliveira, Bruno Augusto. 2018, "Violencia de Estado: estudio del caso de la creación de una tierra indígena en la amazonia brasileña", Dias, A.L.F., Mayos Solsona, G. (Eds.) *Violaciones de derechos humanos, poder y Estado*. Paco Editorial, Jundiaí, São Paulo, p. 135-156.

Santos Oliveira, Bruno Augusto. 2022, *Justiça Possível? Derrida e a possibilidade do julgamento justo*. Edição do Kindle.

Sartre, J.-P., 1945. *L'âge de raison, Les chemins de la liberté*. Gallimard, Paris.

Sartre, J.-P. 1965, *L'existentialisme est un humanisme*, Les Editions Nagel, Collection Pensées, Paris.

Sartre, J.-P., Elkaïm-Sartre, A. 2017, *L' être et le néant: essai d'ontologie phénoménologique*, Edition corrigée. ed, Collection TEL, Gallimard, Paris.

Sentencia de la Corte Interamericana de Derechos Humanos, de 27 de noviembre de 1998, Caso Loayza Tamayo, Reparaciones. Disponível em https://www.corteidh.or.cr/docs/casos/fundamentos/jseriec42.pdf. Acesso em 03/01/2023.

Sessarego, C.F. (2011). "Reflexiones sobre el objeto de estudio y la finalidad del derecho". *THEMIS Revista De Derecho*, (60), 285-293. Recuperado a partir de https://revistas.pucp.edu.pe/index.php/themis/article/view/9069.

Sessarego, C.F. 2014, "El Código Civil peruano de 1984: Su elaboración, sus aportes, las enmiendas que reclama." *THEMIS Revista De Derecho*, (66), p. 39-58. Disponível em https://revistas.pucp.edu.pe/index.php/themis/article/view/12687 (acesso em 11 março 2023).

Sessarego, C.F. 1950, "Bosquejo para una determinación ontológica del derecho", Universidad Nacional Mayor de San Marcos, Lima. Disponível em http://www.jus.unitn.it/cardozo/Review/2008/Sessarego1.pdf (acesso em 30/08/3022).

Sessarego, C.F. 1982, "Las personas, el personalismo y la Constitución peruana de 1979", *Derecho PUCP* 36, 81-95. Disponível em https://doi.org/10.18800/derechopucp.198201.004 (acesso em 11 março 2023).

Sessarego, C.F. 1995, "Apuntes para una distinción entre el daño al 'proyecto de vida' y el daño 'psiquico'". *THEMIS: Revista de Derecho*, (32), 161-164. Disponível em https://revistas.pucp.edu.pe/index.php/themis/article/view/11543 (acesso em 11 março 2023).

Sessarego, C.F. 1996, "Daño al proyecto de vida", *Derecho PUCP, (50),* 47–97. Disponível em https://revistas.pucp.edu.pe/index.php/derechopucp/article/view/5925/5934 (acesso em 25/02/2023).

Sessarego, C.F., 1996. "Hacia una nueva sistematización del daño a la persona". *Revista de Direito Civil, Imobiliário, Agrário e Empresarial* 10.

Sessarego, C.F. 1996, "Precisiones preliminares sobre el daño a la persona", *THEMIS Revista de Derecho*, (34), p. 177-209. Disponível em https://revistas.pucp.edu.pe/index.php/themis/article/view/11843 (acesso em 11/03/2023).

Sessarego, C.F. 1997, "Daño a la identidad personal" *THEMIS Revista de Derecho*, (36), p. 245-272. Disponível em https://revistas.pucp.edu.pe/index.php/themis/article/view/11743 (acesso em 11/03/2023).

Sessarego, C.F. 1998, "Daño a la persona y daño moral en la doctrina y en la jurisprudencia latinoamericana actual.", *THEMIS Revista de Derecho (38), 179-209.* Disponível em https://revistas.pucp.edu.pe/index.php/themis/article/view/10319 (acesso em 11 março 2023).

Sessarego, C.F. 2003, "Deslinde Conceptual entre 'Daño a la Persona', 'Daño al Proyecto de Vida' y 'Daño Moral'", *Foro Jurídico* (02), 15-51. Disponível em https://revistas.pucp.edu.pe/index.php/forojuridico/article/view/18280 (acesso em 12 março 2023).

Sessarego, C.F., 2014. "El Código Civil peruano de 1984: Su elaboración, sus aportes, las enmiendas que reclama." THEMIS Revista de Derecho, p.39-59. Disponível em https://revistas.pucp.edu.pe/index.php/themis/article/view/12687 (Acesso em 18 de janeiro de 2022).

Sessarego, C.F. 1999, "El daño al 'Proyecto de vida' en una reciente sentencia de la corte Interamericana de Derechos Humanos." *THEMIS Revista de Derecho*, (39), 453-464. Disponível em https://revistas.pucp.edu.pe/index.php/themis/article/view/10443 (acesso em 12 março 2023).

Sessarego, C.F. 2016, "El Derecho y la Libertad como proyecto", *Ius et Veritas*, 24 (52), 114-133. Disponível em https://revistas.pucp.edu.pe/index.php/iusetveritas/article/view/16375 (acesso em 11/03/2023).

Sessarego, C.F. 2017, "É possível proteger, juridicamente, o projeto de vida?" *Canoas, Rev. Electronica Direito Sociedade* 5, 41. Disponível em https://revistas.unilasalle.edu.br/index.php/redes/article/view/3868#:~:text=Vive%2Dse%20projetando%2C%20se%20

EDITORA
JusPODIVM
www.editorajuspodivm.com.br

RENOVA
GRAF
www.renovagraf.com.br

JUS3591